한국외교문서
재일한인 북송 및 한일 양국
억류자 상호 석방 관계

한일회담
자료총서 5

한국외교문서
재일한인 북송 및 한일 양국 억류자 상호 석방 관계

동북아역사재단 편

• 이 책은 2020년도 동북아역사재단 기획연구와 용역연구 수행 결과물임(NAHF-2020-기획연구-10), (NAHF-2023-용역-2).

발간사

한일관계에서 한일협정만큼 민감하고 논쟁적인 주제는 없을 것입니다. 한일 양국은 1951년 10월 국교정상화를 위한 회담을 시작하였습니다. 이후 회담은 13년 8개월에 걸쳐 중단과 재개를 되풀이하였고, 1965년 6월 한일 양국은 협정에 조인하였습니다. 한일회담은 해방 후 한일관계뿐만 아니라 한국현대사의 기본 틀을 만드는 과정이었습니다. 한일 양국이 최근 첨예하게 대립하는 근본 원인도 한일회담에 있다고 할 수 있습니다. 2018년 10월 30일 일제 강제동원 피해자 손해배상소송 판결과 2021년 1월 9일 일본군'위안부' 피해자 손해배상소송 판결은 1965년 한일협정이 지나간 과거가 아닌 현재진행형의 문제라는 사실을 확인시켰습니다.

한국 정부와 법원은 1910년 강제병합조약은 원천 무효이고 반인도적 범죄에 대한 배상 문제는 1965년 한일청구권협정으로 해결되지 않았다고 주장합니다. 하지만 일본 정부와 법원은 강제병합조약은 합법이고 청구권협정으로 모든 배상 문제가 해결되었다고 주장합니다. 한일협정에 대한 평가와 해석을 둘러싸고 이처럼 첨예하게 대립하는 근본 원인은 무엇일까요? 한일협정 해석을 둘러싼 갈등은 해결할 수 있는 것일까요?

이 문제들에 대한 해답을 찾기 위해서는 한일협정 조문 해석뿐만 아니라 협정이 어떤 과정을 거쳐 체결되었는지, 당시 양국 정부가 어떠한 역사인식과 전략을 토대로 협상하였는지를 한일회담 당시 관련 일차 자료에 근거하여 파악할 필요가 있습니다.

한일회담 외교문서가 공개된 것은 강제동원 피해자들이 2002년 한국 정부를 상대로 문서공개요구소송을 한 것이 계기였습니다. 강제동원 피해자들은 일본에서 제소한 소송에서 일본 법원이 1965년 청구권협정으로 모든 배상은 해결되었다는 판결을 내리자, 청구권협정에서 강제동원 피해자 문제가 어떻게 다루어졌는지 공개하라며 한국 정부를 상대로 소송을 하였습니다. 이후 2004년 강제동원 피해자들이 승소하였고, 한국 정부는 2005년 약 3만 5,000장의 문서를 공개하였습니다. 일본에서도 시민단체인 '일한회담문서 전면공개를 요구하는 모임'이 문서 공개를 요구하자, 일본 정부는 2008~2015년까지 약 9만 장의 문서를 공개하였습니다.

동북아역사재단은 한일 양국에서 한일회담 외교문서가 공개된 이후 국민대학교 일본학연구소와 협력하여 방대한 분량의 외교문서를 체계적으로 정리하는 작업을 해왔습니다. 그 첫 작업으로 한국외교문서를 체계적으로 분류·해제한 『한일회담 외교문서 해제집』 5권을 2008년에 발간하였습니다. 이후에는 소송을 통해 추가로 공개된 문서를 포함한 일본외교문서 약 9만 장을 체계적으로 분류하여 그 결과물을 『한일회담 일본외교문서 상세목록』(2021) 5권으로 발간하였습니다. 한국외교문서 원본은 동북아역사재단 〈동북아역사넷〉에 올렸으며, 일본외교문서 원본도 올리는 중입니다. 그 외 미국 국무성 문서도 국사편찬위원회의 협력을 받아 〈동북아역사넷〉에 올렸습니다.

이렇게 외교문서의 원문을 제공하는 작업은 한일회담의 전모를 밝히는 데 크게 기여하고 있지만, 외교문서를 찾아보는 일반 대중과 연구자, 정책 입안자들이 필기체로 된 방대한 문서에서 필요한 자료를 찾아내는 것은 쉬운 일은 아닙니다. 이에 우리 재단은 국민과 학계, 관계 기관에서 한일회담 관련 자료를 폭넓게 활용할 수 있도록 한일회담 관련 핵심 문서를 자료총서로 발간하는 작업을 하고 있습니다. 이 자료총서가 한일회담의 전모를 파악하고 핵심 쟁점이 어떻게 논의되었는지를 이해하고 한일회담에 대한 객관적인 이해를 토대로 한국과 일본이 현재 직면한 문제를 해결하는 데에 기여할 수 있기를 기대합니다. 나아가 앞으로 진행될 북일 국교정상화 관련 대응에도 도움이 될 수 있을 것입니다.

한일회담 자료총서 발간 작업은 연구자들과 활동가들의 열정적인 노력이 있었기에 시작할 수 있었습니다. 외교문서가 공개될 수 있도록 노력하신 많은 분들과 방대한 분량의 외교문서를 한 장 한 장 검토해 주신 분들께 감사를 드립니다.

2023년 12월
동북아역사재단 이사장
이영호

책머리에

한국과 일본이 8월 15일을 각각 '광복절'과 '종전기념일'로 부르고 있는 것에서 상징적으로 드러나듯이 일본의 식민지배에 대한 인식 차이는 오늘날도 여전하다. 인식의 차이는 인식의 영역에만 머무르지 않는다. 비근한 예로, 근년 벌어지고 있는 강제동원과 일본군'위안부' 피해자 소송 판결을 둘러싼 한일 간의 외교적 갈등은 1910년 한국병합과 35년간의 식민지배에 대한 불법·합법론 및 합당·부당론적 인식과 평가에 기반을 둔 법적 논쟁이기도 하다. 한일협정의 교섭 과정이나 체결과 연관된 문제들은 여전히 오늘의 한일 관계를 규정하는 중요한 요인이 되고 있다. 따라서 한일회담의 핵심을 이루는 자료와 기록을 면밀히 검토하는 일은 한일협정에서 기인하는 갈등과 마찰을 풀어가는 데 매우 중요한 단서가 될 수 있다.

1965년 6월 22일 한국과 일본은 1951년 10월부터 시작한 약 14년에 걸친 마라톤 교섭을 마무리하고 국교를 정상화했다. 이 교섭은 해방 후 한국이 모든 외교적 역량을 쏟아부었음에도 외교사상 유래를 찾을 수 없을 정도로 힘겨운 싸움이었다. 하지만 한일협정을 체결한 지 56년이 지난 오늘날에도 이를 둘러싼 논란은 여전히 뜨겁다. 냉전하에서 경제 논리를 내세워 과거사 문제를 봉인한 굴욕적인 협정이라는 평가는 협정 체결 당시부터 제기되었다. 최근에는 한일 간 과거사 문제를 둘러싼 갈등은 한일협정에서 이 문제를 제대로 처리하지 못한 것에 기인하기 때문에 협정을 폐기하고 다시 맺어야 한다는 주장마저 제기되고 있다. 현재의 시점에서 과거의 교섭을 보면 부족하고 미흡한 게 많을 수밖에 없다. 한일회담과 한일협정을 객관적으로 평가하기 위해서는 당시 한국 정부가 어떤 국내외적 상황 속에서 교섭을 추진했는지를, 기록에 근거하여 실증적으로 파악할 필요가 있다.

2005년 8월 한국 정부는 한일협정과 관련된 외교문서를 전면 공개했다. 2002년 강제동원 피해자 99명이 제기한 문서공개요구소송에서 원고가 승소함에 따라 3만 5,245쪽에 이르는 외교문서를 공개한 것이다. 한국 정부가 공개한 문서에는 정부가 협상을 앞두고 내부적으로 정책을 검토한 자료, 조약 및 협약 초안, 양국의 회담 회의록 등 중요 자료가 대거 포함되어 있다. 하지만 문서의 분량이 워낙 방대하고 가독성이 떨어지는 필사본도 있어 접근하기 어려운 문제가 있다.

이 자료집은 연구자나 일반인들이 자료와 기록에 근거하여 한일회담의 전체상과 주요 쟁점을 상세하고도 구체적으로 살펴볼 수 있도록 발간되었다. 이 자료집의 발간은 세 가지 의미를 지닌다. 첫째, 한일회담은 현대 한국외교사의 대표적인 협상 사례로서 관련 문서와 기록이 비교적 풍부하게 남아있다. 이 자료들은 한국외교사 연구의 질적 수준을 높이고 연구의 지평을 확대하는 데 크게 기여할 수 있을 것이다. 둘째, 강제동원, 일본군 '위안부' 문제 등에서 보듯이 어떤 의미에서 한일회담은 여전히 종결되지 않았다고 할 수 있다. 따라서 한일 과거사 현안을 면밀하게 파악하고 해석하기 위한 토대로서 한일회담 관련 자료는 여전히 의미가 크다. 더 나아가 이 자료집은 대일 외교정책의 수립과 합리적 추진이라는 실천적 차원에서도 중요한 참고자료가 될 수 있을 것이다. 셋째, 이 자료집은 향후 북일 관계의 향방을 전망하고 예측하는 데도 중요한 길라잡이가 될 수 있을 것이다. 북일 관계는 현재 미수교 상태에 놓여있다. 국교를 정상화하기 위한 북일협상은 1990년대 이래 여러 차례 진행되었으나 중단과 결렬을 거듭하였고 현재는 완전히 중단된 상태이다. 그러나 언젠가는 북일 국교정상화 협상이 재개될 것으로 예상된다. 장차 한일 관계와 북일 관계 및 남북한 관계가 서로 영향을 주고받는 역동적인 국제관계로 진화할 가능성을 배제할 수 없다.

이 자료집의 발간은 동북아역사재단과 국민대학교 일본학연구소의 공동 노력으로 이루어졌다. 자료집 발간은 관련 연구를 하는 많은 연구자들의 엄청난 열정과 노력 덕분에 가능했다. 이 자리를 빌려 이 자료집 편찬 작업에 참여한 모든 분께 진심으로 감사의 말씀을 전하고 싶다. 특히 유의상 대사님은 교정이 허락되는 마지막 순간까지 원문 하나하나를 철저히 검토하며 대조하였다. 유의상 대사님은 한일청구권협정을 주제로 박사학위 논문을 집필하고 대일 외교 일선에서 일하신 경험이 있어 외교문서의 어려운 행간을 읽어내는 데 많은 도움과 노력을 주었다. 작은 사항 하나하나 세세하게 챙기며 검토를 거듭해 주었기 때문에 자료집의 완성도가 높아졌다. 마지막으로 흔쾌히 이 자료집의 발간을 허락해 주신 이영호 동북아역사재단 이사장님께도 감사의 말씀을 전한다.

2023년 12월

조윤수 씀

차 례

발간사 ——————————————————————————— 5
책머리에 ——————————————————————————— 7
일러두기 —————————————————————————— 18
해제 ———————————————————————————— 19

재일한인 북송 및 한일 양국 억류자 상호 석방 관계(1955~1960)

V. 1 오무라(大村)수용소에 수용 중인 북송 희망자의 석방 문제, 1958 ——— 36

  1. 억류자 문제에 관한 기시 수상의 제안 보고 전문 ——————————— 37
  2. 재일한인 북송 관련 언론 보도의 확인을 요청하는 주일 대표부 구상서 ——— 40
  7. 재일한인 추방 문제에 관한 대통령 유시 ————————————— 43
 11. 단식투쟁 중인 오무라수용소 한인 석방에 관한 일본 측 제의 관련 보고 전문 — 44
 12. 오무라수용소 내 단식투쟁 관련 언론 보도 보고 전문 ———————— 46
 13. 북한행을 희망하는 오무라 수용 한인의 일본 내 석방 관련 보도 보고 서한 — 48
    13-1. 북한행 희망 오무라 수용 한인의 석방 보도 관련 주일 대표부의 항의
        구상서 ———————————————————————— 49
 14. 북한행을 희망하는 오무라 수용 한인의 일본 내 석방 관련 보고 서한 ——— 52
 15. 오무라 수용 단식투쟁 한인들의 석방 관련 보고 전문 ———————— 58
 16. 오무라 수용 한인 임시 석방에 관한 정부 훈령 전문 ———————— 60
 23. 일본국 내 한국인 억류자 조견표 ——————————————— 64
 25. 북한행 희망 불법 입국 한인의 일본 국내 석방 결정 관련 일본 외무성 구상서
    송부 공문 ————————————————————————— 66
    25-1. 일본 측 구상서(영어 번역본) ——————————————— 67
    25-2. 일본 측 구상서(일어본) ————————————————— 73

25-5. 일본 측 구상서에 첨부된 예비회담 관련 기록 ──────── 76
27. 제4차 한일회담 진행 관련 훈령 서한(북한행을 희망하는 재일한인 문제 관련) ─ 81
31. 본부 훈령 이행 결과 보고 전문 ─────────────────── 89
36. 어업 및 평화선위원회 개최 연기에 관한 보고 서한 ─────────── 91
37. 맥아더 주일 미국 대사 면담 결과 보고 서한 ────────────── 95
65. 일본적십자사가 북한적십자사에 보낸 전문 ──────────────── 99
　　65-1. 일본적십자사가 북한적십자사에 보낸 전보 통보 공문 ──────── 101
67. 일본적십자사가 북한적십자사에 보낸 전보 내용을 주일 대표부에 통보하는
　　전문 ────────────────────────────── 102
69. 일본적십자사와 북한적십자사 간 교섭에 관한 대표부 보고 전문 ──── 104
70. 한일실무자위원회 개최에 따른 청훈 전문 ──────────────── 106
71. 실무위원회 개최 관련 본부 입장에 관한 장관 지시 및 견해가 담긴 메모 ── 107
72. 실무위원회 개최 관련 본부 훈령 전문 ─────────────────── 108

V. 2 재일한인 북한 송환, 1959. 1~8 ─────────────────── 112

16. 재일한인 북송 관련 일본 정부의 원칙 발표 보도 확인 요청 전문 ───── 113
17. 이타가키 외무성 아시아국장 면담 결과 보고 전문(재일한인 북송 관련 언론
　　보도 진위 확인) ─────────────────────────── 115
19. 일본 정부의 재일한인 집단 북송 결정에 대한 우리 국회 결의문을
　　재외공관장에게 송부하는 공문 ────────────────────── 120
　　19-1. 일본 정부의 재일한인 집단 북송 결정에 대한 우리 국회 결의문 ──── 121
재일한인 북송과 관련하여 조정환 외무부 장관이 기시 수상에게 보내는 서한 ── 126
20. 재일한인 북송 문제 관련 일본 측 입장 보고 서한 ──────────── 129
　　20-1. 재일한인 북송 관련 후지야마 외상이 조정환 외무부 장관에게 보낸 서한 131
22. 재일한인 북송 문제에 대한 한국 정부의 입장이 담긴 문서 ─────── 138
27. 재일한인 북송 관련 김동조 외무부 차관의 다울링 주한 대사 면담 결과 보고서 144
36. 재일한인 북송에 관한 일본 정부의 기도를 저지하기 위한 정부 조치 관련 내부
　　결재 문서 ──────────────────────────── 149
　　36-1. 주한 미국 대사관에 전달한 구두진술서 ─────────────── 152
　　36-2. 재일한인 북송 관련 일본 정부에 전달할 비망록 ────────── 155

차례　11

39. 외무부 장관과 다울링 주한 미국 대사의 면담 요지를 기록한 문서 —————— 158
40. 재일한인 북송 관련 우리 정부의 비망록 전달 지시 전문 —————————— 169
43. 후지야마 외상 면담 일정 보고 전문 ————————————————————— 171
47. 유태하 대사에 대한 지시 공문(한일회담의 무조건적 재개 제안) ———————— 172
    47-1. 일본 외상에게 전달한 비망록 ———————————————————— 176
50. 후지야마 일본 외상 면담 결과 보고 전문 ————————————————— 178
80. 야마다 일본 외무차관과의 면담 결과 보고 전문 —————————————— 180
81. 한일회담 재개와 관련한 일본 정부의 비망록(일본어본) ——————————— 184
    81-1. 한일회담 재개와 관련한 일본 정부의 비망록(영어 번역본) —————— 185
96. 한일회담 재개 관련 지시 공문 ——————————————————————— 187
    96-1. 일본 측에 전달한 한일회담 재개 관련 비망록 ——————————— 189
    96-2. 상호 송환 관련 일본 측과의 협의를 희망하는 구두진술서 ————— 191
112. 재일한인 북송 문제 관련 미국 측 동향 보고 전문 ————————————— 193
114. 야마다 차관과의 면담 결과 보고 전문 ——————————————————— 195
115. 북한 노동력 부족에 관한 외신 보도 내용을 재외공관장에게 송부하는 공문 —— 198
    115-1. 북한 노동력 부족에 관한 외신 기사 ——————————————— 199
124. 진필식 서기관의 구두 진술 전달 결과 보고 전문 —————————————— 201
128. 한일회담 재개 일정 보고 전문 —————————————————————— 203
129. 재일한인 북송 문제 관련 국회의원과의 회의록 —————————————— 205
143. 수정된 제4차 한일회담 대표단 사전협의회 회의록 ————————————— 208
145. 제4차 한일회담 대표단 명단 송부 공문 —————————————————— 212
    145-1. 수정된 제4차 한일회담 대표단 명단 ——————————————— 213
148. 제4차 한일회담 진행에 관한 훈령 공문 —————————————————— 216
    148-1. 제4차 한일회담 진행 관련 훈령 문서 ——————————————— 217
150. 억류자 상호 송환 교섭에 관한 훈령 공문 ————————————————— 221
    150-1. 억류자 상호 송환 교섭에 관한 훈령 ———————————————— 222
151. 제4차 한일회담 수석대표 연설문 ————————————————————— 224
158. 재개 제4차 한일회담 본회의(제11차) 개최 보고 전문 ———————————— 226
159. 일본적십자사와 북한적십자사 간 북송협정 조인 관련 보고 전문 ——————— 230
162. 일적-북적 북송협정 체결에 즈음한 이승만 대통령의 언론 회견 내용 통보
     전문 ——————————————————————————————————— 231
165. 억류자 상호 송환을 위한 실무자위원회 개최 결과 보고 전문 ———————— 234

171. 일본적십자사와 북한적십자사 간 재일본 한인(북한계) 북송에 관한 협정문 ———— 236
174. 일본적십자사와 북한적십자사 간 북송협정 영문본 ———————————— 241
182. 사와다 일본 수석대표의 허정 수석대표 초청 만찬 간담회 내용 보고 전문 ——— 252
185. 상호 억류자 석방을 위한 실무자위원회 제2차 회의 결과 보고 전문 ————— 255
212. 상호 억류자 석방 실무위원회 제3차 회의 의사 요록 ————————————— 258

V. 3 재일한인 북한 송환, 1959. 9~1960. 1 ———————————————— 266

17. 일본 정부의 재일한인 북송 계획의 최근 진전 상황에 관한 보고 공문 ———— 267
    17-1. 일본 정부의 재일한인 북송 계획의 최근 진전 상황이 정리된 문서 ——— 268
    17-2. 북송 계획 저지 관련 지시 전문 ———————————————————— 272
    17-7. 최근 한일회담의 진전 상황에 관한 보고서 ——————————————— 274
23. 송환 안내서 관련 보고 전문 ———————————————————————— 276
25. 송환 안내서 관련 지시 전문 ———————————————————————— 280
35. 재일한인 문제 관련 우리 측 협정 초안에 관한 훈령 공문 ———————————— 282
    35-1. 재일한인의 본국 송환과 법적 지위에 관한 한국과 일본 사이의 협정
          초안 ———————————————————————————————— 284
    35-2. 주일 대표부와 한일회담 대표단을 위한 각서 ————————————— 289
63. 재일한인 문제와 관련한 대통령 지시사항 전문 ———————————————— 292
66. 재일한인 문제와 관련한 대통령 지시사항 전문 ———————————————— 294
86. 한일회담 진행 관련 대통령에 대한 보고 결과 메모 —————————————— 296
124. 재일한인 북송 관련 항의 구상서 전달 지시 전문 ——————————————— 297
    124-1. 재일한인 북송 개시와 관련한 한국 측의 항의 구상서 ———————— 298
129. 구상서 전달 계획 보고 전문 —————————————————————— 299
    129-1. 재일한인 집단 북송에 관한 한국 정부의 항의 구상서 ———————— 300
143. 구상서 전달 결과 보고 전문 —————————————————————— 305
149. 재일한인 북송에 관한 외무부 대변인 논평 ————————————————— 307
151. 재일한인 북송 관련 항의 구상서 전 재외공관장 송부 공문 ————————— 309
    151-1. 일본 측에 전달한 재일한인 북송 관련 항의 구상서(영문) ————— 309
    151-2. 일본 측에 전달한 재일한인 북송 관련 항의 구상서(한글) ————— 310

156. 일본의 재일한인 북송 관련 관계 부처 장관의 대통령 예방 시 토의 기록 —— 314
162. 북송 관련 진전사항 요약 문서 —— 320
176. 재일한인 문제 관련 일본 측 합의의사록 송부 공문 —— 323
    176-1. 일본 측 합의의사록(영문본) —— 324
212. 한일회담 진전 상황 보고 문서 —— 327
221. 재일한인 문제에 관한 공동성명 초안 —— 332
222. 야마다 차관 면담 결과 보고 전문(한국 쌀 수입과 상호 억류자 석방 관련) —— 335
228. 한국산 쌀 수입과 상호 억류자 석방 문제의 연계에 관한 일본 측 제의에 관한 대통령 앞 보고서 —— 338
230. 일본 측 제안에 대한 훈령 전문 —— 340
264. 상호 석방 실시의 발표에 관한 지시 전문 —— 343

V. 4 북송 저지를 위한 제네바대표부의 활동, 1956~1960 —— 346

    2-1. 1956년 9월 4일 대한적십자사가 ICRC에 보낸 회답의 요지 —— 347
18. 재일한인 북송 문제에 관한 적십자 국제위원회의 입장과 우리 정부의 입장(1959) —— 349
    18-1. 재일한인 북송 계획의 이면에 숨은 몇 가지 사실(1959) —— 353
20. 김활란 박사(대한적십자사 부총재)의 제네바 파견 활동 보고 서한 —— 356
    20-1. 김활란 박사가 이승만 대통령에게 보낸 서신에 대한 답신(작성자 불명) —— 364
23. 김용식 공사가 대통령에게 보낸 서한(재일한인 북송 문제 관련 대한적십자사 제안 관련) —— 366
    23-1. 대한적십자사가 국제적십자위원회에 제출할 제안 초안 —— 368
28. 대한적십자사 제안에 대한 외무부의 검토 의견 송부 서한 —— 371
    28-1. 대한적십자사 제안에 대한 외무부 검토 의견서 —— 373
75. 외무부 장관이 국제적십자 부아시에 위원장에게 보내는 메시지를 김 공사에게 알리는 외무부 전문 —— 377
91. 국제적십자위원회의 재일한인 북송 관련 성명문(보도 자료) —— 381
103. 재일한인의 북송에 관한 일본 정부의 입장 등이 담긴 문서 —— 385

V. 5 북송 연장을 위한 일본적십자사와 북한적십자사의 면담, 1960 ——— 392

1. 일본, 북한 괴뢰 관계 ——— 393
2. 재일한인 북송에 관한 한국 측 항의서 ——— 409
4. 북한으로 송환된 밀입국 한인에 관한 보고 공문 ——— 412
   4-1. 일본 측 구상서(일문본 및 영문본) ——— 413
12. 북송과 관련한 국제적십자위원회의 최근 동향 관련 보고 문서 ——— 419
21. 유태하 대사의 북송 관련 성명문(언론 발표문) ——— 422
29. ICRC 총재가 대한적십자사 총재에게 보내온 서한 내용 요약 문서 ——— 426
   29-1. 국제적십자위원회 위원장이 대한적십자사 총재에게 보낸 서한 ——— 427
30. 주제네바 김용식 공사 보고 서한 요약 문서 ——— 429
   30-1. 김용식 공사의 대통령 앞 보고 서한 ——— 431
33. 허정 장관의 기자회견에 대한 이세키 국장의 견해 보고 전문 ——— 433
39. 이세키 국장 면담 내용 보고 전문 ——— 435
47. 북송 문제에 관한 일본 신문 기사 보고 전문 ——— 437
49. 북송 문제에 대한 주일 대표부 및 주제네바 대표부의 보고 요약 문서 ——— 440
55. 일본 정부의 북송협정 연장 획책 관련 주제네바 대표부 앞 지시 전문 ——— 441
56. 일본 정부의 북송협정 연장 획책 관련 주미 대사관 앞 지시 전문 ——— 442
60. 미 국무차관보 파슨스와의 면담 내용 보고 전문 ——— 443
61. 파슨스 차관보 면담 결과 추가 보고 전문 ——— 445
65. 이세키 국장과의 면담 내용 보고 전문 ——— 446
66. 재일한인 북송 문제 관련 국제적십자위원회 뒤랑 씨와의 면담 요지를 보고한
    전문 사본 송부 공문 ——— 448
   66-1. 재일한인 북송 문제에 관한 ICRC 뒤랑 씨와의 면담 요지 보고 전문 사본 ——— 449
68. 주일 미국 대사 맥아더와의 면담 내용 보고 전문 ——— 452
71. 이세키 아시아국장과의 면담 결과 보고 공문 ——— 454
72. 소위 '북송협정' 연장 합의설 관련 전화전 ——— 457
77. 북송협정 연장 저지 관련 지시 전문 ——— 458
79. 야마다 외무차관과의 면담 내용 보고 공문 ——— 460
80. 재일한인의 북송협정 연장 문제 등에 관한 주일 대표부 보고 공문 ——— 462
   80-1. 1959년 12월 작성된 재일한인의 귀환 문제와 처우 문제에 대한
    공동성명 ——— 464

80-2. 1959년 12월 작성된 재일한인의 귀환 문제와 처우 문제에 대한
합의의사록 ─────────────────────────── 465
89. 이세키 국장과의 면담 내용 보고 전문 ─────────────── 468
90. 북송협정 연장 저지 방안 관련 훈령 전문 ──────────── 470
103. 북송에 관한 주일 대표부 보고 요약 문서 ─────────── 472
105. 주일 대표부의 보고 내용 요약 ───────────────── 474
128. 북송 기한 연장에 대한 최근 동태 보고 공문 ────────── 475
131. 이세키 아시아국장과의 면담 내용 보고 전문 ────────── 476
135. 니가타 회담에 관한 일본 정부와 적십자사 간의 협의에 관한 신문 기사
보고 전문 ──────────────────────── 478
136. 북송 기한 연장에 대한 최근 동태 보고 요약 문서 ───────── 480
147. 9월 17일 제8회 니가타 회담 본회의 보고 요약 문서 ──────── 481
159. 북한적십자 대표단 귀국 관련 보고 전문 ──────────── 482
160. 니가타 회담 결렬에 관한 보고 전문 ───────────── 483
176. 일본적십자사 이노우에 외사부장의 제네바 방문과 관련하여 제네바대표부에
보낸 지시 전문 ────────────────────── 485
177. 주제네바 대표부의 회신 독촉 전문 ───────────── 487
178. 북송협정 연장 관련 주제네바 대표부 회신 전문 ────────── 489
183. 북송협정 연장 중지 요청 교섭 지시 전문 ────────────── 491
184. 북송협정 문제에 관한 보고 전문 ───────────────── 492
186. 북송 문제에 관한 일본 각의 논의 관련 보고 전문 ─────────── 494
199. 일본과 북한적십자사 대표 간의 회담에 대한 신문 기사 보고 전문 ── 496
202. 북송협정 연장에 관한 동향 보고 전문 ─────────────── 498
204. 북송협정 연장 문제 관련 전망 보고 전문 ──────────── 500
206. 북송협정 연장 관련 보고 전문 ──────────────── 501
208. 북송협정 연장 관련 본부 훈령 전문 ─────────────── 503
209. 북송협정 연장 관련 항의 구상서 전달 지시 전문 ─────────── 504
210. 구상서 전달 결과 보고 전문 ─────────────────── 505
210-1. 일본 외무성에 전달한 구상서 관련 보고 전문 ──────────── 506
211. 북송협정 연장 합의 보고 전문 ────────────────── 510
214. 사와다 한일회담 일본 수석대표 면담 결과 보고 전문 ──────── 511
216. 북송협정 연장에 관한 합의서 및 교환문 보고 전문 ─────────── 512

219. 북송협정 연장에 대한 항의서 전달 결과 보고 ——————————— 514
221. 사와다 수석대표와의 면담 결과 보고 전문 ————————————— 516
223. 국제적십자위원회 총재의 서한 관련 외신 보도 내용 확인 지시 전문 ——— 517
224. 국제적십자위원회 총재의 서한 관련 주제네바 대표부 답신 전문 ———— 520
225. 일본적십자사와 대한적십자사 간의 회담 개최에 관한 언론 보도 보고 전문 — 522
226. 귀환 업무의 스피드 업에 관한 보고 전문 ————————————— 523
228. 국제적십자위원회 총재의 일적 사장 앞 북송 관련 서한 내용 언론 보도
　　　보고 전문 ———————————————————————————— 524
229. 국적위 총재가 일적 총재에게 보낸 서한 관련 보고 공문 ——————— 527
235. 북한적십자사 측이 북송협정 재연장을 위해 일적에 보낸 전문 ———— 530
236. 북적의 송환협정 연장 제의를 승낙하는 일적의 회신 전문 —————— 532
237. 북송협정 재연장에 관한 시마즈 일적 사장의 담화문 ————————— 534

V. 7 북송 관계 참고 자료, 1955~1960 ———————————————— 536

1. 재일한인의 북한 송환이 이루어지기까지의 경과(1955~1957)가 정리된 문서 —— 537
2. 조총련에 의한 재일한인의 북한 송환 운동과 그 배후에 개재된 음모 ———— 554
3. 재일한인의 소위 북한 송환 문제에 관하여 ————————————————— 558
10. 일본 정부의 재일한인 북송 계획에 대한 우리 정부의 조치와 교섭 경위 ——— 562

일러두기

이 자료집의 원문과 구성 원칙은 다음과 같다.
- 원문은 2005년 외교부에서 공개한 한일회담 외교문서이며, 동북아역사넷(contents.nahf. or.kr) 및 외교부 외교사료관, 국회도서관, 국가기록원에서 확인할 수 있다.
- 이 자료집은 공개된 문서 중 사료 가치가 크지 않은 일부 문서를 제외하고 대부분의 문서를 수록하였다.
- 이 자료집에 수록된 문서의 문서명에 '전문', '공문', '내부 재가 문서', '훈령안', '보고서' 등을 첨기하여 문서의 종류를 구분할 수 있도록 하였다.
- 원문과 비교할 수 있도록 본문 왼쪽에 마이크로필름 프레임 번호를 제시하였다.
- 내용은 원문대로 표기하는 것을 원칙으로 하였다.
- 원문에는 없지만 편집 과정에서 추가한 내용은 [ ]로 처리하였다.
- 원문 상태가 좋지 않아 판독이 어려운 일부 단어는 □로 표기하였다.
- 이 자료집에 수록된 일본어 및 영어 사료는 감수자가 번역한 한글 번역본을 함께 수록하였다.

가독성을 고려하여 다음과 같이 수정하였다.
- 띄어쓰기와 맞춤법은 국립국어원 표준어 규정에 맞추었다.
- 원문의 명백한 오기 및 현대어 문법에 맞지 않는 단어는 일부 바로잡았다.
- 한자는 한글로 표기하되, 필요한 경우 원문을 병기하였다.
- 한자식 고어 일부와 고유명사는 현대어로 수정하였다.
- 『 』와 「 」는 서명, 신문·잡지명, 문서, 조약, 법령, 안을 제외하고 큰따옴표, 작은따옴표로 수정하였다.
- 문서의 제목과 번호, 날짜 위치는 문서의 유형에 따라 임의로 왼쪽, 오른쪽, 또는 중앙으로 편집하여 정렬하였다.

외래어 표기는 다음과 같은 규정을 적용하였다.
- 일본어 고유명사(인명, 지명 등)는 일본어 독음으로 표기하고 [ ]에 원문을 병기하였다.
- 고유명사와 보통명사가 결합된 일본어는 고유명사만 일본어 독음으로 표기하였다.
- 인명, 지명, 국명 중 주요한 것은 국립국어원 외래어 규정에 맞춰 표기하였다.

해제

재일한인 북송 및 한일 양국 억류자 상호 석방 관계

유의상 광운대학교 겸임교수

1. 한일 양국 억류자 상호 석방 문제

가. 재일한인의 억류 배경

제2차세계대전이 종료한 1945년 8월에 일본에는 약 200만의 한인이 거주하고 있었다. 이들의 대부분은 일본의 한반도 식민 정책에 따른 착취와 압박으로 말미암아 고향에서 도저히 생계를 유지할 수 없어 호구의 방도를 마련하기 위하여 부득이 일본으로 이주하여 간 사람들, 또는 일본의 침략 전쟁 수행 중 일본 군대에 강제 징병되었거나 일본 내 군수공업에 노무자로 종사하도록 일본 당국이 강제로 징용하여 간 사람들이었다. 제2차대전이 끝나고 조국이 광복을 맞게 되자 일본에 있던 한인 중 약 140만 명은 고국으로 돌아왔고 나머지 약 60만에 가까운 한인이 일본에 잔류하게 됨으로써 재일한인의 법적인 지위와 처우에 관한 문제가 생기게 된 것이다.

한국과 일본 양국에 공히 시급히 해결해야 하는 사안으로 대두된 재일한인 문제는 미국의 주선으로 1951년 10월부터 시작된 한일 간의 양자회담에서도 가장 우선적인 의제가 되었다. 회담이 시작되자 한국 측은 재일한인 문제를 다루는 위원회에서 재일한인이 일본 내에 자발적으로 주거를 하게 된 일반 외국인과는 다른 처우를 받아야 하며, 또 그들이 대한민국의 사전 양해 없이는 일방적으로 강제 퇴거될 수 없음을 강조하였다. 그러나 일본 정부는 그 토의를 고의로 지연시키는 일방, 재일한인 중 경범자들까지 강제 퇴거 처분을 일방적으로 단행하려는 태도를 보였다.

일본 정부는 재일한인 문제가 자신들의 주장대로 해결될 가능성이 희박해지자 제1차 한일회담이 결렬된 다음 달인 1952년 5월에 125명의 재일한인을 일방적으로 일본 선박에 싣고 부산항까지 와서 우리 정부에 인수를 강요하였던 일이 있다. 당시 한국 정부는 전전부터 거주하던 재일한인을 일본 정부가 일방적으로 추방할 수 없다는 주장을 관철하여야 할 필요가 있어 그들의 인수를 거부하고 전원을 일본으로 돌려보냈는데 일본 정부는 끝내 그 주장을 고집하기 위함인지 이들을 오무라(大村)수용소에 억류하기 시작하였으며 이것이 일본 정부의 재일한인 억류의 시발점이 된 것이다.[1]

나. 한일 양국의 억류자 상호 석방 교섭

한일회담 중단 시기인 1954년 후반부터 1956년에 걸쳐, 한일 관계의 악화와는 관계없이 일본 오무라(大村)수용소에 수용되어 있는 한인(불법 입국, 일본 국내법 위반 등의 이유로 수용)과 '이(李) 라인' 침범으로 한국에 나포되어 형기를 마치고 부산 외국인수용소에 수용되어 있는 일본 어민들의 상호 석방에 관한 교섭이 양국 간에 꾸준히 진행되었다. 교섭은 주일 한국대표부의 김용식 공사와 시게미쓰 마모루(重光 葵) 일본 외상 또는 가도와키 스에미쓰(門脇季光) 외무차관[김 공사는 나카가와 도루(中川融) 아시아국장, 하나무라 시로(花村四郞) 법무대신 등과도 협의], 유태하 참사관과 나카가와 국장, 그리고 주일 대표부와 일본 측 실무자로 구성된 위원회에서의 협의(1956년 4월 20일, 25일 두 차례 개최) 등 세 경로로 이루어졌다.

교섭의 초점은 오무라수용소에 수용되어 있는 한인 중 전쟁 종료 전 일본에 입국한 사람들에 대한 처리(석방 및 한국 송환) 문제였다. 외무성은 한국의 주장(오무라수용소에 수용되어 있는 한인 중 전쟁 종료 전부터 일본에 거주하던 한인은 즉시 석방)을 대폭 수용하였으나, 법무성이 수용 한인들의 석방 시 야기될 수 있는 치안 문제와 이들의 국적 문제(한국 측은 한일회담을 통해 이들의 국적 문제를 해결해야 한다고 주장한 데 반해, 법무성은 이들의 국적은 일본이 아니며 따라서 한일 국교가 정상화되면 한국으로 송환되어야 한다고 주장) 등을 제기함에 따라 타결이 뒤로 미루어지고 말았다. 1956년 8월 1일 기준으로 오무라수용소에 수용되어 있는 한인은 불법 입국자 972명, 형사 범죄자 464명, 불법 잔류자 55명 등 총 1,491명에 달했으며, 한국에 나포되어 억류되어 있는

---

[1] 『한국외교문서』 771, 「재일한인 북한 송환 및 한일 양국 억류자 상호 석방 관계철, 1955-60, V. 7 북송 관계 참고자료, 1955-60」, 340쪽.

일본인 어민은 총 725명이었다.²

　양국 간 억류자 상호 석방 문제는 한일회담 재개 문제와 병행하여 교섭이 진행되었는데 한국은 이 교섭을 '제4차 회담 예비교섭(1957년 4월~12월)'이라고 불렀으나, 일본은 '한국 억류 일본인 어부와 입국자 수용소에 있는 한인과의 상호 석방 등에 관한 교섭'이라고 하였다.³ 치열한 교섭 끝에 일본 측이 구보타 발언을 철회하고 한국에 대한 청구권을 포기함으로써 양국 간에 한일회담 재개에 관한 합의가 이루어졌다. 1957년 12월 31일 한일회담 재개에 관한 합의 문서에는 「일본에 억류 중인 한국인과 한국에 억류 중인 일본 어민에 대한 대책에 관한 대한민국 정부와 일본 정부 간 양해각서」와 제2차대전의 종료 전부터 일본에 계속 거주하던 한인을 입국자 수용소에 수용하는 것을 자제한다는 내용의 「부속 문서」도 포함되었다.

　이 합의에 따라 1958년 3월 1일 개최하기로 하였던 제4차 회담은, 1958년 초 진행된 상호 억류자 석방 실시 계획 수립을 위한 교섭 과정 중 양국 간에 의견 대립이 빚어지면서 개최가 무산되고 말았다. 일본이 오무라수용소에 억류 중인 한인 불법 입국자 중 93명을 본인 희망에 따라 한국이 아닌 북한으로 송환하겠다는 뜻을 밝히면서 한국이 그 반발로 일부 일본인 어부의 송환을 거부하였기 때문이다. 한국은 1958년 2월 20일 249명, 2월 28일 200명의 일본 어부를 송환한 뒤 422명을 잔류시켰다. 이 잔류 인원은 4월 15일 한일회담이 재개된 후 4월 26일에 300명, 5월 18일에 122명이 각각 송환되었다. 일본은 북한 송환 희망자 93명을 제외한 오무라수용소 한인 전원을 석방하고 그중 불법 입국자 501명을 한국에 송환하였다.

2　『日本外交文書(일본외교문서)』 484, 「日韓會談の經緯(三)(일한회담의 경위(3))」, 1955. 10~1956. 8, 95쪽.

3　『한국외교문서』 99, 「제4차 한일회담 예비교섭, 1956-58, V. 1」; 浅野豊美 外 編(아사노 도요미 외 편), 『日韓國交正常化問題資料 基礎資料編 第6券 日韓國交正常化交渉の記錄(일한국교정상화 교섭의 기록)』, 現代史料出版(현대사료출판), 2011. 154쪽.

2. 재일한인 북송 문제

가. 재일한인 북송 움직임의 시작

1953년 7월 한국전쟁이 휴전된 후, 일본에서는 '재일조선통일민주전선'[4]을 중심으로 재일한인 중 희망하는 사람들의 북한 송환을 요구하는 진정이 이어졌다. 그러나 일본 정부는 1955년까지 자비로 북한에 귀국하는 것은 문제가 없으나 정부가 직접 관여하는 것은 한국을 자극할 우려가 있다는 이유에서 신중한 입장을 취하였다. 북한을 방문한 후 일본 재입국을 희망하는 재일한인에 대해서는 여권을 발급할 수 없으며, 일본 재입국도 허가하지 않는다는 방침 역시 계속 견지하였다.

그러다가 1954년 12월 하토야마 이치로(鳩山一郎) 정권이 수립되고 소련, 중공 등 공산권과의 관계 개선 움직임이 일자 이에 편승한 북한이 1955년 2월 남일 외상 명의로 일본과의 국교 정상화 및 경제·문화 교류를 제안하고, 재일동포의 북한 귀환 시 이들의 생활을 책임질 것이라는 성명을 발표하였다. 이 북한 측 제안에 대해 하토야마 총리는 북한과의 교류를 검토할 수 있다는 이중적 태도를 보임으로써 한국의 반발을 샀다. 하시모토 정권의 유화적인 대북한 정책에 따라 일본적십자사(이하 '일적')가 1956년 1월 27일에서 2월 27일간 북한을 방문, 북한적십자사(조선적십자회, 이하 '북적')와 잔류 일본인의 일본 귀환 문제를 협의하는 상황이 전개되었다. 그 후 국제적십자위원회(이하 '국적')의 주선을 통해 4월 22일 북한인과 결혼한 일본인 부녀자를 중심으로 한 36명이 일본이 보낸 선편을 통해 일본으로 귀국하였다. 이를 계기로 일적, 북적, 그리고 국적 간의 협력의 토대가 마련되었다. 조총련은 상기 귀환 일본인의 수송을 위한 일본 선박의 북한 방문 기회에 재일한인 48명이 북한으로 갈 수 있도록 해달라고 요청하였으나, 일본 정부는 이를 승인하지 않았다.

일적은 1956년 5월 북한행을 희망하는 48명에게 자비로 출국을 권고하고, 북적에 대해서는 이들을 접수하라고 요청하였다. 북한 정부는 이들의 접수에 동의하였다. 일적은 이들을 '버터필드 앤드 스와이어사(Butterfield & Swire: 상하이에 거점을 둔 영국

---

4   이 기구는 1955년 5월 해체되고 통상 '조총련'으로 불리는 '재일조선인 총연합회'가 결성되었다.

계 다국적 해운회사)'의 선박을 이용해 중국을 경유, 북한으로 보내기로 하였으나 그 선박이 일본으로 오지 않는 바람에 계획이 무산되고 말았다. 한국은 이러한 일본 측의 조치에 항의하면서, 국적과 '버터필드사'에 대해서도 이 문제에 관여하거나 협력하지 말 것을 계속 요청하였다. 그러나 일본 정부는 이 48명은 자유의사로 자비 출국하려는 것이므로 이를 막을 수 없다는 입장을 견지하였다. 결국 48명 중 20명과 새로운 희망자 3명이 더해져 23명이 12월 6일 노르웨이 선박 편으로 상하이를 경유, 북한으로 귀환하였다. 또 새로운 희망자 한 명이 10월 26일 요코하마로부터 네덜란드 선편으로 북한으로 갔다. 나머지 28명에 한 명이 추가되어 29명은 노르웨이 선편으로 떠나려 하였으나 한국이 주일 노르웨이 대사관에 항의함에 따라 선박회사가 한국대표부의 양해를 받아오라고 하면서 무산되고 말았다. 이들은 1957년 3월 31일 하카다(博多)에서 출항한 일본 어선을 이용해 4월 4일 북한으로 귀환하였다.

한편 북한의 지령을 받은 조총련은 1957년 8월 13일 재일한인 집단 귀국 방침을 결정하고 귀국 희망 강제 서명 운동을 전개하였다. 또한 10월 30일을 '귀국 요청의 날'로 정하고 전국적으로 북송 주장 집회를 개최하였다. 1957년 11월 일본 정부는 4명의 재일한인에 대해 재차 북한행을 허가하였다. 이후 조총련은 조직적으로 재일한인의 집단 북송을 추진하기 시작하였으며, 일본 측은 한국의 강력한 항의와 반대가 이어지자 일적이 국적을 활용하는 방안을 검토하도록 하였다.

1958년 9월 8일 김일성은 건국 10주년 기념 경축대회 보고에서 '재일동포가 조국에 돌아와 새로운 생활을 할 수 있도록 모든 조건을 보장한다'고 언명하였으며, 9월 16일에는 남일 외상이, '일본 정부는 귀국을 희망하는 재일한인을 인도할, 필요한 조치를 즉시 강구하라'고 요구하였다. 10월 10일 후지야마 아이이치로(藤山愛一郎) 외상은 한덕수 조총련 의장의 집단 북송 요청에 대해 유보적 입장을 표명하였다. 이때까지만 해도 한일회담이 계속 진행되고 있었고 미국도 재일한인의 북한 송환 문제에 부정적이었기 때문에 일본은 집단 송환에 대해서는 여전히 신중한 태도를 보였다.

나. 일적-북적 간 '캘커타 협정' 체결 및 재일한인 북송의 본격화

1958년 12월 19일 제4차 한일회담이 연말연시 휴회에 들어가면서 일본 정부의 입장이 변하기 시작하였다. 1959년 1월 초 일본 외무성은 재일한인 북송 추진을 위한

내부 방침을 정하였으며, 오무라수용소에 억류 중인 한인 중 42명을 비밀리에 북한에 송환하였다. 후지야마 외상은 1월 29일 국회에서 '북한 귀환을 희망하는 재일한인들에게는 이를 허가할 것'이라는 취지의 발언[5]을 한 후, 1월 30일 기자회견을 통해 '재일한인의 북한 귀국 문제를 가능한 한 조속히 처리할 방침'[6]이라고 발표하였다. 이에 대해 한국의 조정환 외무장관은 1월 31일 일본이 재일한인의 북한 송환을 실시할 경우 중대한 결과를 초래할 것이라고 강력히 경고하였다. 그러나 한국에 대해 우호적인 입장을 취해왔던 기시 노부스케(岸信介) 총리마저도 2월 2일 국회 중의원 예산위원회 답변에서 '인도적 입장 및 국제적인 통념에 따른 의미에서 북한 귀국을 희망하는 사람들에게는 그 희망을 실현시킬 조치를 취하고 싶다'는 입장을 표명하였다.[7]

한국 측의 항의와 경고에도 불구하고 일본 정부는 1959년 2월 13일 각의에서 '북한 귀환 희망자 중 북송 의사가 확인된 사람들의 송환 실시를 위하여 필요한 중개를 국적에 요청한다'고 결정하였다. 이러한 일본 측 입장이 정해지자 한국 정부는 한일회담 재개를 무기한 연기하고, 최규하 주일 참사관과 이범석 한적 청소년부장을 제네바에 파견, 국적을 상대로 북송 저지 교섭을 전개하였다. 4월 13일에서 6월 10일간 제네바의 국적 사무실에서 일적과 북적 간에 직접 교섭이 진행되어, 양측은 "북한 송환은 개개인의 자유의사를 기본 조건으로 하며, 송환 사무를 담당할 기구는 일적 산하에 조직하여 운영하고, 국적이 필요하고 적절하다고 생각하는 조치를 언제든 할 수 있다"라는 내용에 합의하였다. 일본 외무성은 이 합의 내용을 6월 11일 언론에 발표하였다. 이에 한국 정부는 6월 15일 대응 조치로 대일 통상 중단을 발표하였으며, 6월 20일에는 북송 저지를 위한 무력행사의 가능성마저 시사하였다. 이와 함께 한국은 일본에 대해 '재일한인의 한국 집단 귀국' 제안을 통해 북송을 견제하고자 하였다.

1959년 6월 24일 결국 일적과 북적 간에 「재일한인의 북송에 관한 협정」(이른바 '캘커타 협정')이 가조인되었다. 한일회담 재개에 반대해 온 한국은 7월 30일 입장을 바꾸어 회담 재개를 일본 측에 제안하였다. 일본도 이에 동의, 8월 12일부터 회담이 재개

5　『제31회 일본 국회 참의원 본회의』 제10호, 1959. 1. 29, 13쪽.
6　『朝日新聞(아사히신문)』, 1959. 1. 30 석간.
7　『제31회 일본 국회 중의원 예산위원회』 제2호, 1959. 2. 2, 5쪽.

되었다. 한국 측으로서는 회담을 통해 재일한인의 북한 송환을 저지하는 것이 더 효과적일 것이라는 판단이 섰기 때문이다. 그러나 그간 한국의 반대로 인해 신중한 입장을 취해왔던 국적도 1959년 8월 11일 재일한인을 한국, 북한에 송환시키는 일적의 계획에 협력하기로 결정하였다. 8월 13일 인도 캘커타(현 콜카타)에서 일적과 북적 간에 북송협정의 정식 조인이 이루어졌다. 이 협정에 따라 12월 14일 북송 제1진 975명이 니가타(新潟)항에서 북한으로 향발하였다. 이후 송환협정은 한국 정부의 강력한 반대와 교섭에도 불구하고 매년 갱신되어 1967년 12월 22일까지 156차에 걸쳐 총 88,611명의 북송(일본 국적자 6,642명 포함)이 이루어졌다. 당초 캘커타 협정에 따른 신청자는 총 141,892명에 달했으나 그중 23,383명이 신청을 취소하고 12,496명이 북한 귀환 의사를 번복하였으며 17,492명은 송환이 이루어지지 않았다.

다. 재일한인 북송의 배경 분석

한일회담 초기 단계부터 외무부 정무국장으로 회담에 깊숙이 관여하고 제7차 한일회담 한국 측 수석대표(주일 대사)를 역임한 김동조는 자신의 회고록에서 재일한인의 북송과 관련하여 국적이 당초 이 문제에 그리 적극적이지 않았고, 기시 총리를 비롯하여 일본 내에도 북송 신중론자(사와다 렌조(沢田廉三) 한일회담 일본 측 수석대표가 대표적인 인사)가 있었던 점을 들면서, 한국이 한일회담을 중단시키지 않고 재일한인 문제를 비롯한 현안 타결에 적극적으로 응하는 유연한 자세를 보였다면 북송이 이루어지지 않았거나 북송 한인의 숫자가 그리 많지 않았을지도 모른다고 주장하였다.[8]

그러나 일본은 제2차세계대전 종료 이후 일본에 잔류하게 된 한인들의 처리 문제를 가장 큰 현안의 하나로 생각하고 있었다는 점을 간과해서는 안 될 것이다. 제4차 한일회담 재일한인 법적지위위원회 일본 측 수석위원이었던 일본 법무성 가쓰노 야스스케(勝野康助) 입국관리국장은 1958년 11월 3일 기시 총리에게까지 보고한 문서에서 "(전략) 그들이 일본으로부터 떠나는 것은 일본이 바라는 바이며, (중략) 앞으로 북한 송환 운동이 더욱 거세질 텐데 한일회담의 지속을 이유로 이를 계속 저지할 것인가?"

---

8 김동조, 『회상 30년, 한일회담』, 중앙일보사, 1986, 150쪽.

라면서 북한 송환의 조속 처리를 강력하게 주장하였다.[9] 1959년 2월 5일 자 일본 『아사히신문』은 '재일조선인의 귀국 문제(在日朝鮮人の歸國問題)' 제하 기사에서 1958년 11월 말 현재 재일한국인은 60만 명(미등록, 밀입국자 합산 시 80만 명)이며, 이들은 80퍼센트가 실업자이고 4명 중 1명이 생활 보조금 수급자로서(일본인 평균 보호율의 10배), 연간 26억 엔의 생활 보조금이 지불되고 있어 일본 정부에 상당한 경제적 부담이 되고 있고, 재일한인의 절도, 상해 등 범죄자 수는 22,000명으로서 일본인보다 5배나 높다고 보도하였다.[10]

이에 더해 북한도 부족한 노동력을 해결하기 위하여 조총련을 통해 북송 문제에 매우 적극적으로 나선 점, 미국 또한 초기 단계에는 북송 문제로 한일회담이 파행을 거듭하고 일본이 공산 세력에 대해 지나치게 양보하는 것에 대해 불만스럽게 생각하면서 이 문제에 대해 부정적인 입장을 취했으나 나중에는 일본의 입장을 이해하고 더 이상 반대하지 않았던 점 등을 고려할 때, 한일회담이 순조로이 진행되었다 하더라도 북송은 저지하기 어려웠을 것으로 생각된다. 당내 정치적 기반이 취약하긴 하였지만, 한국과의 관계 개선에 적극적이었던 기시 총리도 북송을 저지하지 못했던 이유가 여기에 있다고 보아야 할 것이다.

---

9   浅野豊美 外 編(아사노 도요미 외 편), 『日韓國交正常化問題資料 基礎資料編 第6券 日韓國交正常化交涉の記錄(일한국교정상화 교섭의 기록)』, 現代史料出版(현대사료출판), 2011, 195쪽.
10 『朝日新聞』, 1959. 2. 5; 김동조, 앞의 책, 141~142쪽; 이원덕, 『한일과거사 처리의 원점』, 서울대학교 출판부, 1996, 112쪽.

재일한인 북송 문제를 둘러싼 관계국과 관계 기관의 움직임[11]

일자	일본(정부, 일적) 북한(정부, 북적, 조총련)	국제적십자위원회	한국/일본
1955. 2	북한 정부, 6.25에 따른 북한의 노동력 부족 현상 해소를 위해 재일교포의 귀환 추진과 귀환 시 이들의 생활을 책임질 것을 대내외에 천명	-	-
1955	일본 정부, 1명의 재일한인 북한 출국 허용	-	-
1956. 2 상순	일적 대표단 평양 방문, 잔류 일본인 귀환 및 재일한인 중 북한 귀환 희망자 송환 주선 합의	-	-
1956. 2. 26	-	일적-국적 간에 남, 북한과 일본에 거주 또는 억류된 상대 국민 송환을 위해 양측이 협력한다는 각서 교환	-
1956. 4	16가구 46명의 북한 잔류 일본인 귀국 12가구 48명의 재일한인 북송 희망자 출국 신청	-	한국 정부, 일본 정부에 조총련계 동포의 북송 불허 요청
1956. 7. 26	-	재일한국인의 거주지 선택 자유는 인도적 견지에서 해결되어야 한다는 유권해석이 담긴 서한, 일적에 송부	-
1956. 8. 16	일적, 일본 정부에 국적의 서한에 따라 북송 문제를 국적 개입하에 해결할 수 있도록 협조 요청	-	-
1956. 12. 6	조총련, 일적, 20명의 재일한인 북송(노르웨이 화물선편, 시모노세키항 출발, 상하이 경유 북한 입국)	-	-
1957. 2. 25	기시 내각 출범	-	-

---

11 이 표는 김동조의 『회상 30년 한일회담』(112~201쪽)과 이원덕의 『한일과거사 처리의 원점』(105~115쪽)에 나와있는 내용을 참고로 하여 정리한 것이다.

일자	일본(정부, 일적) 북한(정부, 북적, 조총련)	국제적십자위원회	한국/일본
1957. 8. 13	조총련, 확대 중앙상임위 개최, 재일한인 집단 귀국 방침 결정, 귀국 희망 강제 서명 운동 전개	-	-
1958. 4. 15	-	-	제4차 한일회담 개최
1958. 8. 20	-	-	한국, 한일회담 중단
1958. 9. 16	북한 남일 외상, 일본으로부터 조선인 귀국자를 받아들일 용의가 있다고 선언	-	-
1958. 10. 1	-	-	한일 양국, 중단되었던 제4차 회담 본회의 재개 및 어업, 평화선분과위 개최 합의
1958. 10. 10	후지야마 외상, 한덕수 조총련 의장의 북송 협력 요청에 유보적 태도	-	-
1958. 10. 30	조총련, 10. 30을 '귀국 요청의 날'로 정하고 전국적으로 북송 주장 집회 개최	-	-
1958. 11. 17	하토야마 전 총리, 아사누마 사회당 서기장, 미야모토 공산당 서기장 등이 참가하는 재일조선인 귀국협의회 구성, 일본 정부에 북송 협력 요청	-	-
1958. 12. 13	후지야마 외상, '귀국 희망자의 출생지를 묻지 않고 국제법적, 인도적 차원에서 귀환 문제를 해결하고 싶다'고 발언함으로써 그간의 북송 문제에 대한 유보적 입장 전환 시사	-	-
1958. 12. 19	-	-	한일 양국, 어업 및 평화선 위원회 회의를 끝으로 제4차 회담 중단
1959. 1	일본 정부, 오무라수용소 억류 한인 중 42명 비밀리에 북한에 송환	-	-

일자	일본(정부, 일적) 북한(정부, 북적, 조총련)	국제적십자위원회	한국/일본
1959. 1. 12	후지야마 외상, 오사카 기자회견에서 '재일조선인의 북한 집단 송환을 검토하고 있다'고 발언	-	한국 정부, '북송은 한일회담에 중대한 영향을 초래할지도 모른다'고 경고 일본 정부, '북송과 한일회담은 무관하며, 북송이 실현되어도 한일회담 속행을 희망한다'고 답변
1959. 1. 29	후지야마 외상, 국회에서 '북한 귀환을 희망하는 재일한인에게는 이를 허가한다'고 선언	-	-
1959. 2. 2	기시 총리, 중원 예산위 답변에서 '인도적 입장 및 국제적인 통념에 따르는 의미에서 북한 귀국을 희망하는 사람들에게는 그 희망을 실현시킬 조치를 취하고 싶다'고 발언	-	-
1959. 2. 13	일 정부, 각의에서 '북한 귀환 희망자의 확인 결과 북송 의사가 확인된 사람들의 송환 실시를 위하여 필요한 중개를 국적에 요청한다'고 결정	-	-
1959. 2. 14	일적, 국적에 북송 협조 요청 공한 발송	북송 협조 의사 표명	-
1959. 2	-	-	최규하 주일 참사관과 이범석 한적 청소년부장을 제네바로 파견, 국적 상대로 북송 저지 교섭
1959. 2. 20	일적 이노우에 외사부장 제네바 방문, 국적과 교섭	북한 측이 수용하기 어려운 북송 희망자의 개별 심사 방안 제시	-
1959. 2. 25	-	-	민단, 북송 반대 시위
1959. 4. 6	-	-	조정환 외무장관, 회담 재개 제안 성명 발표
1959. 4. 13	일적, 북적, 제네바 국적 사무실에서 직접 교섭	-	-
1959. 6. 15	-	-	한국 정부, 대일 통상 중단 발표

일자	일본(정부, 일적) 북한(정부, 북적, 조총련)	국제적십자위원회	한국/일본
1959. 6. 20	-	-	한국 정부, 북송저지 위하여 무력 행사 가능성 시사
1959. 6. 24	일적, 북적, 북송에 관한 협정 가조인	-	-
1959. 7. 30	-	-	한국 정부, 한일회담의 조속한 재개 제안
1959. 8. 11	-	국적, 그간의 신중한 입장에서 전환, 재일한인을 한국, 북한에 송환시키는 일적의 계획에 협력할 것을 결정	한국의 북송 저지 협조 요청에 미 국무부는 '미국 정부는 일관해서 자유 의지에 의한 귀국 원칙을 지지하고 있다'는 성명 발표로 한국 요청 거부
1959. 8. 12	-	-	한일회담 재개(한국 측 수석대표 허정 전 서울시장으로 교체)
1959. 8. 13	인도 캘커타(현 콜카타)에서 일적, 북적 간 북송협정 조인	-	-
1959. 11. 2	-	-	재일한인 법적지위위원회 제22차 회의를 끝으로 회담 중단
1959. 12. 14	북송 제1진 975명 니가타항에서 출발	-	
1960. 4. 15	-	-	한일회담 재개하였으나, 한국의 4.19혁명으로 회담 중단
1967. 12. 22	156차에 걸쳐 총 88,611명 북송(일본 국적자 6,642명 포함) ※ 캘커타 협정에 따른 북송 신청자 141,892명, 신청 취소자 23,383명, 의사 변경자 12,496명, 송환 미완료자 17,492명	-	-

※ 국적: 국제적십자위원회, 일적: 일본적십자사, 북적: 북한적십자사

3. 『한일회담 자료총서 제5권』 수록 내용

이 자료집에는 재일한인의 북송 및 한일 양국 억류자 상호 석방에 관한 문제와 관련한 다음 7개의 파일에 편철되어 있는 내용이 수록되었다. 원사료에는 「재일한인 북한 송환 및 한일 양국 억류자 상호 석방 관계철」이 총 9개의 파일로 구성되어 있으나, 이 가운데 사료의 가치가 떨어지는 북송 관련 홍보 및 주재국 반응 보고 문건 등이 수록된 파일(파일 번호 770, V. 6 북송 저지를 위한 홍보 및 주재국 반응), 관련 신문 기사가 수록된 파일(파일 번호 772, V. 8 북송 관계 신문 기사 1959)과 개인 정보가 상당 분량 포함되어 있는 파일(파일 번호 773, V. 9 오무라수용소에 수용 중인 일본 밀입국 한국인의 강제 송환 및 나포 일 어선 추방에 관한 건, 19-55-60) 등 3개 파일은 수록 대상에서 제외하였다.

① 재일한인 북한 송환 및 한일 양국 억류자 상호 석방 관계철, 1955-60. 전 9권 V. 1 오무라(大村)수용소에 수용 중인 북송 희망자의 석방 문제, 1958(파일 번호 765)

② 재일한인 북한 송환 및 한일 양국 억류자 상호 석방 관계철, 1955-60. 전 9권 V. 2 재일한인 북한 송환, 1959. 1-8(파일 번호 766)

③ 재일한인 북한 송환 및 한일 양국 억류자 상호 석방 관계철, 1955-60. 전 9권 V. 3 재일한인 북한 송환, 1959. 9-60. 2(파일 번호 767)

④ 재일한인 북한 송환 및 한일 양국 억류자 상호 석방 관계철, 1955-60. 전 9권 V. 4 북송 저지를 위한 Geneva대표부의 활동, 1956-60(파일 번호 768)

⑤ 재일한인 북한 송환 및 한일 양국 억류자 상호 석방 관계철, 1955-60. 전 9권 V. 5 북송 연장을 위한 일본적십자사와 북한적십자사 간의 회담, 1960(파일 번호 769)

⑥ 재일한인 북한 송환 및 한일 양국 억류자 상호 석방 관계철, 1955-60. 전 9권 V. 7 북송 관계 참고 자료, 1955-60(파일 번호 771)

【참고문헌】

김동조,『회상 30년, 한일회담』, 중앙일보사, 1986.
유의상,『대일외교의 명분과 실리』, 역사공간, 2016.
이원덕,『한일과거사 처리의 원점』, 서울대학교 출판부, 1996.
国会会議録検索システム(https://kokkai.ndl.go.jp/#/).
浅野豊美 外 編,『日韓國交正常化問題資料 基礎資料編 第6券 日韓國交正常化交渉の記録』,
　現代史料出版, 2011.
『朝日新聞』.

재일한인 북송 및
한일 양국 억류자
상호 석방 관계
(1955~1960)

V. 1 오무라(大村)수용소에 수용 중인 북송 희망자의 석방 문제, 1958

분류번호 : 723.1JA 북 1955-60 V. 1
등록번호 : 765
생산과 : 아주과
생산연도 : 1960
필름번호 : C1-0010
프레임번호 : 0001~0169

1958년에 들어서서 오무라 수용소에 수용되어 있는 한인들 가운데 북한행을 희망하는 사람들의 처리 문제와 관련한 한일 양국의 줄다리기가 시작되는데 이에 관해 양국이 주고받은 구상서, 일본 측을 상대로 한 우리 대표부의 대처 등에 관한 문건이 수록되어 있다. 일본 측은 북한행을 희망하며 단식농성을 벌이던 수용자들 가운데 건강이 심각한 상태에 이른 일부 인원(26명)의 석방을 결정하였다. 이에 대해 우리 측은 1957년 12월 31일 합의 문건 등을 근거로 이러한 일본 측 조치가 합의 위반이라며 석방에 반대하지만 결국 일본은 인도적인 차원의 조치임을 강조하면서 이들을 석방한다. 한국 측은 이 문제가 한일회담 전체에 악영향을 미칠 것을 우려해 강력한 대응을 자제하면서 석방 인원들의 치료 후 수용소 복귀, 석방 기간 중 일본 측 통제 등을 조건으로 마지못해 석방을 받아들인다.

1. 억류자 문제에 관한 기시 수상의 제안 보고 전문[1]

0008   COPY TO: KYUNG MU DAI, FOREIGN MINISTER

REGARDING THE DETAINEE ISSUE THE JAPANESE GOVERNMENT HAS DECIDED TO TACKLE THE ISSUE BY A QUOTE NEW IDEA UNQUOTE. FORMIN KISHI REPORTED TO THE CABINET MEETING TUESDAY ON THE DETAINEE ISSUE IN DETAIL. HE MADE FEW SUGGESTIONS TO THE CABINET MEETING ON NEW JAPANESE POLICY TOWARD KOREA WHICH WAS APPROVED BY THE MEETING. THE SO CALLED NEW IDEA OF FOREIGN MINISTER KISHI HAS NOT BEEN MADE PUBLIC YET HOWEVER IT IS TRUE THAT JAPANESE FOREIGN OFFICE OFFICIALS CONCERNED ARE NOW CAREFULLY MAPPING OUT THEIR NEW STRATEGY ON THE DETAINEE ISSUE ON THE BASIS OF THIS NEW IDEA. ACCORDING TO INFORMATION THE SO CALLED NEW IDEA IS CENTERED ON THE MEASURES FOR QUOTE APPEALING TO THE WORLD OPINION UNQUOTE. THE JAPANESE GOVERNMENT MAY POSSIBLY TAKE THE FOLLOWING MEASURES FOR THIS PURPOSE COLON

FIRST THE JAPANESE GOVERNMENT WILL MAKE PROPOSITION ON THE DETAINEE ISSUE IN AN OFFICIAL FORM REQUESTING OUR SIDE TO MAKE OFFICIAL REPLY. THEN THE JAPANESE GOVERNMENT WILL MAKE PUBLIC THESE CONTENTS OF OFFICIALS VIEWS EXCHANGED BETWEEN THE TWO SIDES.

SECOND THE JAPANESE GOVERNMENT WELL MAKE USE OF THE UN

---

1   작성 일자 불명.

AND ITS OWN NETWORK OF DIPLOMATIC AND CONSULAR OFFICES THROUGHOUT THE WORLD AS PUBLICITY MEDIA FOR THIS PURPOSE.

THIRD FORMIN KISHI WANTS TO SEE ME ON TENTH MORNING. THIS IS ROUTINE MEETING OF THE NEWLY APPOINTED FOREIGN MINISTER WITH MEMBERS OF THE DIPLOMATIC CORPS HOWEVER KISHI MIGHT TOUCH UPON SOME PHASE OF THE PENDING PROBLEMS AS SOME LOCAL PRESS POINTED OUT. I AM CAREFULLY WATCHING THE DEVELOPMENT OF THE ISSUE AND WILL REPORT TO THE GOVERNMENT PROMPTLY. ONE

MINISTER KIM

번역

사본: 경무대, 외무장관

억류자 문제와 관련하여 일본 정부는 '새로운 아이디어'로 문제를 해결하기로 결정했습니다. 기시 외상은 화요일 각의에서 억류자 문제에 대해 상세히 보고했습니다. 그는 한국에 대한 일본의 새로운 정책에 대해 각의에 몇 가지 제안을 했고 각의는 이를 승인했습니다. 기시 외상의 이른바 신구상은 아직 공개되지 않았지만 일본 외무성 관계자들은 이 신구상을 토대로 억류자 문제에 대한 새로운 전략을 신중하게 구상하고 있는 것으로 알려지고 있습니다. 정보에 따르면 소위 새로운 아이디어는 세계 여론에 호소하는 조치에 중점을 두고 있습니다. 일본 정부는 이 목적을 위해 다음과 같은 조치를 취할 수 있습니다.

먼저 일본 정부는 억류자 문제에 대한 제안을 공식적인 형식으로 우리 측에 공식적인 회신을 요청할 것입니다. 그리고 일본 정부는 양측이 교환한 공식 견해의 내용을 공개할 것입니다.

둘째, 일본 정부는 이를 위해 유엔과 전 세계 공관 및 영사관 네트워크를 홍보 매체로 잘 활용할 것입니다.

셋째, 기시 외상이 10일 아침에 저를 만나자고 합니다. 이는 새로 임명된 외상과 외교 단원들과의 정기적인 만남이지만, 일부 현지 언론에서 지적한 바와 같이 기시가 현안 문제를 일부 언급할 수도 있습니다. 사안의 추이를 예의주시하고 있으며 정부에 신속히 보고하도록 하겠습니다.

김 공사

2. 재일한인 북송 관련 언론 보도의 확인을 요청하는 주일 대표부 구상서

PKM-3

NOTE VERBALE

The Korean Mission in Japan presents its compliments to the Ministry of Foreign Affairs and, with reference to press reports of February 4, 1958 concerning those Koreans now under detention who reportedly desire to go to the northern part of Korea, has the honor to make the following representations;

According to the said reports, the Minister for Justice of Japan testified before a meeting of the Judicial Affairs Committee of the House of Councillors held on February 3, 1958, that, in the implementation of the mutual release and repatriation of the detainees, the Japanese Government was not considering the deportation of those Koreans desiring to go to "north Korea", to the Republic of Korea "where persecution is awaiting them if they are deported thereto".

The mission wishes to be informed of the authenticity of the press reports in this regard, and if the story is true, the Mission is obliged to lodge a strong protest with the Government of Japan for the following reasons;

It is pointed out that the above statement by the Minister for Justice not only disregards the agreement between the Republic of Korea and Japan concerning the mutual release of detainees, but is also at variance with the position taken by the Japanese delegation at meetings of the Republic of Korea-Japan Working Committee for the implementation of the terms agreed upon at the conclusion of the preliminary talks.

The Mission can hardly understand how the Minister for Justice arrived at such a conclusion as in his statement regarding a possible treatment in the Republic of Korea of the Koreans under reference upon their return to the Republic of Korea. The Mission is obliged to state that the Minister's remarks not only are unduly prejudiced against the Republic of Korea, but are also construed as purporting to create most adverse effect on the smooth implementation of the terms agreed upon in connection with the mutual release of detainees.

Reiterating that the Koreans under reference should be sent to the Republic of Korea without fail in accordance with the terms agreed upon between the two Governments, the Mission requests that the Ministry immediately take appropriate measures to rectify the situation thrown into confusion by the Minister's statement in question so that a speedy implementation of the terms agreed upon may be made.

Tokyo, February 4, 1958

번역 PKM-3

구상서

주일본 대한민국대표부는 외무성에 경의를 표하며, 현재 수용되어 있는 한인들 중 북송을 희망하는 것으로 알려진 자들에 관한 1958년 2월 4일 자 언론 보도와 관련하여 다음과 같은 입장을 표명하는 바입니다.

상기 보도에 따르면, 일본 법무상은 1958년 2월 3일에 개최된 참의원 사법위원회 회의에서 구금자들의 상호 석방 및 송환을 이행함에 있어 일본 정부는 '북한'으로 가기를 원하는 한국인들을 '그곳으로 추방될 경우 박해가 기다리고 있는' 대한민국으로 추방하는 것을 고려하지 않고 있다고 증언했습니다.

본 대표부에서는 이와 관련한 언론 보도의 진위 여부를 파악하고자 하며, 만약 보도 내용이 사실이라면 다음과 같은 이유로 일본 정부에 강력한 항의를 제기할 수밖에 없음을 알려드립니다.

위 법무상의 발언은 억류자 상호 석방에 관한 한일 간 합의를 무시하는 것일 뿐만 아니라, 예비회담 종료 시 합의된 사항의 이행을 위한 한일실무위원회 회의에서 일본 대표단이 취한 입장과도 배치되는 것임을 지적하는 바입니다.

본 대표부는 북한으로 가기를 원하는 재일한인들이 대한민국으로 송환될 경우, 대한민국에서 받을 처우와 관련해 어떻게 법무상이 이 같은 결론에 도달했는지 이해할 수 없습니다. 본 대표부는 법무상의 발언이 대한민국에 대한 과도한 편견일 뿐만 아니라, 억류자 상호 석방과 관련하여 합의된 조건의 원활한 이행에 가장 부정적인 영향을 미칠 수 있는 것으로 해석된다는 점을 언급하지 않을 수 없습니다.

본 대표부는 양국 정부 간에 합의된 조건에 따라 위에 언급한 재일한인들을 반드시 대한민국으로 송환해야 한다는 점을 재차 강조하면서, 일본 외무성이 문제의 법무상 성명으로 혼란에 빠진 상황을 바로잡아 합의된 조건의 조속한 이행이 이루어질 수 있도록 적절한 조치를 즉각 취할 것을 요청합니다.

1958년 2월 4일, 도쿄

7. 재일한인 추방 문제에 관한 대통령 유시

4291. 6. 11

대통령 각하의 유시

4291년 6월 10일 차관이 대통령 각하에게 한일회담에 관하여 보고를 드리는 석상 각하로부터 다음과 같이 유시가 있었음.

기

재일한인의 추방 문제에 관련하여, 만일 일본 정부가 정당한 범위 내에서 그들에게 보상을 지불한 용의만 있다면 한인 전부를 본국으로 받아들일 수도 있을 것이다. 이 경우에 그러한 보상을 우리 정부가 일단 받은 후 이를 전하고자 하는 것이 아니고 직접 그들에게 주어지기를 원한다. 이 문제는 잘 연구해 보아라. 그리고 재일교포 문제와 관련하여 1923년 도쿄 대진재 당시 일인에게 학살된 한인에 대한 보상 문제를 어떻게 할 것인지 연구하여 보아라.

(설명) 1923 일본 진재 당시 학살된 한인에 대한 보상 문제를 문제 삼을 경우 재일한인의 법적지위문제위원회보다는 한국청구권위원회가 정당한 것으로 생각됨. (정무국 견해)

11. 단식투쟁 중인 오무라수용소 한인 석방에 관한 일본 측 제의 관련 보고 전문

NO. MT-086

DATE. 07051500

TO. KORPITAL & FOREIGN MINISTER

WITH REFERENCE TO HUNGER STRIKE AT THE OMURA DETENTION CAMP BY THOSE KOREANS WHO ARE ALLEGEDLY DESIROUS OF GOING TO NORTH KOREA CMA THE DIRECTOR OF THE IMMIGRATION BUREAU OF JAPANESE GOVERNMENT TOLD AS THAT SOME OF THOSE KOREANS ARE UNDER SERIOUS CONDITIONS PD IN THIS CONNECTION CMA HE REQUESTED US TO GIVE HIM OUR CONSENT TO HIS PLAN OF RELEASING SOME OF THOSE KOREANS FROM STRICTLY HUMANITARIAN VIEWPOINT ON A TEMPORARY BASIS PD IN REPLY CMA WE POINTED OUT THE FOLLOWING COL ONE BRACKET PD THAT WE HAVE CONSISTENTLY REQUESTED THE JAPANESE SIDE TO EXPEDITE THE DEPORTATION OF THOSE KOREANS TO THE REPUBLIC OF KOREA IN ACCORDANCE WITH THE AGREEMENT MADE ON DECEMBER THIRTY FIRST CMA ONE NINE FIVE SEVEN CMA AND THAT CMA THEREFORE CMA THE JAPANESE SIDE SHOULD HAVE SENT THEM TO THE REPUBLIC OF KOREA LONG BEFORE PD TWO BRACKET PD THAT PROPER MEDICAL CARE SHOULD BE GIVEN TO THOSE KOREANS WHO WOULD BE UNDER SERIOUS CONDITIONS PD THREE BRACKET PD AND THAT WE TRUST THAT THE JAPANESE SIDE WOULD KEEP ITS PROMISE PREVIOUSLY MADE NEITHER TO SEND THEM

TO NORTH KOREA NOR TO RELEASE THEM IN JAPAN PD UNQUOTE

AMBASSADOR LIMB

번호: MT-086

일자: 07071500[1958. 7. 7]

수신인: 경무대, 외무장관

북한으로 가기를 원하는 것으로 알려진 한국인들의 오무라수용소에서의 단식투쟁과 관련하여 일본 정부의 출입국 관리국 국장은 그중 일부 한국인이 심각한 상황에 처해있다고 말했습니다. 이와 관련하여 그는 엄격한 인도주의적 관점에서 일부 한국인을 일시적으로 석방하려는 계획에 동의해 달라고 요청했습니다. 회신에서 우리는 다음과 같이 지적했습니다. "(1) 우리는 일본 측에 12월 30일에 이루어진 합의에 따라 오무라에 수용된 한국인들을 대한민국으로 추방하는 것을 신속히 처리하라고 요청했으며, 따라서 일본 측은 이전에 그들을 대한민국으로 보냈어야 한다. (2) 심각한 상태에 처한 한국인들에게 적절한 의료 서비스를 제공해야 한다. (3) 그리고 우리는 일본 측이 이전에 북한으로 보내거나 일본에서 석방하지 않겠다고 한 약속을 지킬 것이라고 믿는다."

임 대사

12. 오무라수용소 내 단식투쟁 관련 언론 보도 보고 전문

NO. MT-088

DATE. 07061600

TO. KORPITAL & FORMIN

IN CONNECTION WITH THE REPORTED HUNGER STRIKE FOR THEIR RELEASE IN JAPAN BY THOSE KOREAN DETAINEES OF POST WAR CATEGORY AT OMURA WHO ARE ALLEGEDLY DESIROUS OF GOING TO NORTH KOREA CMA JAPANESE NEWS PAPERS REPORTED THIS MORNING PARENTHESIS JULY SIX THAT THE JAPANESE GOVERNMENT DECIDED TO RELEASE IN JAPAN SOME OF THOSE KOREAN DETAINEES IN QUESTION CMA NAMELY THOSE WHO ARE REPORTEDLY NOW UNDER CRITICAL CONDITION CMA SOME AGED DETAINEES AND WOMEN CMA ETC PERIOD IN THIS CONNECTION CMA THE MISSION IS GOING TO PRESENT A NOTE OF PROTEST TO THE JAPANESE FOREIGN OFFICE MONDAY MORNING JULY SEVEN CMA SIMULTANEOUSLY INQUIRING ABOUT THE AUTHENTICITY OF THE SAID PRESS REPORT PD

KORDIPSION

번역 번호: MT-088

일자: 07061600

수신처: 경무대, 외무부

　북한행을 희망하는 것으로 알려진, 오무라 수용 전후 일본에 온 한국인들이 일본 내에서 석방을 요구하며 단식투쟁을 벌이고 있다는 보도와 관련하여, 일본 신문들은 오늘 아침 일본 정부가 한국인 수용자 중 일부 문제의 한국인들, 즉 현재 위독한 상태에 있는 것으로 알려진 일부 노인 및 여성 수용자를 석방하기로 결정했다고 보도했습니다. 이와 관련하여 대표부는 7월 7일 월요일 아침 언론 보도의 진위 여부를 물어봄과 동시에 일본 외무성에 항의 서한을 제출할 예정입니다.

주일 대표부

13. 북한행을 희망하는 오무라 수용 한인의 일본 내 석방 관련 보도 보고 서한

한일대 제1192호

단기 4291년 7월 7일

외무부 장관 각하

주일 대사

건명: 북한행을 희망하는 한인 일본 국내 석방 보도에 대하여 일본 외무성에 발송한 항의문에 관한 건

　머리의 건 지난 7월 6일 자 당지 일본 신문 보도에 의하면 현재 오무라수용소에 수용 중인 소위 북한행을 희망하는 한인 억류자의 단식 스트라이크에 관련하여 그중 위독한 상태에 있는 한인 약간 명을 임시로 일본 국내에 석방하기로 일본 정부가 결정하였다는 보도에 대하여는 이미 전문 MT-088호로 보고드린 바와 여히 별첨 사본과 같이 동 신문 보도의 진부 여하와 만일 동 보도가 사실이라면 첫째, 일본 정부는 작년 12월 31일에 체결한 제 협정과 한일연락회의에서 행한 약속 위반이며 둘째, 이러한 계속적인 일본 측의 약정 위반이 현재 진행 중인 한일회담의 원만한 진행에 악영향을 끼치게 된다는 점을 지적하여 엄중 항의한 바 있으므로 이에 보고하나이다.

　추이: 7월 8일 오후 3시에 연락회의(Working Committee)를 개최하여 이 진상을 더욱 추궁하고 항의를 하기로 하였음을 첨신하나이다.

별첨: 당 대표부 항의 각서[구상서] 사본 1통

이상

별첨

13-1. 북한행 희망 오무라 수용 한인의 석방 보도 관련 주일 대표부의 항의 구상서

0033   PRM-30

NOTE VERVALE

The Korean Mission presents its compliments to the Ministry of Foreign Affairs and, with reference to press report regarding the contemplated release in Japan of same of Koreans under detention at the Omura Detention Camp whom the Government of Japan is yet to send to the Republic of Korea, has the honour to make the following representation:

According to local press report of July 6, 1958, the Government of Japan has decided to release in Japan some of those detainees in the very near future.

In this connection, the Mission wishes to be informed of the authenticity of the said press report, and if it is true, the Mission is obliged to express its deep concern over the report, pointing out that such a decision on the part of the Government of Japan would be clearly at variance with the agreement reached at the conclusion of the Korea-Japan Preliminary Talks on December 31, 1957, and the commitments repeatedly made thereafter by Japanese members of the Korea-Japan Working Committee that the Korean detainees under reference would neither be allowed to go to 'north Korea', nor be released in Japan.

0034   As has repeatedly been made clear to this Ministry in the past, the northern part of Korea, which is an integral part of the territory or the Republic of Korea, is now under unlawful occupation by Communist aggressors. Therefore, the Government of the Republic of Korea is most energetically opposed to following any of Koreans now in Japan to go to the northern part of Korea.

Furthermore, in accordance with the agreement reached between the Republic of Korea and Japan on December 31, 1957, the Government of Japan should have expedited the deportation of the Koreans under reference to the port of Pusan as was designated by the Government of the Republic of Korea.

In view of the above, the Mission lodges a strong protest with the Ministry against its repeated failure to abide by terms of the agreement reached at the conclusion of the Preliminary Talks on December 31, 1957, and its commitments made thereafter, and at the same time, the Mission wishes to repeat its request that the Government of Japan should take immediate measures to fulfill terms of the agreement and its commitments by completing the sending to the port of Pusan of ail the remaining 258 Koreans of the 1,259 Koreans whose list was officially handed over by the Japanese side to the Korean side at the Korea-Japan Working Committee.

It is added that the Government of the Republic of Korea expresses its keen regret over the reported decision by the Government of Japan on the release in Japan of the Koreans under reference at this very juncture when the Korea-Japan Overall Talks is now under ways and wishes to call the most serious attention of the Government of Japan in this regard.

Tokyo, July 7, 1959

번역 PRM-30

구상서

주일본 대한민국대표부는 외무성에 경의를 표하며, 일본 정부가 오무라수용소에 수용 중인 한국인 중 아직 대한민국으로 송환하지 않은 자의 일본 내 석방이 고려되고 있다는 언론 보도와 관련하여 다음과 같이 입장을 표명하는 바입니다.

1958년 7월 6일 자 현지 언론 보도에 의하면, 일본 정부는 가까운 시일 내에 그 수용자 중 일부를 일본 내에서 석방하기로 결정하였다고 합니다.

이와 관련하여, 본 대표부는 상기 언론 보도의 진위 여부를 통보받기를 원하며, 만일 그것이 사실이라면 대표부는 일본 정부의 그러한 결정이 1957년 12월 31일 한일예비회담의 종결 시 합의된 사항과 그 후 한일실무위원회 일본 측 위원들이 반복적으로 언급했던, 한국인 억류자들의 '북한' 송환이나 일본 내 석방을 허용하지 않겠다는 약속과 명백히 배치되는 것임을 지적하면서 깊은 우려를 표명하지 않을 수 없습니다.

과거에 외무성에 반복적으로 밝힌 바와 같이, 대한민국 영토의 불가분의 일부인 한반도 북부는 현재 공산주의 침략자들에 의해 불법 점령되고 있습니다. 따라서 대한민국 정부는 현재 일본에 있는 한국인이 북한으로 가는 것을 매우 강력히 반대하고 있습니다. 또한 1957년 12월 31일 대한민국과 일본이 체결한 협정에 따라 일본 정부는 대한민국 정부가 지정한 부산항으로 한국인들을 신속히 추방했어야 합니다.

위와 같은 점을 고려할 때, 본 대표부는 1957년 12월 31일 예비회담 타결 시 합의된 사항과 그 후의 약속을 반복적으로 준수하지 않은 것에 대해 일본 외무성에 강력한 항의를 제기하며, 동시에 일본 정부가 한일실무위원회에서 한국 측에 공식적으로 그 명부를 인도한 1,259명의 한국인 중 나머지 258명을 부산항으로 송환하는 것을 완료함으로써 협정 조건과 그 약속을 이행하기 위한 조치를 즉각 취해줄 것을 거듭 요청하고자 합니다.

대한민국 정부는 한일전면회담이 진행 중인 바로 이 시점에 일본 정부가 관련 한국인들을 일본에 석방하기로 결정하였다고 보도된 데 대하여 심히 유감을 표명하며, 이와 관련하여 일본 정부의 각별한 주의를 촉구하고자 함을 덧붙여 밝힙니다.

1959년 7월 7일, 도쿄

14. 북한행을 희망하는 오무라 수용 한인의 일본 내 석방 관련 보고 서한

Tokyo, July 7, 1958

No. 81

Excellency:

I beg to acknowledge with appreciation the receipt of Your Excellency's letter No. 39 of July 4.

1. Some of Korean detainees at the Omura camp who allegedly desire to go to north Korea, went on a hunger strike since about ten days ago demanding that they be released in Japan as soon as possible.

In this connection, Director Katsuno of the Japanese Justice Ministry's immigration Bureau on June 5 telephoned this office, requesting our consent to a contemplated Japanese plan to release in Japan temporarily, from humanitarian standpoint, Korean detainees who are on a critical list among those who are on strike. Our side immediately rejected, saying that it was against the agreement concluded, at the and of last year and repeated commitments of the Japanese side not to send them to the north nor to release them in Japan. Cable No. MT-086 was sent on July 5 in this regard.

Following above, the Japanese dailies here started reporting, mainly on Sunday, July 6, that as a result of consultation between Foreign Minister Fujiyama and Justice Minister Aichi decision has been reached to release the aged, women and those on a critical list among the Korean detainees who went on strike and that the Japanese Government was going to notify our side on this matter. This has already been reported by cable No. MT-088 of July 6.

0036   2. At 10:30 a.m. today Minister Yiu visited Asian Bureau Director Itagaki at the Foreign Office at the latter's request. Mr. Itagaki said that the Japanese Government has reached a conclusion to release in Japan temporarily some Korean detainees, as reported in the newspapers, and requested our side to give consent, because it was decided from humanitarian standpoint.

Our side immediately retorted his statement, saying that the Japanese side had previously committed itself at the Working Committee, established on the basis of the decision upon the conclusion of the preliminary talks on Dec. 31, 1957, and at other opportunities that those Koreans who allegedly desire to go to the north would neither be sent to the north, nor released in Japan but that they would be persuaded gradually to return to our side. This office then handed over a written protest to the Japanese side, a copy of which is enclosed herewith for Your Excellency's reference.

Furthermore, in order to sound out the real Japanese intention in this regard, a meeting of the Working Committee will be called at 3:00 p.m. tomorrow, the result of which will be reported to the Government without delay.

3. As the Government is fully aware, the Japanese side in the past repeatedly promised not to send those Koreans in question to north Korea nor turn them loose in Japan but persuade them gradually to go to the Republic of Korea. Such a decision on the part of the Japanese Government, even if temporarily and under strict surveillance, as claimed by them, is undoubtedly a breach of the existing agreement between the two countries. Since left-wing Socialists and Communists here have actively been engaged in an attempt to wreck the current overall talks at any cost, should such an action be actually carried out, the Japanese side, consciously and unconsciously, is playing into the hands of

the Communist propaganda and instigation which will only have adverse effect on the current talks. I will continue to watch the Japanese action in this regard and report any further development promptly. Meanwhile, I would greatly appreciate any Government instructions on this matter.

4. Separately, this office cabled a report concerning the Asahi editorial appearing in its Sunday (July 6) issue which dealt with our seizure of the Japanese fishing boat Hoshi Maru No. 2. The editorial, as reported in the cable, charged our side with the Hoshi Maru No. 2 case and at the same time accused us of maltreatment of recently-repatriated Japanese fishermen while they were under our detention.

As in the cable, this office feels that it would be to our advantage to reply, as soon as possible, to the Japanese note, with our facts about the so-called Hoshi Maru No. 2 case. I would, therefore, appreciate the Government instructions including necessary data, so that this office may be able to lodge a counter-protest to the Japanese side.

5. The seventh session of the Subcommittee on Vessels was held as scheduled at 3:30 p.m. today. The meeting centered on both sides repeating each other's insistence concerning the adoption of the agenda, without reaching any conclusion. The next meeting was agreed to be convened on Friday, July 11.

With sentiments of loyalty and esteem, I remain,
Most respectfully,

Y. T. K.[서명]

Enclosure: copy of note

[번역]

1958년 7월 7일, 도쿄

번호: 81

각하,

7월 4일 자 각하의 39호 서한을 감사히 잘 받았습니다.

1. 오무라수용소의 한국인 수용자 중 북송을 희망하는 일부가 약 열흘 전부터 단식투쟁을 하면서 조속히 일본으로 석방해 줄 것을 요구하고 있습니다.

이와 관련, 일본 법무성 출입국관리국 가쓰노 국장은 6월 5일 본 대표부에 전화를 걸어 단식농성자 중 심각한 상태에 이른 한국인 수용자들을 인도주의적 차원에서 일시적으로 일본에 석방하는 방안을 검토하고 있다며 우리 측의 동의를 요청해 왔습니다. 우리 측은 작년과 금년에 체결된 합의와 일본 측의 거듭된 북송 및 일본 내 석방 불가 약속에 위배된다며 즉각 거부했습니다. 이와 관련하여 7월 5일 MT-086호로 전문 보고한 바 있습니다.

이후 7월 6일(일) 일본 일간지를 중심으로 후지야마 외상과 아이치 법무상이 협의한 결과 단식투쟁에 참가한 한국인 억류자 중 고령자, 여성, 중환자 명단에 오른 사람들을 석방하기로 결정했으며, 일본 정부가 이 사실을 우리 측에 통보할 예정이라고 보도하기 시작했습니다. 이 내용은 이미 7월 6일 자 MT-088번 전문을 통해 보고드린 바 있습니다.

2. 오늘 오전 10시 30분 유 공사가 이타가키 아시아국장의 요청에 따라 그를 만났습니다. 이타가키 국장은 언론에 보도된 바와 같이 일본 정부가 한국인 억류자 일부를 일시적으로 일본에 석방하기로 결론을 내렸다고 하면서 인도주의적 견지에서 결정한 것이므로 우리 측이 동의해 줄 것을 요청하였습니다.

우리 측은 이에 대해, 일본 측은 이미 1957년 12월 31일 예비회담 타결에 따른 결정에 근거하여 설치된 실무위원회와 다른 기회에 북송을 희망하는 한인은 북송하지도 않고 일본에 석방하지도 않으며 점진적으로 설득하여 우리 측으로 돌아오도록 하겠다고 약속한 바 있다고 즉시 반박하였습니다. 본 대표부는 이어 일본 측에 항의서를 전달하였으며, 그 사본은 각하의 참고를 위하여 여기에 동봉하였습니다.

또한 이와 관련하여 일본의 진정한 의도를 파악하기 위하여 내일 오후 3시에 실무위원회 회의를 소집하고 그 결과를 지체 없이 정부에 보고할 것입니다.

3. 정부도 잘 알고 있듯이 일본 측은 과거에도 문제의 한국인들을 북한으로 보내거나 일본에 석방하지 않고 점진적으로 설득하여 한국으로 오도록 하겠다고 수차례 약속한 바 있습니다. 일본 정부의 이러한 결정은 비록 일시적이고 엄격한 감시하에 이루어진다고 하더라도, 일본 측이 양국 간의 기존 합의를 위반한 것이 분명합니다. 일본 내 좌파 사회주의자들과 공산주의자들은 어떤 대가를 치르더라도 현재의 한일회담을 망치려는 시도에 적극적으로 참여하고 있기 때문에 그러한 행동이 실제로 수행된다면 일본 측은 의식적이든 무의식적이든 공산주의자들의 선전과 선동의 손에 놀아나는 것이며 이는 현재 회담에 악영향을 미칠 뿐입니다. 저는 이와 관련한 일본의 조치를 계속 주시하면서 추가 진전이 있을 경우 신속히 보고드리겠습니다. 이 문제에 관해 정부가 지시를 내려주시면 대단히 감사하겠습니다.

4. 이와는 별도로, 일본 어선 호시마루 2호 나포와 관련한 『아사히신문』의 사설(7월 6일 자)과 관련해서도 전문으로 보고를 드렸습니다. 호시마루 2호, 이 사설은 전문 보고와 같이 호시마루 2호 사건에 대해 우리 측을 비난하는 동시에 최근 송환된 일본 어민들이 억류된 동안 학대를 당했다고 비난했습니다.

본 대표부는 전문에서와 같이, 일본 측의 공한에 대해 소위 호시마루 2호 사건에 대한 사실 관계를 담아 가능한 신속히 회신하는 것이 우리에게 유리할 것이라고 생각합니다. 따라서 본 대표부가 일본 측에 반론을 제기할 수 있도록 필요한 자료를 포함한 정부 지침을 보내주시면 감사하겠습니다.

5. 선박소위원회 제7차 회의는 오늘 오후 3시 30분에 예정대로 개최되었습니다. 회의는 의제 채택과 관련하여 양측이 서로의 주장만 되풀이할 뿐 결론에 도달하지 못하였습니다. 다음 회의는 7월 11일 금요일에 소집하기로 합의했습니다.

감사합니다.

Y. T. K.

별첨: 우리 측 구상서 사본

15. 오무라 수용 단식투쟁 한인들의 석방 관련 보고 전문

NO. MT-089

DATE. 07071430

TO. KYUNG MU DAI & FOREIGN MINISTER

MINISTER YIU MET MR ITAGAKI CMA ASIAN AFFAIRS DIRECTOR OF JAPANESE FOREIGN MINISTRY AT TEN THIRTY AM ON JULY SEVEN CMA NINETEEN FIFTYEIGHT CMA AT THE LATTER'S REQUEST PD AT THIS MEETING CMA MR ITAGAKI INFORMED MINISTER YIU THAT DUE TO SERIOUSNESS OF A HUNGER STRIKE AT OMURA CAMP CMA THE JAPANESE GOVERNMENT DECIDED TO RELEASE SOME OF THOSE KOREAN DETAINEES OF POST WAR CATEGORY AT OMURA WHO ARE DESIROUS OF GOING TO NORTH KOREA ON A TEMPORARY BASIS FROM STRICTLY HUMANITARIAN STAND POINT PD IN THIS CONNECTION CMA MINISTER YIU STRONGLY PROTESTED AGAINST JAPAN'S BREACH OF THE AGREEMENT REACHED ON DECEMBER THIRTYFIRST CMA NINETEEN FIFTYSEVEN AND ITS OWN COMMITMENTS MADE THEREAFTER PD MINISTER YIU CALLED UPON THE JAPANESE SIDE TO HOLD WORKING COMMITTEE MEETING IN ORDER TO TAKE UP THE MATTER PD JAPANESE SIDE AGREED TO HOLD A MEETING OF THE WORKING COMMITTEE AT THREE PM ON JULY EIGHT PD A COPY OF THE TEXT OF THE NOTE OF PROTEST OF THIS MISSION TO THE JAPANESE FOREIGN OFFICE WHICH WAS HANDED BY MINISTER YIU TO MR ITAGAKI AT THE ABOVE MEETING WILL BE SENT TO THE GOVERNMENT VIA TUESDAY POUCH PD

AMBASSADOR KIM

번역 번호: MT-089

일자: 07071430[1958. 7. 7]

수신인: 경무대, 외교부 장관

유 공사는 7월 7일 오전 10시 30분 이타가키 일본 외무성 아시아국장의 요청으로 동 국장을 만났습니다. 이타가키 국장은 유 공사에게 오무라수용소의 단식투쟁의 심각성으로 인해 일본 정부는 엄격한 인도주의적 관점에서 북한에 가기를 원하는 전후 카테고리의 한국인 수용자 중 일부를 일시적으로 석방하기로 결정했다고 알렸습니다. 이와 관련하여 유 공사는 일본이 1957년 12월 31일 합의와 그 후의 자체 약속을 위반한 것에 대하여 강력하게 항의했습니다. 유 공사는 일본 측에 실무위원회 회의를 개최하여 이 문제를 다룰 것을 요구하였습니다. 일본 측은 7월 8일 오후 3시 실무위원회 회의를 개최하기로 합의했습니다. 유 공사가 이타가키 국장에게 전달한 일본 외무성에 대한 본 대표부의 항의 서한 사본은 화요일 오후 행낭 편으로 정부에 송부될 예정입니다.

김 대사

16. 오무라 수용 한인 임시 석방에 관한 정부 훈령 전문

DATE. JULY 11(Friday), 1958

SENT TO: AMBASSADOR YU TAIK KIM KORDIPSION
COPY TO: AMBASSADOR LIMB PD

MINISTRY PERUSED CABLES MT ZERO EIGHT SIX CMA MT ZERO EIGHT NINE AND AMBASSADOR KIMS REPORT NUMBER EIGHT ONE REGARDING THE CONTEMPLATED RELEASE IN JAPAN OF SOME KOREAN DETAINEES OF POSTWAR CATEGORY PD ON THIS ISSUE CMA YOU ARE INSTRUCTED TO NEGOTIATE WITHOUT DELAY WITH THE JAPANESE SIDE ON THE BASIS OF THE FOLLOWING GOVERNMENT POSITIONS COLON

ITEM ONE GOVERNMENT POSITION CONCERNING THOSE KOREANS DESIROUS OF GOING TO NORTH KOREA REMAINS ESSENTIALLY UNCHANGED PD WE MUST CONTINUE TO PRESS THE JAPANESE SIDE FOR THEIR EARLIEST REPATRIATION TO THE REPUBLIC OF KOREA SEMICOLON

ITEM TWO FROM STRICTLY HUMANITARIAN VIEWPOINT AND NOT FROM POINT OF VIEW OF POLITICAL CONSIDERATION CMA HOWEVER CMA OUR GOVERNMENT WILL HAVE NO OBJECTION TO RELEASE IN JAPAN OF THE SICK DETAINEES IN QUESTION CMA ON CONDITIONS COLON A THAT THEIR HEALTH IS RECOGNIZED AS CRITICAL BY US CMA B THAT THEY ARE RELEASED IN QUIET AND HOSPITALIZED IN SEVERAL GROUPS CMA C THAT THE JAPANESE GOVERNMENT TAKES RESPONSIBILITY FOR GIVING

CONSTANT VIGILANCE TO THEIR WHEREABOUTS WHILE THEY ARE OUT OF THE DETENTION CAMP CMA AND D THAT WHEN RECOVERED THEY SHOULD BE IMMEDIATELY INTERNED AGAIN IN THE CAMP SEMICOLON

ITEM THREE AS TO WOMEN AND CHILDREN OUT OF THOSE DETAINEES IN QUESTION CMA OUR GOVERNMENT WILL HAVE NO OBJECTION TO THE TEMPORARY RELEASE OF THEM SIMULTANEOUSLY WITH RELEASE OF THOSE REFERRED TO IN ITEM TWO AS FAR AS THOSE WOMEN AND CHILDREN BELONG TO THE FAMILIES OF THE RELEASED PATIENTS SOLELY FOR THE PURPOSE OF TAKING CARE OF THEIR SICK FAMILY MEMBERS SEMICOLON

ITEM FOUR THE JAPANESE SIDE SHOULD ASSURE US THAT THE REMAINING DETAINEES WILL BE REPATRIATED TO THE REPUBLIC OF KOREA AS SOON AS POSSIBLE PUTTING ASIDE FROM THE QUESTION OF TIME OF THEIR ACTUAL REPATRIATION PD

YOU ARE ADVISED THAT THIS IS OUR POSITION FOR REMOVING ITS PRESENT DIFFICULTY ON THE MATTER FROM HUMANITARIAN VIEWPOINT CMA AND THAT SUCH SETTLEMENT SHOULD BE MADE IF ALL THE ABOVE FOUR CONDITIONS ARE MET PD PLEASE STRESS THAT WE ARE DOING BEST FOR REASONABLE SETTLEMENT SO THAT THIS QUESTION MAY NOT AFFECT VITALLY THE PROCEEDING OF THE OVERALL TALKS PD

FOREIGN MINISTER

일자: 1958년 7월 11일(금)

수신인: 김유택 대사
사본: 임 대사

일부 한국인 수용자들에 대한 일본 내 석방 고려와 관련한 전문 MT 086, MT 089, 그리고 김 대사 보고 번호 81 관련, 다음과 같은 정부 입장에 근거하여 일본 측과 지체 없이 교섭할 것을 지시합니다.

1. 북한으로 가기를 희망하는 한국인들에 관한 정부의 입장은 본질적으로 변함이 없습니다. 우리는 그들의 조속한 송환을 위해 일본 측을 계속 압박해야 합니다.

2. 정치적 고려의 관점이 아닌 엄격하게 인도주의적 관점에서 다음 조건하에 우리 정부는 문제 되고 있는 아픈 구금자들을 일본에서 석방하는 데 이의를 제기하지 않을 것입니다. A. 그들의 건강이 위중하다고 인정되어야 하며, B. 조용히 석방되어 여러 그룹으로 입원하고, C. 일본 정부가 수용소를 벗어나는 동안 그들의 행방을 지속적으로 살필 책임이 있으며, D. 회복되면 즉시 수용소에 다시 수감되어야 합니다.

3. 문제의 수용자 중 여성과 아동에 관해서 우리 정부는 해당 여성과 아동이 석방된 환자의 가족에 속하며 아픈 가족을 돌볼 목적으로만 석방될 경우 그들의 석방에 반대하지 않을 것입니다.

4. 일본 측은 나머지 억류자들의 실제 송환 시기의 문제는 차치하더라도 가능한 한 조속히 대한민국으로 송환될 것임을 우리에게 보장해야 합니다.

이것이 인도주의적 관점상 현재의 난제를 잠정적으로 해소하기 위한 우리의 입장임을 알려드리며, 위의 네 가지 조건이 모두 충족되어야만 한다는 점을 강조해 주시기 바랍니다. 일본 측에 이 문제가 전체 회담의 진행에 중대한 영향을 미치지 않도록 합리적으로 해결하기 위해 우리 측이 최선을 다하고 있다는 점을 강조해 주시기 바랍니다.

외무부 장관

23. 일본국 내 한국인 억류자 조견표

0056   일본국 내 한국인 억류자 조견표

단기 4291년 7월 23일 현재

	송환, 석방 및 기타사항		수(명)
상호 석방협정 해당자	객년 말 현재 총수		1,259
	본국에 송환된 자	제1차 송환 제2차 송환 제3차 송환 제4차 송환 계	248 251 251 251 1,003
	일본국 내에 도망한 자		13
	수용 중에 형 확정으로 형무소로 이관, 복역 중인 자		11
	의병 가석방된 자		9
	수용 중 일본인으로 판명, 석방된 자		1
	북한 송환 희망자		남자 82명 여자 10명 총 92명
	현재 수용되어 있는 자		222
기타	금년 1월 1일 이후에 수용된 자 주: 본 숫자는 제14차 실무자회의 의사록에 근거를 둔 것이나 주일 대사로부터의 한일대 제1227호 보고에 의하면 7월 5일 현재 543명으로 되어있음.		570
총계			792

비고: 본 표에 표시된 숫자 중 북한 송환 희망자의 수는 93명이었으나 1명이 지난번 한국인 제4차 본국 송환 시 번외 귀국함으로써 92명으로 되었음. – 제14차 실무자회의 의사록에 의함.

25. 북한행 희망 불법 입국 한인의 일본 국내 석방 결정 관련 일본 외무성 구상서 송부 공문

0059

한일대 제1409호

단기 4291년 7월 25일

주일 대사[관인]

외무부 장관 각하

북한행을 희망한다는 '불법 입국' 한인의 일본 국내 석방 결정에 관한 일본 외무성 구상서 송치의 건

[번호 없음] 수제의 건 북한행을 희망한다는 문제의 억류 중의 '불법 입국' 한인에 관하여 그들 중 약간 명을 일본 국내에서 가석방하기로 결정하였다는 보도에 의하여 7월 7일 자로 일본 외무성에 대하여 질의적인 항의 구상서를 발한 바 있으며 이에 관하여는 7월 7일 자 한일대 제1192호 공문으로써 이미 보고드린 바 있거니와 금일 7월 25일 오후 일본 외무성의 7월 21일 자 회답 구상서를 접하였으므로 이에 동봉 송치합니다.

이 일본 외무성의 회답 구상서를 검토하신 후 대표부가 취할 조치에 관하여 지시하여 주심을 바랍니다.

별첨: 일본 외무성 구상서 사본 1통

별첨

25-1. 일본 측 구상서(영어 번역본)

Translation

No. 116/ASN

NOTE VERBALE

The Ministry of Foreign Affairs presents its compliments to the Korean Mission and, referring to the latter's Note Verbale PKM-20 dated July 7, 1958, has the honour to state as follows:

1. It is true that on the 6th inst. the Japanese Government decided to parole 26 Korean illegal entrants now detained at Omura Immigration Center out of the humanitarian spirit of averting an imminent danger to human life. The decision was duly notified, along with the reasons therefor, by Mr. Itagaki, Director of the Asian Affairs Bureau, to Mr. Yiu Tai Ha, Deputy Chief of the Mission, who visited the Ministry on July 6 at the former's instance. On the occasion of the Japan-Korea Working Committee of July 8, the matter was fully explained by the Japanese side for the second time.

In accordance with the said decision, the Immigration Bureau of the Ministry of Justice is now in the process of (a) deposition of the bond paid by the prospective parolees, and (b) investigation into the reliability of the guarantors which are required for the implementation of the same decision; upon completion of such preliminaries the individual detainees will be paroled successively subject to certain restrictive conditions in respect to their residence and the scope of movements and with the obligation of reporting to the competent authorities periodically.

2. While the Mission's note under reference asserts that the present decision would constitute an infringement of what was agreed on between the two countries at the conclusion of their Preliminary Talks of December 31, 1957, it is the conviction of the Japanese Government, whose views are explicated hereunder, that it will entail no violation of the agreement reached between them.

Under the "Memorandum of Understanding between the Government of Japan and Government of the Republic of Korea regarding Measures on Koreans detained in Japan and on Japanese Fishermen detained in Korea" signed on December 31 last year, it is obligatory on the Korean Government to "accept the deportation of Korean illegal entrants." This clause was incorporated in the same Memorandum with the view to affirming in a positive provision the Korean Government's obligation of taking over such illegal entrants, in consideration of the fact that the deportation to the Republic of Korea of Korean illegal entrants had been at a standstill on account of the persistent refusal by the same Government to take over such illegal entrants since May 1955. Therefore, this clause should not be construed as stipulating the obligation on the part of the Japanese Government for transferring all of the illegal entrants to the Korean Government. Examination of the relevant records of the Preliminary Talks as per attached sheets will bear witness to the pertinency of the Japanese interpretation of the Memorandum.

3. Therefore, whereas the Korean side has made a demand upon the Japanese side, at the Japan-Korea Working Committee which has held thirteen sessions since January 7 this year, for deportation of the 93 Korean nationals who were detained at Omura Immigration Center at the time of signing of the agreement between the Japanese and Korean Governments on December 31, 1957 and who have expressed a desire to return to North Korea, such a

demand should properly be regarded as a demand made from the political standpoint, but not as one based on the right which may be exercised in virtue of the agreement.

The Japanese side, having due regard to the political stand of the Republic of Korea, afforded those detainees sufficient time to reconsider calmly their determination of returning to North Korea, on the assumption that they might possibly alter their minds with a subsequent change in the situation. At the same time, the Japanese side entertained an ardent hope to solve this question, along the lines desired by the Korean side if possible, upon their changing of their original determination.

However, the subsequent development of the matter hes proved the reverse of what the Japanese side had anticipated. After the lapse of about half a year, all of the detainees, with one exception, have not even shown any sign of desisting from their original intention, but, confirmed further in their resolve, and persist in returning to North Korea.

Moreover, since June 26 this year, they went to the length of staging a mass hunger-strike under the slogans of "Immediate Release" and "Repatriation to North Korea" which they would not call off in spite of much persuasion by the Japanese authorities concerned. Eventually on July 5, the matter came to such a serious pass that if it be left to take its own course it would probably lead to the loss of life.

As the immediate step to cope with this urgent situation, the Japanese Government decided to release on Parole, under the supervision of the Ministry of Justice, 26 detainees who had been under detention in Japan for more than three years and thereby dissuaded the detainees from carrying on the strike. As already mentioned over and over again, this action was taken from a purely humanitarian standpoint.

The Japanese Government wishes to add that since the development of the question has taken a direction contrary to its expectations and brought in a complete change in the situation, it is desirable for the two nations to act in concert and in all sincerity to approach and solve the problem from an entirely new angle.

4. It is further added for the Mission's information that the list of 1,259 persons who were under detention at Omura and Hamamatsu Immigration Centers as of the date or the coming into force of the agreement Between the Governments of Japan and the Republic of Korea, which was handed to the Korean Delegation at the meeting of the Japan-Korea Working Committee held on January 27 1958 is not that of deportees to Korea, but plainly that of detained Korean illegal entrants as clearly stated on the said list.

Tokyo, July 21, 1958.

번역 번역본

No. 116/ASN

구상서

외무성은 한국대표부에 경의을 표하며, 1958년 7월 7일 자 한국대표부의 구상서 PKM-200 관련 다음과 같이 언급하는 영광을 누립니다.

1. 일본 정부가 6일 현재 오무라이민센터에 수용되어 있는 한국인 불법 입국자 26명을 인명에 대한 급박한 위험을 방지한다는 인도주의적 정신에 따라 가석방하기로 결정한 것은 사실입니다. 동 결정은 이타가키 아시아국 국장이 7월 6일 외무성을 방문한 유태하 공사에게 그 이유와 함께 정식으로 통보하였습니다. 7월 8일 한일실무

위원회를 계기로 일본 측은 동 사안에 대해 두 번째로 충분한 설명을 한 바 있습니다.

동 결정에 따라 법무부 출입국관리국은 현재 (1) 가석방 예정자들이 납부한 보증금의 공탁 및 (2) 동 결정의 이행에 필요한 보증인의 신뢰성에 대한 조사를 진행 중이며, 이러한 사전 절차가 완료되면 개별 수용자들은 거주지 및 이동 범위와 관련하여 일정한 제한 조건과 관할 당국에 대한 주기적 보고 의무를 조건으로 순차적으로 가석방될 예정입니다.

2. 대표부의 구상서는 본 결정이 1957년 12월 31일 예비회담의 종결 시 양국 간에 합의된 사항을 침해하는 것이라고 주장하고 있으나, 본 구상서에 설명된 일본 정부의 견해에 따르면 본 결정이 양국 간에 합의된 사항을 위반하는 것은 아니라는 것이 일본 정부가 확신하는 바입니다.

작년 12월 31일 체결된 '일본에 억류 중인 한국인과 한국에 억류 중인 일본 어민에 대한 대책에 관한 일본 정부와 대한민국 정부 간 양해각서'에 따르면, 한국 정부는 '한국인 불법 입국자의 강제 퇴거를 수용'할 의무가 있습니다. 이 조항은 1955년 5월 이후 한국 정부의 지속적인 불법 입국자 인계 거부로 인해 한국인 불법 입국자의 한국으로의 추방이 답보 상태에 있었다는 점을 고려하여, 한국 정부의 불법 입국자 인계 의무를 적극적 조항으로 확인하고자 동 각서에 포함된 것입니다. 따라서 이 조항이 일본 정부가 불법 입국자 전원을 한국 정부에 인도할 의무를 규정하고 있는 것으로 해석되어서는 안 됩니다. 첨부된 예비회담 관련 기록을 검토하면 동 각서에 대한 일본 측 해석의 타당성을 확인할 수 있을 것입니다.

3. 따라서 한국 측은 금년 1월 7일부터 13차례에 걸쳐 개최된 일한실무위원회에서 1957년 12월 31일 일한 정부 간 협정 체결 당시 오무라이민센터에 억류되어 북한으로의 귀환을 희망하고 있는 93명의 한국 국적자에 대한 추방을 일본 측에 요구하였으나, 이러한 요구는 정치적 견지에서 이루어진 요구로 보아야지 협정에 의하여 행사할 수 있는 권리에 근거한 요구로 볼 수 없습니다.

일본 측은 대한민국의 정치적 입장을 충분히 고려하여 억류자들이 추후 상황 변화에 따라 마음을 바꿀 수 있다는 전제하에 북한으로의 송환 결심을 차분히 재고할 수 있도록 충분한 시간을 주었습니다. 동시에 일본 측도 가능하면 그들이 기존 결심을 바꾸면 한국 측이 원하는 방향으로 이 문제를 해결하고자 하는 강한 희망을 가지고 있었습니다.

그러나 그 후의 사태는 일본 측이 예상했던 것과는 정반대의 방향으로 전개되었습니다. 약 반년이 경과한 현재, 억류자 전원은 한 명을 제외하고는 당초의 의도에서 벗어날 기미조차 보이지 않고 있으며, 오히려 더욱 굳은 결의를 다지며 북한으로의 귀환을 고수하고 있습니다.

더욱이 올해 6월 26일부터는 '즉각 석방'과 '북한 송환'을 구호로 내걸고 집단 단식 투쟁을 벌이면서 일본 당국의 여러 차례 설득에도 불구하고 이를 철회하지 않았습니다. 결국 7월 5일, 이대로 방치할 경우 인명 피해로 이어질 수 있는 심각한 상황으로 치달았습니다.

이러한 긴급한 상황에 대처하기 위한 즉각적인 조치로 일본 정부는 법무성의 감독 하에 3년 이상 일본에 수용되어 있던 수용자 26명을 가석방하기로 결정하고 수용자들이 파업을 계속하지 못하도록 설득했습니다. 이미 여러 차례 언급했듯이 이 조치는 순전히 인도주의적 관점에서 취해진 것입니다.

일본 정부는 이 문제가 예상과는 다른 방향으로 전개되어 상황이 완전히 달라진 만큼, 양국이 합심하고 성의를 다해 완전히 새로운 각도에서 이 문제에 접근하고 해결하는 것이 바람직하다는 점을 덧붙이고자 합니다.

4. 1958년 1월 27일 개최된 일한실무위원회 회의에서 한국대표단에게 전달된 일한협정 발효일 또는 발효일 현재 오무라 및 하마마쓰 이민국에 수용되어 있는 1,259명의 명단은 한국으로의 추방자 명단이 아니라 그 명단에 명백히 명시된 대로 수용되어 있는 한국인 불법 입국자 명단임을 대표부의 참고를 위해 추가합니다.

1958년 7월 21일, 도쿄

25-2. 일본 측 구상서(일어본)

亞北第一一六号

口上書

　外務省は，在本邦大韓民国代表部に敬意を表するとともに，同代表部の七月七日付口上書MM-20に言及して左記のとおり申し述べる光栄を有する．

昭和三十三年七月二十一日

記

　一．日本政府が七月六日，さし迫った人命の危険を救うため，人道上の見地から，大村収容所に収容されている不法入国者二十六名を仮放免する旨の決定を行ったことは事実であり，右の決定については，すでに七月七日板垣外務省アジア局長は，大韓民国代表部次席韓泰夏氏を招致して通報及び説明を行い，且同月 八日の日韓連絡会議の席上において□·詳細なる説明を行った通りである．

　なお，右の決定に基いて法務省入国管理局においては目下(イ)仮放免者よりの保証金の給付(ロ)身分保証人の保証能力の調査を行っており，本手続きが完了した者から漸次住居の制限，行動範囲の制限，出頭の義務を課した上で仮放免を実施する予定である．

　二．代表部の七月七日付口上書は，日本側の本件決定は一九五七年十二月三十一日の日韓予備交渉妥結の際の合意事項に違反すると述べているが，この点に関するわが方の見解は次のとおりであって，協定の違反ではないと確信する．

　昨年十二月三十一日に署名された「日本国において収容されている韓人及び韓国において収容されている日本人漁夫に対する措置に関する日本政府と大韓民国政府との間の了解覚書」によれば，韓国政府は，韓人不法入国者の送還を受入れる義務を

負っている．本規定は，韓国政府が一九五五年五月以降，韓人不法入国者の受入れを一切拒否したために不法入国者の韓国向け送還が全く停止した事実にかんがみ，この際韓国政府の受入れの義務を明文をもって確認するために設けられたものであり，これをもって日本政府がすべての韓人不法入国者を韓国政府に引渡す義務を負ったと解すべきではない．

　右の覚書の解釈は別紙日韓予備交渉の交渉経緯によるも極めて明らかである．

　三．従って，本年一月七日以降十三回にわたって行われた日韓連絡会議において，韓国側が日本側に対して行った昨年十二月三十一日日韓間取極調印の際，大村収容所に収容されていた九十三名の北鮮帰国希望者の韓国への送還の要求は，協定上の権利に基くものではなく，政治的な要求とみるべきである．わが方は韓国の政治的な立場も考慮し，本人に対して冷静にその北鮮帰国の措置を再検討する機会を与えることによって，その後の情勢の推移によって本人が翻意することがあり得るとの前提に立ち，右翻意を待って，出来れば韓国側の要望に譲うように本件を解決したいと強く期待していた次第であるが，その後約半年を際したるにかかわらず，僅か一名の翻意者を諭いて，他の全員は全く翻意のきざしさえ示さず，益々その意志を固めて北鮮への帰国を主張して止まず，わが方の期待に反する状態となるに至った．それのみをならず，本人達は去る六月二十六日以来，即時釈放，北鮮帰国の実施を標榜して大量のハンガーストライキの擧に出て，日本政府の説得にもかかわらず，これを中止せず逆に七月五日には事態を放置すれば死者を出す公算も大となるごとも緊急な状態となった．

　日本政府としては，かかる緊急の実態に対処するため法務省の保護看視の下に収容が三年以上に上る者二十六名を仮釈放する措置をとることとしてハンガーストライキを中止せしめたのであるが本措置が，全く人道上の考慮から出たものであることは，すでにくり返し，述べたとおりである．

　なお，日本政府としては右のごとくわが方の期待が裏切られ，全く事情の変更した現在においては本件を日韓両国の論意と協力により，全く新しい角度から解決するべく努力することが望ましい旨を付言したい．

四．なお，日本政府が一九五八年一月二十七日の日韓連絡会議の席上，韓国側に手交した大村及び浜松両収容所に日韓間取極發効時に収容されていた一二五九名の名簿は韓国への送還者名簿ではなく，名簿上に明に記録されていた通り，収容者名簿に過ぎないことを念のため付け加える．

25-5. 일본 측 구상서에 첨부된 예비회담 관련 기록

(Attachment)

Records of Preliminary Talks between
the Governments of Japan and of the Republic of Korea

1. The talks held between Mr. Nakagawa, then Director of the Asian Affairs Bureau, Ministry of Foreign Affairs, and Mr. Kim, then Chief of the Korean Mission, on December 15, 1956.

(1) At this meeting Mr. Nakagawa stated: "Taking this opportunity I would like to make it clear that should an agreement be reached on the question of nationality and treatment (of the Korean residents in Japan) the Japanese Government would not be in a position to exert its influence over pro-North Koreans to follow the orders of the Republic of Korea, even if it is requested to do so—for instance, it cannot cooperate with the Republic of Korea in forcing reluctant Koreans to return to the Republic of Korea against their will." Mr. Kim replied: "We have no such intention."

(2) Also at the same meeting, in response to Mr. Kim's question on the problem of the deportation of Korean residents in Japan "Then do you intend to send pro-North Koreans to North Korea when deportation is carried out?", Mr. Nakagawa stated: "I think under normal circumstances they should be sent back to the Republic of Korea. However, if a particular person would never want to return to the Republic of Korea but wishes to go, for instance, to Formosa, and if the Formosan authorities have no objection to it, it is possible, under the Japanese Laws and regulations, to let him go to Formosa."

2. The talks held between Mr. Nakagawa and Mr. Kim on February 21, 1957.

(1) During the subsequent negotiations continued between Mr. Nakagawa and Mr. Kim the drafts for the arrangements to be made between Japan and the Republic of Korea were discussed. As a result of this discussion the memorandum regarding the mutual release was drafted in Japanese in the middle of January 1957. This draft memorandum, as the Korean Mission is also well acquainted with, reads as follows:

MEMORANDUM

Regarding Measures on Japanese Fishermen detained in Korea and on Korean Residents in Japan Detained under Deportation Order

For the purpose of implementing the talks held between Minister for Foreign Affairs Shigemitsu and Minister Kim on April 2, 1956 both Governments agree as follows:

1. The Government of the Republic of Korea

(a) will repatriate to Japan the Japanese fishermen who are being detained at the Aliens Detention Camp of Korea at an early date after the coming into force of this memorandum; and

(b) will accept the deportation by the Government of Japan of the Korean illegal entrants as soon as possible.

2. The Government of Japan

will release those Koreans who have been residing in Japan since before the end of war and who are being detained at the Aliens Detention Camps of Japan under deportation order.

3. The present memorandum shall come Into force on February 1957.

(2) During the discussion of this draft memorandum held between Mr. Nakagawa and Mr. Kim on February 21, 1957 Mr. Kim said: "As it is, there is a question of the form of this draft memorandum, because (according to the draft) the measures to be taken by the Korean Government are two, (a) and (b), while the measure to be taken by the Japanese Government is just one. Therefore, I would like to propose that of the measures to be taken by the Korean Government (b) be separated and be made an independent paragraph under heading 3. which is to provide, for the deportation of Korean illegal entrants, that the Japanese Government will deport Korean illegal entrants and the Korean Government will accept them as soon as possible." Mr. Nakagawa made a counter-proposal saying: "Your proposal is not acceptable because it implies that the Japanese Government is under obligation to deport all Korean illegal entrants. So, how about writing the measures to be taken by the Korean Government (a) and (b) together in a single paragraph?", to which Mr. Kim replied: "Well, I think that is all right." This is how both sides came to an agreement as to the wording to express the measures to be taken by the Korean Government in a single paragraph as was actually adopted in the Memorandum of Understanding signed on December 31, 1957.

번역 (첨부)

일본 정부와 대한민국 정부 간의 예비회담 기록

1. 1956년 12월 15일 당시 외무성 아시아국장이었던 나카가와(中川) 씨와 당시 주일 한국대표부 책임자였던 김 공사 사이에 개최된 회담

(1) 이 회담에서 나카가와 국장은 다음과 같이 말했다. "(재일한인의) 국적 및 처우 문제에 관한 합의가 이루어지면 일본 정부는 설사 대한민국의 요청이 있더라도 친

북 성향의 한인들에 대하여 대한민국의 명령에 따르도록 영향력을 행사할 수 있는 지위에 있지 않다는 것을 분명히 하고 싶다. 예를 들면, 대한민국으로 귀국하는 것을 꺼리는 한인을 본인의 의사에 반하여 귀국을 강요하는 일에는 대한민국과 협력할 수 없다." 김 공사가 대답했다. "우리는 그런 의도가 없다."

(2) 또한 같은 회담에서 재일한인 강제 북송 문제에 관한 김 공사의 "그러면 강제 북송을 할 때 친북 성향 한인들을 북한으로 보낼 의향이 있느냐?"라는 질문에 대해 나카가와는 다음과 같이 답변하였다. "정상적인 상황에서는 한국으로 돌려보내야 한다고 생각한다. 그러나 특정 인물이 한국으로 돌아가고 싶지 않고 예를 들어 타이완으로 가기를 원하고 타이완 당국이 반대하지 않는다면, 일본의 법과 규정에 따라 타이완으로 보내줄 수도 있다"라고 답했다.

2. 1957년 2월 21일 나카가와 국장과 김 공사 사이에 이루어진 회담

(1) 그 후 나카가와 국장과 김 공사 사이에 계속된 회담에서 일본과 대한민국 사이에 체결될 협정의 초안이 논의되었다. 이 논의 결과 1957년 1월 중순에 상호 석방에 관한 각서가 일본어로 작성되었다. 한국대표부도 잘 알고 있듯이 이 각서 초안의 내용은 다음과 같다.

한국에 억류 중인 일본 어민과 추방 명령하에 일본에 억류 중인 재일한인에 대한 대책에 관한 각서

1956년 4월 2일 시게미쓰 외무대신과 김 공사 사이에 개최된 회담 내용의 이행을 위하여 양국 정부는 다음과 같이 합의한다.

1. 대한민국 정부는 다음과 같이 한다.
(가) 이 각서의 발효 후 조속한 시일 내에 한국 외국인 수용소에 구금되어 있는 일본인 어부들을 일본으로 송환한다.
(나) 가능한 한 조속히 한국인 불법 입국자에 대한 일본 정부의 추방을 수용한다.

2. 일본 정부는 다음과 같이 한다.

종전 이전부터 일본에 거주하고 있으며 강제 퇴거 명령에 따라 일본 외국인 수용소에 구금되어 있는 한국인을 석방한다.

3. 본 각서는 1957년 2월에 발효한다.

(2) 1957년 2월 21일 나카가와 국장과 김 공사 사이에 개최된 이 각서 초안에 대한 논의에서 김 공사는 다음과 같이 말했다. "(초안에 따르면) 한국 정부가 취해야 할 조치는 (a)와 (b)의 두 가지인데 반해 일본 정부가 취해야 할 조치는 하나밖에 없기 때문에 이 각서 초안의 형식에 의문이 있다. 따라서 한국 정부가 취할 조치 중 (b)를 분리하여 한국인 불법 입국자의 강제 퇴거에 대해 일본 정부가 한국인 불법 입국자를 강제 퇴거하고 한국 정부가 이를 조속히 수용할 것을 3항으로 독립된 항으로 규정할 것을 제안하고자 한다"라고 말했다. 그러자 나카가와 국장은 이렇게 반박했다. "귀하의 제안은 일본 정부가 모든 한국인 불법 입국자를 추방할 의무가 있다는 것을 의미하기 때문에 받아들일 수 없다. 그렇다면 한국 정부가 취해야 할 조치 (a)와 (b)를 한 문단에 함께 적는 것은 어떤가?"라고 물었고, 김 공사는 이렇게 답했다. "글쎄, 괜찮을 것 같다"라고 답했다. 이렇게 양측은 1957년 12월 31일 체결된 양해각서에서 실제로 채택된 대로 한국 정부가 취할 조치를 한 단락에 표현하는 문구에 대해 합의하게 되었다.

27. 제4차 한일회담 진행 관련 훈령 서한
(북한행을 희망하는 재일한인 문제 관련)

(Enclosure of Woijung No. 2897)

July 29, 1958

Instructions — Part I

To: Ambassador Limb and Minister Yiu

Regarding the future conduct of the fourth Korea-Japan Conference particularly in connection with the problem of Korean detainees at Omura who allegedly desire to go to north Korea, you are instructed to implement without delay the following:

1. The Government withholds for the time being sending a formal note in order to counter the Japanese note of July 21, 1958, No. 116/ASN. But Ambassador Limb and Minister Yiu are jointly instructed to meet the Japanese Foreign Minister to make representation to deliver government position virtually in response to the said Japanese note. The points to be delivered to the Japanese side in the form of Oral Statement are dispatched simultaneously with this Instructions (Please refer to Instructions — Part II).

2. Separately from our efforts to break the present impasse regarding those detainees allegedly desirous of going to north Korea, Government will continue to make efforts to expedite the proceeding of the overall talks. Standing on the above position, our delegation is instructed:

A. To press further the Japanese side to present in writing their position on "arrangement for acceptance of deportees", and if possible, their draft agreement on the whole points at issue on status and treatment of Korean residents in Japan;

B. To press the Japanese side to present to us without delay the list of Korean art objects which Japan intends to turn over to us; and

C. To avoid unnecessary recess of conference so that the talks may make progress as soon as possible.

3. You are authorized to inform the Japanese side that our side has no objection to convening the Fisheries and Peace Line Committee on August 20, 1958 if the Japanese so desires, in the expectation that the two committees presently in session make some progress by that time. You are also authorized to inform them that Mr. Chang Kyung Keun, one of the delegates, has been appointed as chief member of our side at the Fisheries and Peace Line Committee, explaining that his trip to the conference site was delayed due to his duty as a member of National Assembly as the Assembly is deliberating on the revised draft budget.

(Enclosure of Woijung No. 2897)

July 29, 1958

Instructions — Part II

To: Ambassador Limb and Minister Yiu

The Oral Statement as referred to in Item one of the Ministry's Instructions-Part-I is to be delivered by Ambassador Limb and Minister Yiu to the Japanese Foreign Minister. The points to be delivered are as follows:

1. As the Korean side repeatedly told the Japanese side, the Japanese unilateral decision to release on parole 26 out of 92 Korean detainees, who are allegedly desirous of going to north Korea, is a violation of the terms agreed upon on December 31, 1957. It is to be also recalled that at the Korea-Japan Working Committee, the Japanese Delegate clearly stated that "all those Koreans in question will be repatriated to the Republic of Korea in principle and that none of them will be sent to north Korea or be released in Japan."

2. In discussing on the problem of deportation of illegal Korean entrants, the Japanese side is quoting its own version of summary record of the so-called Kim-Nakagawa informal talks, which were held on an off-record basis. The Korean side doubts with surprise whether, in the light of rules practised in diplomatic meeting, an informal off-the-record remarks can supersede the Agreed Minutes duly signed or remarks formally made by responsible delegate at formal session of the conference. The Japanese side is also quoting the terms of the so-called Kim-Shigemitsu understanding of April 2, 1956 for its own convenience. But it is well-known fact that the above understanding proved abortive whereas the Japanese Government refused to honor the terms for a reason or reasons which are unknown to the Korean side.

3. If, as the Japanese Government insists, the Kim-Nakagawa conferees confirmed there was no obligation on the Japanese part to repatriate Korean illegal entrants to the Republic of Korea, the Korean side is at a loss to understand what the Japanese Government had in mind when signing Article 2 of the Agreed Minutes of December 31, 1957, which stipulated, "··· at the overall talks···, the problem of the deportation of illegal entrants will also be a subject of discussion."

4. In the early part of July, 1958, the Japanese side first told the Korean side that those 26 Korean detainees in question were exposed to imminent danger of life after a hunger strike, and were to be released in Japan. But recently the Japanese side told the Korean side that those 26 Korean detainees at Omura "who had been under detention for more than three years" would be released. Now, the Korean Government cannot but wonder whether the Japanese side is taking up the issue really from humanitarian standpoint or from political standpoint. The Japanese Government seems to have realized, at least, consequences which might arise from such release of detainees. It may be so in view of the fact that 9 out of those detainees who desire to go to the Republic of Korea were already released without knowledge of the Korean Government, while the case of the 26 persons was notified to Korean side.

5. For its own argument, the Japanese Government stated that the list of 1,259 Korean detainees, which was handed to the Korean side on January 27, 1958, was "not that of deportees" but "plainly that of detained Korean illegal entrants". Granting such argument to be grounded, the Korean Government seriously wonders why the Japanese Government had to hand to the Korean Government the list including those who have nothing to do with deportation.

6. The question is not number of detainees which might be released, but real motives of the Japanese Government in reaching such decision. The Korean Government cannot but be seriously concerned over this Japanese decision. For consequences which might ensue from the release of the 26 detainees in question, the Japanese Government should be solely responsible.

7. The Korean Government, however, has no intention of coming to a hasty conclusion to cope with the present circumstances, still believing that this

question can be reasonably settled without impeding the smooth proceeding of the Korea-Japan Conference, only if the Japanese side is ready to show its sincerity to consult with the Korean side on this issue. If the Korean detainees in question are found really to be in imminent danger of life, the Korean Government is ready to give them utmost humanitarian consideration, for instance, paying paroles and undertaking guarantors for those whose release is contemplated, if the Japanese regulations so requires, with understanding that such release would in no way affect their detainee status.

(The end)

번역 (외정 제2897호 별첨)

1958년 7월 29일

훈령-제1부

수신인: 임 대사, 유 공사

제4차 한일회담의 향후 실시에 관하여, 특히 북송을 희망하는 오무라의 한국인 억류자 문제와 관련하여 다음과 같은 사항을 지체 없이 시행할 것을 지시합니다.

1. 정부는 1958년 7월 21일 자 일본 공문 제116호/ASN에 대응하기 위한 공식 공문 발송을 당분간 보류합니다. 그러나 임 대사와 유 공사는 공동으로 일본 외무대신을 면담하여 상기 일본 통지에 대한 정부 입장을 구두로 전달할 것을 지시합니다. 일본 측에 구두 성명 형태로 전달할 사항은 본 지침과 동시에 발송합니다(훈령-제2부 참조).

2. 정부는 북한행을 희망하는 것으로 알려진 억류자들에 대한 현재의 교착 상태를

타개하기 위한 노력과는 별개로, 전반적인 회담의 조속한 진행을 위해 계속 노력해 나갈 것입니다. 위와 같은 입장에 입각하여 우리 대표단에 다음과 같이 지시합니다.

  A. 일본 측이 '강제 송환자 수용 방안'에 대한 입장을 서면으로 제시하고, 가능하다면 재일한인의 지위 및 처우에 관한 쟁점 사항 전반에 대한 합의문 초안을 제시하도록 촉구할 것.

  B. 일본 측이 우리에게 인도하고자 하는 한국 미술품 목록을 지체 없이 우리에게 제시하도록 일본 측을 압박할 것.

  C. 회담이 가능한 한 빨리 진전될 수 있도록 회담의 불필요한 휴회를 피할 것.

  3. 귀하는 현재 진행 중인 두 위원회가 그때까지 어느 정도 진전을 이룰 것을 기대하면서 일본 측이 원할 경우 1958년 8월 20일에 어업 및 평화선위원회를 소집하는 데 우리 측은 이의가 없음을 일본 측에 통지해도 좋습니다. 또한 대표단 중 한 사람인 장경근 위원이 어업 및 평화선위원회 우리 측 수석위원으로 임명되었음을 알려드리며, 국회가 예산 수정안을 심의하고 있는 관계로 그의 회의 참석이 국회의원의 임무로 인하여 지연되었음을 설명하기 바랍니다.

(외정 제2897호 별첨)

1958년 7월 29일

훈령–제2부

수신인: 임 대사, 유 공사

외무부 훈령 제1부에 언급된 구두진술서를 임 대사와 유 공사가 일본 외상에게 전달해 주시기 바랍니다. 전달할 요지는 다음과 같습니다.

  1. 한국 측이 일본 측에 거듭 밝힌 바와 같이, 일본 측이 북한행을 희망하는 것으로

알려진 한국인 억류자 92명 중 26명을 가석방하기로 일방적으로 결정한 것은 1957년 12월 31일 합의한 조건을 위반한 것임. 또한 한일실무위원회에서 일본대표단은 "문제의 한국인들은 모두 대한민국으로 송환하는 것을 원칙으로 하며, 그 누구도 북한으로 보내지 않거나 일본에서 석방하지 않을 것"이라고 분명히 밝혔음을 상기할 필요가 있음.

2. 일본 측은 한국인 불법 체류자 추방 문제를 논의하면서 비공식적으로 개최된 이른바 '김-나카가와 비공식 회담'의 속기록을 인용하고 있음. 우리 측은 외교 협상 관례에 비추어 볼 때 비공식적인 발언이 정식 서명된 합의의사록이나 공식 회의에서 책임대표가 공식적으로 한 발언을 대체할 수 있는지에 대해 의구심을 갖고 있음. 일본 측도 자국의 편의를 위해 1956년 4월 2일의 이른바 '김-시게미쓰 양해'의 문구를 인용하고 있음. 그러나 위 양해는 한국 측이 알 수 없는 이유로 일본 정부가 그 조항을 지키지 않아 무산되었다는 것은 잘 알려진 사실임.

3. 일본 정부의 주장대로 김-나카가와 회담에서 일본 측이 한국인 불법 입국자를 대한민국으로 송환할 의무가 없음을 확인하였다면, 한국 측은 일본 정부가 1957년 12월 31일 합의의사록 제2조에 "전체회담에서 … 불법 입국자 추방 문제도 논의의 대상이 될 것"이라고 명시한 것을 도대체 무엇을 염두에 두고 서명했는지 이해할 수 없음.

4. 1958년 7월 초순, 일본 측은 문제의 한국인 억류자 26명이 단식투쟁 끝에 생명의 위험에 노출되었으므로 일본으로 석방할 것이라고 한국 측에 처음 통보하였음. 그러나 최근 일본 측은 "3년 이상 구금되어 있던" 오무라수용소 한국인 억류자 26명을 석방할 것이라고 한국 측에 통보했음. 이제 우리 정부는 일본 측이 이 문제를 정말 인도주의적 관점에서 제기하는 것인지, 아니면 정치적 관점에서 제기하는 것인지 의구심을 갖지 않을 수 없음. 일본 정부는 적어도 억류자 석방으로 인해 발생할 수 있는 결과에 대해서는 인식하고 있는 것으로 보임. 한국행을 희망하는 억류자 중 9명은 이미 우리 정부도 모르게 석방되었고, 26명의 경우는 우리 측에 통보되었다는 점을 고려할 때 그럴 수도 있음.

5. 일본 정부는 1958년 1월 27일 한국 측에 전달한 한국인 억류자 1,259명의 명단은 "추방자의 명단이 아니라", "명백히 억류된 한국인 불법 입국자의 명단"이라고 주장하였음. 이러한 주장이 근거가 있다고 가정할 때, 한국 정부는 일본 정부가 왜 강제 연행과 무관한 사람들을 포함한 명단을 한국 정부에 넘겨주어야 했는지 심각하게 의문을 제기하지 않을 수 없음.

6. 문제는 석방될 수 있는 억류자의 숫자가 아니라 일본 정부가 이러한 결정을 내린 진정한 동기임. 한국 정부는 일본의 이번 결정에 대해 심각한 우려를 표명하지 않을 수 없음. 문제의 억류자 26명의 석방으로 인해 발생할 수 있는 결과에 대해서는 전적으로 일본 정부가 책임져야 할 것임.

7. 그러나 우리 정부는 현 상황에 대처하기 위해 성급한 결론을 내릴 의사가 없으며, 일본 측이 이 문제에 대해 우리 측과 협의할 성의를 보일 경우에만 한일회담의 원활한 진행을 저해하지 않고 이 문제가 합리적으로 해결될 수 있을 것으로 믿고 있음. 만약 문제의 한국인 억류자들이 정말로 생명의 급박한 위험에 처해있는 것으로 밝혀지면, 한국 정부는 그들에게 최대한의 인도주의적 배려를 할 준비가 되어있음. 예를 들어 일본 측의 규정이 요구하는 경우, 이러한 석방이 그들의 억류자 지위에 어떠한 영향도 미치지 않을 것을 이해하며 가석방금과 보증인 비용 등을 제공할 것임.

(끝)

31. 본부 훈령 이행 결과 보고 전문

NO. MT-004

DATE. 07311830

TOKYO

TO. KYUNG MU DAI, FOREIGN MINISTER

PART 1. IN ACCORDANCE WITH THE GOVERNMENT INSTRUCTIONS OF WOIJUNG 2897 DATED JULY 29TH, 1958, I TOGETHER WITH MINISTER YIU MET JAPANESE FOREIGN MINISTER FUJIYAMA AT THE LATTERS OFFICE FROM 4:50 P.M. TO 5:40 P.M., ON JULY 31, 1958. AT THIS MEETING WE MADE ORAL REPRESENTATION IN ACCORDANCE WITH THE POINTS SET FORTH IN THE PART 2 OF THE GOVERNMENT INSTRUCTIONS IN COUNTERING THE JAPANESE NOTE VERBALE OF JULY 21ST, 1958 REGARDING ITS DECISION TO RELEASE SOME 26 KOREAN DETAINEES. JAPANESE FOREIGN MINISTER FUJIYAMA STATED THAT HE TOOK NOTE OF OUR REPRESENTATION IN THIS REGARD. FOR DETAILS, MINISTER YIU'S LETTER WILL FOLLOW VIA POUCH AND FURTHER REPORT WILL BE MADE IN PERSON SINCE I AM LEAVING FOR SEOUL TOMORROW (AUGUST 1st).

PART 2. FOLLOWING THE ABOVE REPRESENTATION, WE INFORMED THE JAPANESE FOREIGN MINISTER THAT OUR SIDE HAS NO OBJECTION TO CONVENING THE FISHERIES AND PEACE LINE COMMITTEE ON AUGUST 20, 1958, EXPECTING SMOOTH PROGRESS FOR THE TWO COMMITTEES PRESENTLY UNDER WAY BY THAT TIME, WHICH HE WELCOMED.

AMBASSADOR LIMB

번역 번호: MT-004

일자: 07311830[1958. 7. 31]

도쿄

수신인: 경무대, 외무부 장관

1. 1958년 7월 29일 자 정부 훈령 제2897호에 의거, 본인은 1958년 7월 31일 오후 4시 50분부터 오후 5시 40분까지 외상 사무실에서 유 공사와 함께 일본 외상 후지야마를 면담하였습니다. 이 회담에서 우리는 1958년 7월 21일 자 일본 정부의 한국인 억류자 26명에 대한 석방 결정 구상서에 대한 대응 훈령 제2부에 명시된 요지에 따라 구두로 의견을 개진하였습니다. 후지야마 일본 외상은 이와 관련하여 우리 측의 의견에 유의하였다고 밝혔습니다. 자세한 내용은 행낭 편으로 보내는 유 공사의 서한을 통해 알려드리겠으며, 추가 보고는 내일(8월 1일) 제가 서울로 향발하므로 직접 보고드릴 예정입니다.

2. 위 의견 개진 후, 우리는 일본 외상에게 1958년 8월 20일 어업 및 평화선위원회를 소집하는 것에 대하여 이의 없음을 통지하였으며, 그때까지 현재 진행 중인 두 위원회의 원만한 진전을 기대한다고 하였고, 외상은 이를 환영하였습니다.

임 대사

36. 어업 및 평화선위원회 개최 연기에 관한 보고 서한

0100

Tokyo, August 21, 1958

No. 21

Dear Mr. President:

Following my return here on Monday, August 18, with our Fisheries representative Chang Kyung Keun and Counselor Choi Kyu Hah, I received a briefing on the latest development on the talks with Japan, particularly in regard to the current detainee issue, while I had been away. The issue, in relation to some Korean detainees who are allegedly desirous of going to 'north' Korea.

I have been informed that we presented the Japanese with a very sincere and conciliatory proposition for the settlement of the current detainee issue which, however, has not yet been accepted by them. Although the Japanese orally promised not to send the paroled detainees to north Korea, they refused to yield to our request to give us written assurances to that effect. As a result, there had been no progress in the other Committee proceedings.

Under such circumstances at a staff meeting held following my return here, it has been decided that the scheduled opening of the Fisheries Committee be postponed until the detainee issue is settled, in order to apply pressure upon the Japanese, and that I meet Japanese officials concerned to press our point to them once again.

Thus, I visited Ambassador Sawada and Vice Foreign Minister Yamada at 3 p.m. Tuesday, and 5 p.m. Wednesday, respectively. Minister Yiu and Mr. Chang accompanied me on these visits. Contents of the talks at these meetings have already been reported in my cables, MT-013 and 014 of which copies are enclosed herewith.

I told the Japanese officials that it was regrettable that there had been no progress during my absence from Tokyo in the current talks and that the Japanese side failed to accept our reasonable and conciliatory proposition for the settlement of the current detainee issue. We also told them that a practice of the Japanese press to denounce Korea groundlessly on the detainee issue did not serve the smooth proceedings of the talks and, therefore, should be discontinued.

We also made it clear that the Korean side was of the opinion that until a settlement of the current detainee issue is reached, the opening of the Fisheries Committee should be postponed. We stated that if the Japanese side wanted the smooth operation of the overall talks in future, the highest officials, such as Premier Kishi and Foreign Minister Fujiyama, should direct the lower-level officials to agree to our terms on the detainee issue. Ambassador Sawada replied in this regard that the matter would be taken up with Prime Minister Kishi and he would inform us of its result.

At our meeting with Vice Minister Yamada, as reported in my cable, he stated that it was extremely difficult to give us any written assurances that the released detainees would not be sent to north Korea, however, he said he would give the matter further study, to find a solution to the issue.

I also visited Ambassador MacArthur at 11:30 a.m. today to give him a full explanation on the current detainee issue. I have reported in this regard in detail under separate cover.

With sentiments of loyalty and esteem, I remain,

Most respectfully,

Encls.

번역

1958년 8월 21일, 도쿄

번호: 21

대통령 각하,

8월 18일(월) 장경근 어업위원회 대표 및 최규하 참사관과 함께 제가 자리를 비운 사이의 일본과의 회담, 특히 억류자 문제와 관련한 최근의 진전 상황을 보고받았습니다. 이 문제는 북송을 희망하고 있는 것으로 알려진 일부 한국인 억류자들과 관련된 것입니다.

현재 억류자 문제 해결을 위해 우리가 일본 측에 매우 진지하고 화해적인 제안을 제시했지만 아직 일본 측이 받아들이지 않았다는 보고를 받았습니다. 일본 측은 가석방된 억류자들을 북한으로 보내지 않겠다고 구두로 약속했지만, 이를 서면으로 보장해 달라는 우리의 요청에 응하지 않았습니다. 그 결과 다른 위원회 회의에서는 아무런 진전이 없었습니다.

이러한 상황에서 제가 귀임한 후 열린 간부회의에서 일본에 압력을 가하기 위해 억류자 문제가 해결될 때까지 예정된 어업위원회 개최를 연기하고, 제가 일본 관계자를 만나 우리의 입장을 다시 한 번 강조하기로 결정했습니다.

그래서 저는 화요일 오후 3시, 수요일 오후 5시에 각각 사와다 대사와 야마다 외무성 사무차관을 방문했습니다. 이 방문에는 유 공사와 장 위원이 동행했습니다. 이 회담에서 논의된 내용은 이미 전문 MT-013과 014로 보고드렸으며, 그 사본은 여기에 동봉되어 있습니다.

저는 일본 측 관계자들에게 제가 도쿄에 없는 동안의 최근 회담에서 진전이 없었던 것과 억류자 문제 해결을 위한 우리의 합리적이고 화해적인 제안을 일본 측이 받아들이지 않은 것에 대해 유감스럽게 생각한다고 말했습니다. 또한 억류자 문제와 관련하여 근거 없이 한국을 비난하는 일본 언론의 관행이 회담의 원활한 진행에 도움이 되지 않으므로 중단되어야 한다는 점을 전달하였습니다.

또한 우리 측은 억류자 문제의 해결이 이루어질 때까지 어업위원회 개회를 연기해야 한다는 의견을 분명히 하였습니다. 우리 측은 일본 측이 향후 전체 회담의 원활한 운영을 원한다면 기시 총리, 후지야마 외상 등 고위 당국자가 하위 당국자들에게 억류자 문제에 대한 우리 측 입장에 동의할 것을 지시해야 한다는 입장을 밝혔습니다. 이에 대해 사와다 대사는 기시 총리와 이 문제를 논의할 것이며 그 결과를 알려주겠다고 답했습니다.

야마다 차관과의 면담에서, 전문으로 보고드린 바와 같이, 그는 석방된 억류자들을 북한으로 보내지 않을 것이라는 서면 보장은 매우 어렵다고 말했지만 이 문제에 대한 해결책을 찾기 위해 더 연구하겠다고 말했습니다.

저는 오늘 오전 11시 30분에 맥아더 대사를 방문하여 억류자 문제에 대해 충분히 설명했습니다. 이와 관련해서는 별도의 지면을 통해 상세히 보고드렸습니다.

감사합니다.

별첨

37. 맥아더 주일 미국 대사 면담 결과 보고 서한

Tokyo, August 21, 1958

No. 22

Dear Mr. President:

I called on US Ambassador Douglas MacArthur II at his office at 11:30 a.m. today and talked for about 50 minutes. Minister Yiu and Representative Chang Kyung Keun accompanied me on this visit.

After I introduced Mr. Chang who is our representative to the FISHERIES COMMITTEE, the US Ambassador asked me when the Committee was going to meet. I told him that we wanted to start fisheries discussion as soon as possible, as evidenced from the arrival of Mr. Chang. However, a complicated issue arose in connection with Japan's unilateral decision to release in Japan some Korean detainees at Omura Camp.

We explained to him that at the Korea-Japan Working Committee headed respectively by Minister Yiu and Director Itagaki the Japanese representative promised not to send to north Korea nor release in Japan those Korean detainees who allegedly desire to go to the north, which is clearly recorded. Despite such Japanese action, our side took a very conciliatory attitude for the smooth proceedings of the overall talks and agreed to the contemplated parole, from the humanitarian viewpoint, provided Japan assures us in writing merely that "they would not be sent to the north after their release in Japan". Notwithstanding such a reasonable proposition from our side, the Japanese have not yet agreed to do so, thus our side was obliged to postpone the opening of the scheduled Fisheries Committee, pending a settlement of the current detainee issue.

Mr. MacArthur told us that his Government was not in support of the idea of forcibly sending aliens to destinations which are not of their own choosing. He further stated that he understood that Japan would not send them to north Korea after their release, although he thought that it was difficult for the Japanese to give us written assurances to such effect.

We told MacArthur that 'north' Korea, being an integral part of the Republic of Korea, is presently under unlawful occupation by the Communists, and therefore, our Government could not tolerate any of our nationals being sent to that part of our territory Where their safety is not guaranteed. We also pointed out that Japan made a number of oral commitments in the past on various issues and actually broke them on several occasions in the absence of written assurances. Therefore, we continued, we cannot feel secure until written assurances are given on the current detainee issue. Mr. MacArthur understood that point.

When Mr. Chang told MacArthur that since the Middle-east crisis, Japan seemed to have taken increasingly neutralistic stand, MacArthur opined that Japan was an independent country and as such wanted to pursue her own foreign policy. Citing the US-British and US-ROK relations, the US Ambassador said that though they all were good allies to each other, that did not mean that they were in agreement on all issues. He further advised us that as the present Japanese administration headed by Mr. Kishi. is, in his opinion, sincere toward the settlement of the pending issues with Korea, it would be to the disadvantage of Korea, unless a settlement was sought while Mr. Kishi was still in power. he thought that the more the settlement of the pending problems was delayed, the more difficult such settlement would be. We told him that our side had always been sincere on this matter and expected the same from Japan.

Finally, Amb. MacArthur told us that he would shortly meet Japanese officials concerned and do what he personally could, in connection with the present situation. Any further development in this regard would be reported promptly.

With sentiments of loyalty and esteem, I remain,

Most respectfully,

번역

1958년 8월 21일, 도쿄

번호: 22

대통령 각하,

저는 오늘 오전 11시 30분 더글러스 맥아더 2세 미국 대사를 방문하여 50여 분간 환담을 나누었습니다. 이번 방문에는 유 공사와 장경근 의원이 동행했습니다.

제가 어업위원회 우리 측 대표인 장경근 의원을 소개하자 미국 대사가 어업위원회 회의가 언제 열릴 예정이냐고 물었습니다. 저는 장 위원이 도착한 만큼 가능한 한 빨리 어업 논의를 시작하고 싶다고 말했습니다. 그러나 일본이 오무라수용소의 한국인 수용자 일부를 석방하기로 일방적으로 결정한 것과 관련하여 복잡한 문제가 발생했습니다.

우리는 유 공사와 이타가키 국장이 각각 주재한 한일실무위원회에서 일본 측 대표가 북송을 희망하는 한국인 수용자들을 북한으로 보내지 않고 일본 내에서 석방하지 않겠다고 약속했으며, 이는 명백히 기록으로 남아있다고 설명했습니다. 이러한 일본의 조치에도 불구하고 우리 측은 전체 회담의 원만한 진행을 위해 매우 유화적인 태도를 취하여 일본이 '일본 내 석방 후 북송하지 않겠다'는 것을 서면으로만 보장한다면 인도주의적 견지에서 가석방에 동의하였다고 했습니다. 우리 측의 이러한 합리적인 제안에도 불구하고 일본은 아직 이에 동의하지 않았기 때문에 우리 측은 억류자 문제가 해결될 때까지 예정된 어업위원회 개회를 연기할 수밖에 없었다고도 했습니다.

맥아더 대사는, 미국 정부는 외국인을 자신이 선택하지 않은 목적지로 강제로 보내는 것을 지지하지 않는다고 말했습니다. 그는 또한 일본이 석방 후에도 그들을 북한으로 보내지 않을 것임을 이해한다고 말했지만, 일본이 그러한 취지의 서면 보장을 우리에게 제공하기는 어렵다고 생각한다고 말했습니다.

우리는 맥아더에게 '북'한은 대한민국의 불가분의 일부로서 현재 공산주의자들이 불법 점령하고 있으며, 따라서 우리 정부는 우리 국민의 안전이 보장되지 않는 우리 영토의 그 지역에 우리 국민이 있는 것을 용납할 수 없다고 말했습니다. 우리는 또한 일본이 과거에 여러 가지 문제에 대해 구두로 여러 차례 약속을 했고, 서면 확약이 없는 상황에서 실제로 여러 차례 약속을 어겼다는 점을 지적했습니다. 따라서 우리는 현재 억류자 문제에 대한 서면 확약이 있을 때까지 안심할 수 없다는 점을 부연 설명했습니다. 맥아더 대사도 그 점을 이해했습니다.

장 위원이 맥아더 대사에게 중동 위기 이후 일본이 점점 더 중립적인 입장을 취하는 것 같다고 말하자 맥아더 대사는 일본은 독립된 국가이므로 독자적인 외교 정책을 추구해야 한다고 했습니다. 맥아더 대사는 미영, 한미 관계를 예로 들며 두 나라가 서로에게 좋은 동맹국이지만 그렇다고 해서 모든 문제에 대해 의견이 일치하는 것은 아니라고 말했습니다. 그는 또 기시 총리가 이끄는 현 일본 정권이 한국과의 현안 문제 해결에 진정성을 가지고 있다고 생각하기 때문에 기시 총리가 집권하고 있는 동안에 해결을 모색하지 않으면 한국에 불리할 것이며, 현안 문제 해결이 늦어지면 늦어질수록 해결이 더 어려워질 것이라고 충고했습니다. 우리는 우리 측이 이 문제에 대해 항상 성실하게 임해왔으며 일본도 같은 태도를 보일 것으로 기대한다고 말했습니다.

마지막으로 맥아더 대사는 조만간 일본 측 관계자를 만나 현 상황과 관련하여 개인적으로 할 수 있는 일을 하겠다고 말했습니다. 이와 관련하여 추가 진전이 있으면 즉시 보고하겠습니다.

감사합니다.

65. 일본적십자사가 북한적십자사에 보낸 전문

0151   NK98 SL K177 SA27

TOKYO 77/76 4 1110

KOREACROSS PHYONGYANG

(CONFIDENTIAL) REFERRING YOUR TELEGRAM NOVEMBER FIRST STOP JAPANCROSS AFTER DEEP CONSIDERATION INTERNAL AND EXTERNAL SITUATION AND ALSO DIFFERENT WAYS OF REPATRIATION WISH TO PROPOSE REPATRIATE SHIPWRECKED VIA NAKHODKA BY AVAILABLE SOVIET SHIP STOP IT YOU AGREE TO THIS METHOD JAPANCROSS IS PREPARED OPEN NEGOTIATION WITH SOVIET EMBASSY TOKYO AND HOPE YOU DO THE SAME AT PHYONGYANG STOP PLEASE KEEP IT STRICTLY CONFIDENTIAL STOP IN VIEW DEPARTURE INOUE FOR HANOI QUICK REPLY REQUESTED

JAPANCROSS G532

번역 NK98 SL K177 SA27

도쿄 77/76 4 1110

코리아적십자 평양

 (기밀) 귀하의 11월 첫 번째 전보 관련, 일본적십자사는 대내외 정세와 다른 송환 방법을 깊이 고려한 후 나홋카를 통해 난파된 선박을 가능한 소련 선박으로 송환할 것을 제안하고자 합니다. 이 방법에 동의하면 일본적십자사는 도쿄 소련 대사관과 공개 협상을 준비하고 있으며 평양에서도 그렇게 하길 바랍니다. 이 사안은 엄격히 기밀로 유지하십시오. 이노우에가 하노이로 출발해야 하므로 빠른 답장을 요청합니다

일본적십자사 G532

별첨

65-1. 일본적십자사가 북한적십자사에 보낸 전보 통보 공문[2]

0152   체비 제556호

단기 4291년 11월 4일

체신부 장관[관인]

외무부 장관 귀하

불온 외국 전보 내용 통보에 관한 건

본건 일본적십자사로부터 친공 교포 송환에 관하여 '평양'의 소위 조선적십자사 앞으로 발송하는 전보가 당부 관하 서울국제전신전화국으로 오송(誤送)되었기에 참고로 통보하는 동시 그 사본을 별첨 송부하나이다.

---

[2] 일본적십자사가 북한적십자사에 보낸 전보가 서울국제전신전화국으로 오송되었다. 전보 내용은 앞에 편철.

67. 일본적십자사가 북한적십자사에 보낸 전보 내용을 주일 대표부에 통보하는 전문

0153   ST-911110

NO. MTB-015

DATE. 11051800

SENT TO. MINISTER YIU

OUR FACILITIES INTERCEPTED THE FOLLOWING CABLE DISPATCHED ON NOVEMBER FOURTH BY JAPAN RED CROSS TO PYONG PUPPET RED CROSS COLON

QUOTE REFERRING YOUR TELEGRAM NOVEMBER FIRST STOP JAPANCROSS AFTER DEEP CONSIDERATION INTERNAL AND EXTERNAL SITUATION AND ALSO DIFFERENT WAYS OF REPATRIATION WISH TO PROPOSE REPATRIATE SHIPWRECKED VIA NAKHODKA BY AVAILABLE SOVIET SHIP STOP IF YOU AGREE TO THIS METHOD JAPANCROSS IS PREPARED OPEN NEGOTIATION WITH SOVIET EMBASSY TOKYO AND HOPE YOU DO THE SAME AT PYONGYANG STOP PLEASE KEEP IT STRICTLY CONFIDENTIAL STOP IN VIEW DEPARTURE INOUE FOR HANOI QUICK REPLY REQUESTED G FIVE THREE TWO UNQUOTE

PLEASE SEARCH OUT CONFIDENTIALLY WHAT IS GOING BETWEEN JAPAN RED CROSS AND PUPPET RED CROSS AND FOR WHAT THEY ARE NEGOTIATING PD WITH SERIOUS CONCERN CMA THE MINISTRY AWAITS MISSIONS REPORT IN THIS CONNECTION PD

VICE FOREIGN MINISTER

번역　ST-911110

번호: MTB-015

일자: 11051800 [1958. 11. 5]

수신인: 유 공사

　　우리 시설이 11월 4일에 일본적십자사가 평양괴뢰적십자사에 보낸 다음 전보를 가로챘습니다.

　　"귀하의 11월 첫 번째 전보 관련, 일본적십자사는 대내외 정세와 다른 송환 방법을 깊이 고려한 후 나홋카를 통해 난파된 선박을 가능한 소련 선박으로 송환할 것을 제안하고자 합니다. 이 방법에 동의하면 일본적십자사는 도쿄 소련 대사관과 공개 협상을 준비하고 있으며 평양에서도 그렇게 하길 바랍니다. 이 사안은 엄격히 기밀로 유지하십시오. 이노우에가 하노이로 출발해야 하므로 빠른 답장을 요청합니다."

　　일본적십자사와 괴뢰적십자사 사이에 무슨 일이 벌어지고 있는지, 그리고 그들이 무엇을 협상하고 있는지 비밀리에 알아보십시오. 심각한 우려와 함께 귀 대표부의 보고를 기다립니다.

외무차관

69. 일본적십자사와 북한적십자사 간 교섭에 관한 대표부 보고 전문

0155   NO. MTB-050

DATE. 11141100

TO. Vice Foreign Minister

With reference to FTB-015 of November 5 and FTB-018 of November 12, this office took steps confidentially to get exact information regarding so called negotiations between the Japanese Red Cross and the Puppet Red Cross.

However, so far the story that the Japanese Red Cross is conducting positive negotiations with the Puppet Red Cross or Russian Embassy here has not been confirmed.

This office will be keeping close watches on the case and any development thereof will be reported to you promptly.

Minister Yiu

<u>번역</u>

번호: MTB-050

일자: 11141100[1958. 11. 14]

수신인: 외교부 차관

11월 5일 FTB-015 및 11월 12일 FTB-018과 관련하여 본 대표부는 일본적십자사와 괴뢰적십자사 간의 소위 협상에 관한 정확한 정보를 얻기 위해 비밀리에 조치를 취했습니다.

그러나 현재까지 일본적십자사가 괴뢰적십자사 또는 주일 러시아 대사관과 협상을 진행하고 있다는 이야기는 확인되지 않았습니다.

저희는 이 사건을 예의주시하고 있으며, 진전이 있으면 즉시 보고드리도록 하겠습니다.

유 공사

70. 한일실무자위원회 개최에 따른 청훈 전문

NO. MTB-052

DATE. 11141700

TO. Foreign Minister & Office of the President

It was decided that a meeting of Korea-Japan Working Committee would be held at 15:00 on November 18th. Any government instructions in connection with the Japanese Note Verbale No. 171-ASN of October 2nd, copy of which was sent to the Government, will be highly appreciated.

Minister Yiu

[번역]

번호: MTB-052

일자: 11141700 [1958. 11. 14]

수신인: 외무부 장관, 대통령실

한일실무위원회 회의를 11월 18일 15시에 개최하기로 결정하였습니다. 10월 2일자 일본 측 통지문(통지문 제171-ASN호) 사본이 우리 정부에 송부된바, 이와 관련한 정부의 입장을 알려주시면 감사하겠습니다.

유 공사

71. 실무위원회 개최 관련 본부 입장에 관한
장관 지시 및 견해가 담긴 메모

0157   4291년 11월 17일

(장관 각하의 지시와 견해)

1. 850명 억류자는 전부 받아야지 일부를 남겨둘 수는 없다.

2. 이에 관한 정부의 정책은 대표부가 벌써 잘 알고 있어야 할 것이고, 이 훈령이 안 가도 850명을 북한 송환 희망자를 제외하고 받아들이겠다는 언질을 주리라고는 생각지 않는다.

3. 명일(11월 18일) 회의 경과를 볼 때까지 본안을 보류함이 가하다.

수명자 정무국장

72. 실무위원회 개최 관련 본부 훈령 전문

DATE. NOV 17, 1958

SENT TO. MINISTER YIU

COPY TO. AMB LIMB

RE CABLE: MTB ZERO FIVE TWO PD

ITEM ONE COLON TECHNICALLY CMA THE KOREA JAPAN WORKING COMMITTEE IS INDEPENDENT OF THE KOREA JAPAN CONFERENCE PD HOWEVER PLEASE BEAR IN MIND THAT THE TWO ARE CLOSELY RELATED TO EACH OTHER CMA AND THEREFORE CMA ANY ERUPTION AT THE WORKING COMMITTEE WOULD AFFECT VITALLY THE PROCEEDING OF THE CONFERENCE SEMICOLON

ITEM TWO COLON AS THE MISSION WAS INSTRUCTED IN FTB ZERO ZERO SEVEN CMA GOVERNMENT IS READY IN PRINCIPLE TO RECEIVE THOSE KOREANS OF POSTWAR CATEGORY PD BUT OUR FEAR IS THAT IN TAKING UP THIS ISSUE AT THE PRESENT MOMENT CMA WE CANNOT BUT RESUME HOT DEBATE ON COMMUNIST DETAINEES OR PAROLEES PD THAT IS WHY WE PROPOSED CMA IN PKM NOTE NUMBER THREE TWO DATED SEPTEMBER TWENTY SEVEN CMA TO TAKE UP THE ISSUE OF THIS KIND SOMETIME AT THE OVERALL TALKS SO THAT THE DETAINEE ISSUE MAY NOT FURTHER DETER THE PROCEEDINGS OF THE FOURTH KOREA JAPAN OVERALL TALKS SEMICOLON

ITEM THREE COLON FOR THE PRESENT MOMENT CMA GOVERNMENT DOES NOT THINK IT ADVISABLE TO PULL OUT AN ERUPTIVE ISSUE AT THE WORKING COMMITTEE OR COMMITTEES OF THE CONFERENCE SEMICOLON

ITEM FOUR COLON BUT BEFORE TAKING UP THIS ISSUE SOONER OR LATER CMA GOVERNMENT CONSIDERS IT HIGHLY NECESSARY THAT THE LEGAL STATUS COMMITTEE SHOULD EXPEDITE SETTLEMENT OF THE PROBLEM OF ARTICLE TWO CMA PARAGRAPH ONE CONCERNING QUOTE NATIONALITY UNQUOTE SEMICOLON

ITEM FIVE COLON THE ABOVE POINTS ARE NOT FOR OUR EXPLANATIONS TO THE JAPANESE SIDE BUT FOR THE MISSIONS INFORMATION PD UNDER THESE CONSIDERATIONS CMA THE MISSION IS INSTRUCTED TO REMAIN IN A LISTENERS POSITION AT THE WORKING COMMITTEE ON NOVEMBER EIGHTEENTH CMA AND TO MAKE NO SIGNIFICANT COMMITMENT ON OUR POSITION SEMICOLON

ITEM SIX COLON IN THIS CONNECTION CMA THE MISSION IS ALSO INFORMED THAT OUR SIDE WILL WITHHOLD FOR THE TIME BEING REPLY TO THE JAPANESE NOTE VERBALE NUMBER ONE SEVEN ONE ASN DATED OCTOBER SECOND PD

FOREIGN MINISTER

일자: 1958년 11월 17일

수신인: 유 공사

사본: 임 대사

MTB 052 관련

1. 기술적으로 한일실무위원회는 한일회담과 독립적이지만 두 회의는 서로 밀접한 관련이 있음을 명심하십시오. 따라서 실무위원회에서 불화가 발생하면 한일회담 진행에 중대한 영향을 미칠 수 있습니다.

2. FTB 007로 지시한 대로 정부는 원칙적으로 전후 카테고리의 한국인을 수용할 준비가 되어있습니다. 하지만 우리의 우려는 현 상황에서 이 문제를 다룰 때 공산주의 수용자나 가석방자에 대한 뜨거운 논쟁을 재개할 수밖에 없다는 것입니다. 이 문제가 한일회담의 진행을 늦추지 않도록 우리가 9월 27일 자 PKM 32를 통해 한일전면회담에서 언젠가 이 문제를 다루자고 제안한 이유가 여기에 있습니다.

3. 현시점에서 우리 정부는 실무위원회 또는 한일회담위원회에서 이 문제를 꺼내는 것이 바람직하지 않다고 생각합니다.

4. 그러나 조만간 이 문제를 다루기 전에 정부는 법적지위위원회가 '국적'에 관한 제2조 1의 문제를 신속하게 해결해야 할 필요성이 매우 크다고 생각합니다.

5. 상기 사항은 일본 측에 대한 우리의 설명이 아니라 대표부의 참고를 위한 것입니다. 대표부는 11월 18일 실무위원회에서 듣는 입장을 유지하고 우리의 입장에 대한 중요한 약속을 하지 말기 바랍니다.

6. 이와 관련하여 또한 10월 2일 자 일본 측 구상서 171 ASN에 대한 우리 측 회신을 당분간 보류할 것임을 통보합니다.

외무부 장관

V.2 재일한인 북한 송환, 1959. 1~8

분류번호 : 723.1JA 북 1955-60 V. 2
등록번호 : 766
생산과 : 아주과
생산연도 : 1960
필름번호 : C1-0010
프레임번호 : 0001~0169

1959년 1월 30일 후지야마 일본 외상의 재일한인 북송 원칙 발표 이후 일본 측의 북송과 관련한 한국 측의 대응, 미국의 입장(미국은 한국 측의 강력한 요청에도 불구하고 미온적 태도 시현), 북송을 막기 어렵다는 판단에 따라 다시금 한일회담 재개를 제의하여 1959년 8월 12일 제4차 한일회담이 재개되기까지의 과정에 관한 문서들이 수록되어 있다. 1959년 1월부터 8월까지의 재일한인 북송과 관련한 주요 동향은 다음과 같다.

1959. 1. 30 후지야마 외상 북송 추방 원칙 발표, 한일회담 결렬
1959. 2. 13 동 원칙 일본 각의 통과
1959. 4. 13 일적-북적 직접 협상 개시(제네바)
1959. 6. 30 대일 무역 전면 금지
1959. 7. 30 한국, 한일회담 무조건 재개 및 억류자 상호 석방 제의
1959. 8. 12 한일회담 재개
1959. 8. 13 일적-북적 재일한인 북송협정 조인(캘커타 협정)
1959. 8. 26 제4차 한일회담 제13차 본회의 개최(법적지위위원회 토의 의제 합의)

16. 재일한인 북송 관련 일본 정부의 원칙 발표 보도 확인 요청 전문

NO. ST-920180

DATE. 301700
JANUARY 30, 1959

SENT TO. COUNSELLOR CHOI KOREAN MISSION

ACCORDING TO REPORT JAPANESE FOREIGN MINISTER TODAY SAID TO THE EFFECT THAT KOREAN RESIDENTS IN JAPAN WISHING TO BE SENT TO NORTH KOREA SOON BE REPATRIATED PD YOU ARE INSTRUCTED TO REPORT TO THE GOVERNMENT WITHOUT DELAY WHETHER THAT REMARKS WERE ACTUALLY MADE OR NOT PD

THE MINISTRY WILL WAIT FOR YOUR REPORT TONIGHT PD

FOREIGN MINISTER

번역

번호: ST-920180

일자: 301700
1959년 1월 30일

수신인: 한국대표부 최 참사관

오늘 일본 외상이 북송을 희망하는 재일한인들을 곧 송환할 것이라는 취지의 발언을 했다는 보도가 나왔는데, 그 발언이 사실인지 아닌지 지체 없이 정부에 보고 바랍니다.

외무부는 오늘 밤 보고를 기다리겠습니다.

외무부 장관

17. 이타가키 외무성 아시아국장 면담 결과 보고 전문
(재일한인 북송 관련 언론 보도 진위 확인)

0197   No. TS-920288

DATE. 302120

TO. OFFICE OF THE PRESIDENT PD FOREIGN MINISTER

(COPY TO MINISTER YIU)

I MET ASIAN AFFAIRS DIRECTOR AT HIS OFFICE BETWEEN 3:05 PM AND THREE FIFTY PM ON JANUARY THIRTIETH TO MAKE A STRONG REPRESENTATION AGAINST FOREIGN MINISTER FUJIYAMAS REPORTED REMARKS ON THE SO CALLED GROUP REPATRIATION MOVEMENT PD GIST OF MY REPRESENTATIONS AND OF ITAGAKIS REPLIES IS AS FOLLOWS COLON

ITEM ONE: I ASKED FIRST TO BE INFORMED OF THE AUTHENTICITY OF THE PRESS REPORT ON MR FUJIYAMAS REMARKS MADE AT THE UPPER HOUSE ON JANUARY TWENTY NINE TO THE EFFECT THAT THE JAPANESE GOVERNMENT WAS STUDYING MEASURES IN THIS REGARD AND WOULD MAKE THE MEASURES PUBLIC SOON DOT DOT DOT AS IT CONSIDERED THE REPATRIATION TO NORTH KOREA OF KOREAN RESIDENTS IN JAPAN WAS A MATTER OF FREEDOM OF RESIDENCE AND A HUMANITARIAN PROBLEM PD AND THEN I TOLD HIM THAT CMA IF THE ABOVE REPORT WAS TRUE CMA THE MISSION CONSIDERED IT A MATTER

0198   OF SERIOUS CONCERN AND COULD NOT BUT LODGE A MOST ENERGETIC

PROTEST WITH THE JAPANESE GOVERNMENT AGAINST THE REMARKS BY FUJIYAMA PD I CONTINUED THAT THE SO CALLED GROUP REPATRIATION MOVEMENT WAS NOTHING BUT A MOST MALICIOUS POLITICAL PLOT INITIATED BY THE NORTH KOREAN PUPPET REGIME AND SOME JAPANESE WHO DID NOT WANT TO SEE THE KOREA JAPAN PROBLEMS SETTLED CMA POINTING OUT THAT THIS POLITICAL PLOT UNDER THE GUISE OF QUOTE HUMANITARIANISM UNQUOTE WAS AIMED AT THE DETERIORATION OF RELATIONS BETWEEN KOREA AND JAPAN AND THE COLLAPSE OF THE CURRENT OVERALL TALKS PD STATING THAT THE GOVERNMENT OF THE REPUBLIC OF KOREA WAS THE ONLY LAWFUL GOVERNMENT IN KOREA AND WAS RECOGNIZED BY THE UNITED NATIONS AS SUCH AND THAT THE NORTHERN PART OF KOREA WAS UNDER AN UNLAWFUL OCCUPATION BY COMMUNIST AGGRESSORS CMA I EMPHASIZED THAT IT WAS THE RIGHT AND RESPONSIBILITY OF THE GOVERNMENT OF THE REPUBLIC OF KOREA TO PROTECT THOSE KOREAN RESIDENTS IN JAPAN AS THEY WERE NATIONALS OF THE REPUBLIC OF KOREA PD I ALSO EXPRESSED MY DEEPEST REGRET TO SEE THE MOVEMENT ON THE PART OF JAPANESE SIDE SHOWN IN SUPPORT OF SUCH A MALICIOUS POLITICAL PLOT AT THE TIME WHEN MINISTER YIU WAS IN SEOUL FOR CONSULTATIONS WITH THE GOVERNMENT AND KOREAN DELEGATES WERE WORKING HARD FOR THE PREPARATION OF RESUMING THE OVERALL TALKS PD EYE TOLD HIM THAT WE CAN NOT BUT DOUBT THE SINCERITY ON THE PART OF JAPANESE SIDE IN SETTLING OUTSTANDING PROBLEM BETWEEN THE TWO COUNTRIES PD

ITEM 2: ITAGAKI REPLIED THAT IT WAS TRUE THAT MR. FUJIYAMA STATED TO THE EFFECT AS THE QUESTION ON THE "REPATRIATION TO NORTH KOREA" WAS A MATTER OF HUMANITARIAN PROBLEM, HE WAS

STUDYING APPROPRIATE MEASURES THEREON AND WISHED TO MAKE THE DECISION ON THE GOVERNMENTAL POLICY IN THIS REGARD SOON PD

HE ADDED THAT AMONG CABINET MEMBERS AND POLITICIANS THERE IS A CONSIDERABLY RAPID MOVEMENT TOWARD THE DIRECTION OF MAKING DECISION ON THE POLICY FOR SOLVING THE PROBLEM ACCORDING TO "THE PRINCIPLE OF FREEDOM OF REPATRIATION".

HOWEVER, HE SAID, THERE WERE NO INSTRUCTIONS FROM THE HIGHER OFFICIALS TO WORK OUT PLAN IN THIS REGARD AT PRESENT. HE INDICATED THAT HIGHER OFFICIALS MIGHT BE THINKING OF INVITING THE INTERFERENCE OF ICRC IN THE MATTER AS THE FIRST STEP, REFERRING TO CONSISTENT ICRC DESIRE OF HANDLING THE MATTER. IN THIS CONNECTION, I COUNTERED THAT THERE WAS NO ROOM FOR ICRC INTERFERENCE IN THE MATTER ON THE GROUND THAT THE INVOLVED IN THIS REGARD WERE ALL THE NATIONALS OF THE ROK AND THAT THIS SCHEME IS ABSOLUTELY A MOST MALICIOUS PLOT. I STRONGLY TOLD HIM THAT IF ANY KOREANS IN JAPAN WERE TO BE SENT TO "NORTH KOREA" IT WOULD DEFINITELY BRING ABOUT A MOST SERIOUS EFFECT UPON THE EXISTING RELATIONS BETWEEN THE TWO COUNTRIES AS WELL AS THE OVERALL TALKS, IMPLYING THAT THE TALKS MIGHT BE RUPTURED, FOR WHICH THE JAPANESE GOVERNMENT SHOULD SOLELY BE RESPONSIBLE. MR. ITAGAKI, TAKING NOTE OF MY STRONG REPRESENTATIONS AS ABOVE, TOLD ME THAT HE WOULD REPORT TO HIS SUPERIORS THEREON IMMEDIATELY.

COUNSELLOR CHOI

번역

번호: TS-920288

일자: 302120 [1959. 1. 30]

수신인: 대통령실, 외무부 장관
　　　　(사본: 유 공사)

저는 1월 30일 오후 3시 5분에서 3시 50분 사이에 아시아 담당 국장 사무실에서 그를 만나 소위 집단 송환 움직임에 관한 후지야마 외상의 발언에 대해 강력히 항의했습니다. 제 항의와 이타가키 국장의 답변 요지는 다음과 같습니다.

1. 후지야마 외상의 1월 29일 참의원에서의 발언, 즉 재일 한국인의 북한 송환이 거주 자유의 문제이자 인도주의적 문제라고 생각하기 때문에 일본 정부가 이와 관련한 조치를 검토하고 있으며 곧 조치를 공개 할 것이라는 취지의 발언에 관한 언론 보도의 진위 여부를 먼저 알려줄 것을 요청했습니다. 이어서 저는 만약 위 보도가 사실이라면 우리 대표부는 이를 심각한 우려의 문제로 간주하며 후지야마 외상의 발언에 대해 일본 정부에 가장 강력한 항의를 제기하지 않을 수 없다고 말했습니다. 저는 소위 집단 송환 움직임은 북한 괴뢰 정권과 한일 문제가 해결되는 것을 원치 않는 일부 일본인들이 벌여놓은 가장 악의적인 정치적 음모이며, '인도주의'를 빙자한 이 정치적 음모는 한일 관계의 악화와 현 한일회담의 결렬을 노린 것이라고 지적했습니다.

저는, 대한민국 정부는 대한민국에서 유일한 합법정부로서 국제연합에 의해 그렇게 승인되었으며, 한반도 북부는 공산 침략자들에 의한 불법 점령하에 있다는 점을 언급하면서 재일한인들을 대한민국 국민으로서 보호하는 것은 대한민국 정부의 권리이자 책임이라는 점을 강조하였습니다. 저는 또한 유 공사가 정부와의 협의를 위해 서울에 가있고 우리 측 대표들이 회담 재개 준비를 위해 열심히 일하고 있는 때에 일본 측이 이러한 악의적인 정치적 음모를 지지하는 움직임을 보이는 데 대하여 깊은 유감을 표명하였습니다. 저는 한일 간의 미해결 문제를 해결하기 위한 일본 측의 진정성을 의심할 수밖에 없다고도 말했습니다.

2. 이타가키는 후지야마 외상이 '북송' 문제는 인도주의적 문제이므로 이에 대한 적절한 조치를 검토하고 있으며, 조만간 이에 대한 정부 방침을 결정하고 싶다는 취지로 말한 것은 사실이라고 답했습니다.

그는 내각과 정치인들 사이에서 '송환의 자유 원칙'에 따라 문제 해결을 위한 정책을 결정하는 방향으로 상당히 빠르게 움직이고 있다고 덧붙였습니다.

그러나 그는 현재 이와 관련하여 계획을 세우라는 고위 관리들의 지시는 없다고 말했습니다. 그는 ICRC의 일관된 문제 해결 의지를 언급하면서 고위 당국자들이 이 문제에 대한 ICRC의 개입을 첫 번째 단계로 고려하고 있는 것 같다고 말했습니다. 이와 관련하여 저는 이 사건에 관계된 사람들이 모두 대한민국 국민이며 이 계획이 절대적으로 가장 악의적인 음모라는 점에서 ICRC가 이 문제에 개입할 여지가 없다고 반박했습니다. 저는 그 어떤 재일한국인이라도 '북한'으로 보내진다면 그것은 분명히 양국 간의 기존 관계는 물론 회담 전체에 가장 심각한 영향을 미칠 것이고, 그것이 회담이 결렬될 수도 있다는 것을 의미할 수도 있으며, 그 책임은 전적으로 일본 정부가 져야 한다고 강력히 말했습니다. 이타가키 국장은 위와 같은 저의 강력한 의사 표시를 메모한 후 즉시 상급자에게 보고하겠다고 말했습니다.

최 참사관

19. 일본 정부의 재일한인 집단 북송 결정에 대한
우리 국회 결의문을 재외공관장에게 송부하는 공문

외정(아)제   호

단기 4282년 2월 25일

외무부 장관

재외공관장 귀하

건명: 재일한인 집단 북송에 관한 건

머리의 건 2월 18일 제32회 국회 제2차 분회에서 의결한 별첨과 같은 '유엔총회 의장, 유엔 사무총장, 참전 16개국 수반, ICRC 대표에게 보내는 메시지'를 주미 대사관을 통하여 상기 각처에 발송하였사오니 참고로 하시기 바랍니다.

별첨: 결의문 사본 1통

별첨

19-1. 일본 정부의 재일한인 집단 북송 결정에 대한 우리 국회 결의문

0206   NATIONAL ASSEMBLY

FEBRUARY 19, 1959

TO: President of the United Nations General Assembly; Secretary General of the United Nations; Governments of the 16 United Nations Allies in the Korean War; Representative of the International Committee of the Red Cross

On February 13, 1959, the Government of Japan, at a cabinet meeting: decided to deport to north Korea those Korean residents who are allegedly desirous of being sent to north Korea. The deceitful decision to deport free people to slavery, made under the plea of so-called "humanitarian viewpoint," "freedom of choice of residence," and even "the Universal Declaration of Human Right," will lead to a grave situation in which the principal significance of freedom, which the free world has been pursuing constantly with dear prices and sacrifices the end of World War II, will be destroyed and denied grossly.

As is well known all over the world, how can we expect any sort of "Humanitarianism," "Fundamental freedom of mankind," or "human right," to be guaranteed in the communist totalitarian sphere?

During the Korean War, refugees estimated at approximately four million came down to south in quest of freedom.

This plain fact eloquently testifies to the hellish misery and communist terrorism in north Korea, consequently exposing the falsity of the Japanese Government's decision. Only enforced labor, forced concentration, and slavery lie ahead in north Korea.

In other word, deportation of Korean residents of Japan to the communist area is an inhumane deed to enslave freedom-loving people quite contrary to what the Japanese claim, humanitarian viewpoint.

Most of the Koreans residing in Japan are those who were forcibly mobilized as laborers during the Japanese domination for aggressive war staged by Japan against the United States, Great Britain, and France, and who have impoverished by the inhumane oppression and ill-treatment by Japan during and after the War.

The Japanese Government intends to deport those pitiful brethren of ours en masse to the communist north Korea, fabricating that, "they are desirous of being sent there," in collaboration with those communist agents in Japan, who stage desperate propaganda and agitation with an enormous amount of money and commodities and well organized threat.

This is obviously a brutal and barbarous deed which does not care about ways and methods for a success, and which is opposed to the principle of freedom.

The people of the Republic of Korea firmly oppose the decision of the Japanese Government for the following reason:

1. The decision betrays the entire free world, not to speak of the 16 U.N. member nations that fought communist aggressors in the Korean War at the sacrifice of dear human lives and huge materials. It also nullifies the supreme spirit of the U.N. Permanent peace of mankind and the principle of collective security, at the same time violating the fundamental spirit manifested in the Universal Declaration of Human Right.

2. By abrogating unilaterally agreements and Memoranda made between

Korea and Japan in the past, it benefits our enemy strengthening the war capacity of the communists by transferring free people to increase their armed forces and labor. It is an outright act of belligerence, threatening the Republic of Korea.

3. Through carrying out this scheme, Japan tries to gain economic profits by round of flattering Red China and the Soviet Union as well as north Korea, simultaneously attempting to gain outsider's benefits by its double diplomacy with both the free world and the communist bloc. Such an ambition is a betrayal to the generous treatment Japan has received from the free world.

4. The Japanese scheme to deport 117,000 Korean residents of Japan in connivance with the communist plot is absolutely inhumane, and the people of the Republic of Korea strongly oppose the attempt to deport them by the good office of the International Committee of the Red Cross.

Praying for the health of Your Excellency and the prosperity and development of your people, we cordially request that you take a positive step to stop the inhumane scheme of Japan, taking the above mentioned facts into consideration.

Speaker Ki-Poong Lee
The House of Representative
The Republic of Korea

번역

1959년 2월 19일

수신인: 유엔총회 의장, 유엔 사무총장, 한국전쟁에 참전한 16개 유엔 동맹국 정부, ICRC 대표

1959년 2월 13일, 일본 정부는 각의에서 북한으로의 송환을 희망하는 것으로 알려진 재일한인들을 북한으로 송환하기로 결정했습니다. 이른바 '인도주의적 관점', '거주지 선택의 자유', 심지어 '세계인권선언'을 내세워 자유인을 노예로 송환하겠다는 기만적인 결정은 제2차세계대전이 끝난 후 자유세계가 값비싼 대가와 희생을 치르며 끊임없이 추구해 온 자유의 근본적 의의가 무참히 파괴되고 부정되는 심각한 사태로 이어질 것입니다.

전 세계적으로 잘 알려진 바와 같이 공산주의자들의 전체주의 체제에서 '인도주의', '인류의 기본적 자유', '인권'이 보장되기를 어떻게 기대할 수 있을까요?

한국전쟁 당시 약 400만 명으로 추산되는 난민들이 자유를 찾아 남한으로 내려왔습니다.

이 명백한 사실은 북한의 지옥 같은 비참함과 공산주의 테러를 웅변적으로 증언하고 있으며 결과적으로 일본 정부의 결정의 허구성을 폭로하는 것입니다. 북한에는 강제 노동, 강제 수용, 노예 제도만이 존재할 뿐입니다.

다시 말해, 재일한인들을 공산권으로 송환하는 것은 일본이 주장하는 인도주의적 관점과는 정반대로 자유를 사랑하는 사람들을 노예로 삼는 비인도적 행위입니다.

재일한인의 대부분은 일제가 미국, 영국, 프랑스 등을 상대로 벌인 침략 전쟁에서 강제로 노동자로 동원되어 전쟁 중과 전쟁 후 일본의 비인도적 탄압과 학대로 가난하게 살아온 사람들입니다.

일본 정부는 막대한 돈과 물자를 동원하고 조직적인 위협을 가하며 필사적인 선전과 선동을 벌이는 일본 내 공산주의자들과 결탁하여 '북송을 원하고 있다'고 조작하여 이 불쌍한 우리의 형제들을 공산주의 북한으로 한꺼번에 송환하려 하고 있습니다.

이것은 성공을 위해 수단과 방법을 가리지 않는 잔인하고 야만적인 행위이며 자유의 원칙에 반하는 것이 분명합니다.

대한민국 국민은 다음과 같은 이유로 일본 정부의 결정에 단호히 반대합니다.

1. 이번 결정은 한국전쟁에서 고귀한 인명과 막대한 물자를 희생하며 공산주의 침략자들과 싸운 16개 유엔 회원국은 말할 것도 없고 자유세계 전체를 배신하는 것입니다. 또한 유엔의 최고 정신인 인류의 항구적 평화와 집단 안보 원칙을 무력화시키는 동시에 세계인권선언에 명시된 기본 정신을 위반하는 것입니다.

2. 과거 한일 간에 맺은 협정과 각서를 일방적으로 폐기하고 자유인을 강제 동원하여 공산주의자들의 군대와 노동력을 증강시켜 그들의 전쟁 능력을 강화함으로써 적을 이롭게 하는 것입니다. 이는 대한민국을 위협하는 노골적인 호전 행위입니다.

3. 일본은 이 계획을 추진함으로써 북한은 물론 공산 중국과 소련에 아첨하여 경제적 이익을 얻음과 동시에 자유세계와 공산권과의 이중 외교를 통해 제3자로서의 이익을 얻으려 하고 있습니다. 이러한 야망은 일본이 자유세계로부터 받아온 관대한 대우에 대한 배신입니다.

4. 공산주의 음모에 동조하여 117,000명의 재일한인을 북한으로 송환하려는 일본의 계획은 절대적으로 비인도적이며, 대한민국 국민은 ICRC의 알선에 의한 이들의 송환 시도에 강력히 반대합니다.

각하의 건강, 귀국 국민의 번영과 발전을 기원하면서, 위에 언급된 사실들을 고려하여 일본의 비인도적인 음모를 중단시키기 위한 적극적인 조치를 취해 주실 것을 간곡히 요청드립니다.

대한민국 국회 이기붕 의장

재일한인 북송과 관련하여 조정환 외무부 장관이 기시 수상에게 보내는 서한[3]

LETTER FROM FOREIGN MINISTER CHUNG WHAN CHO TO PRIME MINISTER NOBUSUKE KISHI

FEB 14, 1959

Excellency,

The Government of the Republic of Korea is deeply concerned about the tragic deterioration of relations between our two countries.

All over Korea, the people are rising in active expression of hostility toward plans of the Japanese Government to send Korean residents of Japan to slavery in north Korea.

Our people are saying that they had hoped Japan was going to do what was just and fair, so that our two countries could live together in friendship. But now, our people say, it has become evident that Japan has no desire to maintain peace with Korea. They demand that action be taken to compel Japan to desist from these inhumane deportations.

It is becoming very difficult for the Korean Government to subdue the people's excitement at the likelihood of their compatriots being handed over to the Communists,

I am speaking very frankly, because if you desire to save the situation, action will have to be taken quickly to assure our people that the Japanese

---

3 본 서한은 본래 'V. 4 북송 저지를 위한 제네바대표부의 활동, 1956~1960'에 수록되어 있다.

Government will not proceed with its plan, which can only be regarded as a terrible crime against the Korean people and nations.

I appeal to you, therefore, to make a momentous decision and bring this fateful crisis to an end, because the situation cannot continue as it is.

By persisting in its present course, Mister Prime Minister, your Government is doing a great disservice to the Free World's anti-Communist cause. Insistence upon sending Korean nationals to Communism will be a disaster of incalculable proportions. The Korean people, having regard to the forty years of oppression by the Japanese Government, already consider it as the final hostile act against them.

I therefore once again urge the Japanese Government to take the necessary urgent action to relinquish Its plans and thus avoid a catastrophe,

Yours sincerely,

Chung W. Cho
Minister of Foreign Affairs
The Republic of Korea
Seoul, Korea

기시 노부스케 총리에게 보내는 조정환 외무부 장관 서한

1959년 2월 14일

각하,
대한민국 정부는 양국 관계의 비극적 악화에 대해 깊이 우려하고 있습니다.
한국 전역에서 재일한인들을 북한에 노예로 보내려는 일본 정부의 계획에 대해 국민들의 적극적인 적대감의 표출이 일어나고 있습니다.

우리 국민들은 일본이 정의롭고 공정한 일을 해서 양국이 우호적으로 함께 살 수 있기를 바랐다고 말하고 있습니다. 그러나 이제 우리 국민들은 일본이 한국과 평화를 유지하려는 의지가 없다는 것이 명백해졌다고 말합니다. 일본이 이러한 비인도적인 강제 송환을 중단하도록 강제할 수 있는 조치를 취할 것을 요구하고 있습니다.

한국 정부는 동포들이 공산주의자들에게 넘겨질 가능성에 대한 국민들의 흥분을 가라앉히는 것이 매우 어려워지고 있습니다.

저는 지금 매우 솔직하게 말하고 있습니다. 그것은, 만약 귀하께서 이 상황을 벗어나기를 원한다면, 일본 정부가 한국 국민과 국가에 대한 끔찍한 범죄로 간주될 수 있는 계획을 진행하지 않을 것이라는 점을 우리 국민에게 확신시키기 위해 신속하게 조치를 취해야 할 것이기 때문입니다.

이 상황을 이대로 방치할 수 없으므로 중대한 결단을 내려 이 운명적 위기를 종식시켜 주실 것을 간곡히 호소합니다.

총리 각하, 귀 정부는 현재의 노선을 고집함으로써 자유세계의 반공 대의에 큰 해를 끼치고 있습니다. 한국 국민을 공산주의 국가로 보내는 것을 고집한다면 헤아릴 수 없는 재앙을 초래하게 될 것입니다. 한국 국민은 일본 정부에 의한 40년간의 억압을 상기하면서 이미 이러한 조치를 자신들에 대한 마지막 적대 행위로 간주하고 있습니다.

따라서 일본 정부가 계획을 포기하고 재앙을 피하기 위해 필요한 긴급한 조치를 취할 것을 다시 한 번 촉구합니다.

감사합니다.

대한민국 외무부 장관 조정환
대한민국 서울

20. 재일한인 북송 문제 관련 일본 측 입장 보고 서한

Tokyo, March 4, 1959

No. F-001

TO: His Excellency the Foreign Minister
FROM: Minister Tai Ha Yiu

At the request of Foreign Minister Fujiyama Tuesday I called on him at 9 this morning at his official residence and received his reply to the letter from you addressed to Prime Minister Kishi, which Fujiyama wrote on behalf of the Prime Minister.

The reply, which was unsealed, stated that the Japanese Government decided on the so called principle of the 'repatriation' of Koreans for various reasons and hoped that "misunderstanding" on our part would be cleared. (Details will be reported via next pouch)

As such a stand is far from satisfactory and somewhat different from what Vice Minister Yamada has recently told me, I would like to be instructed as to future course of action by my office. The Ministry might feel it necessary to issue a statement in this connection. I would appreciate any instructions from the Government in this regard. Foreign Minister Fujiyama's letter is enclosed herewith.

Taihayiu[서명]

Enclosure: Letter from Mr. Fujiyama

[번역]

1959년 3월 4일, 도쿄

번호: F-001

수신인: 외교부 장관 각하
발신인: 유태하 장관

　화요일 후지야마 외상의 요청에 따라 오늘 아침 9시에 그의 관저를 방문, 기시 총리께 보낸 귀하의 서한에 대한 그의 회신을 받았습니다. 후지야마는 총리를 대신하여 서한을 작성하였습니다.
　봉인되지 않은 답신에는 일본 정부가 여러 가지 이유로 소위 재일한인 '송환' 원칙을 결정했으며, 우리 측의 '오해'가 해소되기를 바란다는 내용이 담겨있었습니다. (자세한 내용은 다음 행낭 편에 보고할 예정입니다.)
　이러한 입장은 야마다 차관이 최근 저에게 말한 것과는 다소 다르며 만족스럽지 못한 것이므로, 향후 대응 방향에 대해 지시해 주셨으면 합니다. 이와 관련하여 외무부가 성명을 발표할 필요가 있다고 생각할 수도 있습니다. 정부의 지시를 내려주시면 감사하겠습니다. 후지야마 외상의 서한을 첨부합니다.

유태하

별첨: 후지야마 외무대신 서한

별첨

20-1. 재일한인 북송 관련 후지야마 외상이 조정환 외무부 장관에게 보낸 서한[4]

THE GAIMUSHO

Tokyo, March 4, 1959.

His Excellency
Dr. Chung W. Cho,
Minister of Foreign Affairs,
the Government of the Republic of Korea

Excellency,

In reply to your letter of February 14 addressed to Prime Minister Kishi, I have the honour to state, by his request and on his behalf, as follows:

Prime Minister Kishi deeply regrets that the nature of the question of the voluntary return of Korean residents in Japan to the northern part of Korea and the true intentions of the Japanese Government in dealing with this matter are greatly misunderstood by the Government and people of your country.

This is fundamentally the matter pertaining to the voluntary exit of alien residents, which is handled as a routine in other countries as well as in Japan without any question. It has come to our knowledge that among the Korean residents in Japan there are a number of individuals who want to return to and live in the northern part of Korea. The position that the Japanese Government would like to take is nothing more than to respect their free will, just as in

---

4   일본 외무성 북동아과가 전화로 후지야마 외상의 서신 관련 수정 내용을 알려 온 메모.

other cases, and not to interfere with the departure of those who apply for it. While the Japanese Government has not been unaware of the views the Korean Government has been expressing on this matter, the difficulty lies in that the Japanese Government could not interfere with the voluntary departure of those who apply for it, from the standpoint either of universally accepted principles or of domestic law. The above-mentioned position of the Japanese Government in dealing with matters of this kind is not the one newly taken in this case, nor is its application limited to Koreans. On the contrary, it is a general principle applied to all cases when any alien residents in Japan want to leave Japan for foreign countries, regardless of the destinations they choose, be it any country or any place. With reports and petitions indicating that a number of Korean residents in Japan want to leave Japan in order to settle down in the northern part of Korea, it has become an urgent necessity for the Japanese Government to dispose of procedural matters. For this reason it has reaffirmed and decided to follow its previously established general position. It has also taken steps, as a special measure for the present case, to ask for the cooperation of the International Committee of the Red Cross, which is an impartial and neutral international organ, in confirming the free will of these individuals, lest this matter should be entangled with political problems.

In short, the Japanese Government's position in dealing with this matter being merely not to interfere with voluntary exit of individuals, it is also free for them to stay in Japan, just as they have done heretofore, if they themselves so choose. In other words, it is entirely contrary to facts that the Japanese Government is contemplating to expel Korean residents in Japan; the Japanese Government is not going to impose on them illegal or unjust treatment against universally accepted principles or domestic law in any respect. On the contrary, if the Japanese Government should prevent their voluntary exit, it would put the Japanese Government in a position undefendable both morally and legally. On the other hand, the Japanese Government's decision does not mean any change whatsoever in its established policy of non-recognition and non-assistance toward north Korea. Nor it is intended to encourage or give assistance to the repatriation tothe northern part of Korea. It could not, therefore, be construed as an attempt for hostile or unfriendly action against the Korean Government.

Freedom to choose one's own place of residence is a principle that has been observed not only by Japan but also by other free countries. As you know, the exchange of war prisoners at the time of the conclusion of the Korean Armistice Agreement was carried out in accordance with this principle. It was also according to this principle that during the occupation of Japan the repatriation of Korean residents to Korea, north or south, was planned and executed by the Allied Headquarters. At the Geneva talks between the United States and Communist China a few years ago, the same principle was confirmed by the United States Government respecting the return of Chinese residents in the United States to Communist China.

If free countries were to take steps contrary to this universally accepted principles based upon fundamental human rights, would it not be that they destroy for them selves one of their own fundamental tenets and the very cause of liberty and democracy to which the free world is committed? Then would it not cause an obstacle for free nations to attain the free exit of those persons under communist rule who desire to move to free territory?

As has been repeatedly pronounced, the Japanese Government is anxious to resolve the pending issues and normalize relations between Japan and the Republic of Korea, which is recognized by the majority of the members of the United Nations as having the only lawful Government in Korea, so that the two countries may work together and contribute to the peace and prosperity of Asia. I would like to take this opportunity to reassure to Your Excellency that this basic policy toward the Republic of Korea would not be changed in the least in the future.

The suspicions or allegations such as that the Japanese Government does not want peace with Korea, it is attempting to expel Korean residents from Japan, that the Japanese Government's recent decision is to infringe upon the sovereignty of the Republic of Korea, constitute hostile action against Korea or impose illegal or unjust treatment on Korean nationals in Japan and that it is injuring the cause of the free world are all against the true intentions of the Japanese Government and contrary to facts. I hope Your Excellency will understand it in the light of what have been set forth above in detail.

If the decision on the part of the Japanese Government is causing misunderstandings on the part of the Korean Government with respect to various points such as mentioned above, it is most regrettable for us, and the Japanese Government is prepared further to talk over the matter with the Korean Government in order to remove such unnecessary misunderstandings.

It is sincerely hoped that the nature of the present question and the true intentions of the Japanese Government will be rightly understood by the Government and people of the Republic of Korea with unbiased and calm judgement.

I avail myself of this opportunity to renew to Your Excellency the assurances of my highest consideration.

Aiichiro Fujiyama[서명]
Minister for Foreign Affairs of Japan

번역   외무성

                                                       1959년 3월 4일, 도쿄

각하,

　귀하께서 기시 수상께 보낸 2월 14일 자 서한에 대한 답신으로 기시 수상의 요청에 따라 그를 대신하여 다음과 같이 말씀드리게 된 것을 영광으로 생각합니다.

　기시 수상은 재일한인의 북송 문제의 본질과 이 문제를 다루는 일본 정부의 진정한 의도가 귀국 정부와 국민에 의해 크게 오해되고 있는 것을 깊이 유감스럽게 생각하고 있습니다. 이 문제는 근본적으로 재일한인의 자진 출국에 관한 것으로서, 일본뿐만 아니라 다른 나라에서도 일상적으로 처리되고 있는 사안입니다. 재일한인 중에는 북한으로 돌아가서 살고 싶어 하는 분들이 적지 않다는 것을 저희도 알고 있습니다. 일본 정부가 취하고자 하는 입장은 다른 경우와 마찬가지로 그분들의 자유로운 의사를 존중하고, 신청하는 분들의 출국을 방해하지 않겠다는 것뿐입니다. 일본 정부도 한국 정부가 이 문제에 대해 표명해 온 견해를 모르는 바는 아니지만, 보편적으로 인정되는 원칙이나 국내법의 관점에서 볼 때 일본 정부가 신청자의 자발적인 출국을 간섭할 수는 없다는 데 어려움이 있습니다. 위와 같은 사안에 대한 일본 정부의 입장은 이 사안에서 새롭게 취한 입장이 아니며, 한국인에 국한하여 적용되는 것도 아닙니다. 오히려 일본에 체류하는 외국인이 일본을 떠나 외국으로 출국하고자 하는 경우, 그 목적지가 어느 나라, 어느 곳이든 상관없이 모든 경우에 적용되는 일반적인 원칙입니다. 최근 다수의 재일한인이 북한 지역에 정착하기 위해 출국을 희망한다는 보도와 청원이 잇따르고 있어 일본 정부의 절차적 처리가 시급한 과제로 대두되고 있습니다. 이러한 이유로 일본 정부는 기존에 확립된 일반적 입장을 재확인하고 이를 따르기로 결정했습니다. 또한 이 문제가 정치적 문제와 얽히지 않도록 하기 위해 본건에 대한 특별 조치로서 공정하고 중립적인 국제기구인 ICRC에 이들 개인의 자유의사를 확인하는 데 협조를 요청하는 조치를 취했습니다.

　요컨대, 이번 사안에 대한 일본 정부의 입장은 개인의 자발적 출국을 방해하지 않겠다는 것일 뿐, 본인이 원할 경우 지금까지와 마찬가지로 일본에 체류하는 것은 자유

라는 것입니다. 즉, 일본 정부가 재일한인의 추방을 검토하고 있다는 것은 사실과 전혀 다르며, 일본 정부는 어떠한 경우에도 보편적으로 인정되는 원칙이나 국내법에 반하는 위법 또는 부당한 처우를 하지 않을 것입니다. 오히려 일본 정부가 재일한인들의 자발적 출국을 막는다면 일본 정부는 도덕적으로도, 법적으로도 곤란한 입장에 처하게 될 것입니다. 한편 일본 정부의 이번 결정은 북한을 인정하지 않고 지원하지 않는다는 기존의 대북 정책에 어떠한 변화도 의미하지 않습니다. 또한 북으로의 송환을 장려하거나 지원하려는 의도도 없습니다. 따라서 한국 정부에 대해 적대적이거나 비우호적인 행동을 하려는 것으로 해석할 수 없으며, 거주지 선택의 자유는 일본뿐만 아니라 다른 자유 국가들도 지켜온 원칙입니다. 아시다시피 한국 정전협정 체결 당시의 전쟁 포로 교환도 이 원칙에 따라 이루어졌습니다. 일본 점령 기간 동안 연합국 본부에 의해 북쪽이든 남쪽이든 한국으로의 한국 주민 송환이 계획되고 실행된 것도 이 원칙에 따른 것입니다. 몇 년 전 미국과 공산 중국 간의 제네바회담에서 미국 정부는 미국 내 중국 거주자의 공산 중국으로의 귀환에 대해 동일한 원칙을 확인했습니다.

　자유 국가가 기본적 인권에 기초하여 보편적으로 인정되는 이 원칙에 반하는 조치를 취한다면, 그것은 자유세계가 헌신하고 있는 자유와 민주주의의 대의이자 자신의 기본 신조 중 하나를 스스로 파괴하는 것이 아닐까요? 그렇다면 자유 국가들이 자유 영토로 이주하고자 하는 공산주의 통치하의 사람들의 자유로운 출구를 확보하는 데 장애가 되지 않겠습니까? 일본 정부는 거듭 천명한 바와 같이, 유엔 회원국 대다수가 한국의 유일한 합법 정부로 인정하고 있는 대한민국과 일본 간의 현안을 해결하고 관계를 정상화하여 양국이 협력하여 아시아의 평화와 번영에 기여할 수 있기를 간절히 바라고 있습니다. 저는 이 기회를 빌려 대한민국에 대한 이러한 기본 방침이 앞으로도 조금도 변하지 않을 것임을 각하께 다시 한 번 말씀드리고자 합니다. 일본 정부가 한국과의 평화를 원하지 않는다거나 한국인을 일본으로부터 추방하려 한다거나 일본 정부의 최근 결정이 대한민국의 주권을 침해하거나 한국에 대한 적대적 조치에 해당한다거나 재일한인에 대한 불법적이고 부당한 대우를 가하고 있다거나 자유세계의 대의를 해치고 있다는 등의 의혹이나 주장은 모두 일본 정부의 진정한 의도에 반하고 사실에 부합하지 않는 것입니다. 각하께서도 위에서 상세히 설명한 내용에 비추어 이해해 주시기를 바라며, 일본 정부의 이번 결정이 위와 같은 여러 점에 대해 한국 정부의 오해를 불러일으키고 있다면, 우리로서는 매우 유감스럽게 생각하며, 일본 정부는 이러한 불필요한 오해를 불식시키기 위해 한국 정부와 이 문제에 대해 더 협의할 준비가 되어있습니다. 본 문제의 본질과 일본 정부의 진정한 의도를 대한민국 정부와 국민이 편견 없고 냉정한 판단으로 올바르게 이해해 주시기를 진심으로 바라며, 이 기회를 빌려 각하께 다시 한 번 최고 존중에 대한 확언을 드리는 바입니다.

일본 외상 후지야마 아이이치로[서명]

대한민국 조정환 외무부 장관 각하

22. 재일한인 북송 문제에 대한 한국 정부의 입장이 담긴 문서

0220   재일한인 북송 문제에 대한 한국 정부의 입장

단기 4292년 7월 1일

1. 1959년 1월 30일 일본 외무대신 '후지야마 아이이치로'는 그들이 강제 노동자로서 혹사하던 다수의 재일한인을 공산 치하로 추방하려는 일방적인 결정을 발표하였는 바 그들이 추방하려는 대상자는 이들 재일한인의 가족들도 포함되어 있다. 이 발표는 한국 정부가 그간 휴회 중에 있던 한일회담을 재개하고 동 문제와 기타의 주요 문제에 관하여 토의하려고 준비하고 있는 때에 행하여졌던 것이다. 그리고 그 후 2월 13일 일본 내각은 이와 같은 '후지야마'의 계획을 승인하였다.

2. 1959년 4월 13일 일본은 일본적십자사의 이름을 빌려 이 집단 추방 획책에 관하여 공산 북한 괴뢰와 제네바에서 교섭을 개시하였다. 교섭 장소를 제네바로 택한 것은 ICRC라는 간판을 이용하여 그 뒤에 숨어서 이 획책을 수행하여 보려는 생각에서였다. 교섭 초기에는 표면상 이 문제에 있어서 ICRC가 할 수 있는 역할에 관하여 토의하는 척하였으나 그 후 교섭이 진전하는 데 따라서 일본은 중립적인 기관의 감시에는 전혀 관심이 없고 다만 그들의 획책이 집단적인 강제 추방이라는 사실을 카무플라주하고 그들의 비인도주의를 은폐하기 위한 가면으로서 ICRC를 이용하려던 것임이 나타났다. 그 시기에 일본은 공산주의자들이 ICRC의 개입에 반대하자 국제기관이 명목상의 자문 역할을 하게 하자는 무의미한 제의에 대하여 즉각 동의하였던 것이다.

3. 재일한인 문제는 유래를 보기 힘든 독특한 문제이다. 일정이 한국을 점령한
0221   1905년부터 1945년의 기간 중 약 200만 명의 한국인이 일본으로 이주할 것을 강요받았는바 그들의 대부분은 일본이 연합국과 침략 전쟁을 하는 동안에 이주한 것이다.

1942년부터 1945년에 이르는 동안에만 약 52만의 한국인이 일본으로 끌려가서 군수 공장에서 강제 노역에 종사하였다. 1939년에 961,591명이면 그들 재일한인은 1944년에는 1,936,843명으로 증가하였다. 1945년 일본이 항복한 후 약 134만 명의 한국인이 현재의 대한민국 땅으로 송환되었으나 그들은 과거 수년간의 강제 노동의 대가나 재산상의 손실 또는 그들이 받아온 부당한 대우에 대하여 아무런 보상도 받지 못하고 송환되었으므로 나머지 약 60만의 한국인은 일본에 남는 길을 택하였던 것이다.

4. 일반적인 이주민(移住民)이나 외국인의 지위에 관하여는 상당히 확립된 국제법이 있으나 재일한인의 사정은 이 두 카테고리에 속하지 않는 것이니 그들은 이주를 강요당하였고 또 강제 노동자로서 이용당하였을 뿐 아니라, 일본에서 출생한 일본인과 동등한 지위를 부여하지 않았음에도 일본은 그들을 일본 국민으로 간주하였기 때문이다. 따라서 1952년 일본이 독립을 회복한 후에는 그들을 특별히 우대하였어야 함에도 불구하고 일본 정부는 오히려 고용, 교육, 후생, 법률 적용, 일반 사회생활 기타 모든 면에서 일부러 차별 대우를 하였던 것이다.

5. 대한민국은 재일한인의 자발적 의사에 의한 개별적 송환은 받아들이는 방침을 일관하여 왔으며 정부는 일본 정부가 적당한 보상을 지불함으로써 이들이 새로운 출발을 할 기회를 주기만 한다면 언제든지 이들 재일한인의 자발적인 집단 송환을 받아들일 것을 누차 성명한 바 있으며 이 보상금의 액수는 교섭을 통하여 정해질 수 있었음에도 불구하고 일본은 1957년 12월 31일의 한일 간의 협정을 준수하여 이와 같은 우리의 제의를 토의하는 대신에 오히려 가급적 다수의 한국인을 공산 치하로 추방하기로 결정하였던 것이다.

6. 정상적인 외교 방식으로는 일본은 이 추방 문제를 들고나올 수 없었다. 재일한인의 지위와 그들의 장래에 관한 문제는 과거 7년간의 4차에 걸친 한일회담의 의제였으며 현재 진행 중인 제4차 회담에 있어서도 해결할 예정이었던 것이다. 이 문제가 제3자의 개입 없이 한일 쌍방의 교섭에 의하여서만 취급될, 순전히 정치적인 문제라는 것은 국제 선례가 증명하는 것이다. 일본이 대한민국과의 회담을 포기하고 공산주의자

들과 흥정을 개시한다는 것은 국제 예양과 기왕에 체결된 협정에 위반되는 행위이다. 오늘날까지 이에 대하여 일본 측이 내세우는 유일한 변명은 사정이 변하였다는 것인바, 다시 말하면 일본으로서 그들을 공산 치하로 추방하는 것이 편리하도록 사정이 갑자기 변하였다는 것이다.

7. 일본은 지금까지 이 추방 계획과 기타 한일 간의 문제를 구별하려 하였는바 그 근거로서 기타 문제들은 정치적인 성격을 가진 데 대하여 재일한인을 공산 치하로 보내는 것은 '인도주의적'인 문제인 까닭이라고 주장한다. 그러나 여기서 한 가지 재미있는 것은 이와 같은 소위 '자유의사에 의한 송환'을 수행하기 위하여 일본 정부가 일화 1억 3,000만 원(약 36만 불)의 거액을 지출할 용의를 갖추고 있다는 사실과 또 그들은 '인도주의적' 문제 외에 다른 문제는 아무것도 개재하지 않는다고 주장하면서 이 소위 '송환 계획'을 그들 각의(閣議)에서 결정하였다는 사실이다.

8. 이와 같은 일본의 새로운 '인도주의'는 우리로 과거 1910년부터 1918년 사이에 일정의 토지 정책에 의하여 농업 인구의 과잉을 조성하게 되자 일본으로 건너간 40만 명의 한국 농부들을 상기케 한다. 일본은 1923년의 도쿄 대진재 때 수십만 명의 한국인을 대량 학살한 사실과 과거 수년 동안에 죄목도 재판도 없이, 또 언제 석방된다는 희망도 주지 않고 수많은 한국인을 강제 수용소에 가두어 둔 사실들에 대하여서도 변명만을 일삼아 왔던 것이다.

9. 일본은 어디까지나 인도주의를 주장하기 위하여 그들의 적십자사 대표들을 제네바로 파견하여 이 문제에 대하여는 적십자사가 전적으로 책임을 진다고 주장하였다. 그러나 동 추방 계획은 처음부터 일본 외무성, 법무성 및 후생성 관리들에 의하여 조종되었는바 일본 국내에서는 이 점을 거리낌 없이 인정하면서 대외적으로는 그렇지 않다고 주장하고 있는 바이다.

10. ICRC를 빙자하여 그들의 진의를 감추려는 일본의 의도는 그들의 공산주의자들과의 협정에도 분명히 나타나는바 쌍방 대표 간에 이미 가조인되었다고 하는 동 협정

은 국적의 역할에 대하여 규정하는 바가 없을 뿐 아니라 국적의 승인을 필요로 한다는 조항조차 없는 것이다. 국적의 개입과 승인이라는 허황한 이야기는 전혀 일본의 창작에 의한 것으로, 일본은 언제든지 일방적 선언으로써 국적의 개입을 기피할 수 있는 것이다. 이에 관하여는 공산 측조차도 이 일본 외교의 이중성과 그 표리부동한 점을 알고 더 이상 참지 못하고 그들의 이중성을 폭로하는 한편 국적에 대하여는 아무런 관심도 없으며 이와 같은 쌍방 행위에 있어서 국적은 아무 역할도 할 수 없다고 선언하기까지 하였던 것이다.

11. 그 밖에도 일본이 카무플라주로 사용하는 것은 인권선언과 그 거주지 선택의 자유에 관한 조항이다. 재일한인의 강제 추방을 기도함으로써 그들 자신이 동 선언을 위반하고 있다는 사실을 떠나서도 동 인권선언은 인간을 공산주의로 몰아 보내는 것을 변명하는 데 사용될 수는 결코 없는 것이다. 누구나 한번 공산 치하로 들어가면 다시 그곳을 떠날 자유가 없으며 이것은 동 선언이 보장하고자 하는 자유와는 정반대인 것이다. 일본의 논자들은 또한 이 한국인의 축출을 한국휴전협정에 의하여 성립되어 중립국송환위원회에 의하여 시행된 포로의 상호송환협정과 비교하고자 해보기도 하였다. 그러나 이 두 경우는 여러 가지로 판연히 다른 것으로, 전자는 외국에 거주하는 민간인, 그것도 그들이 오랫동안 그들의 국민이라고 주장해 오던 사람들에 관한 경우이고 후자는 전쟁 포로 기타에 관한 경우이다. 그러나 여기서 가장 중요한 것은 휴전협정도 자유의사에 의하지 아니하고 사람을 공산 치하로 송환하는 것을 금지하고 있다는 점이다. 그러함에도 불구하고 이번 일본과 괴뢰와의 협정을 보면 그 정반대의 것을 규정하고 있으며 이에 의하여 무고한 사람들이 자유세계를 할 수 없이 떠나게 될 것이며 이와 같은 강제 수단에 대하여 그들은 아무런 보호를 받지 못하게 될 것이다.

12. 일본은 많은 재일한인이 공산 북한으로 돌아갈 그들의 의사를 "자유롭게" 표시하였다고 한다. 그러나 이 허위는 공산주의자들 자신이 서두른 등록 수속으로부터 파생된 것이다. 소위 북한으로 가겠다고 하였다는 한국인들이 돈으로 매수되었거나 거짓으로 속았고 또는 협박을 받고 심지어는 서명을 강요받았다는 사실은 일본 측 소식통이 이미 증언한 바 있다. 공산주의자들은 이 목적을 위하여 일화 6억 원을 소비하였

으며 또 진작 그들 공산당의 핵심분자들은 이에 서명하지 않았다. 이러한 사실은 동북송이 공산주의자 또는 그 동조자들을 추방하기 위한 것이라는 일본의 주장을 분쇄하고도 남음이 있는 것이다. 여기서 또 한 가지 주의할 점은 이들 재일한인의 97퍼센트가 남한 출신자거나 또는 남한에 거주하는 사람들의 자녀들이라는 점이며 또한 극소수에 지나지 않는 북한 출신자들도 그들이 북한에 살 때 공산주의 치하에서 살았던 것이 아닐 뿐 아니라 그 외 어느 다른 공산 국가에도 살아본 일이 없는 사람들인 것이다. 이와 같이 그들은 공산주의에 대하여 전혀 아는 것이 없으니 대부분의 경우에 추방을 정치적으로나 지배적인 의미에 있어서 '송환'이라고 생각할 수 없는 것이다.

13. 이 북송 획책에 정치적인 문제가 포함되지 않았다고 주장함에 있어서 일본은 현재 북한의 공산주의자들이 그들의 군사력 또는 노동력을 유지하기 위한 인적 자원의 극심한 부족으로 허덕이고 있다는 사실을 일부러 무시하고 있는바 공산주의자들은 선전적인 효과를 제외하고라도 상기한 이유로써도 재일한인을 받아들이려고 하고 있는 것이다. 이와 같이 공산주의자들의 인적 자원이 증강된다는 것은 대한민국과 동북아시아에 있어서의 자유세계의 방위에 중대한 위협이 되는 것이다. 현금의 한국 지역에 있어서의 긴장도는 비무장지대에서 빈발하는 사고와 동해상에서 격추된 미 해군 소속 초계기 사건 등으로 이미 증명된 바 있다. 북한 공산군의 병력이 강화한다는 것은 동시에 일본에 대한 위협도 증가함을 의미한다는 것은 퍽 아이러니한 일이다.

14. 일본이 재일한인을 최소한도의 싼값으로 내쫓으려 하고 있다는 것은 불법 입국한 한국인으로서 북송을 수락하는 자는 고발하여 재판에 부치지 않을 것이라고 한 그들의 성명으로도 알 수 있는바 이 경우에 있어서 그들은 이 한국인들이 북한에서 왔든 남한에서 왔든 묻지 않고 있는 것이다. 또 그들의 냉혹하고 비도덕적인 것은 고사하고라도 이와 같은 일본의 행동은 공산 간첩들이 북한으로 가는 데 도움을 제공하는 것이 되는바 북한으로 돌아가려는 간첩들은 위험하게 비무장지대의 산을 타고 넘느니 일본으로 갔다가 거기서부터 북한으로 돌아가려 할 것이다.

15. 대한민국 정부는 한반도에 있어서의 유일한 합법 정부이며 유엔도 그렇게 인정

하고 있는 것이다. 따라서 한국 정부는 한국 생존이 위협을 받을 때 그들을 보호할 권리와 의무가 있는 것이다. 일본의 추방 계획은 한반도에 있어서의 대한민국의 주권을 부정하는 것이며 또한 국제연합이 그 침략을 물리쳤고 국제연합에 의하여 국제적인 강도 도당이라는 비난을 받은 북한 괴뢰 정권을 승인하는 제1보를 밟은 거나 마찬가지인 것이다.

16. 국제법과 국제 정의는 노예 제도를 금지하고 있다. 그럼에도 일본은 이제 그들의 편의를 위하여 수십만의 한국인을 대부분은 강제로 노예 제도하에 보내려고 책동하고 있는 것이다. 그들은 정당히 합법적으로 승인된 이 한국인들의 정부와 교섭하기를 거부하고 인도적인 동기라는 거짓 변명만을 일삼고 있는바 일본 정부는 이 모든 사실을 잘 알고 있으며 북송 획책은 한일 간의 우의와 협조에 대한 우리의 희망을 근본적으로 깨뜨리는 것임을 잘 알고 있다. 우리 정부는 일본은 양국 간에 존재하는 여러 문제와 의견의 차이를 조정할 의사는 전혀 없을 뿐만 아니라 나아가서는 이 나라의 주권과 국토를 침해할 숨은 계획과 야망을 품고 있다고 단정하지 않을 수 없는 것이다.

27. 재일한인 북송 관련
김동조 외무부 차관의 다울링 주한 대사 면담 결과 보고서

July 21, 1959

TO: Foreign Minister

FROM: Vice-Foreign Minister

SUBJECT: The Korea-Japan Relations: Report on Conversation with Ambassador Dowling, Observation

U.S. Ambassador Walter C. Dowling called on me at my office and held conversation for about fifty minutes from 10:30 a.m., Friday, July 17, 1959 concerning the Korea-Japan relations. Mr. Dowling's remarks are summarized as follows:

(GIST OF AMBASSADOR DOWLING'S REMARKS).

The U.S. is anxious to minimize, and if possible, to prevent, "repatriation" of Korean residents in Japan to north Korea. In U.S. view, there is a slight chance that the ICRC will refuse participation in the JRC-puppets plan. Once the ICRC agrees to participate in the said repatriation plan, the Korean Government will be unable to prevent the "repatriation". The free world, unanimously adhering to the principle of free choice of residence, would blame the Korean Government for the consequent further deterioration of the Korea-Japan relations. In that event, the U.S. would be placed in an awkward position due to Regulation I of ICA. As the puppet regime will not consent to full and free screening of individual applicants by the ICRC, it would serve ROK interests if it works to increase such ICRC participation to the extent that it will be intolerable to the puppets. In U.S. view, full participation by the ICRC is the best guarantee that "repatriation" to the Communist north will be held to the lowest possible figure, particularly if the Koreans in question can at the same time be offered alternatives of repatriation to the Republic of Korea or of continued residence in Japan with legal status. To make these alternatives available to them, however, agreement must be reached between the ROK and Japanese governments in terms which would provide for full-scale ICRC screening. The U. S. will offer to assist in obtaining "compensation" if Korea-Japan agreement on "repatriation" seems possible. The U. S. is ready to extend its good offices for resumption of talks between the Republic of Korea and Japan and an agreement should be reached without delay providing for "repatriation" of Korean residents in Japan to the Republic of Korea. The U. S. is also ready to sound out the Japanese Government regarding the willingness of the latter to conclude a "repatriation" agreement with the Korean Government immediately based on compensation for certain Korean residents in Japan probably in lump-sum payment and with full-scale ICRC participation.

(END OF AMBASSADOR DOWLING'S REMARKS)

Ambassador Dowling advised that Ambassador Yiu should approach the Japanese Foreign Minister after all arrangements were previously made, and if necessary, after the Japanese announced it was ready to resume the Korea-Japan talks. He said that by this way, the Korean Government could settle the problem evading to make clear whether or not it adheres to the principle of free choice of residence. He emphatically said that the U.S. Department of State has never been so sympathetic to Korea before this issue, and that if the Republic of Korea lose this opportunity, the Department could not but wash hands. According to Mr. Dowling, he said this not as an ambassador to the Republic of Korea, but as a close friend of Korea. He reiterated that the Korean Government take this opportunity without fail to settle once and for all the problem of Korean residents in Japan.

(OBSERVATION)

In my conversation with Ambassador Dowling, I was impressed that in U.S. view the ICRC would eventually participate in Japan's deportation plan. Mr. Dowling, however, did not insist upon the Republic of Korea's accepting the principle of free choice of residence, but suggested to me that our Government evade any argument about the merit or demerit of that principle. It is particularly noted that Mr. Dowling said that the U.S. is ready to offer an assistance in obtaining from Japan compensation for the Korean repatriation. Ambassador Dowling's representation today was one of the strongest and resolute one which I have ever experienced in my tenure of office as Vice-Foreign Minister in these two years.

> [번역]

1959년 7월 21일

수신인: 외무부 장관
발신인: 외무부 차관

제목: 한일관계: 다울링 대사와의 대화, 의견 보고

월터 C. 다울링 주한 미국 대사는 1959년 7월 17일(금) 오전 10시 30분부터 약 50분간 제 집무실을 찾아와 한일 관계에 관하여 대화를 나누었습니다. 다울링 대사의 발언을 요약하면 다음과 같습니다.

(다울링 대사의 발언 요지)

미국은 재일한인의 북한으로의 '송환'을 최소화하고, 가능하면 이를 방지하고자 노력하고 있다. 미국의 입장에서는 ICRC가 재일동포 송환 계획 참여를 거부할 <u>가능성은 거의 없다</u>. ICRC가 북송 계획에 참여하기로 동의하면 한국 정부는 '송환'을 막을 수 없게 된다. 거주지 선택의 자유 원칙을 고수하는 자유세계는 만장일치로 한일 관계 악화의 책임을 한국 정부에 돌릴 것이다. 이 경우 미국은 국제투자법 규정 I에 따라 곤란한 입장에 처하게 될 것이다. 괴뢰 정권은 ICRC의 개별 신청자에 대한 완전하고 자유로운 심사에 동의하지 않을 것이므로, 괴뢰 정권이 받아들이기 어려울 정도로 ICRC 참여를 확대하기 위해 노력하는 것이 한국의 이익에 부합할 것이다. 미국의 입장에서 볼 때, 특히 문제의 한국인들에게 대한민국으로의 송환 또는 합법적 지위를 가진 일본에서의 계속 거주라는 대안이 동시에 제공될 수 있다면, ICRC의 완전한 참여는 공산권 북으로의 '송환'을 가능한 한 최소한으로 억제할 수 있는 최선의 보장책이다. 그러나 이러한 대안이 제공되기 위해서는 한국과 일본 정부 간에 <u>본격적인 ICRC 심사를 제공할 수 있는 조건</u>에 대한 합의가 이루어져야 한다. 미국은 한일 간 '송환'에 대한 합의가 가능할 경우 '보상'을 받을 수 있도록 지원할 것이다. 미국은 한일 간 대화 재개를 위해 중재할 준비가 되어있으며, 지체 없이 재일 한국인들을 대한민국으로 '송환'하는 합의가 이루어져야 한다. 미국은 또한 일본 정부가 일부 재일 한국인들에 대한 보상을 <u>일시불로 지급</u>하고 <u>ICRC의 본격적인 참여</u>를 전제로 한국 정부와 '송환' 협정을 조속히 체결할 용의가 있는지를 알아볼 준비가 되어있다.

(다울링 대사 발언 끝)

다울링 대사는 유 대사가 모든 준비를 마친 후, 필요하다면, 일본이 한일회담을 재개할 준비가 되었다고 발표한 후에 일본 외상을 만나야 한다고 조언했습니다. 그는 이런 식으로 하면 한국 정부가 거주지 선택의 자유 원칙을 준수하는지 여부를 명확히 할 필요 없이 문제를 해결할 수 있다고 말했습니다. 그는 미국 국무부가 이 문제 이전에 한국에 대해 이렇게 호의적이었던 적이 없었다며, 한국이 이 기회를 놓치면 국무부는 손을 뗄 수밖에 없다고 단호하게 말했습니다. 다울링 대사는 주한 미국 대사로서가 아니라 한국의 절친한 친구로서 이렇게 말한다고 했습니다. 그는 한국 정부가 이번 기회를 놓치지 말고 재일동포 문제를 완전히 해결해야 한다고 거듭 강조했습니다.

(의견)

다울링 대사와의 대화에서 저는 미국의 시각으로 볼 때 ICRC도 결국 일본의 강제추방 계획에 동참할 것이라는 인상을 받았습니다. 그러나 다울링 대사는 한국이 거주지 선택의 자유 원칙을 수용해야 한다고 주장하지 않았고, 우리 정부가 그 원칙의 장단점에 대한 논쟁을 회피할 것을 제게 제안했습니다. 특히 다울링 대사가, 미국이 일본으로부터 한국인 송환에 대한 보상을 받는 데 도움을 줄 준비가 되어있다고 말했다는 점에 주목할 필요가 있습니다. 오늘 다울링 대사의 발언은 제가 지난 2년간 외무차관으로 재임하면서 경험한 것 중 가장 강력하고 단호한 발언 중 하나였습니다.

36. 재일한인 북송에 관한 일본 정부의 기도를 저지하기 위한 정부 조치 관련 내부 결재 문서

0253　단기 4292년 7월 24일

대통령　외무부 장관[인장]　외무부 차관[인장]　정무국장[인장]

(품의)

건명: 재일한인 북송에 관한 일본 정부의 기도를 저지하기 위하여 정부가 취할 조치에 관한 건

머리의 건에 관하여 재일한인 북송에 관한 일본 정부의 기도를 저지하기 위하여 다음과 같은 조치를 취함이 어떠하올지 고재[결재]를 바라나이다.

(MEASURES to be taken by the Government)

1. To make representation to the U.S. Embassy in Seoul pursuant to the Oral Statement draft of which is attached herewith (Enclosure I);

2. Soon after receiving U.S. reaction to the above representation, to instruct Ambassador Yiu to make representation to Japanese Foreign Minister by the Aide Memoire draft of which is attached herewith (Enclosure II);

3. To instruct our Delegation in Geneva to hand a copy of Ambassador Yiu's Aide Memoire to the ICRC;

4. To inform all mission chiefs of our position;

5. To notify the Japanese Government that as soon as it repatriates our detainees at Omura to the Republic of Korea, our Government will repatriate those Japanese fishermen who served out their sentences as of the date of Ambassador Yiu's representation to the Japanese Government.

Enclosure: a/s

이상

[번역]

단기 4292년 7월 24일

대통령　외무부 장관[인장]　외무부 차관[인장]　정무국장[인장]

(품의)

건명: 재일한인 북송에 관한 일본 정부의 기도를 저지하기 위하여 정부가 취할 조치에 관한 건

머리의 건에 관하여 재일한인 북송에 관한 일본 정부의 기도를 저지하기 위하여 다음과 같은 조치를 취함이 어떠하올지 고재[결재]를 바라나이다.

(정부가 취해야 할 조치)
1. 주한 미국 대사관에 첨부되어 있는 구두진술서 초안(별첨 I)에 따라 진술한다.

2. 위 진술에 대한 미국의 반응이 있은 직후, 유 대사에게 비망록 초안(별첨 II)을 첨

부하여 일본 외상에게 진술토록 지시한다.

3. 제네바 주재 우리 대표부에 유 대사의 비망록 사본을 ICRC에 전달하도록 지시한다.

4. 모든 공관장들에게 우리의 입장을 알린다.

5. 일본 정부가 오무라에 억류된 한인들을 대한민국으로 송환하는 즉시, 우리 정부는 유 대사의 일본 정부에 대한 진술에 나와있는 날짜에 현재 형기를 마친 일본인 어민들을 송환할 것임을 일본 정부에 통보한다.

별첨: a/s

이상

별첨

36-1. 주한 미국 대사관에 전달한 구두진술서

(Enclosure I)

ORAL STATEMENT

It is to be recalled that among approximately two million Koreans residing in Japan as of the time of termination of World War II, about 1.4 millions were repatriated to the Republic of Korea and the rest of them chose settlement in Japan. Naturally with deep concern and in order to safeguard the interests of its residents abroad, the Korean Government has endeavored with sincerity in its talks with the Japanese Government to regulate the status and treatment of those remaining Korean residents.

In these talks, the Korean Government did not request any extraordinary status of those Koreans but requested a fair and humane treatment which those Koreans are entitled to receive. On the other hand, it has been a consistent policy of the Korean Government to receive all those Korean residents in Japan who wished settlement in the Republic of Korea, and it actually has received considerable number of repatriates since the foundation of the Republic. Such being the position of the Korean Government, it has been ready to encourage mass repatriation of Korean residents in Japan if it is assured that the Japanese Government will pay due compensation for these repatriates in view of the special background of their forced migration into Japan and sets no restriction on the property they must carry with them in repatriation.

The Korean Government now considers it urgent to settle once and for all the problem of Korean residents in Japan to prevent the current situation from being further deteriorated, believing that the problem should be and can be settled between the Republic of Korea and Japan with good offices of the United States.

The attention of the U.S. Government is invited to the fact that in 1951 the then-Supreme Commander for the Allied Powers stood between Korea and Japan extending good offices for settlement of the problem of Korean residents in Japan. The Korean Government believes that the United States Government has continued concern on the issue since a settlement of the issue is a great step to better relations between Korea and Japan ultimately leading to the peace of the Northeast Asia.

The Korean Government is ready to resume talks with the Japanese Government at any time and as soon as possible to discuss for settlement the issue if it can see a good prospect of such talks as a result of U.S. good offices.

번역 (별첨 I)

구두진술서

제2차세계대전 종전 당시 일본에 거주하고 있던 약 200만 명의 한국인 중 약 140만 명이 대한민국으로 송환되었고, 나머지는 일본 내 정착을 선택하였음을 기억할 필요가 있습니다. 이에 한국 정부는 깊은 우려와 함께 재외국민의 권익 보호를 위해, 일본 정부와의 협의를 통해 잔류 재일한인의 지위와 처우를 규정하기 위한 성의를 다하며 노력해 왔습니다

이번 회담에서 우리 정부는 재일한인에 대한 특별한 지위 부여를 요구한 것이 아니라 재일한인이 받을 수 있는 공정하고 인도적인 대우를 요청하였습니다. 한편 대한민국에 정착하기를 희망하는 재일한인은 모두 수용한다는 것이 우리 정부의 일관된 정책이었으며, 실제로 대한민국 건국 이래 상당수의 재일한인을 송환해 왔습니다. 이러한 우리 정부의 입장에 따라 일본 정부가 재일한인들의 강제 연행이라는 특수한 배경

을 감안하여 정당한 보상을 지급하고, 송환 시 소지해야 할 재산에 제한을 두지 않는다는 확약만 있다면 재일한인들의 대량 송환을 추진할 준비가 되어있습니다.

우리 정부는 현 상황이 더 이상 악화되지 않도록 재일한인 문제를 조속히 해결하는 것이 시급하다고 판단하고 있으며, 이 문제는 한일 양국이 우방국인 미국을 통해 해결해야 하고 또 해결할 수 있다고 믿고 있습니다.

1951년 당시 연합국 최고사령관이 재일한인 문제 해결을 위해 한국과 일본 사이에 중재 역할을 한 사실에 대해 미국 정부의 관심을 촉구합니다. 우리 정부는 이 문제의 해결이 궁극적으로 동북아 평화로 이어지는 한일 관계 개선의 큰 발걸음이라는 점에서 미국 정부가 이 문제에 대해 지속적으로 관심을 가져온 것으로 믿고 있습니다.

우리 정부는 미국의 우호적 노력의 결과로 회담의 전망이 밝아진다면 언제든, 그리고 가능한 조속히 일본 정부와 이 문제 해결을 위한 협의를 재개할 준비가 되어있습니다.

36-2. 재일한인 북송 관련 일본 정부에 전달할 비망록

AIDE MEMOIRE

In his conversation with Mr. Aiichiro Fujiyama, Foreign Minister of Japan, on July, 1959, Ambassador Tai Ha Yiu of the Korean Mission in Japan discussed a way of easing the tension currently existing between the Republic of Korea and Japan particularly in connection with the problem of Korean residents in Japan, and the Foreign Minister will recall that the Korean Ambassador covered the following points:

The Korean Government considers it most unfortunate to prolong any longer the present situation of the Korea-Japan relations which would be surely utilized, for political purpose by the Communists against which the Republic of Korea fought a struggle of life and death, and detrimentally to the security of the Northeast Asia.

The attention of the Japanese Government was invited to the fact that among approximately two million Koreans residing in Japan as of the time of termination of World War II, about 1.4 millions were repatriated to the Republic of Korea and the rest of them chose settlement in Japan. Naturally with deep concern and in order to safeguard the interests of its residents abroad, the Korean Government has endeavored with sincerity in its talks with the Japanese Government to regulate the status and treatment of those remaining Korean residents who chose permanent residence in Japan. On the other hand, it has been a consistent policy of the Korean Government to receive all those who still wished repatriation to the Republic of Korea. During the foregoing decade, however, it was learned that there were various difficulties in the repatriation of these voluntary repatriates and their re-settlement at home, which could not be removed without mutual arrangements with the Japanese

Government. If all these are done, the Korean Government is even ready to encourage mass repatriation of Korean residents in Japan, and there by settle once and for all the problem of Korean residents in Japan to the satisfaction of the two governments by the terms which may be mutually agreed on. The Korean Government, therefore, proposes to the Japanese Government an unconditional resumption, at earliest possible date, of the Korea-Japan overall talks in which the problem of Korean residents in Japan should be discussed with a special emphasis.

Tokyo, July   , 1959

번역 **비망록**

1959년 7월, 후지야마 아이이치로(藤山愛一郎) 일본 외무대신과의 대화에서 주일본 한국대표부 유태하 대사는 특히 재일한인 문제와 관련하여 현재 한일 간에 존재하는 긴장을 완화하는 방안에 대해 논의하였으며, 외무대신은 다음과 같은 사항을 언급하였음을 상기할 것이다.

한국 정부는 대한민국이 생사를 건 투쟁을 벌인 공산주의자들에 의해 정치적 목적으로 이용될 것이 분명하고 동북아시아의 안보에 해를 끼치는 현재의 한일 관계 상황을 더 이상 연장하는 것을 가장 불행한 일로 생각하고 있다. 제2차세계대전 종전 당시 일본에 거주하던 약 200만 명의 한국인 중 약 140만 명이 대한민국으로 송환되고 나머지는 일본 내 정착을 선택했다는 사실에 일본 정부의 관심이 환기되었다. 한국 정부는 당연히 깊은 관심과 함께 재외국민의 권익을 보호하기 위해 일본 영주를 선택한 잔류 재일한인들의 지위와 처우를 규정하기 위해 일본 정부와의 협의에 성실히 임해왔다. 한편 대한민국으로의 송환을 희망하는 이들을 모두 수용한다는 것이 우리 정부의 일관된 정책이었다. 그러나 지난 10여 년 동안 이 자발적 송환자들의 송환과 국내 정착에 여러 가지 어려움이 있었으며, 이는 일본 정부와의 상호 합의 없이는 해소될 수 없는 문제라는 것을 알게 되었다. 이 모든 것이 이루어지면 한국 정부는 재일한인의 대량 송환을 추진할 용의가 있으며, 이를 통해 재일한인 문제를 양국 정부가 상호 합의할 수 있는 조건으로 만족스럽게 해결할 수 있을 것이므로 한국 정부는 재일한인 문제를 특별히 중시하여 논의할 한일전면회담의 조속한 재개를 일본 정부에 조건 없이 제안하는 바이다.

1959년 7월   , 도쿄

39. 외무부 장관과 다울링 주한 미국 대사의 면담 요지를 기록한 문서

July 28, 1959

TO: His Excellency the Foreign Minister
FROM: Vice Foreign Minister

SUBJECT: Summary Record of Conversation with Ambassador Dowling

The Foreign Minister called in Ambassador Dowling to Foreign Office at 3:30 p.m., July 24, 1959, and delivered to him the ORAL STATEMENT to which His Excellency the President earlier gave an approval.

Under a State Department instruction, Ambassador Dowling called on the Foreign Minister at 10:30 a.m., July 27, 1959, and stated as follows regarding the ORAL STATEMENT:

1. Whether the resumption of the Korea-Japan talks is conditional or unconditional, that is, whether or not the Koreans side still insists on its previous position that no single Korean should be sent to the northern part of Korea and that no Korea-Japan talks should be resumed as long as the Japanese Red Cross continues its talks with the puppet Red Cross at Geneva?

2. Whether the talks to be resumed is an overall talks or intended to be a talks only on the repatriation of Korean residents including the question of legal status and treatment of Korean residents in Japan?

3. Whether or not, with regard to the question of the "due compensation", the Korean side would have any objection if the U.S. side obtained an advance assurance that the Japanese side would agree in principle to make a lump sum payment to the Korean side under the name of "financial settlement"? If the unconditional resumption of the Korea-Japan talks should be literally "unconditional" except on the question of compensation, it should be that the Korean side agree to resume the talks without regard to the JRC-puppet talks at Geneva. If Korea agrees to this, the United States would be willing to use its good offices.

4. Unless the Korean side resumed the talks on unconditional basis as mentioned above, there would be no use for resuming the Korea-Japan talks because such a talks, even if resumed, would be doomed to break off again, and if so, it would be advisable to have no talks resumed at all.

5. If the Korea-Japan talks are resumed, and if the Korean side should request the ICRC authorities not to take any action on the JRC-puppet agreement as long as the Korea-Japan talks are in progress, the latter may accept such a request of Korea. The Japanese side as long as the Korea-Japan talks are in session, while the puppet side would issue a ultimatum requesting the Japanese side to sign the agreement. As the Japanese side would answer that it could be assumed that the puppet side might break off the talks after placing all the blames for the rupture on the Japanese side. However, as the Korea-Japan talks would consume a considerably long period of time, the ICRC might come to approve the JRC-puppet agreement(under conditions that the ICRC positively participates in the individual screening to determine whether they are really desirous of going to the northern part of Korea). Under the circumstances, even though there is a possibility that the puppet side might break off the

talks with the JRC, as far as the ICRC is concerned, there is no guarantee that it would issue an announcement to the effect that the ICRC would not intervene in the issue.

If all those Korean residents desirous of returning to the Republic of Korea are received by the Republic of Korea with compensation from Japan while the legal status for those Koreans wishing to remain in Japan is regulated, no government on earth would be able to forcefully emigrate those Koreans who wish neither to go to the Republic of Korea nor to stay in Japan. The Korea-Japan talks is where the Korean Government is to negotiate with the Japanese Government to settle the problems of the absolute majority of the Korean residents in Japan who are loyal to the Republic of Korea. What is to the national interest of Korea if the Korean Government broke off the Korea-Japan talks solely on account of the fact that a few Communist Koreans in Japan went to northern part of Korea?

If the Korean Government retained its present position, a considerable number of Koreans would be actually going to the northern part of Korea any way while the status of the majority Koreans in Japan would be left unregulated, which fact would make the complaints of the Korean residents in Japan against the Korean Government to grow. As the Korean Government would not stop from returning to the Republic of Korea those Koreans who are desirous of returning to Korea even without compensation from Japan, the result would be that those Korean residents in Japan are going where they want after all only without receiving due compensation from Japan.

To these question of Ambassador Dowling, the Foreign Minister answered as follows:

1. The resumption of the Korea-Japan talks is literally unconditional, that

is, the Japanese side should not insist on its having the talks with the puppet regime, while the Korean side would not demand Japan to abandon its talks with the puppet Red Cross.

If we are to follow the American version, it would mean that Japan is free from taking any action on the deportation of Koreans, which is nothing but a virtual capitulation of Korean position before the Japanese position. This is not the time for the United States to argue on the clarification of whether the resumption of the Korea-Japan talks should be conditional or unconditional. The Korea-Japan talks should first of all be resumed and the issue of those Koreans desirous of returning to the Republic of Korea or of remaining in Japan be discussed between the two government.

By "unconditional resumption," if you mean an advance consent of the Korean side to the sending of those Koreans to Communist areas, we cannot accept your definition in this respect.

2. Although the priority would be placed on the issue of Korean residents in Japan, what we mean is the resumption of overall talks.

3. Regarding the compensation issue, it is a matter of technical terminology, but we can hardly understand the reason why you are using the term of "financial settlement" after you have so far used the term of "compensation" in your conversation with His Excellency President Rhee.

Ambassador Dowling said that, if we are to follow the idea of compensation, it must be done on the individual basis of actual evidence such as records of forced labor, etc. and that, since such investigation is almost impossible, he said he suggested the idea of lump sum payment. He said that it has no particular meaning and that if the Korean side agreed to the unconditional resumption of the talks, the U.S. side would employ pressure on Japan to pay compensation to Korea. He said that what counts is to receive money from Japan and it is not very important under what name it is received.

OBSERVATION AND RECOMMENDATION

It is impossible to resume the Korea-Japan talks if we are to make all the arrangements therefore through talks with the U.S. side. If we conduct discussions with the U.S. side without taking any action, the time will run against us. The ICRC is urging us to submit a "constructive" opinion of ours before August 6 when it is to resume its session for deliberation on the JRC-puppet agreement, and if we are to continue to voice our opposition without giving our opinion, the ICRC might proceed toward making final decision on the matter, which might deprive us of an opportunity to influence the ICRC to our advantage.

Now that we received the U.S. reaction, it is recommended that Ambassador Yiu be instructed to hand over to the Japanese Foreign Minister the AIDE MEMOIRE which Your Excellency approved and make a representation to the ICRC, while unilaterally making an announcement as scheduled on the Government decision to release the Japanese fishermen who have served out their sentences and to receive those Koreans in the Omura Camp to Korea.

PROSPECT

In the Aide Memoire which Ambassador Yiu will deliver to Japanese Foreign Minister, we carefully avoided the words which may unnecessarily offend the Japanese side. In reaction to the said representation, however, the Japanese side may feel two difficulties: one, compensation which Japan should pay for mass repatriates; the other, proceeding of the talks to be resumed with special emphasis on the problems of Korean residents in Japan. Unless the United States stands between the two sides, it is not possible at this time to be assured in advance that due compensation will be made for the mass repatriates. But if the said Aide Memoire is theoretically interpreted, this point is no condition for resumption of the overall talks but a guiding principle which we set forth in advance for the future session of the Committee on Legal Status of Korean Residents in Japan.

On the other hand, we attached special emphasis on the problem of Korean residents in Japan in the overall talks to be resumed. But this does not necessarily mean that the other agenda items will not be discussed at that talks. There is no ground in which the Japanese side refuses to resume the talks unconditionally.

Will the Japanese side agree to unconditional resumption of the talks? The Japanese side may first request us for clarification as to whether the resumed talks should take up the issue of the so-called "repatriation" of Korean residents in Japan to the northern part of Korea if they are to favorably respond to our position. This point is what we deliberately refrained from mentioning. But an implication is that there is no change in our position for asking Japan to abandon their deportation scheme; but we temporarily shelved discussion of this issue in the belief that this issue would gradually be less significant if a mass repatriation of Koreans to the Republic of Korea is successfully carried out. This clarification if □…□ we can offer to Japan at this stage of the development.

If Japan refuses our offer of "unconditional resumption of the talks", there is no alternative but utilizing at maximum their refusal of discussion to seek verdict of world public opinion.

Most respectfully,

번역

1959년 7월 28일

수신인: 외무부 장관 각하

발신인: 외무부 차관

제목: 다울링 대사와의 대화 요약 기록

외무부 장관은 1959년 7월 24일 오후 3시 30분에 다울링 대사를 외무부로 불러 대통령 각하께서 앞서 승인하신 구두진술서를 전달하였다.

국무부의 지시에 따라 다울링 대사는 1959년 7월 27일 오전 10시 30분에 외무부 장관을 방문하여 우리 측 구두진술서와 관련하여 다음과 같이 발언했다.

1. 한일회담의 재개가 조건부인지 무조건적인 것인지, 즉 북한에 단 한 명의 재일한인도 보내서는 안 되며 일본적십자사가 괴뢰적십자사와 회담을 계속하는 한 한일회담을 재개해서는 안 된다는 종래의 입장을 여전히 고집하고 있는지?

2. 재개될 회담이 전반적인 회담인지, 아니면 재일한인의 법적 지위와 처우 문제를 포함한 재일한인 송환에 관한 회담에 국한되는 것인지?

3. '정당한 보상' 문제와 관련하여, 미국 측이 '재정적 해결'이라는 명목으로 일본 측으로부터 한국 측에 일괄적으로 지급하는 것에 원칙적으로 동의한다는 사전 확약을 얻을 경우 한국 측은 이의가 없는지? 한일회담의 무조건적 재개가 배상 문제를 제외하고 말 그대로 '무조건적'이어야 한다면, 한국 측이 제네바 일본-괴뢰적십자 간 회담과 무관하게 회담 재개에 동의하는 것이어야 한다. 한국이 이에 동의한다면 미국은 기꺼이 중재 역할을 할 것이다.

4. 위에서 언급한 대로 한국 측이 무조건적으로 회담을 재개하지 않는 한, 회담이 재개되더라도 다시 결렬될 것이기 때문에 한일회담 재개는 아무런 소용이 없을 것이

며, 그렇다면 아예 회담을 재개하지 않는 것이 바람직할 것이다.

5. 한일회담이 재개되고 한국 측이 ICRC 측에 대해 한일회담이 진행되는 동안에는 일본-괴뢰적십자사 간 합의에 대해 어떠한 조치도 취하지 말 것을 요청한다면, ICRC 측도 한국의 그러한 요청을 받아들일 수 있을 것이다. 일본 측 또한 한일회담이 진행되는 한, 괴뢰 측이 일본 측을 향해 합의에 서명할 것을 요구하는 최후통첩을 할 수도 있겠지만 괴뢰 측과 어떠한 회담도 재개하지 않을 것이다.

일본 측은 ICRC의 제재 없이는 협정에 서명을 하지 않을 것이라는 대답을 할 것이므로, 괴뢰 측은 회담 결렬의 모든 책임을 일본 측에 돌리면서 회담을 결렬시킬 수도 있다. 그러나 한일회담이 상당히 오랜 기간 계속될 것이기 때문에 ICRC가 괴뢰와의 합의를 승인할 수도 있다(ICRC가 개별 심사에 적극 참여하여 정말 북에 갈 의사가 있는지 판단하는 조건으로). 이러한 상황에서 괴뢰 측이 일본적십자사와의 회담을 결렬시킬 가능성이 있다 하더라도, ICRC로서는 이 문제에 개입하지 않겠다는 취지의 발표를 하리라는 보장은 없다.

대한민국으로 귀환을 원하는 모든 재일한인이 일본으로부터의 보상과 함께 대한민국에 받아들여지고, 일본에 남기를 원하는 재일동포의 법적 지위에 관한 문제가 해결된다면, 대한민국으로 가기를 원하지도 않고 일본에 남기를 원하지도 않는 재일동포들을 강제로 이주시킬 수 있는 정부는 지구상 어디에도 없을 것이다. 한일회담은 대한민국에 충성하는 절대 다수 재일한인들의 문제를 해결하기 위해 한국 정부가 일본 정부와 협상하는 자리이다. 한국 정부가 재일한인 몇 명이 북으로 갔다는 이유만으로 한일회담을 파기한다면 대한민국의 국익에 무슨 도움이 될까?

만약 한국 정부가 현재의 입장을 유지한다면 상당수의 재일한인들은 실제로 어떤 식으로든 북한으로 갈 것이고, 대다수 재일한인의 법적 지위 문제는 해결되지 않은 채 방치될 것이며, 이러한 사실은 재일한인들의 한국 정부에 대한 불만만을 더욱 키우게 될 것이다. 한국 정부는 일본으로부터의 보상 없이도 한국으로의 귀국을 원하는 재일한인들의 귀국을 막지 않을 것이기 때문에, 결국 재일한인들은 일본으로부터 정당한 보상을 받지 못한 채 자신이 원하는 곳으로만 가게 되는 결과를 초래하게 될 것이다.

이러한 다울링 대사의 질문에 대해 외무부 장관은 다음과 같이 답변했다.

1. 한일회담 재개는 말 그대로 무조건적인 것이다. 즉 일본 측은 괴뢰 정권과의 회담을 고집해서는 안 되며, 한국 측도 괴뢰적십자사와의 회담 포기를 일본 측에 요구해서는 안 된다는 것이다.

만약 우리가 미국의 입장을 따른다면 일본이 재일한인의 강제 추방에 대해 어떠한 조치를 취해도 된다는 뜻이 되며, 이는 일본의 입장 앞에 한국의 입장이 사실상 굴복하는 것에 다름없다. 지금은 한일회담 재개가 조건부냐, 무조건적이냐를 놓고 미국이 논쟁할 때가 아니다. 우선 한일회담을 재개하고 한국으로 귀환을 희망하거나 일본에 남기를 원하는 한국인들에 대한 문제를 양국 정부 간에 논의해야 한다.

한국으로의 귀국을 원하지 않거나 일본에 남기를 원하지 않는 사람들의 문제는 한일 정부 간 협의의 대상이 아니다. '무조건의 회담 재개'가 재일한인을 공산주의 지역으로 보내는 것에 대한 한국 측의 사전 동의를 의미한다는 미국 측의 정의를 우리는 받아들일 수 없다.

2. 재일한인 문제에 우선순위를 두기는 하겠지만, 우리가 의미하는 것은 전반적인 회담의 재개를 의미한다.

3. 보상 문제에 관해서는 전문 용어의 문제인데, 지금까지 이승만 대통령과의 대화에서 '보상'이라는 용어를 사용하다가 갑자기 '재정적 해결'이라는 용어를 사용하는 이유를 우리는 도저히 이해할 수 없다.

다울링 대사는 보상의 개념을 따르려면 강제 동원 기록 등 실제 증거에 근거하여 개별적으로 이루어져야 하는데, 그러한 조사가 거의 불가능하기 때문에 일괄 지급이라는 개념을 제안한 것이라고 말했다. 그는 한국 측이 무조건의 회담 재개에 동의한다면 미국 측은 일본이 한국에 배상금을 지급하도록 압력을 가할 것이라며 특별한 의미는 없다고 말했다. 그는 중요한 것은 일본으로부터 돈을 받는 것이지 어떤 명목으로 받는지는 별로 중요하지 않다고 말했다.

의견 및 권고사항

우리가 미국 측과의 협의를 통해 모든 준비를 해야 할 경우 한일회담을 재개하는 것은 불가능합니다. 우리가 아무런 조치도 취하지 않은 채 미국 측과 협의를 진행한다면 시간은 우리에게 불리하게 흘러갈 것입니다. ICRC는 일본-괴뢰적십자사 간 합의를 이행하기 위한 회의를 재개하는 8월 6일까지 우리의 '건설적인' 의견을 제출할 것을 촉구하고 있는데, 우리가 의견을 제시하지 않고 계속 반대 입장을 표명한다면 ICRC가 이 문제에 대한 최종 결정을 내리는 방향으로 진행될 수 있고, 이는 우리에게 유리한 방향으로 ICRC에 영향을 미칠 수 있는 기회를 박탈하는 결과를 초래할 수 있습니다.

이제 미국의 반응을 접하였으니 유 대사에게 각하께서 승인하신 비망록을 일본 외상에게 전달하여 ICRC에 전달하도록 지시하는 한편, 형기를 마친 일본인 어부들을 석방하고 오무라수용소에 있는 한국인들을 한국으로 받아들이기로 한 정부 결정을 예정대로 일방적으로 발표하도록 하는 것이 바람직할 것입니다.

전망

유 대사가 일본 외상에게 전달할 비망록에는 일본 측의 심기를 불필요하게 상하게 할 수 있는 표현을 피하였습니다. 그러나 이 같은 표현에 대해 일본 측은 두 가지 어려움을 느낄 수 있는데, 하나는 대량 송환자에 대해 일본이 지불해야 할 보상금이고, 다른 하나는 재일한인 문제에 중점을 두고 회담을 재개하는 것입니다. 미국이 양측 사이에 서지 않는 한, 대량 송환자들에 대한 정당한 보상이 이루어질 것이라고 미리 장담할 수는 없습니다. 그러나 상기 비망록을 이론적으로 해석한다면, 전체 회담 재개의 조건이 아니라 향후 재일한인의 법적 지위에 관한 위원회 회담을 위해 우리가 미리 설정한 원칙이라고 할 수 있습니다.

한편 우리는 전체 회담 재개에 있어서 재일한인 문제를 특별히 강조하였습니다. 그러나 그렇다고 해서 다른 의제들이 이번 회담에서 논의되지 않을 것이라는 의미는 아닙니다. 일본 측이 무조건 회담 재개를 거부할 근거는 없습니다.

일본 측이 무조건의 회담 재개에 동의할 것인가? 일본 측이 우리 측 입장에 호의적으로 호응한다면 우선 재개된 회담에서 재일한인의 북송 문제를 다뤄야 하는지에 대한 우리 측의 명확한 입장 표명을 요구할 수 있습니다. 이 점은 우리가 의도적으로 언급을 자제했던 부분입니다. 그러나 그 의미는 일본에 강제 송환 계획을 포기할 것을 요구하는 우리의 입장에는 변함이 없으나, 재일한인의 대한민국으로의 대량 송환이 성공적으로 이루어질 경우 이 문제의 중요성이 점차 줄어들 것이라는 믿음에서 이 문제에 대한 논의를 잠정 보류하였다는 것입니다. 이러한 해명은 □…□ 현 단계에서 우리가 일본에 제공할 수 있는 최대한의 성의가 될 것입니다.

일본이 우리의 '무조건 회담 재개' 제안을 거부한다면, 그들의 회담 거부를 최대한 활용하여 세계 여론의 심판을 구하는 것 외에는 다른 대안이 없습니다.

감사합니다.

40. 재일한인 북송 관련 우리 정부의 비망록 전달 지시 전문

0269   FTB-104

JULY 28, 1959

AMBASSADOR YIU

YOU ARE INSTRUCTED TO URGENTLY MAKE APPOINTMENT TO MEET JAPANESE FOREIGN MINISTER SOMETIME THURSDAY JULY THIRTIETH AND REPORT WITHOUT DELAY ON EXACT TIME WHEN YOU WILL MEET HIM ON THAT DAY PD AS FOR YOUR REPRESENTATION ON THAT OCCASION CMA A VERY IMPORTANT GOVERNMENT INSTRUCTIONS WILL BE SENT TO YOU WEDNESDAY JULY TWENYYNINTH THROUGH THIRD SECRETARY CHI SUNG KOO WHO WILL STOP OVER FOR A WHILE AT HANEDA AIRPORT EN ROUTE TO WASHINGTON PD PLEASE ORDER YOUR SECRETARY TO PICK UP THE SAID DOCUMENT AT HANEDA WHEN NWA PLANE ARRIVED PD DOCUMENT NUMBER IS WOIJUNG ONE SEVEN NINE FOUR PD PLEASE ACKNOWLEDGE THIS CABLE PD

FOREIGN MINISTER

번역 FTB-104

일자: 1959년 7월 28일

유 대사

    7월 30일 목요일에 일본 외상을 만나기 위해 긴급히 약속을 잡기 바라며, 그날 만나게 되면 면담 결과를 지체 없이 보고하시기 바랍니다. 그날 귀하의 발언과 관련해서는 7월 29일 수요일에 워싱턴으로 가는 길에 하네다공항에 잠시 들르게 될 지성구 3등서기관 편에 매우 중요한 정부 지침이 귀하에게 전달될 것입니다. 귀하의 비서관에게 노스웨스트비행기가 도착하면 하네다에서 해당 문서를 수령하도록 지시해 주시기 바랍니다. 문서 번호는 외정 1794입니다. 이 전문의 수신 여부를 확인 부탁합니다.

외무부 장관

43. 후지야마 외상 면담 일정 보고 전문

0272   NO. MTB-109

DATE. 728

TO. Office of the President, Foreign Minister

I have received cable instructions NO. FTB-104 of July 28.

Pursuant to Government instructions I made an appointment to see Foreign Minister Fujiyama at 9:30 on the morning of July 30.

Mr. Fujiyama is presently out of city on a trip and expected to be back on July 29.

Ambassador Yiu

번역

번호: MTB-109

일자: 728[1959. 7. 28]

수신인: 대통령실, 외무장관

7월 28일 자 전문 FTB-104 지시 무위 접수하였습니다.

정부 지시에 따라 후지야마 외상과의 면담 일정을 7월 30일 오전 9시 30분으로 잡았습니다.

현재 후지야마 외상은 지방 출장 중이며 7월 29일 귀경 예정입니다.

유 대사

47. 유태하 대사에 대한 지시 공문
(한일회담의 무조건적 재개 제안)

Document No. Woijong 1794　　　　　　　　　　July 29, 1959

FROM: Minister of Foreign Affairs

TO: Ambassador Tai Ha Yiu, Korean Mission in Japan

SUBJECT: Proposal for Unconditional Resumption of the Overall Talks, etc.

1. You are instructed to meet, as soon as possible, Japanese Foreign Minister to make representation delivering to him an Aide Memoire the text of which is enclosed herewith (Enclosure I).

2. As for the contents of the Aide Memoire, it is unnecessary for you to paraphrase anything, except that you especially should stress to the Japanese Foreign Minister that the Korean Government is thus ready to "unconditionally" resume the overall talks to prevent the present relations between the two countries from being further deteriorated.

3. On the occasion of the above-mentioned representation, you are also instructed to notify the Japanese Foreign Minister of our readiness to effect mutual repatriation of Korean detainees at Omura and those Japanese fishermen who served out their sentences as of the date of the same representation. In this connection, your remarks (oral) should be to the

following effect:

Strictly in accordance with the Agreement dated December 31, 1957, the Government of the Republic of Korea repatriated all those Japanese fishermen who should be released by the term of the said Agreement. To our regret, however, the Japanese Government failed to repatriate Korean detainees who should be released by the above-mentioned Agreement, and whom the Japanese Government promised to repatriate to the Republic of Korea by Japanese transportation. The Japanese Government is hereby notified that as soon as it repatriates Korean detainees presently at Omura to the Republic of Korea, the Korean Government will repatriate those Japanese fishermen who served out their sentences as of this date, in spite of the December 31, 1957 Agreement. From Humanitarian point of view, the Korean Mission is ready to discuss with the Japanese Foreign Ministry on the implementation of this mutual repatriation of detainees if the latter so agrees.

4. If on the occasion of your representation pursuant to this instructions the Japanese Foreign Minister ask any question, please reserve prompt answer saying that such question will be immediately relayed to home government.

5. You are informed of the following exclusively for your secret information:

1) that as of this moment, the United States did not yet favorably respond to our position set forth in the ORAL STATEMENT the copy of which the Ministry sent to you by cable number FTB-103 dated July 25, 1959.

2) that the Government is planning to dispatch to Minister Kim in Geneva a copy of the Aide Memoire and the above-mentioned oral remarks which you will deliver to the Japanese Foreign Minister so that Minister Kim may inform the ICRC of our position made known to the Japanese Government.

번역   문서번호: 외정 1794호   1959년 7월 29일

발신인: 외무부 장관

수신인: 주일본 한국대표부 유태하 대사

제목: 한일회담의 무조건적 재개 제안 등

1. 가능한 한 빠른 시일 내에 일본 외무대신을 만나 별첨 비망록을 전달할 것을 지시합니다(별첨 I).

2. 비망록의 내용에 관해서는, 현재 양국 관계가 더 이상 악화되는 것을 막기 위해 한국 정부가 '무조건으로' 전면회담을 재개할 준비가 되어있다는 점을 일본 외상에게 특별히 강조해야 한다는 점을 제외하고는, 귀하가 그 내용을 달리 전달할 필요는 없습니다.

3. 상기 발언 기회에 일본 외상에게 오무라 한국인 억류자 및 동 발언일 현재 형기를 마친 일본인 어부들에 대한 상호 송환을 실행할 준비가 되어있음을 통지하기 바랍니다. 이와 관련하여 귀하의 발언은 다음과 같은 취지가 되어야 합니다.

대한민국 정부는 1957년 12월 31일 자 협정에 따라 동 협정 기간 내에 석방되어야 할 일본인 어부들을 모두 송환하였습니다. 그러나 유감스럽게도 일본 정부는 상기 협정에 따라 석방되어야 하고 일본 정부가 일본 교통편으로 대한민국으로 송환하기로 약속한 한국인 억류자를 송환하지 않았습니다. 일본 정부가 현재 오무라에 있는 한국인 억류자들을 대한민국으로 송환하는 즉시, 대한민국 정부는 1957년 12월 31일 협정에도 불구하고 이 날짜 기준으로 현재 형기를 마친 일본인 어부들을 송환할 것임을 통보합니다. 우리 대표부는 인도주의적 견지에서 일본 외무성이 동의할 경우 억류자 상호 송환에 관해 일본 외무성과 협의할 준비가 되어있습니다.

4. 본 지침에 따른 발언 시 일본 외상의 질문이 있을 경우, 해당 질문은 즉시 본국

정부에 전달될 것이라고만 하고 현장에서 즉각적인 답변은 자제하기 바랍니다.

5. 귀하에게만 비밀 정보로 다음 사항을 알려드립니다.
   1) 현재 미국은 1959년 7월 25일 자 전문 FTB-103으로 귀하에게 보낸 구두진술 서상의 우리 입장에 대해 호의적인 반응을 보이지 않았으며,
   2) 정부는 제네바에 있는 김용식 공사에게 비망록 사본과 귀하가 일본 외상에게 전달한 상기 구두진술서의 사본을 보내, 김 공사가 일본 정부에 알려진 우리의 입장을 ICRC에도 알릴 수 있도록 할 계획입니다.

별첨

47-1. 일본 외상에게 전달한 비망록[5]

AIDE MEMOIRE

In his conversation with Mr. Aiichiro Fujiyama, Foreign Minister of Japan, on July, 1959, Ambassador Tai Ha Yiu of the Korean Mission in Japan discussed a way of easing the tension currently existing between the Republic of Korea and Japan particularly in connection with the problem of Korean residents in Japan, and the Foreign Minister will recall that the Korean Ambassador covered the following points:

The Korean Government considers it most unfortunate to prolong any longer the present situation of the Korea-Japan relations which would be surely utilized, for political purpose by the Communists against which the Republic of Korea fought a struggle of life and death, and detrimentally to the security of the Northeast Asia.

The attention of the Japanese Government was invited to the fact that among approximately two million Koreans residing in Japan as of the time of termination of World War II, about 1.4 millions were repatriated to the Republic of Korea and the rest of them chose settlement in Japan. Naturally with deep concern and in order to safeguard the interests of its residents abroad, the Korean Government has endeavored with sincerity in its talks with the Japanese Government to regulate the status and treatment of those remaining Korean residents who chose permanent residence in Japan. On the other hand, it has been a consistent policy of the Korean Government to receive all those who still wish repatriation to the Republic of Korea. During the foregoing

---

5　밑줄 친 부분("합의가 논의될")을 제외한 나머지 부분은 36-2번의 비망록과 동일하다.

decade, however, it was learned that there were various difficulties in the repatriation of these voluntary repatriates and their re-settlement at home, which could not be removed without mutual arrangements with the Japanese Government. If all these are done, the Korean Government is even ready to encourage mass repatriation of Korean residents in Japan and thereby settle once and for all the problem of Korean residents in Japan to the satisfaction of the two governments by the terms which may be mutually agreed on. The Korean Government, therefore, proposes to the Japanese Government an unconditional resumption, at earliest possible date, of the Korea-Japan overall talks in which the problem of Korean residents in Japan will be discussed for settlement.

Tokyo, July , 1959

50. 후지야마 일본 외상 면담 결과 보고 전문

NO. MTB-113

DATE. 730

TO. Office of the President
   Foreign Minister

Re: Government instruction FTB-104 and letter instructions Woijong number 1794

I met Japanese Foreign Minister Fujiyama at his office from 11:30 a.m. for about 30 minutes. First Secretary Chin on our side and Asian Affairs Director Iseki on Japanese side were also present at the meeting. At this meeting, I made representation delivering to Mr. Fujiyama an aide memoire, in accordance with the Government instructions Woijong number 1794. Japanese Foreign Minister Fujiyama stated in reply that he would give a reply to our representation as above as soon as possible after a study on the aide memoirs. Details on the meeting will be reported by a letter via pouch.

Ambassdor Yiu

번역 번호: MTB-113

일자: 730[1959. 7. 30]

수신인: 대통령실, 외무부 장관

정부 지시 FTB-104호 및 서신 지시 외정 1794호 관련

오전 11시 30분부터 약 30분간 후지야마 일본 외무대신을 그의 집무실에서 만났습니다. 이 자리에는 우리 측에서는 진 서기관, 일본 측에서는 이세키 아시아국장이 배석했습니다. 이 자리에서 저는 정부 훈령 제1794호에 따른 비망록을 후지야마 외상에게 전달하였습니다. 후지야마 대신은 비망록에 대한 검토를 거쳐 빠른 시일 내에 우리 측 대표단에 대한 회답을 주겠다고 하였습니다. 회담에 관한 자세한 내용은 추후 서한을 통해 보고드리겠습니다.

유 대사

80. 야마다 일본 외무차관과의 면담 결과 보고 전문

번호: MTB-119

일시: 801

Office of the President
Foreign Minister

As scheduled I called on Vice-Minister Yamada at 4:00 p.m. and talked for two hours. Asian Bureau Director, Counsellor Miyake and First secretary Chin also attended the meeting. Yamada presented me an Aide Memoirs contained Japan's acceptance of our proposal for unconditional resumption of the overall talks and our verbal notification concerning mutual repatriation of detainees at Omura and Pusan. Originally Japanese side misquoted my remarks on mutual release of the detainees and it took considerably long argument to make them rephrase it. Japanese Memoire originally read in part: "Ambassador Yiu formally informed the Minister of Foreign Affairs of the intentions of the Government of the Republic of Korea to release and repatriate the Japanese fishermen detained at Pusan and accept the deportation of Korean illegal entrants kept at Omura immigration center, without any condition on the part of the Government of the Republic of Korea." Rephrased Aide Memoire reads in part: (Tentative translation) "In connection with the official notification made by Ambassador Yiu concerning the mutual repatriation of the Korean detained at Omura and the Japanese fishermen detained at Pusan, Japanese Government desires that the mutual repatriation be executed without hindrance before the resumption of the Korea-Japan talks." Heated arguments at the meeting centered on the following points: Yamada, referring to press reports on our Geneva delegation's request to ICRC for postponement of its deportation decision and also on President's statement on deportation issue Friday, reasoned that these reports contradict my assurances to Japanese Foreign Minister Thursday that our side considered proposed resumption of the overall talks separate from Japan's deportation plan. He further said, although Japan does not expect the Republic of Korea to accept its deportation plan, it certainly expect that the Republic of Korea would not positively obstruct its deportation plan, when such proposal for talks resumption was made. In this regard I replied as follows: I received no official communication regarding said press reports and as for alleged assurances to Mr. Fujiyama no such assurance were given despite press reports to the contrary. Also regarding the mutual release of the detainees, I proposed release of Japanese at Pusan who served out their terms as of July 30 just as soon as Japan repatriated the Korean detainees at Omura as of the same date. (please classify the above as Item One)

Item 2. Only Japanese text of the said Memoire has been received today whose tentative translation is given below. English will be given us tomorrow Sunday. Details will be reported via pouch. Aide Memoire follows:

"Aide Memoire with reference to the proposal of the Republic of Korea Government to resume Korea-Japan talks, without any condition on the part of Korean side, at the earliest possible date, which was made through Ambassador Yiu of the Korean Mission in Japan in his conversation with Japanese Foreign Minister Fujiyama on July 30, 1959, Japanese Foreign Minister wishes to reply as follows: Japanese Government welcomed this proposal made the Republic of Korea Government from a broad viewpoint of the relations between Japan and the Republic of Korea and, duly taking note of the above-mentioned representations by Korean side, agrees to the unconditional resumption of

Korea-Japan talks at an earliest possible date, from its unchanging sincere desire to normalize the relations between the two countries as promptly as possible.

In connection with the official notification made by Ambassador Yiu to Foreign Minister Fujiyama during the above-mentioned conversation concerning the mutual repatriation of Korean detainees at Omura and Japanese fishermen detained at Pusan, Japanese Government desires that this be executed without hindrance before the resumption of Korea-Japan talks."

Ambassador Yiu

번역 번호: MTB-119

일자: 801[1959. 8. 1]

대통령실, 외무부 장관

예정대로 오후 4시에 야마다 차관을 방문하여 두 시간 동안 이야기를 나눴습니다. 아시아국장, 미야케 참사관, 진 1등서기관도 면담에 배석했습니다. 야마다 차관은 한일전면회담의 무조건적 재개 및 오무라와 부산 억류자 상호 송환에 관한 우리의 구두 통보에 대한 일본 측의 수용 의사를 담은 비망록을 제게 제시했습니다. 당초 일본 측은 억류자 상호 석방에 대한 제 발언을 잘못 인용했고, 이를 바로잡기 위해 상당히 오랜 논쟁을 벌였습니다. 비망록의 원래 내용은 다음과 같습니다. "유 대사는 외상에게 부산에 억류된 일본인 어부들을 석방해 송환하고 오무라이민센터에 수용된 한국인 불법 입국자의 추방을 한국 정부가 조건 없이 수용하겠다는 한국 정부의 의사를 공식적으로 통보했다." 수정된 비망록은 다음과 같습니다. (잠정 번역) "오무라에 억류된 한국인과 부산에 억류된 일본인 어부의 상호 송환에 관한 유 대사의 공식 통보와 관련하여 일본 정부는 한일회담 재개 전에 상호 송환이 차질 없이 실행되기를 희망한다." 회의에서는 다음 사항을 중심으로 열띤 논쟁이 벌어졌습니다. 야마다 차관은 우리 제네바 대표단이 ICRC에 송환 결정 연기를 요청했다는 언론 보도와 금요일 대통령의 송환 문제 관련 성명을 언급하면서, 이러한 보도는 우리 측이 일본의 송환 계획과 별개로 한일전면회담 재개 제안을 고려하고 있다고 한, 목요일 저의 외상에 대한 발언과 모순된다고 주장했습니다. 또한 일본은 한국이 자국의 송환 계획을 수용할 것으로 기대하지는 않지만, 회담 재개 제안이 있었을 때 한국이 자국의 송환 계획을 적극적으로 방해하지는 않을 것으로 기대했다고 말했습니다. 이와 관련하여 저는 다음과 같이 답변했습니다. "동 언론 보도와 관련하여 어떠한 공식적인 연락도 받은 바 없으며, 후지야마 외상에 대한 보장 주장에 대해서도 언론 보도에도 불구하고 그러한 보장을 한 사실이 없다. 또한 억류자 상호 석방과 관련하여 나는 일본이 같은 날짜로 오무라에 있는 한국인 억류자들을 송환한 직후 7월 30일 자로 형 집행이 만료된 부산에 있는 일본인들에 대한 석방을 제안한 것이다(위 사항을 항목 1로 분류해 주십시오)."

항목 2. 상기 비망록의 일본어 원문만 오늘 접수되었으며, 그 잠정 번역문은 아래와 같습니다. 영어는 내일 일요일에 제공될 예정입니다. 자세한 내용은 행낭을 통해 보고드리겠습니다. 비망록은 다음과 같습니다.

"1959년 7월 30일 주일 한국대표부 유 대사가 후지야마 일본 외무대신과의 회담에서 제시한, 무조건으로 조속한 시일 내에 한일회담을 재개하자는 대한민국 정부의 제안과 관련한 비망록에 대하여 일본 외무대신은 다음과 같이 회답하고자 한다. 일본 정부는 한국 측이 일한 관계의 대승적 견지에서 제안한 이와 같은 제의를 환영하며, 양국 관계를 조속히 정상화하고자 하는 변함없는 바람에서 한일회담의 무조건적 조속한 재개에 동의한다.

위 대화에서 유 대사가 후지야마 외상에게 오무라에 억류된 한국인 억류자와 부산에 억류된 일본인 어부의 상호 송환에 관해 공식 통보한 것과 관련, 일본 정부는 한일회담 재개 이전에 이러한 조치가 차질 없이 이행되기를 희망한다."

유 대사

81. 한일회담 재개와 관련한 일본 정부의 비망록(일본어본)

0332　エイド・メモアール

　在日韓国代表部 柳大使が1959年7月30日藤山外務大臣との会談において申出でた韓国側としては何等条件を付けること無く出来る限りすみやかに日韓全面会談を再開したいとの韓国政府の提案に関し, 藤山大臣は, ここに次のとおり回答する.

　日本国政府は, 韓国政府が日韓関係の大局的見地から申出でたこの提案を歓迎し, 両国関係全般の正常化を出来る限りすみやかに実現したいとの変らざる真摯な希望から, 韓国政府の前記申出でを了承して, 日韓全面会談の早期無条件再開を承諾する.

0333　なお, 前記会談の際, 柳大使から藤山大臣に対し正式申出でのあった釜山に収容されている日本人漁夫と大村に収容されている韓国人の相互送還に関し, 日本国政府は, これが日韓会談再開前に支障無く実行されるよう要望する.

東京・昭和34年8月1日

별첨

81-1. 한일회담 재개와 관련한 일본 정부의 비망록(영어 번역본)

(Translation)

AIDE MEMOIRE

With reference to the proposal of the Government of the Republic of Korea to resume the Japan-Korea Overall Talks, without any condition on the part of the Korean side, at the earliest possible date, which was made through Ambassador Tai Ha Yiu of the Korean Mission in Japan in his conversation with Minister for Foreign Affairs Aiichiro Fujiyama on July 30, 1959, the Minister for Foreign Affairs wishes to reply as follows:

The Government of Japan welcomes this proposal made by the Government of the Republic of Korea from a broad viewpoint of the relations between Japan and the Republic of Korea, and, duly taking note of the above-mentioned representation by the Korean side, agrees to the unconditional resumption of the Japan-Korea Overall Talks at an earliest possible date, from its unchanging sincere desire to normalize the relations between the two countries as promptly as possible.

With regard to the mutual repatriation of the Japanese fishermen kept at Pusan and the Koreans kept at Omura as formally proposed to the Minister for Foreign Affairs by Ambassador Yiu during the above-mentioned conversation, the Government of Japan desires that it will be carried out without any hitch before the resumption of the Japan-Korea Overall Talks.

Tokyo, August 1, 1959.

(번역본)

비망록

    1959년 7월 30일 주일 한국대표부 유태하 대사가 후지야마 일본 외무대신과의 회담에서 제시한, 무조건으로 조속한 시일 내에 한일회담을 재개하자는 대한민국 정부의 제안과 관련하여 일본 외무대신은 다음과 같이 회답하고자 한다.

    일본 정부는 한국 측이 일한 관계의 대승적 견지에서 제안한 이와 같은 제의를 환영하고 위에서 한국 측에 의해 언급된 사항에 대해 충분히 유의하면서, 양국 관계를 조속히 정상화하고자 하는 변함없는 바람에서 일한전면회담의 조건 없는 조속한 재개에 동의한다.

    위 대화에서 유 대사가 후지야마 외상에게 오무라에 억류된 한국인 억류자들과 부산에 억류된 일본인 어부들의 상호 송환에 관해 공식 제의한 것과 관련, 일본 정부는 한일회담 재개 이전에 이러한 조치가 차질 없이 이행되기를 희망한다.

1959년 8월 1일, 도쿄

96. 한일회담 재개 관련 지시 공문

Document No. Woijong-1819   August 4, 1959

FROM: Foreign Minister

TO: Ambassador Tai Ha Yiu, Korean Mission in Japan

SUBJECT: Proposal for Unconditional Resumption of the Overall Talks, etc.

Your report HID-138, cables MTB-119 and MTB-120 have bean perused by the Ministry, and you are now instructed to meet Japanese Foreign Minister or Vice-Foreign Minister, as soon as possible, to hand him an Aide Memoire the text of which is enclosed herewith (Enclosure I). You are also instructed to let the chief of Political Section of the Mission meet his counterpart of the Japanese Foreign Ministry to deliver an Oral Statement the text of which is also enclosed herewith (Enclosure II).

Enclosure: a/s

문서번호: 외정-1819   1959년 8월 4일

발신인: 외무부 장관
수신인: 주일 한국대표부 유태하 대사

제목: 한일전면회담의 무조건 재개 제안 등

귀하의 보고서 HID-138, 전문 MTB-119 및 MTB-120은 외무부에서 열람하였으며, 귀하는 가능한 한 빠른 시일 내에 일본 외상 또는 외무차관을 만나서 첨부된 비망록을 그에게 전달하기 바랍니다(별첨 I). 또한 대표부 정무과장이 일본 외무성의 상대와 만나 구두성명서를 전달하도록 지시 바라며, 그 텍스트는 또한 여기에 첨부되어 있습니다(별첨 II).

별첨: A/S

별첨
96-1. 일본 측에 전달한 한일회담 재개 관련 비망록

0361   AIDE MEMOIRE

With reference to the proposal to resume unconditionally the Korea-Japan overall talks which was made by Ambassador Tai Ha Yiu of the Korean Mission in Japan on July 30, 1959, Foreign Minister of Japan replied that the Government of Japan agreed to such unconditional resumption of the overall talks.

Taking note of the above-mentioned acceptance of the Korean proposal without any condition on the part of the Japanese side, the Korean side wishes to propose to the Japanese side that the two sides proceed to make preliminary arrangements for an early resumption of the overall talks with earnest and sincere desire to settle all the issues that have been pending between Korea and Japan and with a particular concern to settle the issue which caused the current tension between both countries for its settlement is very urgent because of the humanitarian nature of it.

Tokyo, August   , 1959.

번역   비망록

일본 외무대신은 1959년 7월 30일 주일 한국대표부 유태하 대사가 제안한 한일전면회담의 무조건 재개 제안에 대하여 일본 정부도 그러한 무조건의 회담 재개에 동의하였다고 회답하였다.

이상과 같이 일본 측이 한국 측의 제안을 조건 없이 수락한 것에 주목하면서, 한국 측은 한일 간에 현안으로 되어있는 모든 문제를 해결하고자 하는 진지하고 성실한 바람과 특히 현재 양국 간에 긴장을 초래하고 있는 문제의 해결이 인도주의적 성격상 매우 시급하다는 특별한 관심하에 전면회담의 조기 재개를 위한 사전 준비에 착수할 것을 일본 측에 제안하고자 한다.

1959년 8월   , 도쿄

96-2. 상호 송환 관련 일본 측과의 협의를 희망하는 구두진술서

ORAL STATEMENT

It is reminded that in his conversation with Foreign Minister Aiichiro Fujiyama on July 30, 1959, Ambassador Tai Ha Yiu of the Korean Mission in Japan made the following remarks:

Strictly in accordance with the Agreement dated December 31, 1957, the Government of the Republic of Korea repatriated all those Japanese fishermen who should be repatriated by the term of the said Agreement. To our regret, however, the Japanese Government failed to repatriate Korean detainees who should be released by the above-mentioned Agreement, and whom the Japanese Government promised to repatriate to the Republic of Korea by Japanese transportation. The Japanese Government is hereby notified that as soon as it repatriates Korean detainees presently at Omura to the Republic of Korea, the Korean Government will repatriate those Japanese fishermen who served out their sentences as of this date, in spite of the December 31, 1957 Agreement. From humanitarian point of view, the Korean Mission is ready to discuss with the Japanese Foreign Ministry on the implementation of the mutual repatriation of detainees if the latter so agrees.

To the above remarks by Ambassador Yiu, Foreign Minister of Japan replied on August 1, 1959 that "the Government of Japan desires that it [mutual repatriation of Koreans at Omura and Japanese fishermen at Pusan who served out their sentences as of July 30, 1959] will be carried out without any hitch before the resumption of the overall talks." It is also the desire of the Government of the Republic of Korea to carry out the above repatriation without any hitch and as soon as possible, and accordingly, it is informed that the Korean Mission has been authorized to discuss with the Japanese Foreign Ministry on the implementation of the above mutual repatriation.

번역 구두진술서

1959년 7월 30일 주일 한국대표부의 유태하 대사는 후지야마 아이이치로 외상과의 대화에서 다음과 같은 발언을 하였음을 상기한다.

"대한민국 정부는 1957년 12월 31일 자 협정에 따라 동 협정 기간 내에 송환되어야 할 일본인 어부들을 모두 송환하였습니다. 그러나 유감스럽게도 일본 정부는 상기 협정에 따라 석방되어야 하고 일본 정부가 일본 교통편으로 대한민국으로 송환하기로 약속한 한국인 억류자를 송환하지 못하였습니다. 일본 정부가 현재 오무라에 있는 한국인 억류자를 대한민국으로 송환하는 즉시, 대한민국 정부는 1957년 12월 31일 협정에도 불구하고 이 날짜 현재 형기를 마친 일본인 어부들을 송환할 것임을 통지합니다. 한국대표부는 인도주의적 관점에서 일본 외무성이 동의할 경우 억류자 상호 송환 이행에 관해 일본 외무성과 협의할 준비가 되어있습니다."

위와 같은 유 대사의 발언에 대해 일본 외상은 1959년 8월 1일 "일본 정부는 그것[6]이 전체회담 재개 전에 차질 없이 실시되기를 희망한다"라고 답했습니다. 위 송환을 차질 없이 조속히 실시하는 것이 대한민국 정부의 바람이기도 하며, 이에 따라 한국대표부는 위 상호 송환의 실시에 관하여 일본 외무성과 협의할 권한이 부여되었음을 알려드리는 바입니다.

---

[6] 1959년 7월 30일 현재 형기를 마친, 오무라에 있는 조선인과 부산에 있는 일본인 어부의 상호 송환.

112. 재일한인 북송 문제 관련 미국 측 동향 보고 전문

번호: MTB-124

일시: 85

To: Office of the President
     Foreign Minster

At our request U.S. embassy contacted Japanese Foreign Office yesterday and confined latest development in deportation issue. Embassy official in charge also told us that U.S Minister in Geneva has been requested to approach ICRC to prevent signing of deportation agreement by Japan and puppets before ICRC decision.

In view of above situation it is recommended that our delegation in Geneva be instructed to contact U.S.A. Minister there to make joint effort in hurry.

Ambassador Yiu

번역

번호: MTB-124

일시: 85 [1959. 8. 5]

수신인: 대통령실, 외무장관

우리의 요청에 따라 미국 대사관은 어제 일본 외무성에 연락하여 재일한인 북송 문제에 대한 최근 진전 상황을 알려주었습니다. 대사관 담당관은 또한 제네바 주재 미국

공사가 ICRC 결정 이전에 일본과 괴뢰들이 추방 합의서에 서명하는 것을 막기 위해 ICRC에 접근해 달라는 요청을 받은 바 있다고 말했습니다.

위와 같은 상황을 감안하여 제네바 주재 우리 대표단에게 주제네바미국공사에게 연락하여 서둘러 공동 노력을 기울일 것을 지시하는 것이 바람직합니다.

유 대사

114. 야마다 차관과의 면담 결과 보고 전문

NO. MTB-126

DATE. 59. 8. 5

To: Office of the President

Foreign Minster

Item 1: I called on Vice Foreign Minister Yamada at 5:30 Wednesday and talked for about an hour. I gave him our aide memoire as instructed by Woijong 1819 of August 4th. Yamada stated that he had been doing his utmost for smooth resumption of our overall talks however things did not turn out the way he hoped, confirming that JRC cabled to puppet counterpart to sign the deportation agreement in calcutta between 10th and 13th this month. He added that this action is based on ICRC suggestion which was unusually strong. He also said that ICRC representatives arrive in Japan around August 15th. I on my part made following points: recent Japanese attitude is taken in total disregard of Koreans sincere effort to resume the overall talks. We can only conclude that Japan is trying to shift responsibility to ICRC. Japan should be solely responsible for any consequences in this regard. Yamada said that it was true that ICRC strongly advised the JRC to sign the deportation agreement, adding that fact will be known in due course. Yamada stated he would report to Minister Fujiyama Thursday morning on our aide memoire and my representation and give the matter careful consideration but he did not see any possibility for Japan to deviate from present course as above regarding deportation issue. He will reply to our aide memoire as soon as possible after consulting Fujiyama. I made it clear to Yamada that our formal representation concerning the development on the deportation issue as above would be withheld until Japanese formal reply to our aide memoire, requesting him for an early reply thereto.

Item 2: In view of above situation Government instructions are awaited as to whether the oral statement on mutual repatriation should still be delivered as instructed before Japanese reply to our aide memoirs is received.

Ambassador Yiu

번역 번호: MTB-126

일자: 1959년 8월 5일

수신인: 대통령실, 외무부 장관

1. 수요일 5시 30분에 야마다 외무차관을 방문하여 한 시간 정도 이야기를 나누었습니다. 8월 4일 자 외정 1819호의 지시에 따라 우리 측 비망록을 그에게 전달하였습니다. 야마다 차관은 전면회담의 원만한 재개를 위해 최선을 다해 왔지만 상황이 원하는 대로 풀리지 않았다고 하면서, 일본적십자사가 괴뢰적십자사에 이번 달 10일부터 13일까지 콜카타에서 송환 합의에 서명하자는 전문을 보냈다고 확인했습니다. 그는 이번 조치가 이례적으로 강력했던 ICRC의 제안에 따른 것이라고 덧붙였습니다. 그는 또한 ICRC 대표들이 8월 15일경에 일본에 도착할 것이라고 말했습니다. 저는 다음과 같은 점을 지적했습니다. 최근 일본의 태도는 전면회담 재개를 위한 한국 측의 진지한 노력을 완전히 무시한 조치입니다. 우리는 일본이 책임을 ICRC에 전가하려 하고 있다고 결론지을 수밖에 없습니다. 이와 관련한 모든 결과에 대한 책임은 전적으로 일본이 져야 합니다. 야마다 차관은 ICRC가 일본적십자사에 송환 합의에 서명할 것을 강력히

권고한 것은 사실이라며, 그 사실은 조만간 밝혀질 것이라고 덧붙였습니다. 야마다 차관은 목요일 오전 후지야마 대신에게 우리 비망록과 제가 언급한 내용들을 보고하고 이 문제를 신중히 검토하겠다고 하면서도, 송환 문제와 관련하여 일본이 위와 같은 현재의 경로에서 벗어날 가능성은 없는 것으로 보고 있다고 했습니다. 그는 후지야마 대신과 상의한 후 빠른 시일 내에 우리 비망록에 대한 답변을 주기로 했습니다. 저는 야마다 차관에게 위와 같은 송환 문제와 관련한 우리의 공식 입장 표명은 비망록에 대한 일본 측 공식 답변이 있을 때까지 보류할 것임을 분명히 밝히고 이에 대한 조속한 회신을 요청하였습니다.

2. 상기 상황을 고려할 때, 우리 측 비망록에 대한 일본의 회신이 있기 전까지 상호 송환에 관한 구두 진술을 지시대로 전달해야 하는지 여부에 대한 정부의 지침을 기다리고 있습니다.

유 대사

115. 북한 노동력 부족에 관한 외신 보도 내용을 재외공관장에게 송부하는 공문

0388   다음과 같은 공문을 발송, 시행함이 어떠하오리까

장관(차관 위임사항)   차관[서명]   정무국장[인장]   아주과장[인장]   기안자[인장]

외정(아) 제   호
단기 4292년 8월 5일

외무부 장관

재외공관장 귀하

건명: 북한 노동력 부족에 관한 외신 보도 내용 송부의 건

머리의 건 '니가타'현('니가타'항은 소위 북송 희망자의 출발항으로 되어있음) 지사 '기타무라'가 소련으로부터 일본으로 돌아오는 도중 북한을 방문하여 북한괴뢰적십자사 부사장인 '이일경'과 만난 자리에서 북한은 재일한인을 받아들임으로써 부족한 노동력을 보충할 것이라는 점을 강조하였다는 내용의 외신 보도의 요지는 전보로써 이미 제네바 및 통신 시설이 있는 재외공관에 알린 바 있으나 이에 동 외신 보도의 전문을 송부하오니 숙독하시고 이는 우리가 시종일관 주장하여 온 바와 같이 북한 괴뢰는 추방 계획을 이용하여 그 부족한 인적 자원을 보충할 것을 기도하고 있다는 좋은 증거의 하나인 것이니 이 뜻을 재차 강조하시고 일본의 추방 계획 분쇄에 계속 최선을 다하시기 바랍니다.

별첨: 신문 기사 내용 전문

별첨

115-1. 북한 노동력 부족에 관한 외신 기사

0389   TOKYO, Aug, 3 (UPI-OP)—Northern Korea sorely needs manpower of Koreans to be repatriated to Communist Korea from Japan, Gov. Kazuo Kitamura of Niigata prefecture said today.

Kitamura, who visited northern Korea for a few days last month on route back to Japan from Russia, said this was emphasized to him by Li Il Kyung, Vice-President of the Northern Korean "Red Cross" association.

Too Few People

Li, Kitamura said, told him northern Korea had a population of only 10 million and needed more manpower. He declared that is one reason why northern Korea wanted to expedite the repatriation of Koreans from Japan,

Japan initialed in Geneva last month an agreement under which more than 100,000 Koreans—by Pyongyang's estimate—would return to northern Korea of their "own free will."

With the Republic of Korea heatedly attacking the agreement, Japan has hold off final signing of the agreement pending some indication from the International Red Cross that it is willing to oversee the program in order to insure that all repatriates are going home willingly.

Selected Port

Niigata, capital of the prefecture of which Kitamura is Governor, has already been selected as the port of "repatriation" from Japan.

0390   Kitamura wrote of his visit to northern Korea in an article which appeared today in the newspaper Tokyo Shimbun.

He reported northern Korean authorities told him they were prepared to absorb the newcomers into farm cooperatives and have already started building housing units for them.

Kitamura visited apartment houses, factories, and farming communities during his brief visit.

번역　도쿄, 8월 3일 (UPI-OP) – 북한은 일본에서 공산주의 북한으로 송환되어야 하는 재일한인 인력이 절실히 필요하다고 니가타현의 기타무라 가즈오 지사가 2일 밝혔다.

지난달 러시아에서 일본으로 돌아가는 길에 며칠 동안 북한을 방문한 기타무라 지사는 북한'적십자'협회의 이일경 부회장이 자신에게 이같이 강조했다고 말했다.

너무 적은 인구

기타무라는 이 부회장이 북한 인구가 1,000만 명에 불과해 더 많은 인력이 필요하다고 말했다고 전했다. 그는 이것이 북한이 재일한인 송환을 신속히 처리하기를 원하는 이유 중 하나라고 말했다.

일본은 지난달 제네바에서 10만 명 이상의 재일한인(북한 추산)이 '자유의지'에 따라 북한으로 돌아갈 수 있도록 하는 협정을 맺었다.

한국이 이 합의에 대해 격렬하게 공격하고 있는 가운데, 일본은 모든 송환자가 자발적으로 귀국할 수 있도록 국제적십자사가 이 프로그램을 감독할 의향이 있다는 입장을 밝힐 때까지 합의의 최종 서명을 보류했다.

선정 항구

기타무라가 지사로 있는 현의 현청 소재지 니가타는 이미 일본으로부터의 '송환'을 위한 항구로 선정되었다.

기타무라 지사는 오늘 자 도쿄신문에 실린 기고문에서 북한 방문에 대해 이렇게 밝혔다.

그는 북한 당국이 새로운 이주자들을 농업협동조합에 흡수할 준비가 되어있으며 이미 이들을 위한 주택 건설을 시작했다고 말했다고 전했다.

기타무라는 짧은 방북 기간 동안 공동 주택과 공장, 농촌 마을을 방문했다.

124. 진필식 서기관의 구두 진술 전달 결과 보고 전문

번호: MTB 128

일시: AUG 7, 1959

To: Office of the President
Foreign Minster

First Secretary Pil Shik Chin of the Mission called on Mr. Nakagawa, Chief of the Northeast Asia Section of the Japanese Foreign Ministry, at four thirty this afternoon (August 6), and handed him an Oral Statement concerning the mutual repatriation, in accordance with the Government's instructions Woijung 1819 of August fourth. Chin's meeting with Nakagawa was a very brief one. According to Mr. Chin, Nakagawa wanted to know whether the certain Koreans at Omura who allegedly wish to be repatriated to northern Korea were included in the mutual repatriation or excluded therefrom. Mr. Chin replied in this connection that the oral statement covers what was exactly stated by me on the occasion of my conversation with the Japanese Foreign Minister on July 30th. Nakagawa also wanted to know the exact implications of the wording "in spite of the December 31, 1957 Agreement" in the oral statement, adding that he might bring up some more questions later on upon further study on the oral statement. For your reference, there was no mention at all at this meeting concerning the press release on this meeting.

Ambassador Yiu

번역 번호: MTB 128

일시: 1959년 8월 7일

수신인: 대통령실, 외무부 장관

진필식 1등서기관은 오늘(8월 6일) 오후 4시 30분 일본 외무성 북동아과장 나카가와를 만나 8월 4일 자 정부 지시 제1819호에 의거, 상호 송환에 관한 구두진술서를 전달하였습니다. 진과 나카가와의 만남은 매우 짧았습니다. 진 서기관에 따르면, 나카가와는 북송을 희망하는 것으로 알려진 오무라의 특정 한인들이 상호 송환 대상에 포함되는지 아니면 제외되는지 알고 싶어 했습니다. 이와 관련, 진 서기관은 지난 7월 30일 일본 외무대신과의 만남에서 제가 정확히 언급한 내용이 구두진술서에 담겼다고 답변했습니다. 나카가와는 또한 구두 진술에서 "1957년 12월 31일 합의에도 불구하고"라는 표현의 정확한 의미를 알고 싶다고 했으며, 추후 구두 진술에 대한 추가 연구를 통해 질문을 더 제기할 수 있다고 덧붙였습니다. 참고로 이번 면담에서는 언론 보도와 관련한 언급은 전혀 없었습니다.

유 대사

128. 한일회담 재개 일정 보고 전문

0409   번호: MTB-132

일시: 87

To: Office of the President
    Foreign Minster

Re: my cable MTB-130

I talked on Japanese Vice Foreign Minister Yamada at the Foreign Ministry at 4:00 p.m. August 7 as was scheduled and had talks with him until 5:40 p.m..

At this meetings, discussions were made to decide the date of the resumption of the overall talks and the date of the opening of Working Committee for the implementation of the mutual repatriation. Thus, it was decided that the overall talks would be resumed on the morning of August 12 and that the Working Committee would be opened on the afternoon of the same day, as was instructed by the Government through telephone this afternoon. For details my letter report will follow via Monday pouch.

Ambassador Yiu

번역 번호: MTB-132

일시: 87[1959. 8. 7]

수신인: 대통령실, 외무부 장관

전문 MTB-130 관련

저는 예정대로 8월 7일 오후 4시 외무성에서 야마다 일본 외무성 사무차관을 만나 오후 5시 40분까지 회담을 가졌습니다.

이번 회담에서는 전면회담 재개일과 상호 송환 이행을 위한 실무위원회 개회일 등을 결정하기 위한 협의가 이루어졌습니다. 이에 따라 오늘 오후 우리 정부가 전화로 통보한 대로 전면회담은 8월 12일 오전에 재개하고, 실무위원회는 같은 날 오후에 열기로 결정하였습니다. 자세한 내용은 월요일 행낭 편 제 서한으로 보고드리겠습니다.

유 대사

129. 재일한인 북송 문제 관련 국회의원과의 회의록

0411   회의록

일시: 단기 4292년 8월 8일

장소: 국회 회의실

참석자: 외무부 측   차관
                      정무국장

        국회의원 측   최규남   조재천
                      이재형   양일동
                      유진산   윤성순
                      장택상   정일형
                      한희석   조병옥

회의의 목적: 여야 국회의원들에 대하여 재일한인 북송 문제를 위요한 정세에 대하여 외무부 측으로부터 설명을 가하기 위함.

0412   회의 중 발언 내용은 다음과 같다.

조병옥: 요사이 대한민국으로 집단 귀국 운운하는 이야기가 나오고 있는데 이러한 문제를 정부는 고려하고 있는가? 또한 이에 대하여 ICRC에 언질을 준 일이 있는가? 1인의 한국인도 이북에 가서는 안 된다는 정부의 입장에 변함이 없는가?

장택상: 북송반대위원회를 협력 기관으로 알고 있나? 또는 필요시에 이용하는 단체

로 알고 있나? 자기[내]의 생각에는 3월 23일 ICRC가 관여하기 전 30일 전에는 사전 통고하겠다고 분명히 말했다. 그런데 어찌된 셈인가?

정부는 특히 외무부의 태도는 악질적이며 독선적이다. 미국은 ICRC를 조종하고 있다. 또한 일본을 움직이고 있다.

최규남: 양 대사 담화에 의하면 자유의사이면 가도 좋다는 듯이 말하는데 이것이 사실이냐?

조재천: 경제 단교, 무력행사 등에 있어서 정부는 북송반대위원회의 협력을 구하고 있는데 그러나 그전에 사실을 가르쳐 줘야 되지 않느냐?

질문하노니

첫째, 경제 단교는 더 강화하겠느냐, 완화하겠느냐?

둘째, 북송이 실현되면 무력을 행사하겠느냐?

셋째, 사실로 이북 송환을 원하는 자 있다면 정부는 어떻게 하겠느냐?

장택상: '주노' 박사는 처음부터 일본 편을 드는 사람이다. 우리하고는 이야기가 안 된다. 재일한인은 몹시 곤경에 빠져있는데 금일까지 그들을 대한민국의 품 안에 받아들이겠다는 이야기를 해본 일이 없다. 그래서 일본에 북송 반대 위원들을 파견하려고 했던 것이다.

그런데 대표부의 비협력 때문에 visa가 안 나왔다. 지금도 늦지 않으니 외무부에서 노력해 보아라.

차관: 도쿄에 대표를 파견하는 문제는 대통령 각하께서 7월 초순에 허락하셨는데 최근의 정세 때문에 실현되지 못했습니다. 지금도 언제 실현될는지는 예언할 수 없는 정세에 있습니다.

장택상: 전국위원회에서 사람을 선발하면 외무부에서는 동의하겠는가?

차관: 장관과 협의해 보겠습니다.

이재형: 외무부에서는 다 양해하고 있는 것으로 압니다.

한희석: 현 정세하 전국위원회가 대표를 파견하게 되는 것은 허락지 않는 것으로 생각합니다. 민간 대표가 가서 뭣 하겠습니까? 무모한 일이고 혼란만 더 일어날 것입니다. 이를 보류하고 정부가 앞으로 하는 일을 정관하는 것이 무위상책인 줄로 압니다.

장택상: 한 부의장 의견에는 반대합니다. 영국의 Macmillan이 모스크바에서 회담

시 Montgomery 장군이 민간인으로서 소련 지도자와 접촉하고 있지 않습니까? 제네바에서도 민간 대표가 회견한 예가 있습니다. 관료 만능은 안 됩니다.

한희석: 민간 대표가 갈 수도 있을 것입니다. 그러나 현재 한일회담이 재개된 만큼, 이것이 북송 반대를 위한 것이 아닌 만큼 민간 대표 파견으로 혼란이 일어나지 않을까 우려됩니다.

장택상: 재일한인 구제를 위한 모금 운동이 난관에 봉착하고 있습니다. 일본이 돈을 먼저 내야 한다는 정부의 정책 때문입니다. 전국위원회 해체 운운론도 있는데 여하?

정운갑: 반대합니다. 자주 만나서 이야기하는데 북송에 관한 국민의 의사를 대외적으로 알리는 결과가 된다.

양 대사가 대한민국의 귀국을 받아들이겠다 운운하는 것을 말하고 있는데 이것이 정부의 의견이냐? 그렇지 않다면 외교 사절이 정부와 동일치 않은 말을 할 수 있겠는가?

이미 선출된 북송위원회의 3명의 대표가 일본에 갈 시기는 지났다. 다른 사람을 뽑아서 일본에 파견하여 정부 대표와 협력케 함이 좋겠다. 한일회담에 관하여서는 빨리 해결하는 것이 우리 이익을 옹호할 수 있는 것이라고 생각한다. 외무부 당국에서는 종전의 방침을 버리십시오.

최규남: 한일회담에서 북송 문제를 의제에 상정할 도리가 있느냐? 일본에 민간인과 접촉하는 lobbyist를 보내는 것이 필요하다고 보는데….

양일동: 예전에 일인 치하에서 일인과 협력하면 관료적인 대표를 보낼 바에는 차라리 친일파라도 거두를 보내시오.

북송 문제가 만일 토의되지 않는다면 회담 재개는 왜 하는가?

장택상: 이 회담은 절대 성공하지 못한다는 것을 단언합니다.

민간사절이 가서 실업계, 정계, 언론계 사람과 이야기해야 합니다. 민단 놈들은 모두 협잡꾼들입니다.

143. 수정된 제4차 한일회담 대표단 사전협의회 회의록

4292년 8월 11일

1. 일시: 4292년 8월 10일 하오 9시~12시

2. 장소: 반도호텔 제809호실

3. 참석자: 대표단 측: 허   정
                         유 태 하
                         유 진 오
                         장 경 근
                         이   호
             외무부 측: 장   관
                         차   관(도중에 참석)
                         정무국장
                         아주과장
             기 타: 임 철 호

특기할 만한 발언 요지

유태하 대사: 현지 교섭 경과를 설명(특기할 만한 사항 없음)을 하고, 금반 재개되는 회담에 있어서 우리가 이 회담을 순전히 북송 반대만을 위한 회담으로 생각한다면 나로서는 원만히 진행시킬 자신이 없다. 또 전체회의에서 북송 문제를 논의할 것을 우리가 고집한다면 그것도 우리의 뜻대로 안 될 것이다.

장관: 우리가 회담 무조건 재개를 제의한 것이 우리의 잔꾀인지도 모르겠으나 미국에 대한 주선 요청 또 ICRC에 대한 호소도 우리의 뜻대로는 되지 않았으므로 어떻게

해서든가 해결 방법을 모색하기 위해서 회담의 무조건 재개를 제의하였고 일본이 이에 응한 것이다.

허정 대표: 지금까지 한일회담은 한국 측의 태도도 강하여 지금까지 별 성과가 없이 오늘까지 온 것이다. 무조건 회담 제의는 양쪽이 다 무조건으로 하자는 것이니까 일본은 회담과는 별도로 기정방침대로 계속 북송을 추진할 것이므로 우리가 이대로 아무 조치도 취하지 않고 있다면 우리가 북송을 양보한 것과 같은 인상을 주게 될 것이다. 북송은 우리의 입장으로는 절대로 양보 못 하는 것인데 그렇다고 이를 절대 반대만 하다간 회담이 잘 진행이 안 될 것인데 이것은 어떻게 하면 좋을지 잘 모르겠다.

유태하 대사: 무조건 회담 재개와 동시에 억류자 상호 석방도 제의하였으니까 일본은 일 어부 문제 때문에 석연치 못한 점이 있으면서도 우리의 제의에 응한 것이라고 볼 수 있다(그러니까 이 회담을 잘 깨지 않을지도 모른다는 의미의 말을 하다).

장관: 억류자 상호 석방 제의는 사실 우리가 미끼로 준 것이다.

허정 대표: 북송 문제를 우선적으로 토의하자면 일본이 어떻게 나올 것인가?

장관: 북송 문제만 먼저 하자면 회담이 진행 안 될 것이다. 모든 의제를 다 같이 모의하는 수밖에 없을 것이다. 그러면서 시간을 얻는 것이 좋을 것이다.

유진오 대표: 괴뢰와 일본이 '캘커타'에서 조인이 예정대로 되면 어떻게 할 것인가?

장관: 그건 적십자사끼리 하는 것이니까.

(이때 "그것은 기정사실이니까 별 도리가 없을 것이고 적십자사끼리니까 일본 정부로서는 후에 발을 빼려면 뺄 수도 있는 것이다"라는 전체적인 의견이 나왔음.)

임철호 의원: 한일 관계는 해가 가면 갈수록 우리에게 불리하며 또 이 박사 계시는 동안에 해결을 하는 것이 우리에게 유리한 것이니까 어떻게 해서든지 빨리빨리 해결을 보는 것이 옳을 것이다. 기정방침대로 해서 회담이 도저히 진행이 안 되는 경우에는 이 박사에게 건의를 해서라도 다른 방도를 강구해서 빨리 해결을 보는 것이 좋을 것이다. 지금 형편으로는 진실로 북송을 원하는 자들을 막을 도리가 없을 것 같다.

허정 대표: 북송은 불가피하다고 생각되는데 우리가 양보할 수 있는 한계로 어디까지를 잡아야 할 것인가?

유진오 대표: 이 문제에 있어서 타협을 모색한다면 우리가 최대한도로 양보할 수 있는 선이 어디까지일 것인가? 1957년 뉴델리적십자회의에서 Reunion of dispersed families에 관한 결의가 채택되었는데 북한에 가족이 있는 사람 혹은 본적을 가진 사람이 북한으로 가는 것도 이 결의에 비추어 양보하는 것도 괜찮지 않을까 생각한다. 그러나 공산당이기 때문에 북한으로 가겠다는 사람의 문제는 정치적인 것이고 따라서 적십자와는 관련이 없는 문제이니까 이것은 양보해서는 안 될 것이다. 보상을 주면 재일한인은 대체로 받겠다는 요사이 정부의 입장은 그것이 사실이라면 찬성할 수 없다.

장경근: 동감이다. 그 사람들을 다 받아 오면 그 속에 별별 사람이 다 있을 텐데 그 성분을 우리가 알 도리도 없고 내년 선거에도 많은 방해가 될 것 같다.

허정 대표: 사실 빨갱이들을 남한에 데려오면 우리 손해다. 제1차 한일회담 때에도 자기[나]는 일본이 안 들을 것이지만 재일한인들에게 국적 선택의 자유를 주는 것이 좋을 것이라고 생각을 하였는데 지금이라도 우리가 할 수 있다면 국적 선택의 자유를 주는 것이 좋을 것이다.

유진오 대표: 제1차 한일회담 당시 그런 의견이 있긴 하였으나 이 박사께서 한인은 절대로 일인이 된 일이 없다고 주장하시니까 이 주장으로써는 선택 자유란 결론이 도저히 나올 수가 없다. (장경근 대표, 동감을 표시하다.) 보상을 주면 다 받아 온다는 것은 극히 위험한 일이다. 그러나 여하튼 우리도 대안을 내놓아야 할 것이다. (장경근 대표, 동감 표시하다.)

이호 대표: 재일한인에게 우리가 어떻게 해서든지 일본 국적을 갖게 하든가 그렇지 않으면 영주권을 갖게 하든가 해야지 이리로 데리고 온다는 것은 말도 안 된다. 이 이야기를 재일한인들이 알면 일본에서 내쫓기는 줄 알고 야단이 날 것이다.

(이때 전원이 전체회의에서 북송 문제나 재일한인 문제 같은 것을 구체적으로 모의하려고 해도 안 될 것이라는 의견이 나온다.)

차관: 솔직히 말해서 이번 회담 재개가 북송을 반대하기 위한 것이다. 그러니까 전체회의에서 적어도 재일한인의 법적 지위 문제가 Priority를 가지고 논의되도록 힘써야 할 것이다.

이 문제를 제쳐놓고 다른 문제를 토의한다면 안 된다.

(계속해서 외무부가 준비한 Opening Address의 원안에 대한 토의가 있었는데, Opening Address에서 너무 강한 이야기를 할 필요는 없다. 외무부 원안에는 너무 강한 것이 있는 것 같다는 의견이 다수인으로부터 나왔고 장관님도 그런 의사를 표시하다.)

0438 이호 대표: 좀 강하기는 하지만 우리의 철학을 표현한 것이라고 볼 수 있는 것이고 우리의 강경한 태도를 표시할 필요도 있는 것이고 하니 나는 대체로 다소 수정하면 괜찮을 것 같다.

장관: "한국은 Sovereign Nation이다" 하는 것은 불필요한 것이니까 빼는 것이 좋겠다.

유진오 대표: 재일한인 문제는 Political한 문제라고 밤낮 해왔는데 이 원안에는 Humanitarian한 문제라고 되어있는데 이것도 수정해야 될 거다.

장경근 대표: Case by case 해결하여야 한다는 구절이 있는데 전번 회의에서의 경험을 보아도 이렇게 해서는 조금도 회담이 진행 안 될 것이다.

145. 제4차 한일회담 대표단 명단 송부 공문

0440   차관(국장 위임사항)   국장[인장]   과장[인장]   기안자[인장]

외정(아) 제1861호
단기 4292년 8월 11일

외무부 장관

주일 대사 귀하

건명: 한일회담 대표 및 위원의 명단 송부의 건

머리의 건 개편된 한일회담의 대표 및 위원 명단을 별첨과 같이 송부합니다.

별첨: 명단

별첨

145-1. 수정된 제4차 한일회담 대표단 명단

REVISED LIST OF THE KOREAN DELEGATION
TO THE FOURTH KOREA–JAPAN CONFERENCE

(as of August 10, 1959)

I. Delegates to the Conference:
  1. Chief delegate: Mr. HUH, Chung
  2. Deputy chief delegate: Mr. YIU, Tai Ha
  3. Deputy chief delegate: Mr. YU, Chin O
  4. Delegate: Mr. CHANG, Kyung Keun
  5. Delegate: Mr. LEE, Ho
  6. Delegate: Mr. CHOI, Kyu Hah

II. Members of the Committees:
  1. Committee on Basic Relations:
    Chief member: Mr. YIU, Tai Ha
    Member: Mr. CHANG, Kyung Keun
    Member: Mr. LEE, Ho
    Member: Mr. CHOI, Kyu Hah
    Member: Mr. CHIN, Pil Shik

  2. Committee on Korean Claims:
    Chief member: Mr. LEE, Ho
    Alternate chief member: Mr. CHANG, Kyung Keun
    Alternate chief member: Mr. CHOI, Kyu Hah

A. Specially for vessel question:
   Member: Mr. LEE, Ho
   Member: Mr. CHI, Chul Keun
   Member: Mr. CHIN, Pil Shik
   Secretary: Mr. OHM, Yong Dal

B. Specially for Korean art objects question:
   Member: Mr. CHOI, Kyu Hah
   Expert: Mr. WHANG, Soo Young
   Secretary: Mr. LIMB, To Kyung

C. Specially for other claims:
   Member: Mr. CHANG, Kyung Keun
   Member: Mr. EA, Chai Hang
   Member: Mr. LEE, Sang Duk
   Member: Mr. YU, Chang Soon
   Secretary: Mr. LEE, Won Ho
   Secretary: Mr. RO, Jae Won

3. Committee on Fishery Problems and Peace Line:
   Chief member: Mr. CHANG, Kyung Keun
   Member: Mr. CHOI, Kyu Hah
   Member: Mr. CHI, Chul Keun
   Member: Mr. MOON, Chul Soon

4. Committee on Legal Status of Korean Residents in Japan:

    Chief member: Mr. YU, Chin O
    Member: Mr. CHOI, Kyu Hah
    Member: Mr. EA, Chai Hang
    Member: Mr. CHIN, Pil Shik
    Member: Mr. MOON, Chul Soon
    Member: Mr. HAN, Ki Bong
    Secretary: Mr. OHM, Yong Dal

III. Advisor: Mr. KIM, Jae Won

148. 제4차 한일회담 진행에 관한 훈령 공문

문서번호: 외정 제1854호   일자: 4292년 8월 12일

발신자: 외무부 장관
수신자: 제4차 한일회담 수석대표
    (사본: 주일 대사)

건명: 제4차 한일회담 진행에 관한 훈령 송부의 건

머리의 건 8월 12일부터 재개되는 제4차 한일회담에 있어 우리 대표단은 별첨 훈령에 따라 동 회담을 진행시키고 우리의 목적을 달성하도록 최선의 노력을 다하시기 바랍니다.

별첨: Proceedings of the 4th Korea-Japan Talks Resumed

별첨

148-1. 제4차 한일회담 진행 관련 훈령 문서

Document No. Woijung 1854 　　　　　　　　　　　Date: August 11, 1959

Re: Proceedings of the 4th Korea-Japan Talks Resumed

1. Technically speaking, the overall talks resumed is the continued session of the 4th Korea-Japan talks which has been in adjournment since last December, and in which various committees continue to function for settlement of the pending issues. At the resumed talks, however, the prime objective of the Delegation is to settle first the problem of Korean residents in Japan which directly caused the present political tension.

2. Propose to the Japanese side that the Committee on Legal Status of Korean Residents should start its work without delay, keeping in mind that settlement of legal status of Korean residents should be given utmost priority. However, if the Japanese side is sincerely to take up the above issue for settlement, there is no objection to proceed with other committees.

3. Unless and until there is a good prospect that the Committee on Legal Status of Korean Residents in Japan proceeds smoothly, continue discussion on principles at plenary session. If possible, define at plenary sessions principles which should rule the proceedings of the Committee on Legal Status. In settlement of the problem of Korean residents in Japan, there are three questions: 1) who will choose settlement in Japan ; 2) who will be repatriated to the Republic of Korea ; and 3) who will not wish to settle in Japan nor be repatriated to the Republic of Korea. Stress that the problem should be settled

in order of first, second and third questions; or first and second simultaneously and after that the third. Explain how it is preponderous if one insists upon settlement of the third question first.

4. In case discussion touches on the problem of Japan's deportation plan, emphatically state that Japan must recognize the fact that once Koreans have fallen into the trap of Communist propaganda, they can have no more free choice of residence; that Japan allowed the Communists to agitate those people detrimentally to the interests of free nations; and that Japan discriminates Korean residents in Japan so severely that they could have no alternative but leaving for the northern part of Korea, where they are allured into.

5. In the 4th Korea-Japan conference, our last position for legal status of Korean residents in Japan is the proposal of October 20, 1958. However, the Government is reviewing the above proposal to meet new situation. Therefore, the Delegation may hint, if necessary, that the Korean side may propose a new draft agreement if fundamental principles are agreed on in settlement of the issue.

6. Stress to the Japanese side that as maintaining status quo of the Korea-Japan relations is indispensable any unilateral disposal of the issue on the part of the Japanese Government might precipitate the talks into serious impasse.

7. Impress whenever necessary the Japanese side to the following effect: "The Korean side knows well that the Japanese Government is very anxious to reduce the number of Korean residents in Japan to the minimum, but this desire of Japan can be materialized only with cooperation of the Government of the Republic of Korea."

문서번호: 외정 1854   일자: 1959년 8월 11일

제4차 한일회담 재개 진행 절차 관련

1. 엄밀히 말하면 이번에 재개된 회담은 지난해 12월 이후 휴회 중이던 제4차 한일회담에 이어지는 회담으로서 현안 문제 해결을 위한 각종 위원회가 계속 연결되는 것입니다. 그러나 재개된 회담에서 우리 대표단은 현재의 정치적 긴장의 직접적 원인이 된 재일한인 문제를 우선적으로 해결하는 것을 최우선 목표로 삼고 있습니다.

2. 재일한인의 법적 지위 문제가 최우선적으로 해결되어야 한다는 점을 염두에 두고, 재일한인 법적지위위원회가 지체 없이 활동을 개시할 것을 일본 측에 제안합니다. 다만 일본 측이 위 문제를 성실히 해결하고자 하는 의지가 있다면 다른 위원회와 함께 진행하는 데 이의가 없습니다.

3. 일본에서 재일한인 법적지위위원회가 원만하게 진행될 수 있다는 전망이 있을 때까지 본회의에서 원칙에 관한 논의를 계속합니다. 가능하면 본회의에서 법적 지위에 관한 위원회의 진행에 관한 원칙을 정합니다. 재일한인 문제 해결에 있어서 세 가지 문제가 있습니다. 1) 누가 일본 내 정착을 선택할 것인가? 2) 누가 대한민국으로 송환될 것인가? 3) 누가 일본 내 정착을 원하지 않고 대한민국으로 송환되기를 원하지 않을 것인가? 첫 번째, 두 번째, 세 번째 질문의 순서, 즉 첫 번째와 두 번째를 동시에 해결하고 그 다음에 세 번째를 해결해야 함을 강조합니다. 세 번째 질문의 우선 해결을 주장한다면, 그것이 얼마나 더 우위에 있는지 설명하십시오.

4. 일본의 북송 계획 문제가 논의될 경우, 재일한인이 공산주의 선전의 덫에 빠지면 더 이상 자유로운 거주지 선택이 불가능하다는 사실, 일본은 공산주의자들이 자유 국가의 이익에 해로운 선동을 할 수 있도록 허용했다는 사실, 일본은 재일한인을 너무 심하게 차별하여 그들이 유혹하는 한반도 북부로 떠나는 것 외에 다른 대안이 없었다는 사실을 강조합니다.

5. 제4차 한일회담에서 재일한인의 법적 지위에 대한 우리의 마지막 입장은 1958년 10월 20일의 제안입니다. 그러나 정부는 위 제안을 새로운 상황에 맞게 재검토하고 있습니다. 따라서 대표단은 이 문제의 해결을 위한 기본 원칙에 합의가 이루어질 경우 한국 측이 새로운 합의안을 제안할 수 있음을 필요시 암시할 수 있습니다.

6. 한일 관계의 현상 유지가 필수 불가결한 상황에서 일본 정부의 일방적 문제 처리는 회담을 심각한 교착 상태로 빠뜨릴 수 있다는 점을 일본 측에 강조합니다.

7. 필요할 때마다 일본 측에 '한국 측은 일본 정부가 재일한인의 수를 최소한으로 줄이기를 매우 염원하고 있다는 점을 잘 알고 있으나, 이러한 일본의 바람은 대한민국 정부의 협조가 있어야만 실현될 수 있다'는 취지의 인상을 심어줍니다.

150. 억류자 상호 송환 교섭에 관한 훈령 공문

0450   문서번호: 외정 제1868호   일자: 4292년 8월 11일

　　　발신자: 외무부 장관
　　　수신자: 주일 대사

　　　건명: 억류자 상호 송환에 관한 건

　　머리의 건 한일 양국 간의 억류자 문제에 관하여서는 이미 본부 훈령에 따라 귀 대표부에서 일본 정부에 구두 설명을 통하여 우리의 입장을 밝힌 바 있거니와 금차 제4차 한일회담의 재개에 있어 이와 병행하여 별첨 훈령에 따라 일본 정부와 이 문제에 대한 교섭을 진행시키시기 바랍니다.

　　　별첨: Mutual Repatriation of Detainees

　　　　이상

별첨

150-1. 억류자 상호 송환 교섭에 관한 훈령

Re: Mutual Repatriation of Detainees

1. In the Oral Statement which was delivered to the Japanese Foreign Ministry on August 6, 1959, the Mission stated as follows:

Strictly in accordance with the Agreement dated December 31, 1957, the Government of the Republic of Korea repatriated all those Japanese fishermen who should be released by the term of the said Agreement. To our regret, however, the Japanese Government failed to repatriate Korean detainees who should be released by the above-mentioned Agreement, and whom the Japanese Government promised to repatriate to the Republic of Korea by Japanese transportation. The Japanese Government is hereby notified that as soon as it repatriates Korean detainees presently at Omura to the Republic of Korea, the Korean Government will repatriate those Japanese fishermen who served out their sentences as of this date, in spite of the December 31, 1957 Agreement. From humanitarian point of view, the Korean Mission is ready to discuss with the Japanese Foreign Ministry on the implementation of this mutual repatriation of detainees if the latter so agrees.

2. Request the Japanese side to present a list of those Korean detainees presently at Omura. Notify the Japanese side that before the repatriation takes place, the Korean Government wishes to interview in Japan those detainees person by person confirming whether they are of postwar category.

번역   **억류자 상호 송환 관련**

1. 1959년 8월 6일 일본 외무성에 전달한 구두진술서에서 대표부는 다음과 같이 진술하였습니다.

대한민국 정부는 1957년 12월 31일 자 협정에 따라 동 협정 기간 내에 석방되어야 할 일본인 어부들을 모두 송환하였습니다. 그러나 유감스럽게도 일본 정부는 상기 협정에 따라 석방되어야 하고 일본 정부가 일본 교통편으로 대한민국으로 송환하기로 약속한 한국인 억류자를 송환하지 않았습니다. 일본 정부가 현재 오무라에 있는 한국인 억류자들을 대한민국으로 송환하는 즉시, 대한민국 정부는 1957년 12월 31일 협정에도 불구하고 이 날짜 기준으로 현재 형기를 마친 일본인 어부들을 송환할 것임을 통보합니다. 우리 대표부는 인도주의적 견지에서 일본 외무성이 동의할 경우 억류자 상호 송환에 관해 일본 외무성과 협의할 준비가 되어있습니다.

2. 일본 측에 현재 오무라에 억류되어 있는 한국인 수감자 명단을 제시할 것을 요청하기 바랍니다. 송환이 이루어지기 전에 한국 정부는 일본에 억류되어 있는 억류자들이 전후 카테고리에 해당하는지 여부를 확인하기 위해 일본 내에서 개별 면담을 희망한다는 사실을 일본 측에 통보하기 바랍니다.

151. 제4차 한일회담 수석대표 연설문

0452   **제4차 한일회담 수석대표 연설문**(59. 8. 12)

　지금 우리 두 나라의 관계는 매우 중대한 시기에 놓여있습니다. 지금 이 순간은 아마도 세계사에 있어서 매우 중요한 시기가 될는지도 모르겠습니다.

　일찍이 우리는 이보다도 더 위험한 정치적인 긴장 분위기 속에서 회합하여 본 일이 없었으며, 이렇게 세계의 이목이 우리들에게 집중된 일도 없었습니다. 세계 여론이 우리들이 하고 있는 일 혹은 하고자 하는 일에 대하여 이렇게 심대한 관심을 가져본 일도 일찍이 없었습니다. 한국은 우리 두 나라 관계에 있어서 최근 사태에 대하여 크게 실망하였던 것입니다. 그러나 아직도 희망이 없지는 않습니다. 다행히도 우리 두 나라의 정부는 이 회의를 무조건 재개하는 데 합의할 수 있었으며 한국 정부는 양국 간의 견해 차이를 성의 있는 토의를 거쳐 해결할 수 있다고 확신하고 있으며 그러한 정신으로 이 회담에 임하고 있는 것입니다.

　과거 8년 동안의 교섭에 있어서 우리의 임무는 장구한 일본의 한국 점령으로 말미암아 발생한 제반 문제를 처리하는 것이었는데 우리는 항상 이들 문제를 최종적으로 해결함으로써 한국과 일본이 우호와 협조의 새로운 시대를 맞이할 수 있기를 희구하여 왔던 것입니다. 그러므로 우리는 이 이상 주저 혹은 지연은 아마도 중대하고도 비극적인 결과를 초래할 것이라고 생각하는 바입니다.

　우리가 당면하고 있는 모든 문제가 한결같이 중요한 문제이며, 모든 문제가 될 수 있는 대로 최단 시일 내에 해결하여야 할 문제들입니다. 그러나 그중에서 가장 긴급한 문제는 우리들 사이의 넓은 구염을 초래하였고 또한 동북아세아에 있어서 위험한 긴장 상태를 조성한 견해 차이인 것입니다.

0453 　우리가 다 알고 있다시피 이 문제는 정치적인 면과 인도적인 면을 다 같이 포함하고 있으며 따라서 무엇보다도 우선하여 정당한 해결을 찾기 위하여 성의를 가지고 해결하여야 할 문제입니다. 한국대표단은 이번 회담이 성공적인 결과를 거두기 위하여서

는 다음 두 가지 전제가 수락됨으로써만 이루어질 수 있다고 확신하는 바입니다.

첫째로 대한민국 정부가 한국의 유일한 합법적인 정부라는 사실과 둘째로 일본은 자유 국가의 일원이며 따라서 자유세계의 명분과 원칙에 충실하여야 한다는 점입니다.

솔직히 말씀한다면 최근 한국 사람들은 과연 일본이 대한민국에 관련되는 정책에 있어 자유세계와 협조하여 동일한 행동을 하고 있는지 의심을 품게끔 되었습니다.

한국은 일본의 최근 정책과 결정이, 3년 동안이나 공산주의와 싸웠고 아직도 침략적인 공산군과 생사를 건 투쟁에 종사하고 있는 대한민국에 적대하는 공산주의자들에 의하여 이용되고 있음을 유감으로 여겼던 것입니다.

우리가 생각하기에 이와 같은 사태는 일본을 포함한 극동아세아 전체의 안전에 해로운 것입니다.

우리는 일본 정부가 현실적이며 일본 자체의 이익과 한국 및 자유세계의 이익을 위하여 이들 행동을 재검토하리라는 희망과 확신을 가지고 이 회담에 임하고 있는 것이며 그렇게 하여야만 우리 두 나라의 더 나은 관계를 수립할 수 있는 기반이 생기는 것입니다. 우리 한국은 여러분과 더불어 무엇이 가장 긴급한 문제이며 그 다음에는 무슨 문제를 처리하여야 할 것인가 등등을 결정할 용의가 있습니다. 우리들은 합의에 도달할 기대와 결심을 가지고 이 자리에 와있음을 다시 말하고자 하는 바입니다.

한국은 일본이 우리에게 구체적으로 응답할 것이며 상호 간의 문제를 해결하고 우리 양국과 자유세계의 안전과 복지를 증진시키는 데에 협력할 수 있으리라고 믿는 바입니다.

158. 재개 제4차 한일회담 본회의(제11차) 개최 보고 전문

TM-0867

121150

OFFICE OF THE PRESIDENT, FOREIGN MINISTER

ITEM ONE CLN

THE REOPENING SESSION OF THE FOURTH KOREA-JAPAN OVERALL TALKS WAS HELD AT JAPANESE FOREIGN MINISTRY FROM 10:00 TO 10:30 AM WEDNESDAY PD ALL DELEGATES PAID A COURTESY CALL ON FOREIGN MINISTER FUJIYAMA PRIOR TO THE SESSION PD THE JAPANESE DELEGATION WAS HEADED BY DR RENZO SAWADA PD AT THIS MEETING THE CHIEF DELEGATES OF BOTH GOVERNMENTS DELIVERED ADDRESSES AFTER INTRODUCING MEMBERS OF RESPECTIVE DELEGATIONS PD ALTHOUGH WE PROPOSED FRIDAY FOURTEENTH OR MONDAY SEVENTEENTH AS DATE FOR NEXT SESSION IT WAS DECIDED TO HOLD IT TUESDAY EIGHTEENTH CMA AS IMPORTANT JAPANESE MEMBERS WILL NOT RETURN FROM LEAVE UNTIL THEN PD

ITEM TWO CLN

PRESS RELEASE TO ABOVE EFFECT HAS BEEN MADE PD

ITEM THREE CLN

EYE DELIVERED ADDRESS STRICTLY IN ACCORDANCE WITH GOVERNMENT TEXT PD

TEXT OF JAPANESE CHIEF DELEGATE ADDRESS FOLLOWS CLN

ADDRESS BY DR. RENZO SAWADA
CHIEF REPRESENTATIVE OF THE JAPANESE GOVERNMENT
AT THE REOPENING SESSION OF THE JAPAN-KOREA OVERALL TALKS,
AUGUST 12, 1959

excellencies and gentlemen

TODAY AT THE REOPENING OF THE JAPAN-KOREA OVERALL TALKS IT GIVES ME A GREAT PLEASURE TO SPEAK ON BEHALF OF THE GOVERNMENT OF JAPAN

A FEW WORDS OF WELCOME TO THE DELEGATION HEADED BY A NEW CHIEF DELEGATE OF THE REPUBLIC OF KOREA.

SINCE THE FOURTH JAPAN-KOREA OVERALL TALKS ENTERED INTO RECESS FROM DECEMBER 20 LAST YEAR, WE HAVE EARNESTLY LOOKED FORWARD TO THE DAY WHEN THE DELEGATIONS OF BOTH GOVERNMENTS WOULD BE ABLE TO MEET AGAIN AT THIS CONFERENCE TABLE. RECENTLY, ON JULY 30, THE GOVERNMENT OF THE REPUBLIC OF KOREA PROPOSED THE UNCONDITIONAL RESUMPTION OF THE JAPAN-KOREA OVERALL TALKS FROM A BROAD VIEW POINT OF THE RELATIONS BETWEEN JAPAN AND REPUBLIC OF KOREA, AND THE GOVERNMENT OF JAPAN WELCOMED AND AGREED TO THIS PROPOSAL ON AUGUST 1, FROM ITS UNCHANGING DESIRE TO NORMALIZE THE RELATIONS BETWEEN THE TWO COUNTRIES AT AN EARLIEST POSSIBLE DATE. IT IS A MATTER FOR INFINITE GRATIFICATION THAT THE TALKS IS NOW TO BE RESUMED.

IT IS MY SINCERE HOPE THAT BOTH GOVERNMENTS WILL EXERT EVERY POSSIBLE EFFORT TO OVERCOME ANY DIFFICULTIES IN A SPIRIT OF MUTUAL COOPERATION AND CONCILIATION AND TO ACHIEVE A FINAL

SUCCESS OF THE PRESENT OVERALL TALKS.

I WISH TO EXPRESS MY DEEP APPRECIATION TO THE GOVERNMENT OF THE REPUBLIC OF KOREA FOR SENDING HERE SUCH A DISTINGUISHED DELEGATION NEWLY ORGANIZE, AND TO EXTEND MY HEARTY WELCOME TO YOUR EXCELLENCIES AND GENTLEMEN. UNQUOTE

CHIEF DELEGATE HUE

번역 TM-0867

121150 [1959. 8. 12]

대통령실, 외무부 장관

1. 재개된 제4차 한일회담 회의가 10시부터 10시 30분까지 일본 외무성에서 개최되었습니다. 모든 대표단은 회의에 앞서 후지야마 외상을 예방하였습니다. 일본대표단은 사와다 렌조 박사가 수석대표를 맡았습니다. 이번 회의에서 양국 정부 수석대표는 각 대표단원을 소개한 후 인사말을 하였습니다. 우리는 다음 회의 일자로 14일(금) 또는 17일(월)을 제안하였으나, 일본의 주요 위원들이 그때까지 휴가에서 돌아오지 않을 예정이므로 18일(화)에 개최하기로 결정되었습니다.

2. 상기 내용에 대한 보도 자료가 작성되었습니다.

3. 저는 엄격하게 정부 텍스트에 따라 개회 연설을 했습니다.

일본 수석대표 연설문은 다음과 같습니다.

한일전면회담 재개에 즈음한 일본 측 수석대표
사와다 렌조 연설문, 1959. 8. 12

신사 숙녀 여러분,

오늘 한일전면회담 재개에 있어 일본 정부를 대신하여 대한민국의 새로운 수석대표가 이끄는 대표단에게 몇 마디 환영의 말을 전하게 된 것을 기쁘게 생각합니다.

지난해 12월 20일부터 제4차 한일회담이 휴회에 들어간 이래, 우리는 양국 정부 대표단이 이 회의 테이블에서 다시 만날 수 있는 날을 간절히 고대해 왔습니다. 최근 한국 정부는 7월 30일 한일 관계의 대승적 견지에서 한일회담의 무조건 재개를 제의하였으며, 일본 정부는 8월 1일 한일 관계를 조속히 정상화하려는 변함없는 열망에서 이 제의를 환영하고 이에 동의하였습니다. 이제 회담이 재개되게 된 것은 무한한 기쁨이 아닐 수 없습니다.

양국 정부가 상호 협력과 화해의 정신으로 그 어떤 난관도 극복하고 이번 회담의 성공을 위해 가능한 모든 노력을 기울여 나가기를 진심으로 바랍니다.

새롭게 구성된 훌륭한 대표단을 이곳에 보내주신 대한민국 정부에 깊은 사의를 표하며 각하와 여러분께 진심으로 환영의 인사를 드립니다.

허 수석대표

159. 일본적십자사와 북한적십자사 간
북송협정 조인 관련 보고 전문

TM-0868

121435[1959. 8. 12]

앞: 대통령 비서실, 외무부 장관 귀하

소위 일본적십자사와 북한 괴뢰 간의 북송협정 조인을 위하여 일본적십자사 부사장 가사이는 금일 8월 12일 오전 10시에 BOAC기 편으로 인도 캘커타 향발 도쿄를 출발하였음. 보도된 바에 의하면 13일 오후 동 북송협정을 조인한 후에 동 협정문 일체가 일본적십자로부터 발표될 것이라 함.

주일 대사

162. 일적-북적 북송협정 체결에 즈음한 이승만 대통령의 언론 회견 내용 통보 전문

0468   번호: MT-0854

일자: 122005(1959. 8. 12)

TO: AMBASSADOR YIU   DAEPYO TOKYO

다음 텍스트에 대한 설명은 별도 암호 전보를 참조하시옵소서.

QUESTION PD IN SPITE OF OUR GOVERNMENTS PROPOSAL FOR THE UNCONDITIONAL REOPENING OF THE KOREA JAPAN TALKS CMA THE JAPANESE GOVERNMENT IS REPORTED TO HAVE DECIDED TO SIGN THE DEPORTATION AGREEMENT BETWEEN JAPAN AND COMMUNIST NORTHERN KOREA CMA IN CALCUTTA CMA INDIA CMA ON AUGUST THIRTEEN PD YOUR EXCELLENCY CMA PLEASE COMMENT ON WHAT COUNTERMEASURE OUR GOVERNMENT WILL TAKE CMA PARTICULARLY IN CONNECTION WITH THE REOPENING OF THE ROK JAPAN CONFERENCE PD

ANSWER PD THE KOREAN VIEW REMAINS UNCHANGED PD IN BRIEF CMA WE MAINTAIN THAT THE KOREAN RESIDENTS OF JAPAN ARE CITIZENS OF THIS COUNTRY AND CANNOT BE SENT ANYWHERE WITHOUT THE CONSENT OF THE REPUBLIC OF KOREA PD OUR PEOPLE ARE NOT THE SLAVES OF ANY NATION PD

ACCORDING TO UNITED NATIONS DECLARATION CMA THE REPUBLIC OF KOREA IS THE ONLY SOVEREIGNTY FOR THE WHOLE OF THE KOREAN

PENINSULA PD

0469   THE CALCUTTA SIGNING INVOLVES THE JAPANESE NATIONAL RED CROSS SOCIETY CMA NOT THE JAPANESE GOVERNMENT PD THAT MAY BE ONLY A FORMALITY CMA AND THE RED CROSS UNDOUBTEDLY HAS THE GOVERNMENTS APPROVAL PD BUT IT IS A TECHNICALITY WHICH PROVIDES A WAY OUT FOR THAT GOVERNMENT CMA PROVIDED WE CAN PERSUADE JAPAN THAT THE DEPORTATIONS WOULD BE CONTRARY TO JAPANESE AND FREE WORLD INTERESTS CMA AS WELL AS A SERIOUS AFFRONT TO THE REPUBLIC OF KOREA PD

ANOTHER IMPORTANT POINT IS THAT THIS FORMAL SIGNING DOES NOT REALLY MEAN VERY MUCH PD THE AGREEMENT WAS ALREADY INITIALED AND CERTIFIED BY THE JAPANESE NATIONAL RED CROSS SOCIETY AS BINDING PD FOR THE COMMUNISTS CMA THE SIGNING MEANS SOMETHING IN A PROPAGANDA SENSE SEMICLN OTHERWISE CMA IT CHANGES NOTHING PD

KOREA SHALL NOT TALK HOW OF COUNTER MEASURE PD WE ARE ENTERING THE RENEWED CONFERENCE WITH JAPAN INTENT UPON PROTECTING THE KOREAN RESIDENTS CMA SEEING THAT JUSTICE IS DONE THEM NOW AND IN THE FUTURE CMA AND IN THE HOPE OF SETTLING OTHER DIFFERENCES WITH JAPANESE PD IF THE JAPANESE WILL MEET US IN SINCERITY CMA THERE IS A CHANCE OF EQUITABLE SOLUTIONS PD IF NOT CMA RESORT WILL HAVE TO BE HAD TO OTHER
0470   MEANS OF SAFEGUARDING KOREAN INTERESTS AND OUR PEOPLE WHO RESIDE IN JAPAN PD LET US DO OUR BEST CMA ASK JAPAN TO DO THE SAME CMA AND SEE WHAT HAPPENS PD

WOIMUBU

번역 번호: MT-0854

일시: 122005(1959. 8. 12)

수신인: 유 대사, 주일 대표부 도쿄

질문: 우리 정부의 무조건적 한일회담 재개 제안에도 불구하고 일본 정부가 8월 13일 인도 콜카타에서 일본과 공산주의 북한 간 추방 협정을 체결하기로 결정한 것으로 알려졌는데 각하께서는 특히 한일회담 재개와 관련해 우리 정부가 어떤 대응책을 강구할 것인지 말씀해 주십시오.

답변: 한국의 견해는 변함이 없습니다. 요약하면 재일한인은 이 나라의 국민이며 대한민국의 동의 없이는 어디로도 보내질 수 없습니다. 우리 국민은 어느 국가의 노예가 아닙니다. 유엔 선언에 따르면 대한민국은 한반도 전역의 유일한 주권국입니다.

콜카타 서명은 일본 정부가 아닌 일본적십자사와 관련되어 있습니다. 그것은 단지 형식적일 수 있습니다. 그리고 적십자사는 의심할 여지없이 정부의 승인을 받았습니다. 그러나 그것은 우리가 북송이 일본과 자유세계의 이익에 위배되며 한국에 대한 심각한 모욕이라고 일본을 설득한다면 일본 정부가 탈출구로 활용할 수 있는 기술적인 방편이 될 수 있는 것입니다.

또 다른 중요한 점은 이 공식적인 서명이 실제로 그다지 의미가 없다는 것입니다. 이 협정은 이미 공산주의자들에 의해 일본적십자사에게 의해 구속력 있는 것으로 가서명되고 인증되었기 때문입니다. 공산주의자들에게 서명은 선전적 의미에서 무언가를 의미하는 것일 뿐 그것이 무엇을 변경하지는 않습니다.

한국은 대응 조치의 방법을 이야기해서는 안됩니다. 우리는 현재와 미래에 정의가 실현되고 일본과 다른 차이를 해결하고자 하는 희망을 가지면서 한국 국민들을 보호하기 위해 일본과 한일회담을 재개합니다. 일본이 진심으로 한국 측을 만난다면 공평한 해결의 기회가 있을 것입니다. 그렇지 않다면 한국의 이익과 일본에 거주하는 우리 국민을 보호하기 위한 다른 수단을 강구해야만 할 것입니다. 우리 최선을 다해봅시다. 일본에도 동일한 요청을 하고 어떤 일이 일어나는지 지켜보십시다.

외무부

165. 억류자 상호 송환을 위한 실무자위원회 개최 결과 보고 전문

번호: MTB-137

일시: 812

To: Office of the President
Foreign Minister

Item 1. A working committee meeting in the implementation of the mutual repatriation of detainees was held at the Japanese Foreign Ministry from 2:30 to 3:15 p.m., Aug. 12. First Secretary Pil Chik Chin headed our side temporarily at today's meeting, and Councilor Kijiro Miyake of the Japanese foreign Ministry headed the Japanese side temporarily. At this meeting, no substantial discussion was made, but the temporary chief members of both sides exchanged brief remarks after introducing their members respectively. In his remarks, Mr. Miyake expressed the desire that the mutual repatriation would be implemented in the earliest possible date and that number of Japanese fishermen who would finish their prison terms after July 30 would be included in mutual repatriation. Countering Miyake's remarks, Mr. Chin stated that this meeting was opened strictly on the basis of Ambassador Yiu's notification to the Japanese Foreign Minister on July 30 and the Japanese Foreign Minister reply thereto on August 1. Both sides agreed to held next meeting in the early part of next week and that the exact date and hour there would be decided upon after (the date and hour of next meeting will be set after Minister Choi's return to Tokyo sometime in the weekend or in early next week).

Item 2. From next meeting on, Minister Choi will head the Korean side and Asian Bureau Director Iseki will head the Japanese side.

Ambassador Yiu

번역 번호: MTB-137

일시: 812[1959. 8. 12]

수신인: 대통령실, 외무부 장관

1. 한일 억류자 상호 송환 이행을 위한 실무위원회 회의가 8월 12일(목) 오후 2시 30분부터 3시 15분까지 일본 외무성에서 개최되었습니다. 오늘 회의에는 진필식 1등 서기관이 임시로 우리 측 수석대표를, 미야케 기지로 일본 외무성 심의관이 임시로 일본 측 수석대표를 각각 맡았습니다. 이번 회의에서는 실질적인 논의는 이루어지지 않았으며, 양측 임시 수석대표가 각각 대표단을 소개한 후 간단한 모두발언을 교환하였습니다. 미야케 대표는 모두발언에서 상호 송환이 조속한 시일 내에 실시되기를 희망하며, 7월 30일 이후 수감 기간이 종료되는 일본인 어부들도 상호 송환 대상에 포함되기를 바란다는 입장을 표명했습니다. 미야케 심의관의 발언에 대해 진 서기관은 이번 회의는 엄밀히 말해 7월 30일 유 대사가 일본 외상에게 통지하고 8월 1일 일본 외상이 이에 대한 회신을 한 것에 근거해 열린 것이라고 밝혔습니다. 양측은 다음 회의를 다음 주 초에 개최하기로 합의했으며, 정확한 날짜 및 시간은 추후 결정하기로 하였습니다(다음 회담 날짜 및 시간은 최 공사가 주말 또는 다음 주 초 도쿄로 귀국한 후 결정될 예정).

2. 다음 회의부터는 최 공사가 한국 측 수석대표, 이세키 아시아국장이 일본 측 수석대표를 맡기로 하였습니다.

유 대사

171. 일본적십자사와 북한적십자사 간 재일본 한인(북한계) 북송에 관한 협정문

0504   재일본 한인(북한계) 북송에 관한 협정문

일본적십자 대표와 북한괴뢰적십자 대표 간에
8월 13일 캘커타에서 조인된 협정 전문
(평양방송 청취록)

8월 14일 12시 30분 청취

0505   8월 13일 인도의 캘커타에서 일본적십자사와 괴뢰적십자회 대표단 간에 조인된 재일한인(북한계) 송북에 관한 협정 전문은 다음과 같다. (평양방송)

조선민주주의인민공화국적십자회와 일본적십자사는 거주지 선택의 자유 및 적십자의 제 원칙에 기초하여 재일조선공민들의 자유롭게 표명한 의사에 따라 그들의 귀국을 실현시키기 위하여 다음과 같이 협정한다.

제1조
귀국자의 범위는 귀국을 희망하는 재일조선공민들과(일본의 국적을 취득한 조선인을 포함함) 그의 배우자(내연 관계의 자를 포함함) 및 그의 자녀들, 기타 그들의 부양을 받고 있는 자로서 함께 귀국을 희망하는 자로 한다. 이 경우에 만 16세 미만의 자들은 그들의 친권자의 대리 행사에 의한다. 단 일본의 법령에 의하여 출국이 인정될 수 없는 자는 제외된다.

제2조

1) 귀국을 희망하는 자는 일본적십자사가 정하는 양식에 의한 귀국 신청서를 본인 자신이 직접 일본적십자사에 제출하며 소요의 귀국 수속을 받아야 한다.

신청은 자유의사에 기초하는 것이며 또한 본 협정에 규정한 조건을 충족시키는 것이어야 한다.

2) 귀국 신청서를 제출한 본인으로부터 개별적인 사정에 의하여 귀국하지 않는다는 요청을 받았을 경우에는 일본적십자사가 이를 처리한다.

귀국 의사의 변경은 승선 전 일정한 기간까지 허용된다.

제3조

1) 일본적십자사는 귀국 희망자의 등록 기구를 조직한다.

2) 일본적십자사는 귀국 희망자의 등록 기구의 조직과 운영이 인도적 원칙에 입각한 공평한 것임을 보장하기 위하여 적십자 국제위원회에 그가 필요로 하며 또한 적당하다고 인정하는 조치를 취할 것을 의뢰한다.

상기 조치의 내용은 다음과 같다.

ㄱ) 일본적십자사가 귀국 희망자의 등록 기구를 조직하는 경우에 도움을 줄 것을 의뢰한다.

ㄴ) 상기 등록 기구의 운영이 적당한가 안 한가를 알아보도록 의뢰한다.

ㄷ) 상기 등록 기구의 운영에 대하여 필요한 조언을 주도록 의뢰한다.

3) 적십자사는 본 협정이 인도와 적십자의 제 원칙에 부합된 것이라는 것을 방송을 통하여 공표하도록 적십자 국제위원회에 의뢰한다.

제4조

귀국에 관한 수속을 끝낸 자들의 인계인수는 승선항에서 조선적십자회 대표와 일본적십자사 대표 간에 이를 진행한다.

전항의 인계인수는 귀국자의 명단과 확인서를 교환하는 것으로써 완료된다.

제5조

1) 귀국선은 조선 측이 배선하고 (이하 약간 불분명 누락됨……)[그 비용을 부담한다.] 귀국선이 준수할 사항은 부속서로써 정한다.

2) 일본 측은 니가타항을 귀국자들의 승선항으로 지정한다. 조선 측은 나진, 청진, 흥남의 3개 항을 그들의 하선항으로 지정한다.

3) 귀국선의 배선 문제는 귀국 희망자의 수와 배선 준비 형편에 의해서 결정하기로 하며 귀국 희망자들의 매차의 집결 시일의 간격을 7일 전으로 하고 매차의 인원수를 약 1,000명으로 예정한다.

그러나 귀국 희망자의 희망에 따라 이를 조일 양 적십자단체들이 협의하여 적절히 변경하기로 한다.

4) 귀국 희망자들의 상황에 따라 필요한 경우에는 조일 양 적십자단체 간의 협의하에 귀선 및 수송의 증가를 위한 필요한 조치를 취한다.

5) 귀국자들의 제1차 귀국선은 조일 양 적십자단체 간에 체결된 본 협정이 효력을 발생한 날로부터 3개월 이내에 승선항에서 출항하기로 한다.

6) 일본적십자는 매차의 귀국 희망자의 대략 수, 지정항 및 귀국선의 지정항 도착 시일을 사전에 조선민주주의인민공화국적십자회에 통지한다.

귀국선은 전항의 통지에 의하여 지정 기일에 지정항에 도착하도록 한다.

그러나 기상 조건, 기타 부득이한 사정이 있을 경우에는 조일 양 적십자단체 간의 협의하에 이를 변경할 수 있다.

7) 일본 측은 귀국선에 대한 보조금과 통신 연락 및 기타의 필요한 편의와 협력을 제공한다. 그 비용은 조선 측이 부담한다.

제6조

1) 일본적십자사는 그 가정한 바에 의하여 다음의 편의를 귀국자들에 제공한다.

ㄱ) 귀국자들이 거주지를 떠나 집결지에 도착한 때까지의 수송비, 식비, 귀국자 1인당 60킬로그램까지의 화물 운임 및 응급 의료

ㄴ) 집결지에 있어서의 승선할 때까지의 식사 숙박 응급의료비 및 수송

2) 귀국자들은 매인당 일본 통화 45,000원까지를 영 파운드로 휴대할 수 있다.

상기 한도 이상의 일본 통화를 소유하는 자는 본인의 명의로 일본의 은행에 예금하고 후일 본인의 형편에 따라 일본의 법령에 의하여 외화로 찾을 수 있다.

그러나 본인이 일본 내에서 사용할 경우에 있어서는 일본의 법령에 의하여 일본 통화로 찾을 수 있다.

주식, 공채 등의 증권과 예금통장들은 가지고 갈 수 없다.

3) 귀국자들이 가지고 갈 수 있는 것은 여행 휴대품, 이사 짐 및 직업 용구로 한다. 일본의 법령에 의하여 수출이 금지된 물품과 군사품은 휴대할 수 없다.

4) 일본 측은 귀국자들이 가지고 가는 일체의 재산에 대해서 관세를 부과하지 않는다.

5) 일본 측은 귀국자들이 부득이한 사정에 의하여 가지고 갈 수 없는 재산에 대해서는 계속 본인의 소유권을 법적으로 인정한다.

6) 조선 측은 귀국자들에 승선 이후의 수송 및 식사, 숙박 등 일체의 비용을 부담하며 의료상 복무를 무상으로 제공한다.

또한 귀국자들의 귀국 후의 생활 안정과 그들의 주택, 직업 등 모든 조건을 보장한다.

제7조

귀국선에는 조선민주주의인민공화국적십자회 대표들이 승선하기로 하며 대표들은 그 귀국선이 승선항에 정박 기간 중 그 항구 구역 내에 체재하여 귀국자들의 인수 연락 및 귀국자들에 귀국 협조를 한다.

제8조

1) 일본적십자사가 본 협정의 내용 및 귀국 수속 등을 가능한 한 출판 보도 기관을 이용하여 재일조선공민들에 철저히 주지시킨다.

2) 귀국자들 중 국적 문제 해결을 희망하는 자들에 대하여 조일 양 적십자단체는 필요한 협력을 한다.

3) 본 협정의 실시에 관한 필요한 연락은 전신 문서 또는 지정항에 있어서의 조일 양 적십자단체 대표들 간에 진행할 수 있다.

제9조

본 협정의 유효 기간은 조인 날로부터 1년 3개월로 한다.

그러나 이 기간에 귀국 사업이 완료될 수 없다고 인정되는 경우에는 협정 기간 만료 3개월 전에 조일 양국 적십자단체의 협의하에 본 협정을 그대로 또는 수정하여 갱신할 수 있다.

본 협정은 1959년 8월 13일 캘커타에서 동등한 효력을 가진 조선어 및 일본어에 의해서 2통 작성되었다.

조선민주주의인민공화국적십자회를 대표하여 이일경

일본적십자사를 대표하여 가사이 요시스케

174. 일본적십자사와 북한적십자사 간 북송협정 영문본[7]

YOMIURI, AUGUST 14, 1959

FULL TEXT OF AGREEMENT

The full text of the agreement between the Japanese Red Cross Society and the North Korean Red Cross Society on the voluntary repatriation of Koreans in Japan is as follows:

With a view to realizing the repatriation of Koreans in Japan by their freely expressed will based on the freedom of choice of residence and the principles of the Red Cross, the Japanese Red Cross Society and the Red Cross Committee of the Democratic People's Republic of Korea agree as follows:

ARTICLE 1

Returnees shall be Koreans in Japan, including Koreans who have acquired Japanese nationality, who wish repatriation, their spouses, including those unregistered, and other dependents who wish to return with them. Regarding minors under 16 years of age, the decisions of the persons who exercise parental power or of the guardians shall prevail. Persons who exit is not authorized under the relevant laws and regulations of Japan shall be excluded from returnees.

---

7   『요미우리신문』 게재 내용.

ARTICLE 2

1. Persons who wish repatriation shall submit applications in the form set by the Japanese Red Cross Society directly to the Japanese Red Cross Society in persons, and shall go through necessary procedures for repatriation.

Applications shall be based on free will, and shall meet the requirements provided for in this agreement.

2. In case requests are received from those persons who submitted applications for repatriation, that they will not return for personal reasons, the Japanese Red Cross Society shall dispose such requests.

The alteration of the will to return shall be permitted until a certain time before embarkation.

ARTICLE 3

1. The Japanese Red Cross Society shall organize a system for registering persons who wish to return. This registration system shall be made of the present organization of the Japanese Red Cross Society with necessary reinforcements, and shall be operated by it.

2. The Japanese Red Cross Society shall request the International Committee of the Red Cross to take such measures as the latter deems necessary and appropriate to ensure that the organization and operation of the system for registering persons wishing to return be fair, impartical and in conformity with the humanitarian principles.

The measures referred to above shall be as follows:

a) The Japanese Red Cross Society shall request the International Committee of the Red Cross to give advice when the former organizes the system for registering persons wishing to return.

b) The Japanese Red Cross Society shall request the International Committee of the Red Cross to ascertain whether the operation of the registration system referred to above is proper or not.

c) The Japanese Red Cross Society shall request the International Committee to give necessary advice on the operation of the registration system referred to above.

3. The Japanese Red Cross Society shall request the International Committee of the Red Cross to make public through radio broadcasts that this Agreement is in conformity with humanitarian spirit and the principles of the Red Cross.

ARTICLE 4

The delivery and reception of the persons who have completed the procedures for repatriation shall be made between the representatives of the Japanese Red Cross Society and the Red Cross Committee of the Democratic People's Republic of Korea at the port of embarkation.

The delivery and reception referred to in the preceding paragraph shall complete by the exchange of the list of returnees and the receipt in writing thereof.

ARTICLE 5

1. Vessels for the return shall be provided by the Korean side at its expense. The matters to be observed by such vessels shall be provided for in the Annex.

2. The Japanese side shall designate the port of Niigata as port of disembarkation.

3. The matters concerning the dispatch of vessels for the return shall be decided on the basis of the number of persons wishing to return and the preparation of the dispatch of vessels. It is planned that such persona shall be assembled at intervals of about seven days, and approximately 1,000 of them shall be assembled each time. According to the increase or decrease of the number of such persons, however, proper alterations shall be made through

consultations between the Red Cross organizations of Japan and Korea.

4. In case it becomes necessary in view of the number of persons wishing to return, such measures as are required for the enlargement and increase of the facilities and transportation shall be taken through consultations between the Red Cross organizations of Japan and Korea.

5. The first repatriations vessel for returnees shall sail from the port of embarkation within three months from the date of coming into force of this agreement concluded between the Red Cross organizations of Japan and Korea.

6. The Japanese Red Cross Society shall, each time in advance, notify the Red Cross Committee of the Democratic People's Republic of Korea of the approximate number of persons wishing to return, the designated port and the date of the arrival of repatriation vessel at the designated port.

Each vessel for the return shall arrive at the designated port on the designated date notified under the preceding paragraph. It may be changed, however, through consultations between the two Red Cross Societies, in case there arise circumstances beyond control such as weather conditions, etc.

7. The Japanese side shall furnish supplies to, and maintain communications with such vessels, and afford other necessary facilities as well as cooperation. The expenses therefor shall be borne by the Korean side.

ARTICLE 6

1. The Japan Red Cross Society shall afford the following facilities to returnees in a manner prescribed by it:

a) Expenses for transportation and meals, freight for goods up to 60 kilograms per persons, and charges for first aide to be incurred during the time between the departure from present residences and arrival at the port of embarkation shall be paid.

b) Accommodation, meals, first-aid and transportation during the time between the arrival at the port of embarkation and embarkation shall be provided.

2. Returnees may take with them up to ￥45,000 in Japanese currency; in the form of a check in pound sterling.

Any person who is in possession of Japanese currency in excess of the above maximum shall deposit such an excess in the bank in his name, on which he shall be permitted to draw under the relevant laws and regulations of Japan if he applies therefor at a later date.

In case such person intends to use it in Japan for his own purposes, he shall be permitted to draw on it in the Japanese currency under the relevant laws and regulations of Japan.

Securities, including shares and public bonds, or deposit passbooks shall not be taken.

3. Items that may be taken home by a returnee shall be his personal effects required for the travel, household articles required for his or his family's use and professional instruments required for his own use in pursuing his vocation.

Items on the export of which an embargo is placed under the relevant laws and regulations of Japan and items the possession of which is illegal under the same laws and regulations shall not be taken home.

4. No customs duties shall be imposed on any property carried home by returnees.

5. The Japanese side shall continue to recognize lawful titles of a returnee to his properties which he cannot take home under unavoidable circumstances.

6. The Korean side shall pay all the expenses incurred after the embarkation of returnees, such as those for transportation, meals and accommodation, and shall provide medical and surgical services free. It shall also guarantee all requisites for the stabilization of the living of returnees after their arrival, such

as their housing, employment and education.

ARTICLE 7

The representatives of the Red Cross Committee of the Democratic People's Republic of Korea shall board each repatriation vessel, and such representatives shall stay within the port area during the time their repatriation vessels is in harbor, to engage in the reception of returnees and liaison and in giving cooperation and assistance to returnees in connection with their repatriation.

ARTICLE 8

1. The Japanese Red Cross Society shall make effort as far as possible to make the contents of this Agreement and the procedures for repatriation, etc. known to Koreans in Japan through press and news propagating media.

2. To the persons among returnees who wish to settle their nationality problems, necessary cooperation shall be afforded by the Red Cross organizations of Japan and Korea.

3. The communications required for the implementation of this agreement may be made through telegraphy, mail or at the designated port between the representatives of the two Red Cross Societies.

ARTICLE 9

This Agreement shall be valid for one year and three months after its signature. However in case it is recognized that the repatriation works cannot be completed during this period, it may be renewed through consultations between the Red Cross organizations of Japan and Korea, as it is or with necessary amendments.

Done at Calcutta on August 13, 1959, in duplicate in the Japanese and

Korean languages, both equally authentic.

For the Japanese Red Cross Society: (signed) Yoshisuke Kasai.

For the Red Cross Committee of the Democratic People's Republic of Korea: (signed) Li Il Kyung.

ANNEX

1. Each repatriation vessel shall sail straight from the port of departure and shall arrive at the port of Niigata on the date designated by the Japanese Red Cross Society.

2. Each repatriation vessel shall wire to the Japanese Red Cross Society, three days in advance of the date of its arrival designated by the Japanese Red Cross Society, the name of the port of departure, the expected date and hour of departure, the type and name of the vessel, the call sign, the frequency used, the gross tonnage, the draft, the cruising speed, the capacity for returnees, the name of master, the number of crew and their nationality or nationalities and number of passengers other than the crew and their nationality or nationalities.

3. Each repatriation vessel shall go through the procedures regarding entry and clearance through the intermediary of an agency (hereinafter referred to as "the agent") arranged for by the Japanese Red Cross Society.

4. Each repatriation vessel shall, immediately after its departure from port, notify the agency by wire thereof, as well as of the expected date and hour of its entry into port, It shall further notify the latter, six hours in advance of its arrival, of its location and whether there has been any sick persons during the voyage.

The coast station with which such vessel is to communicate shall be Niigata Station, call sign; JKP, frequency: 438 kilocycles

5. Each repatriation vessel shall stop at the anchorage for quarantine of the Port of Niigata (near a point at lat. 37 58 N. and long 139 03.5 E.), and shall undergo the inspection by the competent Japanese Government authorities. Thereafter, it shall enter the port under pilotage and lie at anchor at the designated place.

The entry into port shall be made during the hours between sunrise and sunset.

6. If there is need to do so, the crew members of repatriation vessels may go ashore after obtaining permission from the Immigration Inspector. In this case, an application for a shore pass shall be submitted.

7. The language to be used by repatriation vessels in making applications to, communicating with or addressing inquiries to the competent Japanese authorities shall be Japanese or English.

8. The following papers shall be submitted or presented by each repatriation vessel upon entering port:

Report of entry: 4 copies

Maritime declaration of health: 1 copy

Crew list: 3 copies

Passenger list: 3 copies

List of ship's stores: 1 copy

List of consignments: 1 copy

Deratting certificate or deratting exemption certificate: to be presented for inspection.

International certificate of vaccination or revaccination: to be presented for inspection.

0524   9. The following papers shall be submitted by each repatriation vessel before departure from port:

Report of departure: 4 copies

Crew list: 1 copy

Passenger list: (excluding the list of returnees) 1 copy

10. Each repatriation vessel shall pay in foreign exchange bill the necessary expenses, such as the tonnage dues prescribed by Japan.

It shall deposit the agency with a foreign exchange bill for 7,000 US dollars or 2,500 pounds sterling not later than three days prior to its arrival.

If there arises any deficit in such deposit, a fresh deposit shall be made.

In this case, the agency should make, upon consultation with the arrangement as would enable such vessel to receive necessary amount at any time.

11. Such vessels shall observe the Japanese laws and regulations and further follow the instruction by the competent Japanese agency in carrying out the transportation of returnees.

번역 [협정 본문에 대한 한글 번역문은 171번 문서 참조]

부칙

1. 각 송환 선박은 출발항에서 곧바로 항해하여 일본적십자사가 지정한 날짜에 니가타항에 도착해야 한다.

2. 각 송환 선박은 일본적십자사가 지정하는 도착일 3일 전까지 일본적십자사에 출항 항명, 출항 예정일 및 시간, 선박의 종류 및 명칭, 호출 부호, 사용 주파수, 총톤수, 흘수, 순항 속력, 귀국자 정원, 선장의 성명, 선원 수 및 그들의 국적 또는 민족, 선원 외 승객의 수 및 그들의 국적 또는 민족을 유선상으로 통보하여야 한다.

3. 각 송환 선박은 일본적십자사가 주선한 대리인(이하 '대리인'이라 한다)의 중개를 통해 입국 및 통관에 관한 수속을 밟아야 한다.

4. 각 송환 선박은 항구를 출항한 직후에 그 사실과 입항 예정일 및 시간을 유선으로 기관에 통지하여야 하며, 또한 도착 6시간 전에 그 위치 및 항해 중 질병자가 있었는지를 기관에 통지하여야 한다.
해당 선박이 교신할 해안 관할 당국은 니가타 당국, 호출 부호: JKP, 주파수: 438킬로사이클로 한다.

5. 각 송환 선박은 니가타항의 검역을 위한 정박지(북위 37 58도, 동경 139 03.5도 지점 부근)에 정박하고, 관할 일본 정부 당국의 검사를 받아야 한다. 그 후 도선하에 항구에 입항하여 지정된 장소에 정박해야 한다.
입항은 일출과 일몰 사이의 시간대에 이루어져야 한다.

6. 송환 선박의 승무원은 부득이한 경우 출입국관리관의 허가를 받아 육지로 나갈 수 있다. 이 경우 육상 통과 신청서를 제출하여야 한다.

7. 송환 선박이 관할 일본 당국에 신청, 연락 또는 문의를 할 때 사용하는 언어는 일본어 또는 영어로 한다.

8. 각 송환 선박은 입항 시 다음 서류를 제출하거나 제시해야 한다.
입항 신고서: 4부
해상 건강 신고서: 1부
선원 명부: 3부
승객 명부: 3부
선내 상점 목록: 사본 1부
화물 목록: 사본 1부
감세 증명서 또는 감세 면제 증명서: 검사 시 제시
국제 예방접종 증명서 또는 재접종 증명서: 검사 시 제시

9. 각 송환 선박은 출항 전에 다음 서류를 제출해야 한다.
출항 신고서: 4부
선원 명부: 1부
승객 명부: (송환자 명부 제외) 1부

10. 각 송환 선박은 일본이 정하는 톤세 등 필요한 경비를 외국환어음으로 납부하여야 한다.
 송환 선박은 미화 7,000달러 또는 영국 파운드화 2,500파운드의 외환어음으로 늦어도 도착 3일 전까지 기관에 예치하여야 한다.
 이러한 예치금에 결손이 발생할 경우에는 새로 예치하여야 한다.
 이 경우, 대리점은 해당 선박이 언제든지 필요한 금액을 수령할 수 있는 약정을 협의하여 체결해야 한다.

11. 해당 선박은 송환자의 운송을 수행함에 있어 일본의 법령을 준수하고, 나아가 관할 일본 기관의 지시에 따라야 한다.

182. 사와다 일본 수석대표의 허정 수석대표 초청 만찬 간담회 내용 보고 전문

번호: MTB-138

일시: 814

To: Office of the President, Foreign Minister

Japanese Chief Sawada and Asian Bureau Director Izeki[Iseki] invited Ambassador Yiu and me to a dinner yesterday Aug. 13. At this dinner meeting, referring to a part of my opening address to the effect that "my Government pursues conviction that our difference can be settled through sincere discussion and entering upon these talks solely in that spirit, " Japanese side asked us to inform them of some details thereof. In this connection, I asked back Japanese side to inform us of the wishes and desires of Japanese side. In reply, Japanese side expressed hopes that Japanese fishermen be repatriated as soon as possible and that the trade relation be resumed as soon as possible. Our side told Japanese side that most urgent of all is to settle first the problem of Korean residents in Japan which directly caused present political tension. Our side emphasized that, in view of the fact the issue of sending Korean residents in Japan to the northern part of Korea caused strong ill feeling on the part of Korean people and put a serious affront to the Korean Government, sincerity on the part of Japan to reconsider the issue and to bring about a just solution to the problems of Korean residents in Japan is urgently requested. I continued that if Japan would not be ready to show sincerity in this regard, there would be no possibility at all for settlement of any problem. Our side stressed on the basis of Government position that three problem, namely,

1. Problem on those will choose settlement in Japan,

2. Problem on those who repatriated to the Republic of Korea,

and 3. the the problem on those who will not wish to settle in Japan or be repatriated to the Republic of Korea should be settle at the legal status committee. Japanese side softened its existing position that the deportation issue and the overall talks are two separate problems, and reply that they would do their best to favorably consider our representations as above.

Chief delegate Huh

번역

번호: MTB-138

일시: 814[1959. 8. 14]

수신인: 대통령실, 외무부 장관

사와다 일본 수석대표와 이세키 아시아국장은 어제 8월 13일 저와 유 대사를 만찬에 초청하였습니다. 이 만찬에서 일본 측은 '한국 정부가 진지한 논의를 통해 이견이 해결될 수 있다는 확신을 갖고 있으며, 그러한 정신으로 이번 회담에 임하고 있다'는 취지의 저의 개회사 일부를 언급하면서, 이에 대한 구체적인 내용을 알려줄 것을 요청하였습니다. 이와 관련해서 저는 일본 측에 일본 측의 희망사항과 바람을 알려달라고 다시 요청했습니다. 이에 대해 일본 측은 일본 어민들이 조속히 송환되고 조속히 교역관계가 재개되기를 희망한다는 입장을 표명했습니다. 우리 측은 무엇보다도 현재의 정치적 긴장의 직접적 원인이 된 재일한인 문제를 우선적으로 해결하는 것이 가장 시급하다는 점을 일본 측에 전달하였습니다. 우리 측은 재일한인 북송 문제가 우리 국민들의 강한 반감을 불러일으키고 우리 정부에 대한 심각한 모욕감을 준다는 점에서 동 문제를 재고하고 재일한인 문제의 정의로운 해결을 위한 일본 측의 진정성이 절실히 요청된다는 점을 강조하였습니다. 일본이 이에 대해 진정성을 보이지 않는다면 문제 해결의 가능성은 전혀 없다고 계속 설명했습니다. 우리 측은

  1. 일본 내 정착을 선택할 분들에 대한 문제,

  2. 대한민국으로 송환된 분들에 대한 문제,

  3. 일본 내 정착이나 대한민국으로의 송환을 원하지 않는 분들에 대한 문제

세 가지 문제는 법적지위위원회에서 해결되어야 한다는 정부 입장을 강조하였습니다. 일본 측은 강제 송환 문제와 한일회담은 별개의 문제라는 기존 입장을 누그러뜨리고, 위와 같은 우리 측 입장을 호의적으로 검토하기 위해 최선을 다하겠다고 답변하였습니다.

허 수석대표

185. 상호 억류자 석방을 위한 실무자위원회
제2차 회의 결과 보고 전문

번호: MTB-146

일시: 820

To: Office of the President
Foreign Minister

The second meeting of the Working Committee for the implementation of the mutual repatriation of detainees was held at Japanese Foreign Ministry from 11:00 a.m. to noon, Aug. 20. At this meeting, our side requested the Japanese side to submit to us a list of Korean detainees presently in Omura camp. Our side also told the Japanese side that we would conduct, as was in the past, checking of those detainees upon receipt of the list from the Jap side. The Jap side replied that, although they were ready to submit the list of Koreans at Omura within two or three days, the list should be submitted to our side in exchange with the list of Japanese fishermen to be submitted by our side. In the course of talks, Japanese side revealed that an early implementation of the mutual repatriation would be vital in creating favorable atmosphere for a smooth proceeding of the overall talks and that any delay in this regard would definitely affect the overall talks adversely in view of the public sentiment of Japanese people, regardless of no relations between the two matter in character. In the above Jap remarks, our side told Jap that politically and legally, the detainees issue is an entirely separate matter from the overall talks and Korean side can hardly understand the Japanese implication that what repatriation of Japanese fishermen is connected with the proceeding of overall talks. However we told Japanese side that it is also the desire of the Republic of Korea Government to carry out mutual repatriation as soon as possible. It was decided tentatively that the next meeting of the Working Committee would be held on Aug. 26 Wednesday. It seems that Jap side also put forth the so-called principle of reciprocity even on the question of handing over to us of a list of Korean detainees presently at Omura.

With reference to the Mission cable MTB-142 of Aug.18 and MTB-145 of Aug. 19, early Government instructions on how to proceed the Committees meeting would be highly appreciated.

Ambassador Yiu

번역

번호: MTB-146

일자: 820[1959. 8. 20]

수신인: 대통령 비서실, 외무부 장관

한일 억류자 상호 송환 이행을 위한 실무위원회 제2차 회의가 8월 20일(수) 오전 11시부터 정오까지 일본 외무성에서 개최되었습니다. 금일 회의에서 우리 측은 현재 오무라수용소에 수감되어 있는 우리 측 억류자 명단을 제출해 줄 것을 일본 측에 요청하였습니다. 우리 측은 또한 일본 측으로부터 명단을 제출받는 대로 과거와 마찬가지로 해당 억류자들에 대한 신원 확인을 실시할 것임을 일본 측에 전달하였습니다. 이에 대해 일본 측은 오무라수용소 한국인 명단을 2~3일 내에 제출할 준비가 되어있으나, 한국인 명단은 우리 측이 제출할 일본인 어부 명단과 교환하여 제출해야 한다고 답했습니다. 회담 과정에서 일본 측은 상호 송환의 조기 이행이 한일회담의 원만한 진행을 위한 우호적 분위기 조성에 매우 중요하며, 이 문제가 지연될 경우 양자의 성격상 관계가 없더라도 일본 국민의 정서에 비추어 한일회담에 부정적 영향을 미칠 것이 분명하다는 입장을 밝혔습니다. 상기 일본 측 발언에 대해 우리 측은 정치적, 법적으로 억류자 문제는 한일회담과는 전혀 별개의 문제이며, 우리 측은 일본인 어민 송환이 한일회담 진행과 연계되어 있다는 일본 측의 주장을 이해하기 어렵다는 점을 일본 측에 전달하였습니다. 우리 측은 다만 상호 송환이 조속히 이루어지기를 바라는 것이 우리 정부의 바람이라는 점을 일본 측에 전달했습니다. 다음 실무위원회 회의는 8월 26일(수)에 개최하는 것으로 잠정 결정하였습니다. 현재 오무라에 억류 중인 한국인 억류자 명단을 우리 측에 인도하는 문제에 대해서도 일본 측은 이른바 상호주의 원칙을 내세운 것으로 보입니다.

8월 18일 자 대표부 전문 MTB-142 및 8월 19일 자 MTB-145와 관련하여, 위원회 회의 진행에 대한 정부의 조속한 지침을 내려주시면 감사하겠습니다.

유 대사

212. 상호 억류자 석방 실무위원회 제3차 회의 의사 요록

Tokyo, August 31, 1959

SUMMARY RECORD, Third Session
Working Committee, for the Implementation of
the Mutual Repatriation of Detainees

1. Time and Place:

    10:30 - 11:00, August 29, 1959

    Rm. 212, Japanese Foreign Ministry

2. Conferees:

    Korean side: Mr. CHOI, Kyu hah

                          Mr. EA, Chai Hang

                          Mr. CHIN, Pil Shik

                          Mr. CHANG, Jae Yong

                          Mr. KIM, Jong-geuk

                          Mr. ROH, Jae Won

    Japanese side: Mr. ISEKI, Yujiro,   Director, Asian Affairs Bureau, Foreign Ministry

                        Mr. KATSUNO, Yasusuke, Director, Immigration Bureau, Justice Ministry

                        Mr. MIYAKE, Kijiro,   Councillor, Foreign Ministry

                        Mr. NAKAGAWA, Toyokichi, Chief, Northeast Asia Section, Foreign Ministry

Mr. HIRATSUKA, Nenoichi,　Chief Enforcement Section, Immigration Bureau, Justice Ministry

Mr. NAKAMURA, Masamichi,　Chief, 2nd Section, Fisheries Agency, Agricultural Ministry

3. Gist of Talks:

Mr. Iseki: On the implementation of mutual repatriation of both Japanese and Korean detainees we reached an agreement in principle at the previous meeting.

For exchanging the lists the Korean side asked that the list of the Korean detainees be presented first to have enough time to check, while the Japanese side counterproposed that the lists be preferably exchanged simultaneously. If it is technically impossible, it is not absolutely necessary for the Korean side to present the list simultaneously with the Japanese side. In case the Japanese side agrees to present the list first, when would the Korean side be able to present the fishermen's list …… We have come this far at the previous meeting.

We have been hoping that there will be some progress on this matter after your consultation with your home Government. I would like to listen to you first in this connection.

Mr. Choi: We are no less anxious to carry out the mutual repatriation than you are. The important point is how we could carry this out in the quickest way. Both Messers. Iseki and Nakagawa would fully understand the actual circumstances on the case, for they are experienced in this matter.

Mr. Choi(con't): As a constructive way for an early implementation of this problem, I proposed that the Japanese side presents us as soon as possible, all available materials to enable us to start actual works, thereby contributing to an execution of this matter as soon as possible.

Some one says that there are about one thousand or more Koreans in Omura. It is definitely necessary for the Korean side to send its representatives to Omura to check each detainee against the list.

I requested at the previous meeting that these two items be accepted by the Japanese side.

I attended here today, with hopes that sufficient consideration was given by the Japanese side to our constructive proposals. Similarly, we have been taking into consideration your situation. What do you think of presenting your list first and the Korean proposal to send Korean representatives to check upon each detainee at Omura?

Mr. Iseki: We agree to 1st Korean officials to check each detainee at Omura. As for the list of the Korean detainees we are ready to present it.

How soon could you present us the fishermen's list? As I mentioned the other day, there is some political reason why and early implementation of the mutual repatriation is required. And at the same time, it will greatly contribute to the improvement of general atmosphere and public sentiments on the Japan-Korea relations, although it is not directly connected with the overall talks.

Mr. Choi: If your side fully agrees to our proposal, we are ready to make a constructive remark.

Mr. Iseki: We are ready to present the list of Korean detainees and to allow Korean officials to check Korean detainees at Omura as was the case in the past.

Mr. Choi: On the condition of your acceptance of the two items of our proposal that your side will submit the list of Korean detainees first and that your side has no objection to the investigation by Korean officials of individual detainees at Omura, I believe we can have the list of Japanese fisherman ready in a few days.

Mr. Iseki: I am happy to see some progress made now.

Mr. Katsuno: How about preparing the lists as of around August 20?

Mr. Choi: The list from our side will be prepared as of July 30 this year, as both sides reached an agreement on this matter already, when the Korean proposal was made on the resumption of the overall talks on July 30, 1959.

Mr. Iseki: According to our findings there are some Japanese detainees whose prison terms were completed in the middle of August. How about deciding as follows: Whoever is qualified at the time when the repatriation is put into effect, will be eligible for the actual repatriation.

Mr. Katsuno: I hope that you would pay due consideration on this point from humanitarian point of view.

Mr. Choi: I hope that the Japanese side will not complicate the matter.

Could you tell me definitely when the list of the Korean detainees be presented to our side?

Mr. Iseki: On Wednesday, September 2. And the list will be prepared as of August 20.

Mr. Choi: I think that the Japanese is well aware that it takes quite a long time to check the list of around one thousand persons.

Mr. Iseki: Everything has been completed except for mimeographing.

Mr. Choi: The Korean side will hand over the fishermen's list as of July 30, 1959, to your side a few days after the receipt of the list of Korean detainees presently in Omura.

Mr. Iseki: No objection. When shall we meet again?

Mr. Choi: How about fixing it after consultation.

Mr. Iseki: No objection.

Remark

Before closing today's meeting both sides agreed on a press release which reads as follows: "It is agreed at the meeting today that the Korean side will hand over to the Japanese side the list of Japanese detainees in Pusan, a few days after receipt on September 2 of the Korean detainees' list from the Japanese side and the Japanese side agreed that Korean officials investigate the Omura camp on Korean detainees there according to past practices."

번역

1959년 8월 31일, 도쿄

억류자 상호 송환의 이행을 위한 실무위원회 제3차 회의 의사 요록

1. 일시 및 장소
   1959년 8월 29일, 10시 30분~11시, 일본 외무성 212호

2. 참석자
   한국 측: 최규하, 이재항, 진필식, 장재용, 김종극, 노재원
   일본 측: 이세키 유지로 외무성 아시아국 국장
   　　　　가쓰노 야스스케 법무성 출입국관리국 국장
   　　　　미야케 기지로 외무성 참사관
   　　　　나카가와 도요키치 법무성 출입국관리국 단속과 과장
   　　　　나카무라 마사미치 농림수산성 수산청 제2과 과장

3. 회의록
   이세키: 한일 양국의 억류자 상호 송환 실시에 대해서는 지난 회담에서 원칙적인 합의에 이르렀다.
   　명단 교환과 관련하여 한국 측은 충분한 확인 시간을 갖기 위해 한국인 억류자 명단을 먼저 제시할 것을 요청하였고, 일본 측은 가급적 동시에 명단을 교환할 것을 제안하였다. 기술적으로 불가능하다면 한국 측이 반드시 일본 측과 동시에 명단을 제시할

필요는 없다. 일본 측이 먼저 명단을 제시하는 데 동의할 경우 한국 측이 언제쯤 명단을 제시할 수 있는지… 지난번 회의에서는 여기까지 왔다.

귀측이 본국 정부와의 협의를 통해 이 문제에 대한 진전이 있기를 기대해 왔다. 이와 관련해서 먼저 한국 측 이야기를 듣고 싶다.

최: 우리도 여러분들 못지않게 상호 송환에 대한 열망이 크다. 중요한 것은 어떻게 하면 가장 빠른 시일 내에 할 수 있느냐가 관건이다. 이세키와 나카가와 국장은 이 문제에 경험이 많기 때문에 실제 상황을 충분히 이해할 것이다.

최(계속): 나는 이 문제의 조기 이행을 위한 건설적인 방안으로 일본 측이 가능한 한 빠른 시일 내에 우리가 실제 작업에 착수할 수 있도록 가능한 모든 자료를 제시하여 이 문제가 조속히 이행될 수 있도록 기여해 줄 것을 제안했다.

오무라에는 약 1,000명 이상의 한국인이 수용되어 있다고 들었다. 한국 측이 오무라에 대표단을 파견해 억류자 명단을 일일이 확인하는 것이 반드시 필요하다.

나는 지난 회의에서 이 두 가지 사항을 일본 측이 수용해 줄 것을 요청했다.

나는 오늘 우리의 건설적인 제안에 대해 일본 측의 충분한 검토가 이루어지기를 바라는 마음으로 이 회의에 참석했다. 마찬가지로 우리도 일본 측의 입장을 충분히 고려하고 있다. 오무라에 있는 억류자 개개인을 확인하기 위해 한국 측 대표를 파견하자는 한국 측 제안과 명단을 먼저 제시하는 것에 대해 어떻게 생각하나?

이세키: 먼저 오무라에 있는 억류자 개개인을 확인하기 위해 한국 측 관계자를 파견하는 것에 동의한다. 한국인 억류자 명단은 제출할 준비가 되어있다.

어민 명단은 언제쯤 제시해 줄 수 있는가? 지난번에도 이야기했듯이 정치적인 이유도 있고 상호 송환을 조기에 이행해야 하는 이유가 있다. 그리고 이 문제가 한일회담과 직접적으로 연결되지는 않지만 한일 관계에 대한 전반적인 분위기나 국민감정 개선에도 크게 기여할 수 있을 것이다.

최: 귀측이 우리 측의 제안에 전적으로 동의한다면 건설적인 발언을 할 준비가 되어 있다.

이세키: 우리는 한국인 억류자 명단을 제출하고 과거와 같이 한국 당국이 오무라에 있는 한국인 억류자를 확인할 수 있도록 허용할 준비가 되어있다.

최: 귀측이 먼저 한국인 억류자 명단을 제출하고, 오무라에 있는 억류자 개개인에

대한 한국 당국의 조사를 수용하는 조건으로 며칠 내에 일본인 어부 명단을 준비할 수 있을 것으로 생각한다.

이세키: 어느 정도 진전이 이루어져 기쁘게 생각한다.

가쓰노: 8월 20일 자로 명단을 작성하는 것은 어떤가?

최: 올해 7월 30일 한일회담 재개에 대한 한국 측의 제안이 있었을 때 이미 양측이 이 문제에 대해서 합의를 했기 때문에 올해 7월 30일을 기준으로 작성될 것이다.

이세키: 우리 조사에 따르면 8월 중순에 수감 기간이 끝난 일본인 수감자가 있다. 다음과 같이 결정하는 것은 어떤가? 송환이 시행되는 시점에 자격이 있는 사람은 실제 송환에 포함하는 것으로 한다.

가쓰노: 인도주의적 관점에서 이 점에 대해 충분히 검토해 주기 바란다.

최: 일본 측이 이 문제를 복잡하게 만들지 않기를 바란다.

한국인 억류자 명단이 언제 우리 측에 제출되는지 확실히 말해줄 수 있는가?

이세키: 9월 2일 수요일이다. 그리고 명단은 8월 20일 자로 작성될 예정이다.

최: 약 1,000명 정도의 명단을 확인하는 데 시간이 상당히 오래 걸린다는 것은 일본도 잘 알고 있을 것이라고 생각한다.

이세키: 인쇄 작업을 제외하고는 모두 완료되었다.

최: 현재 오무라에 있는 한국인 억류자 명단을 받은 후 며칠 후에 1959년 7월 30일 자 어부 명단을 건네도록 하겠다.

이세키: 이의 없다. 언제 다시 만날까?

최: 협의해서 정하면 어떨까?

이세키: 이의 없다.

비고

오늘 회의를 종료하기 전에 양측은 다음과 같은 내용의 보도 자료에 합의했다.

"오늘 회담에서 한국 측은 9월 2일 일본 측으로부터 한국인 수감자 명단을 수령한 후 며칠 내에 부산에 있는 일본인 수감자 명단을 일본 측에 인도하고, 일본 측은 과거 관례에 따라 한국 측이 오무라수용소에 있는 한국인 수감자에 대해 조사하는 것에 동의하였다."

V.3 재일한인 북한 송환, 1959.9~1960.1

분류번호 : 723.1 JA 북 1955-60 V.3
등록번호 : 767
생산과 : 아주과
생산연도 : 1960
필름번호 : C1-0010
프레임번호 : 0001~0473

1959년 9월부터 1960년 2월까지 재일한인 북송과 관련하여 주일 대표부와 외무부 본부 간에 오간 전문, 관련 본부 입장 수립을 위한 회의 기록 등이 수록되어 있다.
9월 3일 일본적십자사가 재일한인의 북송과 관련한 안내서를 발포하는데, 이 안내서와 관련하여 일본적십자사와 북한적십자사 간 북송 조건 등을 둘러싼 갈등 발생, 이와 관련한 한국 측의 대응, 1959년 말 한국 쌀 3만 톤의 대일 수출과 한일 상호 간 억류자 석방 문제 연계 등에 관한 내용들이 포함되어 있다.

17. 일본 정부의 재일한인 북송 계획의 최근 진전 상황에 관한 보고 공문

외정(아) 제2083호
단기 4292년 9월 30일

외무부 차관

외무부 장관 귀하

건명: 재일한인 북송 계획 및 한일회담의 최근의 진전 상황에 관한 자료 송부의 건

머리의 건 재일한인 북송 계획 및 한일회담의 최근의 진전 상황에 관하여 별첨과 같은 보고 자료를 송부하오니 사수하시기 바랍니다.

별첨 1: 재일한인 북송 계획의 최근의 진전 상황
별첨 2: 한일회담의 최근의 진전 상황

별첨

17-1. 일본 정부의 재일한인 북송 계획의 최근 진전 상황이 정리된 문서

별첨 1

4292년 9월 30일

일본 정부의 재일한인 북송 계획의 최근 진전 상황에 관하여

8월 13일 캘커타에서 조인된 소위 '재일한인 북송에 관한 협정'을 시행하기 위하여 작성한 '북송 안내서'에 따라 9월 21일부터 일본은 북송을 원한다고 하는 재일한인으로부터 소위 송환 신청을 접수하기 시작하였다. 그러나 당초부터 우리 애국 동지들의 결사적인 반대 투쟁과 몇몇 안내서 규정에 대한 조련 측의 강경한 반대로 말미암아 신청 접수는 좀처럼 진전을 보이지 않고 있다.

북송 계획의 최근 진전 상황은 다음과 같다.

(1) 북송 신청자

북한계 조련의 소위 '송환 안내서' 수정 요구 때문에 신청 접수는 극히 산만하여 9월 21일 접수가 시작된 이후 25일까지 5일간에 수속을 완료한 자는 미확인 정보에 의하면 일본 전국을 통하여 155명에 불과하다. 이러한 완만한 상태는 조련의 안내서 내용에 대한 반대에서 기인한 것이라고 볼 수도 있으므로 앞으로의 사태에 대하여 낙관만 할 수 없다.

(2) 민단 측의 동향

송환 신청 접수 초일인 9월 21일 민단계 재일한인 약 2,000명은 히비야공원 야외음악당에 운집하여 북송 반대 궐기대회를 열었으며 그 후 이들은 시가행진에 들어갔는바 이 중 5명의 대표는 주노 외 일적 부사장 가사이를 방문하였다. 그리고 40명의 민단 시위자들은 단식투쟁으로 들어갔는바 그들의 수는 9월 25일 현재로 52명으로 증가하였다. 25일 오전 11시 민단 중총단장 및 동 의장 등은 400명의 단원과 단식 시

위하는 52명 중 20명과 일적 본사에 임하여 제지하는 일본 경찰을 물리치고 동 사옥 내부에 들어가 단식 시위자들은 동 사옥 내에 드러누우면서 북송 반대를 외치고 일적 가사이 부사장 국적 래나 단장과 면접하여 북송 반대의 뜻을 전하였는바 가사이 부사장은 민단의 뜻을 정부에 전하고 그 결과를 26일 민단 정 단장에게 회답하겠다고 하므로 동 오후 2시경 일단 퇴거하였다. 또한 단식 시위는 일정이나 일적이 방관적 태도를 취하고 있을 뿐이고 이들의 참상은 극도에 달하였으므로 이를 보다 못해 주일 유태하 대사는 26일 단식을 일단 중지할 것을 간곡히 요청하였으며 단식은 일단 26일로서 중단하였고 이 중 6명은 병원에 입원하였다. 일적 부사장 '가사이'는 26일 민단에 대하여 전기한 민단 의사를 일적 당국에 전달하였노라고만 회답하였다.

일방 9월 24일 '에히메'현 민단 단장이 약 40명의 조총련계 폭도들에 의하여 피습당하였는바 공산 괴뢰들은 일이 여의하게 진전되지 않으므로 드디어 폭력 행위를 감행함으로써 그들의 정치적 야욕을 달성하고자 하는 의도를 노정시켰다.

(3) 조총련의 동향(안내서의 철회 요구)

조총련계 한인들은 초일부터 안내서의 수정 요구를 내걸고 투쟁을 계속하면서 송환 신청을 거부하고 있는바 이들의 수정 요구의 문제점은 ①송환자가 니가타로 수송되는 도중에 있어서의 외부와의 면회 및 니가타센터에서의 외출 금지와 외부인과의 면회 금지의 철회, ②니가타센터에서의 자유의사의 재확인의 철회, ③니가타로 가는 도중에 있어서의 괴뢰기 사용 금지의 철회 등이다.

이보다 앞서 조련 측은 16세 이하의 북송 희망자의 접수구에의 직접 출두 및 신청서 내의 본적지의 기재 등을 반대하고 이의 철회를 요구하였는바 일적은 이러한 정치적 요구를 수락(9월 18일)함으로써 일적의 부당한 정치적 의도를 노정하였다.

상기한 바와 같은 안내서 수정을 요구함에 있어서 조련 측은 소위 귀국협력회, 일조협회 등의 협조를 얻고 있는바 이들 협회의 일인 간부들은 9월 22일 주노 씨를 방문하고 안내서 수정 요구를 제출한 것을 비롯하여 계속 공산괴뢰의 주장에 동조하는 움직임을 보이고 있다.

9월 23일 주일 대표부로부터의 보고에 의하면 조련계는 안내서 조항에 그다지 구애됨이 없이 등록을 시작하자는 온건파와 끝까지 수정을 요구하는 강경파로 양분되어 있다고 한다. 또한 이들 공산분자들은 10월 2일을 기하여 대대적인 항의 시위를 계획하고 있다고 한다.

(4) 일본 측의 동향

일적은 조총련의 요구에 차츰 양보할 기세를 보이고 있으며 전술한 바와 같이 기왕에도 16세 이하의 북송 희망자는 접수구에 직접 출두할 필요가 없으며 신청서에는 본적지를 기입할 필요가 없다는 요지의 양보를 한 바 있으나 이번의 전기 3개 조항에 달하는 안내서 수정 요구에도 외신이 전하는 바에 의하면 양보할 기세를 보이고 있다고 한다. 일본 정부는 이러한 수정에 반대하고 있다는 공식 태도를 수차 표명한 바 있는바 26일 '도쿄'로부터의 보도에 의하면 일적 '가사이' 부사장과 일정 관방장관 '시나이'는 25일 회합한 결과 소위 안내서의 수정을 하지 않겠다고 결정하였다고 하는데 이는 자민당의 유력자인 '이시이 마쓰지로', '후나다 나카' 등의 강력한 설득의 결과라고 하며 일본은 소위 안내서의 내용은 수정하지 않고 그 대신 이를 융통성 있게 해석 운영함으로써 조련계에 어느 정도 영합할 가능성이 없지 않은 것 같다.

9월 24일 일본 정부는 2차대전 후 밀입국한 한인들도 북송의 범주에 포함시킬 것을 결정하였다고 외신 보도는 전하고 있는바 만일 이것이 사실이라면 이는 1957년 12월 31일 자 협정과 지난 7월 30일 우리 측이 제안한 억류자 상호 석방 교섭이 현재 진행 중에 있다는 사실에 비추어 또 하나의 중대한 배신 행위인 것이다.

(5) 외무부가 취한 조치

ㄱ. 조련 측이 소위 '안내서'의 수정 요구를 내걸고 등록을 거부하고 있는 차제에 모든 수단을 다하여 북송 계획을 저지하도록 주일 대사에게 지시함. (부록 1 참조)

ㄴ. 송환 안내서의 수정에 관하여 주미, 주영, 주독, 주불 대사에게 각각 지시하여 주재국의 적십자사와 접촉하여 일본 측이 '안내서'의 내용을 수정하지 않도록 협력하여 달라고 요청할 것을 지시함. (부록 2)

ㄷ. 대한적십자사 총재는 국적 총재에게 전문을 발송하여 일본이 소위 안내서의 내용의 수정을 하지 않도록 협력하여 줄 것을 요청함. (부록 3)

ㄹ. 재일 애국 동지들의 단식 시위 및 '에히메'현 민단 단장의 피습 사건에 관하여 대한적십자사 총재는 국적 총재에게 전문을 발송하여 이들 애국 동포들의 참경에 관심을 갖도록 일본 정부에게 종용할 것을 요청. (부록 4)

ㅁ. 현재 '아테네'에서 개최되고 있는 적십자사연맹회의에 참석하고 있는 김용식 공사에게 지시하여 북송 계획에 대한 동 회의의 관심을 환기시키도록 함. (부록 5)

17-2. 북송 계획 저지 관련 지시 전문

부록 1

번호: FTB-177

일시: SEPT 23, 1959

TO: CHIEF DELEGATE HUH
     AMBASSADOR YIU TOKYO

AS OUR GOVERNMENT ABSOLUTELY OPPOSES JAPANS DEPORTATION SCHEME ITSELF CMA SOCALLED QUOTE GUIDE BOOK UNQUOTE DOES NOT DESERVE ANY SERIOUS COMMENT PD HOWEVER CMA GOVERNMENT CANNOT BUT ENTERTAIN APPREHENSION AT RECENT DEVELOPMENT IN WHICH JRC IS GRADUALLY YIELDING TO REDS DEMAND ON SOCALLED QUOTE REPATRIATION UNQUOTE PROCEDURE PD THIS APPREHENSION OF OURS SHOULD OF COURSE BE KEPT IN SECRET BUT WE SHOULD EMPLOY EVERY POSSIBLE MEANS TO PREVENT THE ABOVE GUIDE BOOK FROM BEING GRADUALLY LOOSENED PD BY SO DOING CMA WE BELIEVE JAP-REDS DISPUTE WOULD ULTIMATELY THROW STUMBLING BLOCK IN IMPLEMENTATION OF DEPORTATION PLOT PD DELEGATION AND MISSION ARE INSTRUCTED TO DO THEIR BEST IN THIS REGARD PD PLEASE ENCOURAGE AND SUPPORT PATRIOTIC CAMPAIGN OF OUR PEOPLE AGAINST JAP SCHEME PD

FOREIGN MINISTER

번역　번호: FTB-177

일시: 1959년 9월 23일

수신인: 도쿄 허 수석대표, 유 대사

　　우리 정부는 일본의 송환 계획 자체를 절대 반대하는 입장이기 때문에 '안내서'에 대하여는 심각한 논평을 할 필요가 없습니다. 그러나 최근 일본적십자사가 소위 '송환' 절차에 대하여 적색분자들의 요구에 점차적으로 굴복하고 있는 현상에 대하여 우려를 금할 수 없습니다. 이러한 우리의 우려는 물론 비밀에 부쳐야 하겠으나 가능한 모든 수단을 동원하여 위와 같이 안내서가 점차적으로 느슨해지는 것을 막아야 할 것으로 생각합니다. 그렇게 한다면 일적과 괴뢰적십자사 간 분쟁이 궁극적으로 송환 계획의 실행에 걸림돌을 던질 것입니다. 대표단과 대표부는 이 점에서 최선을 다할 것을 지시합니다. 일본 계획에 대한 우리 재일한인들의 애국적 캠페인을 격려하고 지원하십시오.

외무부 장관

17-7. 최근 한일회담의 진전 상황에 관한 보고서

별첨 2

4292년 9월 30일

최근 한일회담의 진전 상황에 관하여

(1) 9월 11일 한일회담 한국대표단은 재일한인에 관한 문제에 대하여 한국과 일본 간에 체결될 협정안에 관하여 건의하여 왔다. 이 건의안은 상금 검토 중에 있는바, 귀국한 바 있는 유진오, 장경근 양 대표와 협의한 후 이 문제에 관한 본부의 의견을 경무대에 구신하였다.

(2) 주일 대표부는 9월 19일에 열릴 예정이었던 법적지위위원회가 9월 26일로 연기되었다고 보고하여 왔는바 본부는 대표단에게 공식으로 또는 비공식으로 자주 일본대표단과 만나 재일한인 문제에 대한 일본 정부의 입장을 탐지할 것을 지시하였다. (부록 1)

(3) 제19차 재일한인 법적지위위원회에 관하여 본부는 일본의 의도와 생각하고 있는 바를 계속 탐지할 것을 대표단에게 지시하였다. (부록 2)

(4) 재일한인 법적지위위원회 제19차 회의는 9월 26일 열렸는바 이 회의에서 우리 측은 재일한인 문제에 관한 우리 측의 전반적인 견해에 대한 일본 측의 답변을 요구하였다. 그러나 일본은 이에 대한 대답을 피하면서 전반적인 추상적 견해는 무의미하다는 구실로 각 문제를 하나하나 토의할 것을 제의하였으며 또한 '보상'에 관한 토의를 회피하려고 시도하였다. 폐회 직전에 일본 측은 9월 30일에 열릴 다음 회의에서 재일한인의 국적 문제에 관한 일본의 견해를 말할 것이라고 말하였다. (부록 3)

(5) 9월 28일 장경근 대표와 지철근, 황수영 양 위원은 도쿄로 향발하였다.

(6) 9월 29일 유 대사는 일본 외무성 이세키 아세아국장과 회담하고 재일한인 문제에 관한 전반적인 견해를 교환하였는바 동 회담은 순조롭게 진행되었으며 9월 30일 예정되었던 다음 회의는 유진오 대표가 귀임할 때까지 연기하기로 결정을 보았다. 또한 일본 측은 평화선 및 어로 분과위원회를 10월 8일 이후에 열 것을 원하고 있으므로 동일 이후에는 모든 위원회가 열릴 것으로 생각된다. (부록 4)

(7) 9월 30일 3인의 경찰관이 억류자 상호 송환에 대비하여 오무라수용소에 수용되어 있는 재일한인을 심사코자 도쿄로 향하였다.

(8) 유진오 대표와 이상덕 위원은(청구권위원회) 10월 2일 도쿄로 출발할 것이다.

23. 송환 안내서 관련 보고 전문

번호: MTB-200, NO. 2

일시: 10 7, 1959. 10. 7

To: Office of the President
   Minister of Foreign Affairs
   Copy to Amb. Yiu

In compliance with Your cable instructions No. FTB-192, in which you instructed me to make observations in connection with "Dongwha" dispatch from Tokyo on October 4 concerning foreign press views on the deportation, I wish to make following observations:

1. The IRC issued on September 3 the so-called "repatriation Guide Book". The Korean Communists Group, "CHORYUN", launched a fierce opposition campaign to its insisting that the "Guide Book" comprised in it political significances and that it violates the provisions of "Repatriation Agreement between the puppets Red Cross in the Nopak and JRC". The "CHORYUN" have instructed the Koreans concerned to refuse the registration for repatriation.

2. Since the JRC began its registration work on September 21, only over one hundred of Koreans have registered. This seems to be resulting from the reasons referred to in the previous paragraph.

3. In the face of the demand by Korean Communists that the "Repatriation Guide" be revised and also of their boycott of registration, the JRC had revised

a part of the Guide and tried to give in more to the Korean Communists. Japanese Government and the JRC had been inclined to give in more to the Korean Communists in this regard. This juncture, the Korean Mission and this delegation made strong representation to some leaders of the Japanese ruling party, Foreign Ministry, and Japanese Chief Sawada (as reported by cable MTB-189 of September 24) to the effect that any further concession by Japanese side in connection with the political demands by Korean Communists would bring about a most adverse effect on the over-all Talks currently under way. Giving favorable consideration to our representation as above and with the hope for smooth progress of Korea-Japan Overall Talks, Premier Kishi and some leaders of the ruling Party exerted their influences to Japanese Government and the JRC not to yield further to the political demands of the Korean Communists. Thus, the JRC has refrained from making further concession and finally Japanese Government and the JRC made it public that the "Repatriation Guide Book" is not at variance with the so-called "Repatriation Agreement" and that the points at issue in the guide book will not be revised.

4. Nevertheless, there is no knowing when and how the puppets in the Nopak will change their tactics. Moreover, it does not appear that they have given up the conspiracy of the deporting Korean residents. Taking into account the facts that JRC has not changed its basic policy to realize the deportation of Korean residents even by compromising with the Korean Communists demands and that a with the Foreign Minister Fujiyama's return on October 4, the Japanese Communists Party and the left wingers of the Socialist Party are pressing harder Japanese Government acquiesce in the demands of the "CHORYUN" the deportation problem by no means allows us to entertains such an optimistic view as reported in DONGWHA dispatch. Rather we should all the more be on the alert and closely watch the development of this issue.

0629

It is necessary for us to make every effort to see to it that Japanese side will not make any concession to Korean Communists. It is further added that there remains possibility that Japanese Government might change its attitude as above on the deportation problem when it sees little hope in the proceeding of the Korea-Japan Over-all Talks.

5. is being sent under ordinary cable No. TM-1028.

Chief Delegate Huh

[번역]

번호: MTB-200, No. 2

일시: 1959년 10월 7일

수신인: 대통령실, 외무부 장관

사본: 유 대사

10월 4일 도쿄발 '동화' 보도와 관련, 북송에 관한 외신의 견해를 관찰 보고할 것을 지시한 전문 FTB-192호에 의거, 다음과 같이 보고합니다.

1. 9월 3일에 일본적십자사는 이른바 '송환 가이드북'을 발표했습니다. 재일조선 공산주의 단체 '조련'은 '가이드북'이 정치적 의미를 내포하고 있으며 '괴뢰적십자사와 일본적십자사 간의 송환협정'의 규정을 위반하고 있다고 주장하며 격렬한 반대 운동을 전개했습니다. '조련'은 관련 재일한인들에게 송환 등록을 거부할 것을 지시했습니다.

2. 일본적십자사가 9월 21일 등록 업무를 개시한 이후 현재까지 등록한 재일조선인은 100여 명에 불과합니다. 이는 이전 단락에서 언급된 이유에 기인한 것으로 보입니다.

3. 조선 공산주의자들의 '송환 안내서' 개정 요구와 등록 거부 움직임에 직면하여, 일본적십자사는 안내서의 일부를 수정하여 조선 공산주의자들에게 더 많은 것을 양보하려 했습니다. 일본 정부와 일본적십자사는 이 점에서 조선 공산주의자들에게 더 많은 것을 양보하려는 경향이 있었습니다. 이 시점에서 한국대표부와 본 대표단은 일본 여당, 외무성, 사와다 일본 수석대표 등 일부 지도자들에게 조선 공산주의자들의 정치적 요구와 관련하여 일본 측이 더 이상 양보하는 것은 현재 진행 중인 회담 전체에 가장 불리한 결과를 초래할 것이라는 취지로 강력히 의견을 표명하였습니다(9월 24일 자 전문 MTB-189호 보고). 위와 같은 우리의 입장을 호의적으로 고려하고 한일전면회담의 원만한 진행을 바라는 마음에서 기시 수상과 일부 여당 지도자들은 조선 공산주의자들의 정치적 요구에 더 이상 양보하지 않도록 일본 정부와 일본적십자사에 영향력을 행사했습니다. 이에 따라 일본적십자사는 더 이상의 양보를 자제했고, 마침내 일본 정부와 일본적십자사는 '송환 가이드북'이 이른바 '송환협정'에 위배되지 않으며, 가이드북에서 문제가 된 부분은 수정하지 않을 것임을 공표했습니다.

4. 그럼에도 괴뢰들이 언제 어떻게 전술을 바꿀지 알 수 없습니다. 더욱이 그들이 재일한인 송환 음모를 포기한 것으로 보이지도 않습니다. 일본적십자사가 조선 공산주의자들의 요구와 타협을 해서라도 재일한인 송환을 실현하겠다는 기본 방침에 변함이 없고, 10월 4일 후지야마 외상의 귀국을 계기로 일본공산당과 사회당 좌익 세력들이 더욱 강하게 일본 정부의 재일한인 송환 요구를 묵인하라고 압박하고 있다는 사실을 고려할 때 동화의 보도와 같은 낙관적 전망을 결코 가질 수는 없습니다. 오히려 우리는 더욱 경각심을 갖고 이 문제의 추이를 예의주시해야 할 것입니다. 우리로서는 일본 측이 조선 공산주의자들에게 조금도 양보하지 않도록 모든 노력을 다할 필요가 있으며, 일본 정부가 한일전면회담의 진전에 별다른 희망이 없다고 볼 때 송환 문제에 대하여 위와 같이 태도를 바꿀 가능성도 남아있다는 것을 덧붙여 말씀드리는 바입니다.

5. 일반 전보 TM-1028호로 발송하고 있습니다.

허 수석대표

25. 송환 안내서 관련 지시 전문

번호: FTB-201, No. 3rd

일시: 10/8/1959

CHIEF DELEGATE HUH

ITEM ONE INFORMATION INDICATES THAT JRC HYPHEN CHORYN DISPUTE OVER GUIDE BOOK MIGHT BE SETTLED BY COMPROMISE WITHIN A FEW DAYS PD MINISTRY IS SERIOUSLY CONCERNED OVER THE MATTER CMA PARTICULARLY IN CONNECTION WITH FUJIYAMAS REMARK ON OCTOBER SEVENTH AT UPPER HOUSE MEETING PD PLEASE EXERT UTMOST EFFORTS TO PREVENT TACTFULLY THE TWO PARTIES FROM REACHING COMPROMISE PD

ITEM TWO PLEASE REPORT ON YOUR OBSERVATION ON IMPLICATION OF FUJIYAMAS REMARK WHICH WAS REPORTED IN EFFECT THAT QUOTE THERE WILL BE NO DISCRIMINATION BETWEEN KOREAN REPATRIATES TO ROK AND KOREANS TO COMMUNIST NORTH REGARDING COMPENSATION UNQUOTE

FOREIGN MINISTER

번역 번호: FTB-201, No. 3rd

일시: 1959년 10월 8일

수신인: 허 수석대표

1. 안내서를 둘러싼 일적-조련 간 분쟁이 수일 내에 타협을 이뤄 해결될 수 있다는 정보가 있습니다. 본부는 이 문제에 대하여, 특히 10월 7일 참의원에서 후지야마 외상의 발언과 관련하여 심각한 우려를 갖고 있습니다. 양측이 타협에 이르지 않도록 전술적으로 최대한 노력하여 주시기 바랍니다.

2. "한국 송환자와 공산주의 북조선 송환자 사이에 보상과 관련한 차별은 없을 것"이라고 보도된 후지야마 발언의 함의에 대한 견해를 보고 바랍니다.

외무부 장관

35. 재일한인 문제 관련 우리 측 협정 초안에 관한 훈령 공문[8]

문서번호: 외정(아) 제2150호   일자: 4292년 10월 9일

발신자: 외무부 장관
수신자: 허정 한일회담 수석대표

건명: 재일한인 문제에 관한 우리 측 협정 초안에 관한 건

머리의 건에 관하여서 정부는 거반 귀 대표단이 건의한 협정 초안을 검토하여 이에 수정을 가하여서 별첨과 같이 우리 정부의 입장을 확정하였으니 이에 따라 일본 측과 교섭하도록 하시기 바라오며 이 교섭에 있어서는 하기 각항을 유의하시기 바라나이다.

기

1. 대표단의 건의안에 포함되어 있는바 재일한인이 대한민국의 국민임을 확인하는 조항에 대하여 정부의 견해로서는 현재 한일 양국 정부가 재일한인 문제 전반에 관한 협정 체결을 위하여 교섭을 진행하고 있는 사실에 비추어 이는 너무나 당연한 사실이므로 이를 협정 초안에서 성문화시킬 필요가 없는 것이기 때문에 본 초안에서는 삭제한 것이나, 우리 대표단이 본 초안을 일본 측에 제시할 때에는 구두로써 이 사실을 밝히고 또한 본 협정이 조인될 단계에 이르렀을 때에는 본 협정과는 별도의 적당한 방법에 의하여 이 사실을 상호 확인함이 필요하다는 것을 동시에 밝혀야 할 것임.

2. 단기 4292년 9월 10일 자 외정(아) 제199호 훈령 제3항 및 Remarks는 본 협정 초안의 내용에 따라 수정되어야 할 것이니 즉 일본에 계속 거주코자 하는 재일한

---

8 대통령 재가를 거쳐 확정한 우리 측 입장.

인의 지위는 이미 본 협정 초안에 규정되어 있으므로 다만 제3의 문제, 즉 대한민국으로 귀환하지도 않고 일본에도 잔류하고자 하지 않는 자의 문제만이 본 협정 발효 후에 비로소 토의 처리되어야 할 것이고 이와 병행하여 본 협정에 포함되어 있는 제 Arrangements를 위한 교섭이 개시되어야 할 것.

*****

별첨: 1. Draft Agreement between the Republic of Korea and Japan Regarding the Repatriation to the Republic Korea of Korean Residents in Japan and Their Treatment in Japan
2. Memorandum for the Delegation
(본 훈령은 총매수 7매임)

이상

별첨

35-1. 재일한인의 본국 송환과 법적 지위에 관한 한국과 일본 사이의 협정 초안

Draft Agreement
Between the Republic of Korea and Japan
Regarding the Repatriation to the Republic of Korea of
Korean Residents in Japan and Their
Treatment in Japan

Whereas the Republic of Korea and Japan recognize that it is necessary to take special measures to assure that Koreans residing continuously in Japan since the date of the termination of hostilities of the Pacific War or since prior thereto can freely repatriate to the Republic of Korea ; and

Whereas the two countries realize that it is desirable to define the treatment in Japan of the Korean residents in Japan;

The Republic of Korea and Japan have accordingly concluded the present Agreement.

Article 1

In the present Agreement, the expression "Korean residents in Japan" shall mean Koreans residing continuously in Japan since the date of the termination of hostilities of the Pacific War or since prior thereto, including the descendants of the said Koreans.

Article 2

In view of the special historical background of the Korean residents in Japan, the Japanese Government shall pay compensation, which fund shall be used for the repatriation to and resettlement in the Republic of Korea of those who will repatriate to the Republic of Korea within two (2) years after the coming into force of the present Agreement. The Government of Japan shall also provide necessary facilities for the above repatriation.

Article 3

Those Korean residents in Japan who repatriate to the Republic of Korea after the coming into force of the present Agreement shall be free to take away, without limitation to the value and quantity, the movable properties owned by them, and neither customs duties nor any other charges shall be imposed upon the said properties when taken away to the Republic of Korea.

Article 4

The repatriates prescribed in the preceding Article may remit to the Republic of Korea the funds they own, including the proceeds from their properties in Japan, without limitation to the amount of such funds.

Article 5

(1) Korean residents in Japan shall be free to reside in Japan as long as they so desire and shall not be subject to deportation without consultation with the authorities concerned of the Republic of Korea.

(2) Korean residents in Japan shall be accorded the treatment equal to that accorded to Japanese nationals except for franchise, as long as they reside in Japan.

(3) Especially with regard to education, Korean residents in Japan shall enjoy the equal treatment as accorded to Japanese nationals. Korean residents in Japan may establish and manage educational institutions of various grades and types.

Article 6

The procedural matters regarding the terms provided for in the present Agreement shall be arranged separately. Such arrangements shall include inter alia the matters for organizing and implementing the repatriation, the types of properties to be taken away by the repatriates, and the matters relating to deportation of Korean residents in Japan to the Republic of Korea, provided for in the present Agreement.

Article 7

The present Agreement shall be ratified by both Contracting Parties in accordance with their respective constitutional procedures, and the instruments of ratification shall be exchanged at _____.

The present Agreement shall go into effect on the date upon which the instruments of ratification are exchanged.

IN WITNESS WHEREOF, the representatives of the two Governments, being duly authorized by their respective Governments for the purpose of this Agreement, have signed the present Agreement.

DONE at ____ this ____ day of _____, 1951 in duplicate in Korean, Japanese and English languages, each text being equally authentic.

For the Government of the Republic of Korea: _____

For the Government of Japan: _____

번역 재일한국인의 대한민국 송환 및 일본에서의 대우에 관한 대한민국과 일본국 간의 협정 초안

대한민국과 일본은 태평양전쟁의 적대 행위가 종결된 날 또는 그 이전부터 계속하여 일본에 거주하고 있는 한국인이 대한민국으로 자유롭게 송환될 수 있도록 보장하기 위하여 특별한 조치를 취할 필요가 있다는 것을 인식하고,

양국은 재일한국인의 일본에서의 처우를 규정하는 것이 바람직함을 인식하며

대한민국과 일본은 이에 따라 본 협정을 체결한다.

제1조

본 협정에서 '재일한국인'이라 함은 태평양전쟁의 적대 행위가 종결된 날 또는 그 이전부터 계속하여 일본에 거주하고 있는 한국인을 말하며, 그 한국인의 후손을 포함한다.

제2조

일본국 정부는 재일한국인의 특수한 역사적 배경을 고려하여 보상금을 지급하며, 그 기금은 본 협정 발효 후 2년 이내에 대한민국으로 송환될 자의 대한민국으로의 송환 및 대한민국에서의 정착을 위하여 사용한다. 일본국 정부는 상기 송환에 필요한 시설도 제공한다.

제3조

본 협정의 발효 후 대한민국으로 송환하는 재일한국인은 그 소유의 동산을 그 가액과 수량에 제한 없이 자유롭게 반출할 수 있으며, 대한민국으로 반출할 때에는 그 동산에 대하여 관세 및 기타 어떠한 비용도 부과하지 아니한다.

제4조

전조에 규정된 송환자는 일본에 있는 재산의 수익금을 포함하여 그가 소유하고 있는 자금을 그 금액에 제한을 두지 않고 대한민국에 송금할 수 있다.

제5조

(1) 재일한국인은 본인이 원하는 한 일본에 자유로이 거주할 수 있으며, 대한민국 관계 당국과의 협의 없이 강제 퇴거를 당하지 아니한다.

(2) 재일한국인은 일본에 거주하는 한, 참정권에 관한 것을 제외하고는 일본 국적자에 대하여 부여되는 것과 동등한 대우를 받는다.

(3) 특히 교육에 관하여는 재일한국인은 일본 국적자에 준하는 동등한 대우를 받는다. 재일한국인은 다양한 학년과 형태의 교육 기관을 설립·경영할 수 있다.

제6조

본 협정에서 규정한 조건에 관한 절차적 사항은 별도로 정한다. 그러한 합의에는 특히 본 협정에 규정된 송환의 조직과 실시에 관한 사항, 송환 대상자가 가져갈 재산의 종류, 재일한국인의 대한민국으로의 강제 송환에 관한 사항 등이 포함되어야 한다.

제7조

본 협정은 양 체약 당사국이 각자의 헌법 절차에 따라 비준해야 하며, 비준서는 _____ 에서 교환한다.

본 협정은 비준서가 교환된 날에 발효한다.

이에 대하여, 양국 정부의 대표들은 본 협정의 목적을 위하여 각 정부로부터 정식으로 권한을 부여받고 본 협정에 서명한다.

1951년 __월 __일에 한국어, 일본어 및 영어로 사본이 작성되었으며, 각 사본은 동등하게 진본임을 확인한다.

대한민국 정부: _____

일본 정부: _____

35-2. 주일 대표부와 한일회담 대표단을 위한 각서

MEMORANDUM FOR THE DELEGATION AND TOKYO MISSION

(In conducting negotiations on the
Problem of Korean Residents in Japan)

1. The Delegation is advised to discuss for settlement fundamental principles on the Korean resident issue before entering discussion of technical or minor problems thereon.

2. The Delegation is instructed to expedite the settlement of the problem of Korean residents in Japan in accordance with our position as set forth in the draft agreement as attached herewith instead of presenting to the Japanese side the said draft agreement itself. When the Delegation considers it necessary to present to the Japanese side the draft agreement itself in concrete form, prior consultations should be made with the Government.

3. Articles 2, 3 and 4 constitute the heart of the draft agreement. It is to be kept in mind that the repatriation problem is most urgent and important while the matters set forth in Article 5 of the draft agreement should be dealt with after seeing to it that the repatriation problem has arrived at the stage of reaching basic accord.

4. There is no change in the government stand opposing Japan's attempt to deport Korean residents in Japan to the Communist north. The Delegation should continue to make utmost and every possible effort to persuade the Japanese side not to dispose unilaterally of the other problems of Korean

residents in Japan pending discussion of the problem of those who wish to repatriate to the Republic of Korea. The Delegation at the same time should propagandize that our Government is ready to receive all Korean residents in Japan who wish to repatriate to the Republic of Korea regardless of their political affiliation, if and when our conditions were met.

5. The Delegation should continue to sound out thoroughly Japanese intentions in informal way and formalize various Japanese remarks if they are favorable for our cause.

6. In discussion of the problem of Korean residents in Japan, put on record that "the problem of Korean illegal entrants", which was stipulated in the Agreed Minutes of December 31, 1957, should be discussed without fail after the settlement of the former problem.

(End of Memorandum)

Remarks: This Memorandum constitutes an integral part of Government instructions OJ-2150 dated October 9, 1959.

[번역] 대표단 및 도쿄대표부를 위한 각서
(재일한인 문제에 관한 교섭을 함에 있어서)

1. 대표단은 재일한인 문제에 관한 기술적 또는 사소한 문제에 대한 논의에 들어가기 전에 재일한인 문제에 관한 기본 원칙에 대한 합의를 위해 논의할 것을 권고한다.

2. 대표단은 동 협정 초안 자체를 일본 측에 제시하는 대신에 별첨의 협정 초안에

명시된 우리 측 입장에 따라 재일한인 문제의 해결을 조속히 추진하여야 한다. 대표단이 협정문 초안 자체를 구체적인 형태로 일본 측에 제시할 필요가 있다고 판단될 경우, 정부와 사전 협의한다.

3. 제2조, 제3조 및 제4조는 협정 초안의 핵심을 구성한다. 송환 문제가 가장 시급하고 중요하며, 협정 초안 제5조에 규정된 사항은 송환 문제가 기본적 합의에 도달하는 단계에 이르렀다는 것을 확인한 후에 다루어져야 한다는 점을 명심해야 한다.

4. 일본이 재일한인을 공산주의 북쪽으로 송환하려는 시도에 반대하는 정부 입장에는 변함이 없다. 대표단은 대한민국으로의 송환을 희망하는 자들의 문제가 논의될 때까지 재일한인들의 다른 문제들을 일방적으로 처리하지 않도록 일본 측을 설득하기 위해 가능한 모든 노력을 계속 기울여야 한다. 동시에 대표단은 우리 정부가 우리 측의 조건이 충족될 경우 정치적 성향에 관계없이 대한민국으로의 송환을 희망하는 모든 재일한인을 수용할 준비가 되어있다는 점을 홍보해 나가야 한다.

5. 대표단은 비공식적인 방법으로 일본의 의도를 철저히 파악하고, 일본의 각종 발언이 우리 대의에 유리한 것이라면 이를 공식화해야 한다.

6. 재일한인 문제를 협의함에 있어서 1957년 12월 31일 합의의사록에 명시된 '한인 불법 입국자 문제'는 전자의 문제가 해결된 후에 반드시 협의되어야 한다는 것을 기록에 남겨두어야 한다.

(각서 끝)

비고: 이 각서는 1959년 10월 9일 자 정부 지침 OJ-2150의 필수적인 부분을 구성한다.

63. 재일한인 문제와 관련한 대통령 지시사항 전문

0687   일시: NOV 16, 1959

AMB YIU DAEPYO TOKYO

I WISH TO CONVEY INSTRUCTIONS BY HIS EXCELLENCY THE PRESIDENT TO THE DELEGATION TO FOLLOWING EFFECT CLN QUOTE DELEGATION SHOULD TAKE FIRM ATTITUDE AGAINST JAPANESE SIDE REGARDING DEPORTATION ISSUE PD THE FATE OF KOREANS CANNOT BE DECIDED BY THE JAPANESE WITHOUT CONSENT OF OUR GOVERNMENT PD UNILATERAL DISPOSAL OF THE PROBLEM OF KOREAN RESIDENTS IN JAPAN IS TOTAL DISREGARD OF KOREAN SOVEREIGNTY AND FLAGRANT BREACH OF KOREA JAPAN AGREEMENTS PREVIOUSLY REACHED PD PAYMENT OF COMPENSATION FOR KOREAN REPATRIATES IS VERY IMPORTANT PD SOCALLED PRINCIPLE OF FREE CHOICE ETC NEVER APPLY TO KOREANS PD DELEGATION MUST NOT MENTION THESE TERNS PD DELEGATION SHOULD TAKE INITIATIVE TO DRIVE THE JAPANESE SIDE TO DEFENSIVE ON THE ISSUES OF THE PEACE LINE OR RETURN OF KOREAN ART OBJECTS PD UNQUOTE

FOREIGN MINISTER

일시: 1959년 11월 16일

도쿄대표부 유 대사

    대통령 각하의 지시를 대표단에게 다음과 같은 취지로 전달합니다. "대표단은 송환 문제와 관련하여 일본 측에 대해 단호한 태도를 취해야 함. 재일한인의 운명은 우리 정부의 동의 없이 일본이 결정할 수 없음. 재일한인 문제의 일방적 처분은 한국 주권을 완전히 무시한 것이며, 이전에 체결된 한일협정의 노골적인 위반임. 한국인 송환자에 대한 보상금 지급은 매우 중요함. 소위 자유 선택의 원칙 등은 한국인에게는 적용되지 않음. 대표단은 이러한 사항을 언급해서는 안 됨. 대표단은 평화선이나 한국 예술품 반환 문제에 대해 일본 측이 방어의 입장에 처하도록 주도권을 잡아야 됨."

외무부 장관

66. 재일한인 문제와 관련한 대통령 지시사항 전문[9]

일시: NOVEMBER 16, 1959

CHIEF DELEGATE DAEPYO TOKYO

I WISH TO CONVEY INSTRUCTIONS BY HIS EXCELLENCY THE PRESIDENT TO THE DELEGATION TO FOLLOWING EFFECT CLN QUOTE DELEGATION SHOULD TAKE FIRM ATTITUDE AGAINST JAPANESE SIDE REGARDING KOREA JAPAN TALKS INCLUDING DEPORTATION ISSUE PD THE FATE OF KOREANS CANNOT BE DECIDED BY THE JAPANESE WITHOUT CONSENT OF OUR GOVERNMENT PD UNILATERAL DISPOSAL OF THE PROBLEM OF KOREAN RESIDENTS IN JAPAN IS TOTAL DISREGARD OF KOREAN SOVEREIGNTY AND FLAGRANT BREACH OF KOREA JAPAN AGREEMENTS PREVIOUSLY REACHED PD PAYMENT OF COMPENSATION FOR KOREAN REPATRIATES IS VERY IMPORTANT PD SOCALLED PRINCIPLE OF FREE CHOICE ETC NEVER APPLY TO KOREANS IN JAPAN PD DELEGATION MUST NOT MENTION THESE TERMS PD DELEGATION SHOULD TAKE INITIATIVE TO DRIVE THE JAPANESE SIDE TO DEFENSIVE POSITION ON THE ISSUES OF THE PEACE LINE OR RETURN OF KOREAN ART OBJECTS PD UNQUOTE

FOREIGN MINISTER

---

[9] 63번 문서인 주일 대표부 유태하 대사에게 발송된 전문과 일부 내용에서 차이가 있다.

번역　　　　　　　　　　　　　　　　　　　　　일시: 1959년 11월 16일

도쿄대표부 수석대표

　대통령 각하의 지시를 대표단에게 다음과 같은 취지로 전달합니다. "대표단은 송환 문제를 포함하여 한일회담에서 일본 측에 대해 단호한 태도를 취해야 함. 재일한인의 운명은 우리 정부의 동의 없이 일본이 결정할 수 없음. 재일한인 문제의 일방적 처분은 한국 주권을 완전히 무시한 것이며, 이전에 체결된 한일협정의 노골적인 위반임. 한국인 송환자에 대한 보상금 지급은 매우 중요함. 소위 자유 선택의 원칙 등은 한국인에게는 적용되지 않음. 대표단은 이러한 사항을 언급해서는 안 됨. 대표단은 평화선이나 한국 예술품 반환 문제에 대해 일본 측이 방어의 입장에 처하도록 주도권을 잡아야 됨."

외무부 장관

86. 한일회담 진행 관련 대통령에 대한 보고 결과 메모

4292년 12월 2일

이 안에 의거하여, 외무부 차관, 유태하 대사 및 유진오 대표는 대통령 각하께 한일회담의 앞으로의 진행에 대하여 설명하였다.

각하께서 다음과 같은 요지 말씀이 있었다.

"일인들은 교섭할 때 그들은 처음은 적은 데서 시작하는 관습이 있다. 그래서 우리로서는 적게 시작해서는 안 된다. 개인당 작정해서 만일 사람이 오는 것이 적으면 창피하고 액수도 줄어지니 어느 정도 올지 그것도 생각해서 속지 않도록 하여야 한다."

이 회합에서 대통령께서는 보상 액수에 대하여 깊은 관심을 표시하시었다.

124. 재일한인 북송 관련 항의 구상서 전달 지시 전문

번호: FTB-500

일시: DEC 10, 1959
(12. 11 발송)

AMB YIU AND DELEGATION

ITEM ONE PLEASE IMMEDIATELY MEET A HIGH OFFICIAL OF THE JAPANESE FOREIGN OFFICE AND HAND OVER THE ENCLOSED MISSIONS NOTE VERBALE PD

ITEM TWO PUT ON RECORD CLEARLY THAT THIS IS A LAST CHANCE FOR THE JAPANESE GOVERNMENT TO RECONSIDER ITS MISGUIDED DECISION PD

ITEM THREE YOU ARE CONFIDENTIALLY INFORMED THAT THIS REPRESENTATION IS NOT INTENDED TO SUSPEND THE PRESENT KOREA JAPAN TALKS CM THE VERY PURPOSES OF WHICH INCLUDE DISCUSSION OF THE PROBLEM OF THOSE KOREAN RESIDENTS IN JAPAN WHO NEITHER WISH TO REPATRIATE TO ROK NOR WISH TO REMAIN IN JAPAN PD

ITEM FOUR PRESS THE JAPANESE SIDE FOR AN ADEQUATE EXPLANATION ON THE SPOT AND CM IF THEY DO NOT COMPLY CM MAKE AN APPOINTMENT OF SAME MEETING THE NEXT DAY AT WHICH THE JAPANESE SIDE MUST GIVE EXPLANATION.

ITEM FIVE MINISTRY IS PLANNING TO RELEASE THE WHOLE CONTENTS OF THIS NOTE VERBALE AT THE TIME OF YOUR DELIVERY THEREOF

FOREIGN MINISTER

번역　번호: FTB-500

일시: 1959년 12월 10일

(12. 11 발송)

유 대사, 대표단

1. 즉시 일본 외무성 고위 관계자를 만나 동봉된 대표부 구상서를 전달하십시오.
2. 이번이 일본 정부가 잘못된 결정을 재고할 수 있는 마지막 기회임을 분명히 기록에 남기십시오.
3. 우리 측의 일본 측에 대한 항의는 현재의 한일회담을 중단시키기 위한 것이 아님을 귀하에게 비밀리에 통보합니다. 그 목적에는 한국으로의 송환을 원하지도 않고 일본에 남기를 원하지도 않는 재일한인 문제에 대한 논의가 포함되어 있습니다.
4. 일본 측에 그 자리에서 적절한 설명을 요구하고 그들이 따르지 않으면 일본 측이 반드시 설명을 하도록 다음 날 같은 면담을 잡으십시오.
5. 외무부는 본 구상서 전달 시점에 본 구상서의 전체 내용을 공개할 예정입니다.

외무부 장관

별첨

124-1. 재일한인 북송 개시와 관련한 한국 측의 항의 구상서

[본 문서는 판독이 불가하며, 구상서의 내용은 129-1 문서에 나와있음]

129. 구상서 전달 계획 보고 전문

0809　　　번호: MTB 309

　　　　　　　　　　　　　　　　　　　　일시: 12월 11일 18:30 [1959. 12. 11]

외무부 장관 귀하

　정부 지시에 의하여(TM 1268) 노트 버벌을 제출하고자 야마다 차관을 만나 행동을 취하겠습니다. 후지야마는 국회에 출석 중입니다.

　　　　　　　　　　　　　　　　　　　　　　　　　　　　　　　　　　유태하 대사

별첨

129-1. 재일한인 집단 북송에 관한 한국 정부의 항의 구상서[10]

NOTE VERBALE

The Korean Mission in Japan presents its compliments to the Japanese Ministry of Foreign Affairs and, has the honor to refer to its Note Verbale of February 13, 1959, in which the former set forth its position on the attempt of the Government of Japan to "repatriate" en masse Korean residents in Japan to the northern part of the Republic of Korea which is under unlawful occupation of the Communist puppet regime.

In the Note Verbale under reference, the Korean Mission made it clear in unmistakable terms to the Ministry that the Government of the Republic of Korea is strongly opposed to the plan of the Government of Japan to "repatriate" en masse Korean residents in Japan despite its efforts for justification by every possible pretensions, that the Japanese "repatriation" plan, which is virtually a deportation scheme, is nothing but a political plot originally initiated by the north Korean puppet regime with malicious intent to wreck the Republic of Korea-Japan relations, that Korean residents in Japan had deliberately been bribed and deluded with honey-coated promises, that, in view of the peculiar background of the migration into Japan of most of the Korean residents in Japan, it would be most inhumane to drive them out of Japan without any due compensation for their sufferings for many years, and that the Government of the Republic of Korea, as the only lawful Government in Korea, has the due right and responsibility to protect its own residents in Japan.

To the regret of the Government of the Republic of Korea, however, the

---

10 구상서의 한글 번역문은 151-2번 문서로 대체한다.

Government of Japan did not take a slightest heed of the above representation of the Korean Mission to hastily go ahead with its scheme for deporting Korean residents in Japan to the northern part of ~~the Republic of~~ Korea now under illegal occupation of the Communist puppet regime.

Since Japanese Foreign Minister Aiichiro Fujiyama said in his letter of March 4, 1959 to Foreign Minister of the Republic of Korea Chung Whan Cho that "the Japanese Government is prepared further to talk over the matter with the Korean Government…," the Government of the Republic of Korea has repeatedly requested the Government of Japan to reconsider its stand, reminding the latter of serious consequences that might ensue if the Government of Japan should dare to implement the contemplated deportation scheme.

Notwithstanding the sincere efforts on the part of the Government of the Republic of Korea to settle the problem of Korean residents in Japan in most amicable manner, the Japan Red Cross was entrusted by the Government of Japan to undertake negotiations with the so-called Red Cross Society of the northern Korean puppet regime and, reached the so-called Agreement on August 13, 1959 on the "repatriation" to the northern part of Korea of Korean residents in Japan. In spite of its pretension that it has nothing to do with the works undertaken by the Japan Red Cross, it is a well-known fact that the Government of Japan, out of its own budget, actually subsidized, in Japanese currency, the amount equivalent to approximately US $460,000 for the works of the Japan Red Cross in connection with the "repatriation" of Korean residents in Japan. It is particularly noted that the so-called agreement as mentioned above, referring to the matters relating to the property rights of "repatriating" Koreans, stipulated that "repatriating" Koreans "may take with them up to Yen 45,000 in Japanese currency …" It goes without saying that these terms of promise cannot be implemented without prior understanding and positive cooperation by the Government of Japan, which, from the outset, made a decision on and played a vital role in the above-mentioned deportation scheme.

However, it was in the spirit of eliminating causes for mounting tensions between the Republic of Korea and Japan and, thereby, maintaining the peace and security in the Far East that, at the initiative of the Government of the Republic of Korea, the Korea-Japan talks, which could not but be suspended by the reason for which the Government of Japan was solely responsible, were resumed. At the meeting thus reconvened on and after August 12, 1959, it was agreed between the delegations of the Republic of Korea and Japan that the problems of Korean residents in Japan were to be discussed with priority over other issues because they were the main causes for deteriorating relations between the two countries. Throughout the period of discussions held since then, formally and informally, the Government of the Republic of Korea has negotiated with the Government of Japan in the expectation that the latter would now sincerely reconsider its reckless attempt to drive to the Communist slavery free people for whose present predicament the Government of Japan is wholly responsible, reminding emphatically on numerous occasions that the problem of Korean residents in Japan could be and should be settled only through the talks with the Government of the Republic of Korea strictly in accordance with the terms of the Agreed Minutes, of December 31, 1957.

It leaves no doubt that the recent actions and inactions on the part of the Government of Japan are an open violation of the Agreed Minutes under reference, in which Ambassador Yu Taik Kim, then-Chief of the Korean Mission in Japan and Foreign Minister of Japan Aiichiro Fujiyama, respectively, on behalf of their Governments, formally agreed, on December 31, 1957, on agenda items to be taken up for settlement at the Fourth Korea-Japan Talks presently under way. The Ministry is reminded that these agenda items included:

Status and treatment of Korean Residents:

a. Status and treatment of Korean Residents: b. Property right acquired by Korean residents: c. Property to be taken by repatriating Koreans.

As a result of a faithful interpretation of the aforementioned parts of the Agreed Minutes, the Government of the Republic of Korea cannot but be at a loss how to understand the attitude of the Government of Japan, which is unilaterally and arbitrarily pushing its way through to carry out its political aim to deport as many Korean residents as possible now residing in Japan.

Furthermore, it might as well be remembered that, when the two Delegations to the Korea-Japan talks issued a joint press release regarding the way of settlement of the problem of the Korean residents on August 26, 1959, the Japanese side agreed to confirm that there are three items in dealing with the problem of the Korean residents in Japan: namely, (A) those Koreans who wish to remain in Japan, (B) those Koreans who wish to repatriate to the Republic of Korea, and (C) those Koreans who would neither wish to remain in Japan nor wish to repatriate to the Republic of Korea, if any. It is the view of the Government of the Republic of Korea that the confirmation of the three items for discussion as referred to in the said joint press release is nothing but a logical consequence of interpretation and application of Article 3 of the Agreed Minutes of December 31, 1957. Since the day of this confirmation by mutual agreement of the three items of the issue placed at the diplomatic talks, the Government of the Republic of Korea has exerted efforts to settle in succession these three items of the problem in the high expectation that the whole problem of the Korean residents in Japan would be settled eventually and finally, only to be met with the insincerity and delaying tactics on the part of the Government of Japan.

Contrary to the expectation of the Republic of Korea and to its great disappointment, the latest development indicates that, far from discarding its attempt, the Government of Japan is likely to be on the threshold of going through the stage of real implementation of its deportation scheme. The Government of the Republic of Korea wishes to know whether the Government of Japan is really intending to carry out its unilateral deportation of Korean residents in Japan. In this connection, the Government of the Republic of Korea is obliged to request the Government of Japan for an adequate explanation as to how the Government of Japan is competent to dispose unilaterally of the agenda items which the two parties mutually agreed to place at the diplomatic talks at the very juncture when such diplomatic talks are under way. Therefore if the Government of Japan really intends to take an unilateral action in this regard the Government of the Republic of Korea cannot but believe that such action has been motivated by its intention to wreck the diplomatic talks presently under way in precognition of the relations between the Republic of Korea and Japan which might be gravely deteriorated.

Such being the circumstances, the Korean Mission hereby lodges a most energetic protest with the Government of Japan against its continued efforts to deport unilaterally Korean residents in Japan, requesting the latter to prevent urgently the present ominous situation from being developed in the direction of undermining to the ground the relations between the two nations. The Korean Mission further wishes to state that the Government of Japan would be solely responsible for any serious consequences that might arise should it carry out its unilateral measure for mass deportation of Korean residents in Japan to the Communist-held northern part of Korea.

Tokyo,
December 11, 1959

143. 구상서 전달 결과 보고 전문

0830 번호: MTB-312(TM-1268)

일시: 112140(59. 12. 11)

OFFICE OF THE PRESIDENT
FOREIGN MINISTER

RE GOVERNMENT CABLES FTB 500 AND 501 PURSUANT TO THE ABOVE CABLE INSTRUCTION, I MET JAPANESE VICE FOREIGN MINISTER YAMADA AT THE FOREIGN MINISTRY 6:30 THIS EVENING DECEMBER 11. AT THIS MEETING, I HANDED THE NOTE VERBALE SENT TO ME VIA CABLE FTB 500 AND MADE STRONG PROTEST AGAINST JAPANESE PURSUING DEPORTATION SCHEME. IN REPLY, YAMADA REPEATED JAPANESE STAND ON DEPORTATION ISSUE. I ALSO PRESENTED REPRESENTATION CONCERNING A PLAN OF BRINGING THE DEPORTATION ISSUE BEFORE THE INTERNATIONAL COURT OF JUSTICE STRICTLY IN ACCORDANCE WITH CABLE INSTRUCTION FTB 501, FORMALLY REQUESTING HIM TO GIVE ME IMMEDIATE REPLY ON THE SPOT. IN THIS CONNECTION, YAMADA SAID THAT HE WOULD GIVE US REPLY AFTER STUDY OF MY REPRESENTATION. YAMADA TOLD ME AT THE END OF THIS MEETING THAT HE WOULD NOT MAKE PUBLIC MY TODAYS REPRESENTATION. IN THIS CONNECTION, I TOLD HIM THAT THE FOREIGN OFFICE IN SEOUL MIGHT RELEASE THEM.

AMBASSADOR YIU

번역　번호: MTB-312

일시: 112140(1959. 12. 11)

수신인: 대통령실, 외무부 장관

전문 FTB 500 및 501과 관련한 상기 전문 지침에 따라, 일본 외무성에서 12월 11일 저녁 6시 30분 야마다 차관을 만났습니다. 이 자리에서 저는 전문 FTB 500을 통해 저에게 전달된 구상서를 전달하고 일본의 송환 계획에 대해 강력히 항의했습니다. 이에 대해 야마다는 송환 문제에 대한 일본의 입장을 반복했습니다. 저는 또한 전문 지침 FTB 501에 따라 송환 문제를 국제사법재판소에 제기하는 계획에 관한 의견을 피력하고 그 자리에서 즉각적인 회신을 공식적으로 요청했습니다. 이와 관련하여 야마다 차관은 제 의견에 대해 검토한 후 답변을 주겠다고 말했습니다. 야마다는 이 회의가 끝날 무렵 오늘 면담 내용을 공개하지 않겠다고 말했습니다. 이와 관련하여 저는 서울 외무부에서 공개할 수도 있다고 말했습니다.

유 대사

149. 재일한인 북송에 관한 외무부 대변인 논평

December 13, 1959

COMMENT FOR PRESS

It is very much regretted that despite the Republic of Korea Government's continued and sincere efforts to persuade the Japanese side to reconsider its reckless attempt, the Japanese side does not yet appear to reconsider its unilateral decision on the problem of the so-called repatriation of Korean residents in Japan to the Communist north, which is an integral part of the problem on the Korean residents in Japan of which the discussion for settlement should be made at the Korea-Japan overall talks in accordance with the agreement concluded between the two Governments. Only an alternative now left in our continued efforts to settle the issue in peaceful and diplomatic way is to bring the issue for ICJ verdict. Time is running short, but Japan still can show to the world whether they really have bona fide intentions to settle the issue if they favorably respond to our request for bringing the dispute to the international tribunal. The Japanese reply at an earliest moment is awaited. If Japan does not take heed of our most earnest efforts, but dare to dispose unilaterally of the pending problem, we might conclude that they will no longer desire to settle the issue by the way of peaceful settlement which is well established in the civilized international community.

1959년 12월 13일

논평

우리 정부가 일본 측의 무모한 시도를 재고하도록 지속적이고 진지하게 설득해 왔음에도 불구하고, 일본 측이 양국 정부 간 체결된 합의에 따라 한일전면회담에서 해결을 위한 논의가 이루어져야 할 재일한인 문제의 본질적인 부분인 이른바 공산주의자 북송 문제에 대한 일방적 결정을 아직도 재고할 기미를 보이지 않고 있는 것은 매우 유감스러운 일입니다. 평화적·외교적 해결을 위한 우리의 지속적인 노력에 이제 남은 대안은 이 문제를 국제사법재판소(ICJ) 판결에 맡기는 것뿐입니다. 시간이 촉박하지만 일본이 우리의 국제사법재판소 제소 요청에 전향적으로 응한다면 일본이 진정으로 이 문제를 해결할 의지가 있는지 전 세계에 보여줄 수 있을 것입니다. 조속한 시일 내에 일본의 답변을 기다리겠습니다. 만약 일본이 우리의 진지한 노력에 귀를 기울이지 않고 일방적으로 현안 문제를 처리하려 한다면, 우리는 일본이 더 이상 문명화된 국제사회에서 확립된 평화적 해결 방식에 의한 문제 해결을 원하지 않는다고 단정할 수 있습니다.

151. 재일한인 북송 관련 항의 구상서 전 재외공관장 송부 공문

0847   외정(아) 제2591호
       단기 4292년 12월 15일

외무부 장관

재외공관장 귀하
(주일 대표부 제외)

건명: 재일교포 강제 북송에 관한 대일 항의 구상서 사본 송부에 관한 건

머리의 건에 관하여 지난 12월 11일 일본 정부의 재일교포 집단 송북 계획에 항의하는 별첨 사본과 같은 구상서를 주일 대표부를 통하여 일정 당국에 전달하였으므로 이에 동 구상서 사본을 송부하오니 귀 공관 집무 참고에 자하시기 바라나이다.

별첨 서류: 주일 대표부 항의 구상서
          영문, 국문 각 1부

별첨
151-1. 일본 측에 전달한 재일한인 북송 관련 항의 구상서(영문)

0848-0851   [문서 129-1에 있으므로 여기서는 생략]

별첨

151-2. 일본 측에 전달한 재일한인 북송 관련 항의 구상서(한글)

구상서

대한민국 주일 대표부는 일본 외무성에 경의를 표하며 재일한인을 공산 정권의 불법적인 점령하에 있는 북한 지역으로 집단 '송환'하려는 일본 정부의 기도에 대한 한국 정부의 입장을 천명한 1959년 2월 13일 자 대표부 구상서에 언급하는 영광을 가지는 바이다.

전기한 구상서에서 대한민국 주일 대표부는 일본 정부에 대하여 명확한 문구로써 한국 정부는 모든 가능한 구실로 정당화시키려는 노력을 하면서 재일한인을 집단적으로 '송환'하려는 일본 정부의 계획에 강력히 반대한다는 사실, 일본 정부의 '송환' 계획은 사실상 '강송' 계획이며 이는 한일 관계를 파괴하려는 악의의 의도로서 북한 괴뢰 정권이 시작한 정치적인 음모에 불과하다는 사실, 재일한인은 거짓에 가득 찬 감언이설로써 계획적으로 매수되고 기만당하고 있다는 사실, 재일한인의 대부분이 일본으로 이주하게 된 특수한 배후 사정으로 보아 이들에게 다년간의 고생에 대한 적당한 보상도 없이 일본으로부터 축출하는 것은 가장 비인도적이라는 사실 및 대한민국 정부는 한국 내의 유일한 합법 정부로서 재일한인을 보호할 정당한 권리와 책임이 있다는 사실을 명백히 하였던 것이다.

일본 정부는 전기 대한민국대표부의 이와 같은 항의에 조금도 귀를 기울이지 않고 공산 정권의 불법적인 점령하에 있는 북한 지역으로 재일한인을 강송하기 위한 계획을 급속히 진행시켰다는 사실을 유감으로 생각한다.

'후지야마 아이이치로' 일본 외무대신이 대한민국 조정환 외무부 장관에게 보낸 1959년 3월 4일 자 서한에서 "… 일본 정부는 이 문제에 관하여 계속 한국 정부와 협의할 용의가 있다"라고 말한 이후 한국 정부는 누차 일본 정부에 대하여 그 입장을 재고하기를 거듭 요청하여 왔으며 만일에 이 계획적인 강송 계획을 일본 정부가 감히 실행할 경우에 초래될지도 모르는 중대한 결과에 관하여 일본 정부에 주의를 환기시켜 왔다.

그러나 재일한인에 관한 문제를 가장 우호적인 방법으로 해결하자는 한국 정부의 참다운 노력에도 불구하고 일본 정부의 위촉을 받는 일본적십자사는 소위 북한괴뢰적십자사와 교섭을 시작하였으며 1959년 8월 13일에는 소위 '재일한인 송환'에 관하여 소위 협정을 체결하였다. 일본 정부는 표면상으로는 일본적십자사가 맡고 있는 일에 하등 관련이 없다고 가장하고 있으나 일본적십자사가 맡고 있는 재일한인 북송 관계일을 위하여 일본 정부는 그 예산에서 약 460,000불에 해당하는 일본 통화를 사실상 보조하였다는 것은 주지의 사실이다. 또한 전술한 소위 '송환협정'은 '송환'되는 한인의 재산권의 문제에 관하여 '송환'되는 한인은 "일본 통화로 45,000원씩 가지고 갈 수 있다"라고 규정하였다. 이러한 약속은 말할 나위도 없이 일본 정부의 사전 양해와 적극적인 협력 없이는 시행될 수 없으며 또한 일본 정부는 처음부터 전술한 북송 계획을 결정하고 강송 계획에 있어서 중대한 역할을 담당하여 왔다.

그러나 한일 간에 점가되는 긴장 상태에 대한 원인을 제거하고 나아가 극동에 있어서의 평화와 안전을 유지하고자 하는 정신에서 한국 정부의 발의로써 일본 정부만이 책임을 져야 할 사유로써 중단되지 않을 수 없었던 한일회담이 재개되었다.

이리하여 1959년 8월 12일 이후 재개된 한일회담에서 한일 양측 대표들은 한일 관계를 악화시키는 주요 원인이 되어온 재일한인에 관한 문제를 우선적으로 토의할 것에 합의를 보았다. 이후 공식으로, 비공식으로 열린 토의 기간 중 한국 정부는 그 곤궁의 책임이 전적으로 일본 정부에 있는 자유인들을 공산 노예로 몰아넣으려는 무모한 기도를 일본 정부가 진심으로 재고하기를 기대하면서 일본 정부와 교섭을 해왔으며, 또한 재일한인 문제는 1957년 12월 31일 합의의사록의 합의사항에 엄격히 의거하여 대한민국 정부와의 회담을 통하여서만 해결될 수 있고 또 그리하여야만 한다는 점을 여러 번 강력히 강조하여 왔다.

위와 같은 일본 측의 기도는 합의의사록의 공공연한 위반임에 의심의 여지가 없다. 이 합의의사록은 당시의 대한민국 주일 대표부 수석 김유택 대사와 '후지야마 아이이치로' 일본 외무대신이 각각 자기 정부를 대표하여 1957년 12월 31일 현재 진행 중인 제4차 한일회담에서 해결하기 위하여 처리할 의제를 정식으로 합의하였던 것이다. 이러한 의제에는 다음과 같은 사항이 포함되어 있음에 일본 외무성의 주의를 환기한다.

(……비공개……)

이상과 같은 합의의사록의 부분을 충실히 해석한 결과 대한민국 정부는 현재 일본에 거주하고 있는 재일한인들을 될 수 있는 한 많이 일본 국외로 추방하려는 정치적인 목적을 일방적으로, 자의적으로 감행하고 있는 일본 정부의 태도를 이해하기에 고심하지 않을 수 없다.

또한 1959년 8월 26일 재일한인에 관한 문제의 해결 방도에 관하여 한일회담 양국 대표가 공동성명을 발표하였을 때 일본 측은 재일한인 문제를 취급함에 있어 세 가지 항목이 있음을 확인하기로 합의하였음을 상기하는데, 즉 (1) 일본에 거주하기를 원하는 한인, (2) 한국으로의 귀환을 원하는 한인, 그리고 (3) 일본에 남기를 원치 않고 대한민국으로의 귀환도 원치 않는 한인(만일 그런 사람이 있다면)이다. 한국 정부는 전기 공동성명서에서 언급된 세 가지 토의사항의 확인은 1957년 12월 31일의 합의의사록 제3조의 해석과 적용의 논리적인 결과에 불과하다는 견해를 가진다.

외교회담 석상에서 채택하기로 상호 간 합의를 본 전기 세 가지 의제를 확인할 때부터 대한민국은 모든 문제가 최종적으로 해결될 것을 크게 기대하면서 이 세 가지 항목을 해결하도록 노력을 계속하여 왔으나 일본 정부는 이에 대하여 오직 무성의와 지연작전으로 대해왔다.

대한민국 정부의 기대에 반하고 또한 실망한 것은 최근 정세는 일본 정부가 북송 흉모를 포기하기는커녕 실제로 음모를 실행하려는 단계에 돌입한 듯 보인다. 대한민국 정부는 일본 정부가 참으로 재일한인의 일방적인 강송을 실행하려는지 알고자 한다. 이에 관하여 한국 정부는 외교회담이 진행되고 있는 이때에 동 회담의 의제로 채택하기로 양 당사국이 상호 간 합의한 의제를 어떻게 일방적으로 처리할 수 있는지에 관하여 일본 정부의 충분한 설명을 요구하지 않을 수 없다. 그러므로 만일 일본 정부가 이에 관하여 참으로 일방적인 행동을 취할 의향이 있다면 대한민국 정부는 그러한 행동은 극도로 악화될는지도 모를 한일 관계를 예견하면서 현재 진행 중에 있는 외교회담을 파괴하려는 의도에서 나온 것이라고밖에 볼 수 없다.

사태가 이러함에 비추어 대한민국대표부는 일방적으로 재일한인을 추방하려는 일본 정부의 계속적인 노력에 대하여 가장 강력한 항의를 제기하는 동시에 일본 정부에 대하여 현재의 불건한 사태가 양국 간의 관계를 철저히 악화시키는 방향으로 진전되지 않도록 긴급히 협조를 요구하는 바이다. 또한 대한민국대표부는 일본 정부가 일방적으로 재일한인을 공산 치하의 북한 지역으로 대량 강송함으로써 야기될지도 모르는 어떠한 중대한 사태에 대하여도 일본 정부만이 책임을 져야 한다는 것을 밝히는 바이다.

도쿄

4292년 12월 일

156. 일본의 재일한인 북송 관련 관계 부처 장관의 대통령 예방 시 토의 기록

DRAFT

KPO/627

SUMMARY RECORD

On December 16, 1959, Foreign Minister Cho, Home Affairs Minister Choi, Justice Minister Hong and Vice-Foreign Minister Choi were given audience by His Excellency the President at Kyung Mu Dai, and conversation was held for almost 55 minutes from 10:40 a.m.

His Excellency wanted discussion on the latest development of the Korea-Japan relations.

Minister Cho said that though the deportation ships had set sail, he thought we had better continue our efforts to settle the problem of Korean residents in Japan to let them survive, and that the details would be reported by the Vice-Foreign Minister. (Thereupon, Vice-Minister Choi briefed on the latest development, the gist of which is attached herewith.)

His Excellency said that according to an article of the Korean Republic, the Japanese are not likely to accept our proposal on the ICJ proceedings and so on.

Vice-Minister Choi responded by stating that we had planned that strategy on that assumption from the beginning.

His Excellency said he was glad that Vice-Minister Choi worked very hard in logical manner.

0864   Vice-Minister Choi said that to our utmost indignation and our sadness, we had lost a number of Korean residents in Japan and we may lose more, but that the majority of Korean residents in Japan are still loyal to the Republic of Korea, fighting against the Japanese scheme. The Vice-Minister observed that these Koreans depend solely on our Government gesture and policy; therefore, with regard to the problem of "compensation" and properties to be taken away by repatriating Koreans, etc., we should continue our efforts to settle them for their survival in the future. The detainee issue should also be settled as soon as possible.

His Excellency said he, too, hoped so.

Justice Minister Hong and Vice-Minister Choi reported that we have to save the majority of Koreans in Japan and that for that purpose we should work to make a little clearer the meaning of the draft Joint Communique and the Agreed Minutes now under study by our Delegates. We should endeavor to let the Japanese come nearer to our terms. They further reported that we had reinforced patrol in the Peace Line waters while the Japanese withdrew their fishing vessels from the whole waters. We are ready to capture every Japanese vessel if they come out. Our Coast Guard and Navy are on the alert.

His Excellency asked whether they meant that we should continuously oppose the Japanese deportation scheme while negotiating with the Japanese side for the settlement in our favour of the Korean residents issue.

0865   The whole conferees answered in the affirmative, which was given understanding by His Excellency.

Justice Minister Hong observed that with reference to our proposal on the ICJ proceedings, the Japanese are now in an embarrassing position, reserving their clear views thereto. They are reportedly planning to raise up the Peace Line issue at the International Bar Associations Conference to be held at Copenhagen next January. Therefore, the Justice Minister said, we should send our bar members there to present the illegality of the Japanese deportation scheme.

His Excellency said it seemed to be all right.

Hereupon, Foreign Minister Cho turned to the question of American citizens Winter and Hill who were ex-suspects and for whom indictment was dispended with at the Seoul Prosecutors' Office. According to Minister Cho, they are now appealing to the Government for continued residence in Korea with their dependents, which was also asked by Assistants secretary Robertson. Foreign Minister Cho asked His Excellency as to whether we could pardon them once and grant residence to them.

His Excellency remarked that if we granted the appeal too easily, we are afraid they might consider we are weak-minded toward Americans. However, His Excellency said, if they assure us they would no longer make trouble, then their application may be granted this time.

His Excellency turned back to discussions on the Korea-Japan relations and, referring to the detainee issue, remarked that he thought this issue had already been settled. He asked how it was still pending.

Here, Justice Minister Hong and Vice-Foreign Minister Choi made a brief explanation on the background of the detainees issue, reporting that it could and had better be settled as soon as possible and simultaneously with the settlement of residents issue.

His Excellency suggested that the conferees make known to the public in general what our Government had so far done for the settlement of the Korean residents problem.

When the whole conferees rose up to leave the conference room, Foreign Minister Cho told His Excellency the President that because he should incur the whole responsibility for being unable to block the Japanese deportation of Korean residents in Japan to the Communist north, he wished to resign his post.

His Excellency said it can not be discussed now.

Minister Cho continued that there was a move in our National Assembly to submit a non-confidence motion on the Foreign Minister. As it will bother the Government, Minister Cho said, then the best solution would be his resignation.

His Excellency said that he hardly understood what the meaning of the so-called non-confidence motion was.

K. H. C

번역 초안

KPO/627

요록

1959년 12월 16일 조 외무장관, 최 내무장관, 홍 법무장관, 최 외무차관은 경무대에서 대통령 각하를 예방하고 오전 10시 40분부터 약 55분간 환담을 나누었다.

대통령 각하께서는 최근 한일 관계 진전에 대해 논의하기를 원하셨다.

조 장관은 북송 선박이 출항했지만, 재일한인 문제 해결을 위한 노력을 계속해 나가는 것이 좋겠다고 생각하며, 자세한 내용은 외교부 차관이 보고하겠다고 했다. (이에 최 차관은 최근 동향에 대해 브리핑을 하였는데, 그 요지는 별첨과 같다.)

대통령은 『코리안 리퍼블릭』의 기사에 따르면, 일본이 국제사법재판소(ICJ) 제소에 대한 우리 측 제안을 수용하지 않을 것으로 보인다고 하였다.

최 차관은 처음부터 그런 전제하에 전략을 세웠다고 답했다.

대통령은 최 차관이 논리적으로 잘 대응해 줘서 고맙다고 말했다.

최 차관은 우리가 매우 화가 나고 슬프게도 많은 재일한인을 잃었고 앞으로도 더 잃을 수 있지만, 대다수 재일한인은 여전히 대한민국에 충성하며 일본의 계략에 맞서 싸우고 있다고 말했다.

최 차관은 재일한인들이 우리 정부의 태도와 정책에 전적으로 의존하고 있는 만큼, 재일한인 송환으로 인해 빼앗길 재산과 '보상' 문제에 대해서는 앞으로도 이들의 생존을 위한 해결 노력을 지속해 나가야 할 것이라고 언급했다. 억류자 문제도 조속히 해결해야 한다고 했다.

각하께서도 그렇게 되기를 바란다고 말씀하셨다.

홍 법무장관과 최 차관은 재일한인 대다수를 구해야 하며, 이를 위해 현재 우리 대표단이 검토 중인 공동성명 초안과 합의의사록의 의미를 좀 더 명확히 하기 위해 노력해야 한다고 보고했다. 우리는 일본이 우리의 조건에 더 가까이 다가올 수 있도록 노력해야 한다. 이들은 또한 일본이 평화선 전체 수역에서 어선을 철수하는 동안 우리가 평화선 수역의 순찰을 강화했다고 보고했다. 우리는 일본 어선이 들어오면 모두 나포할 준비가 되어있으며, 우리 해경과 해군은 경계 태세를 갖추고 있다.

각하께서는 재일한인 문제를 우리에게 유리한 방향으로 해결하기 위해 일본 측과 협상하면서 일본의 강제 퇴거 계획에 계속 반대해야 한다는 뜻인지 물으셨다.

이에 대해 참석자 전원이 긍정적으로 답변하였고, 각하께서도 이해를 표하였다.

홍 법무장관은 우리 측의 ICJ 제소 제안과 관련, 일본 측이 이에 대한 명확한 입장을 유보하는 등 난처한 입장에 처해있다고 언급했다. 일본 측은 내년 1월 코펜하겐에서 개최되는 국제변호사협회 총회에서 평화선 문제를 제기할 계획인 것으로 알려졌다. 법무장관은 우리 변호사들을 그곳에 보내 일본의 강제 추방 계획의 불법성을 알리자고 말했다.

각하께서는 괜찮을 것 같다고 말씀하셨다.

이어서 조 장관은 서울검찰청에서 피의자 신분으로 기소유예 처분을 받은 미국 시민권자 윈터와 힐에 대한 질문으로 넘어갔다. 조 장관에 따르면, 이들은 현재 부양가족과 함께 한국 영주권을 정부에 신청한 상태이며, 로버트슨 차관보도 이에 대해 한국의 선처가 가능한지 물었다고 한다. 조 장관은 이들에게 한 번 사면해 주고 체류 허가를 해줄 수 있는지에 대해 각하께 여쭈었다.

각하께서는 우리가 너무 쉽게 사면을 허가하면 미국인들에 대한 우리의 마음이 약하다고 여겨질까 우려된다고 말씀하셨다. 그러나 각하께서는 그들이 더 이상 문제를 일으키지 않을 것이라는 확신을 준다면 이번에는 그들의 신청을 허가할 수 있다고 말씀하셨다.

각하께서는 한일 관계에 대한 논의로 돌아가 억류자 문제를 언급하면서 이 문제는 이미 해결된 것으로 생각한다고 언급했다. 그는 어떻게 아직도 현안으로 남아있는지 물었다.

이에 홍 법무장관과 최 차관은 억류자 문제의 배경에 대해 간략히 설명하면서, 다른 재일한인 문제 해결과 동시에 조속히 해결될 수 있고 또 해결되어야 한다고 보고했다.

각하께서는 재일한인 문제 해결을 위해 지금까지 우리 정부가 취한 조치들을 일반 국민들에게 널리 알릴 것을 제안하셨다.

조 외무장관은 회담 참석자 전원이 회의장을 떠나기 위해 자리에서 일어섰을 때, 대통령 각하께 재일한인의 북송을 막지 못한 모든 책임을 지고 사퇴하고자 한다고 보고했다. 대통령께서는 지금은 그 문제를 논의할 때가 아니라고 하셨다.

조 장관은 이어 우리 국회에서 외무부 장관에 대한 불신임 결의안을 제출하려는 움직임이 있다고 했다. 조 장관은 그것이 정부를 괴롭힐 것이므로 최선의 대안은 자신의 사임이 해결책이 될 것이라고 말했다.

각하께서는 어떻게 그렇게 할 수 있느냐며 소위 불신임 동의안의 의미를 잘 이해하지 못하겠다고 말했다.

K. H. C

162. 북송 관련 진전사항 요약 문서[11]

December 19, 1959

FOR REPORTING

1. The Japanese Government formally rejected our proposal for ICJ proceeding, over the dispute relating to the deportation issue under the contention that this issue is a matter of humanitarian nature.

2. The Foreign Ministry plans to convene immediately the Residents Committee to take up the "Problem 3" as set forth is the Joint Press Release of August 26, 1959, to continuously drive Japan into bad shape.

3. While continuing vigorous campaign to oppose the deportation, our Delegation started on December 18 to contest the Japanese side for early settlement of the problem of the repatriation of Korean residents to the Republic of Korea and so on.

4. As it is deemed necessary to inform our people about the efforts and measures taken by the Government to block the deportation, the Ministry is planning to release to the press in a few days pertinent materials regarding Government's efforts in this regard.

---

11 보고용이라고 기재되어 있으나 명확한 용도는 불명.

5. As a retaliatory measure against Japan's enforcement of deportation on December 14, 1959, our coast guards, secretly assisted by our Navy, strengthened their patrols along the Peace Line, but as all Japanese fishing vessels have withdraws from the Peace Line area presumably in anticipation of our retaliation, no Japanese fishing vessel was captured so far.

6. The international public opinion since the deportation ship set sail on December 14, 1959, is not necessarily unfavourable to our side. For example, an AFP dispatch pointed out that the fact that Korean residents in Japan chose to leave the so-called free Japan to go to Communist area is an eloquent proof that Japan applied meet inhumane discrimination against those Koreans in Japan. The Philippine Herald editorially commented on December 17, 1959 that the deportation of Korean residents in Japan to the northern Korea is a new threat to the security of Asia and that Japan should be held responsible for all problems relating to the deportation issue. All the while, the U.S. Government source is keeping silent.

1959년 12월 19일

보고용

1. 일본 정부는 북송 문제와 관련된 분쟁에 대해 이 문제는 인도주의적 성격의 문제라는 주장하에 우리의 국제사법재판소(ICJ) 제소 제안을 공식적으로 거부했다.

2. 외무부는 계속적으로 일본을 어렵게 하기 위해 8.26 공동보도문에 명시된 바와 같이 '문제 3'을 다루기 위한 실무위원회를 즉시 소집할 예정이다.

3. 우리 대표단은 북송 반대 운동을 강력히 전개해 나가는 한편, 12월 18일부터 재일한인 한국 송환 문제 등의 조속한 해결을 위해 일본 측에 접촉을 시작했다.

4. 북송을 저지하기 위한 우리 정부의 노력과 조치를 우리 국민들에게 알릴 필요가 있다고 판단되어, 외무부는 정부의 노력에 관한 관련 자료를 수일 내 언론에 배포할 예정이다.

5. 1959년 12월 14일 일본의 북송 조치에 대한 보복 조치로 비밀리에 우리 해군의 지원을 받은 우리 해경이 평화선 일대 순찰을 강화하였으나, 우리의 보복을 예상한 것으로 추정되는 일본 어선들이 모두 평화선 일대에서 철수함에 따라 현재까지 나포된 일본 어선은 없다.

6. 1959년 12월 14일 북송선이 출항한 이후 국제 여론은 우리 측에 반드시 불리한 것만은 아니다. 예를 들어, AFP통신은 재일한인들이 소위 자유 일본을 떠나 공산주의 지역으로 가기를 선택했다는 사실은 일본이 재일한인들에게 비인도적인 차별을 가했다는 웅변적인 증거라고 지적한 바 있다. 『필리핀 헤럴드』는 1959년 12월 17일 사설을 통해 재일한인의 북송은 아시아 안보에 새로운 위협이며, 재일한인 추방 문제와 관련된 모든 문제에 대해 일본이 책임을 져야 한다고 논평했다. 그러한 가운데 미국 정부 소식통은 침묵을 지키고 있다.

176. 재일한인 문제 관련 일본 측 합의의사록 송부 공문

0886   한일대(정) 제247호
단기 4292년 12월 24일

주일 대사[관인]

외무부 장관 귀하

건명: 재일한인 문제에 관한 건
　　　(연: 12월 23일 자 MTB 332호)
　　　(연: 12월 23일 자 TM 12137호)

　머리의 건 재일한인 문제에 관한 일본 측의 '합의의사록' 초안에 관하여서는 이미 연호 전문으로 보고드렸사온바, 동 일본 측 안의 영문본 사본 1통을 별첨 송부하오니 사수하시기 바랍니다.

별첨

176-1. 일본 측 합의의사록(영문본)

(draft 23-12-1959)

AGREED MINUTES

December , 1959

With regard to the repatriation and the treatment of the Koreans who have been residing in Japan since prior to the termination of hostilities of the Pacific War (hereinafter to be referred to as Korean residents in Japan), the Delegates of the Governments of Japan and of the Republic of Korea, taking into consideration the special position of Korean residents in Japan, reached agreement in principle, at the meeting on December , 1959 of the Committee on Legal Status of Korean Residents in Japan at the 4th Japan-Korea Overall Talks, as follows:

1. The Government of Japan will:

(a) provide necessary facilities in Japan for the collective repatriation of the Korean residents in Japan to the Republic of Korea during a period to be specified; and

(b) respect the property rights of the Korean residents in Japan who will repatriate to the Republic of Korea and allow them to take home all their property in principle. However, the method, timing and so forth will be decided through consultation between the two Governments.

2. The Government of the Republic of Korea will:

(a) accept the repatriation of Korean residents in Japan regardless of their political affiliations during their stay in Japan; and

(b) take necessary steps for their resettlement in the Republic of Korea.

3. The Government of Japan will recognize for the Korean residents in Japan while remaining therein the rights they enjoy, excepting the franchise and the eligibility for public offices.

On the basis of the above principles and of other understandings, the Governments of Japan and of the Republic of Korea will conclude as soon as possible an agreement or agreements in concrete form concerning the matters mentioned above and other problems related thereto.

번역 (1959-12-23)

합의의사록

1959년 12월

태평양전쟁의 적대 행위가 종료되기 이전부터 일본에 거주하고 있는 한인(이하 '재일한인'이라 한다)의 송환 및 처우에 관하여 일본국 및 대한민국 정부 대표들은 재일한인의 특수한 지위를 고려하여 1959년 12월 제4차 한일회담 재일한인의 법적 지위에 관한 위원회 회의에서 다음과 같이 원칙적으로 합의하였다.

1. 일본 정부는 다음과 같이 한다.
(가) 재일한인의 대한민국 집단 송환을 위하여 일본 내에 필요한 시설을, 지정하는

기간 동안 제공한다.

(나) 대한민국으로 송환되는 재일한인의 재산권을 존중하고, 원칙적으로 재일한인의 모든 재산을 귀국할 수 있도록 한다. 다만 그 방법, 시기 등은 양국 정부 간의 협의를 통하여 결정한다.

2. 대한민국 정부는 다음과 같이 한다.
(가) 일본에 체류하는 동안의 정치적 성향에 관계없이 재일한인의 송환을 수용한다.
(나) 대한민국에서의 정착을 위해 필요한 조치를 취한다.

3. 일본 정부는 재일한인이 일본에 체류하는 동안 참정권 및 공직 피선거권을 제외한 모든 권리를 인정한다.

일본국 정부와 대한민국 정부는 상기 원칙과 기타의 이해를 기초로 하여, 상기 사항 및 기타 관련 문제에 관한 구체적인 형태의 협정을 가능한 한 조속히 체결한다.

212. 한일회담 진전 상황 보고 문서

December 29, 1959

TO: His Excellency the President
FROM: Vice-Minister of Foreign Affairs

SUBJECT: Report on where we stand at the overall talks with the Japanese side, and arrangement for further negotiation

I. OUR EFFORTS SO FAR: With a view to expediting the settlement of the residents issue at the Korea-Japan overall talks, our Delegation has worked hard for obtaining clear-cut assurance on the "compensation" money, which will be used for resettlement of those Koreans who will repatriate to the Republic of Korea. At the same time, our Delegation has negotiated with the Japanese side for an Agreed Minutes in which both sides should agree on some fundamental principles on the residents issue including the problem of the property to be taken away be repatriating Koreans and so forth, to pave the way to a concrete and detailed agreement to be reached later between the two Governments. Our plan has been that if these problems are settled, a brief Joint Communique will be issued by the two sides to announce in effect that two sides agreed on principles on the subject under reference, etc. Simultaneously with these settlements, the mutual repatriation of detainees in Pusan and Omura was to be effected.

II. WHERE WE REACHED AT THIS STAGE: Despite utmost efforts done by our Delegation, the Japanese side has not made a clear commitment as yet, on the compensation problem, excepting the repeated Japanese remarks that they will pay 1,500 U.S. dollars per repatriating family. As for methods, time, formality, etc. for the above payment, they should be more clear to our side. With regard to the above-mentioned Agreed Minutes, our delegation has succeeded in having the Japanese side come considerably nearer to our position, except on or two points on wordings. As to the latest talks on the compensation problem, Ambassador Yiu's cable report (MTB-336) of December 25, 1959 was considerably encouraging, because he reported:

"… (the Japanese official said) both sides would make estimate on the number of families who would repatriate and the United States would advance to Korea for Japan in lump-sum payment a sum on the basis of the above estimate, for instance, 15 million dollars for 10,000 families. He continued that the above payment to Korea would be made in advance of the actual implementation of the repatriation."

By his subsequent cable report (MTB-337, dated December 26) Ambassador Yiu also reported, "MacArthur said that the payment would be made in advance of the actual repatriation…"

However, two days later, namely, on December 28, Ambassador Yiu reported that he was told by U.S. Ambassador that the United States cannot advance for Japan the said amount of money to the Republic of Korea. Judging from this report, the situation since December 28 is now quite different from that as of December 25.

Now, the Ministry cannot but believe that there is little possibility that Japan will give us a satisfactory and clear-cut assurance for Japan's payment of the compensation money.

III. ARRANGEMENT FOR FURTHER NEGOTIATION: According to

Ambassador Yiu's report of December 29, 1959 (MTB-348), at the meeting held between Ambassador Yiu and Japanese Asian Affairs Director Iseki on December 29, the latter proposed that the negotiation be resumed from early next year after a recess for the year-end and new year holidays. To this proposal, Ambassador Yiu expressed his hope that negotiation would be successfully concluded early next year, expressing regret for being unable to settle the problems before the close of the year.

In the Ministry's opinion, at this stage it does not seem to be harmful to set a short cooling-period before re-starting of the Korea-Japan overall talks, with a temporary adjournment of the meeting, taking the opportunity of the forthcoming holiday seasons. In this connection, the Government will simply state that our Delegation returned home temporarily for the year-end vacation and will start negotiations from early next year.

Most respectfully,

번역

1959년 12월 29일

수신인: 대통령 각하
발신인: 외무차관

제목: 일본 측과의 전반적인 회담에 대한 우리 측의 입장 및 추가 협상 준비에 관한 보고

I. 그간 우리 측 노력: 우리 대표단은 한일회담에서 재일한인 문제의 조속한 해결을 위해 한국으로 송환될 재일한인들의 재정착에 사용될 '보상금'에 대한 명확한 확답을 얻기 위해 노력해 왔습니다. 동시에 우리 대표단은 일본 측과 송환되는 한인의 재산 문제 등 재일한인 문제에 대한 양측의 기본 원칙에 합의하는 합의의사록을 작성함으로

써 추후 양국 정부 간에 구체적이고 세부적인 합의가 이루어질 수 있는 기반을 마련하기 위해 협상해 왔습니다. 우리의 계획은 이러한 문제들이 해결되면 양측이 관련 의제 주제들에 대한 원칙에 합의했음을 공동성명으로 발표하는 것이었습니다. 이러한 합의와 동시에 부산과 오무라에 있는 억류자들의 상호 송환이 이루어질 예정이었습니다.

II. 이 단계에서 우리가 이룬 것: 우리 대표단의 각고의 노력에도 불구하고 일본 측은 송환 가족 1인당 미화 1,500달러를 지급하겠다는 거듭된 발언을 제외하고는 보상 문제에 대해 아직까지 명확한 약속을 하지 않고 있습니다. 위 지급의 방법, 시기, 형식 등에 관한 점이 우리 측에 보다 명확히 밝혀져야 할 것입니다. 상기 합의의사록과 관련해서 우리 대표단은 일본 측이, 한두 가지 표현을 제외하고는, 우리 측 입장에 상당히 근접하도록 하는 데 성공했습니다. 보상 문제에 관한 최근의 협의와 관련하여 1959년 12월 25일 자 유 대사의 전문 보고(MTB-336)는 상당히 고무적이었습니다.

"…(일본 관리는) 양측이 송환할 가족 수를 추산하고 미국이 일본을 위해 한국에 일괄 지급할 금액은 위 추산에 근거하여 예를 들어 10,000가족에 대해 1,500만 달러가 될 것이라고 말했다. 그는 이어서 '위와 같은 한국으로의 지불은 실제 송환이 실행되기 전에 이루어질 것'이라고 말했습니다."

유 대사는 이후 전문 보고(MTB-337, 12월 26일 자)에서도 "맥아더는 실제 송환에 앞서 지불이 이루어질 것이라고 말했다"라고 보고했습니다.

그러나 이틀 뒤인 12월 28일, 유 대사는 미국 대사로부터 "미국은 일본을 위해 위 금액을 선지급할 수 없다는 말을 들었다"라고 보고했습니다. 이 보고로 볼 때 12월 28일 이후의 상황은 12월 25일의 상황과 상당히 달라졌습니다.

이제 외무부는 일본이 보상금 지급에 대한 만족스럽고 명확한 확답을 줄 가능성이 거의 없다고 판단할 수밖에 없습니다.

III. 추가 협상을 위한 준비: 1959년 12월 29일 자 유 대사의 보고(MTB-348)에 따르면, 12월 29일 유 대사와 이세키 일본 아시아국장이 회담한 자리에서 이세키 국장은 연말연시를 맞아 휴회한 후 내년 초부터 협상을 재개하자고 제안했습니다. 이 제안에 대해 유 대사는 내년 초에 협상이 성공적으로 타결되기를 희망하며, 연말까지 문제를 해결하지 못한 것에 대해 유감을 표명했습니다.

우리 정부는 현 단계에서는 다가오는 연말연시를 계기로 한일회담을 일시적으로 휴회하는 등 짧은 냉각 기간을 가진 후 협상을 재개하는 것이 바람직하다고 판단하고 있습니다. 이와 관련, 정부는 우리 대표단이 연말연시를 맞아 일시 귀국하여 내년 초부터 협상을 재개할 것임을 말씀드립니다.

감사합니다.

221. 재일한인 문제에 관한 공동성명 초안

DRAFT

JOINT COMMUNIQUE BY THE GOVERNMENTS OF THE REPUBLIC OF KOREA AND JAPAN REGARDING THE PROBLEM OF KOREAN RESIDENTS IN JAPAN
(DATE)

In view of the special background of migration to and residence in Japan of those Korean residents in Japan who have been residing in Japan since the date of the termination of hostilities of the Pacific War and since prior thereto (hereinafter referred to an Korean residents in Japan), and of the fact that a great majority of them are under destitute conditions, and in recognition of the necessity of taking special measure to enable them to freely repatriate to the Republic of Korea, the Governments of the Republic of Korea and Japan provisionally agreed on the following principles pending conclusion of an Agreement in concrete form:

1. The Government of Japan will

a) pay certain amount of fund, which will be used for the repatriation of Korean residents in Japan to and their resettlement in the Republic of Korea within certain period of time;

b) provide necessary facilities and convenience for their repatriation; and

c) enable them to take away freely all their property and to remit the total amount of their fund in accordance with arrangements to be made by the two

Governments.

2. The Government of the Republic of Korea will

a) accept the repatriation of Korean residents in Japan regardless of their political affiliations during their stay in Japan; and

b) take necessary steps for their resettlement in the Republic of Korea.

3. While residing in Japan, Korean residents in Japan will not be subject to deportation without consultations with the authorities of the Republic of Korea and will be accorded the treatment as accorded to the Japanese except for franchise and public offices.

번역 초안

재일한인 문제에 관한 대한민국과 일본 정부의 공동성명
(일자)

대한민국 정부와 일본국 정부는 태평양전쟁의 적대 행위가 종료된 날 및 그 이전부터 일본에 거주하고 있는 재일한인(이하 '재일한인'이라 한다)의 일본으로의 이주 및 일본에서의 거주라는 특수한 배경과 그 대다수가 궁핍한 상태에 있다는 사실 및 이들이 대한민국으로 자유롭게 송환될 수 있도록 하기 위한 특별한 조치를 취할 필요성을 인식하여, 구체적인 형태의 협정이 체결될 때까지 다음의 원칙에 잠정적으로 합의하였다.

1. 일본 정부는 다음과 같이 한다.
가) 일정 기간 내에 재일한인의 송환 및 대한민국에서의 정착을 위해 사용될 일정 금액의 기금을 지급한다.
나) 송환에 필요한 시설과 편의를 제공한다.

다) 재일한인의 모든 재산을 자유롭게 반출할 수 있도록 하고, 양국 정부가 정하는 바에 따라 그 전액을 송금할 수 있도록 한다.

2. 대한민국 정부는 다음과 같이 한다.
가) 일본에 체류하는 동안의 정치적 성향에 관계없이 재일한인 거주자의 송환을 수용한다.
나) 대한민국에서의 정착을 위해 필요한 조치를 취한다.

3. 재일한인은 일본에 체류하는 동안 대한민국 당국과의 협의 없이 강제 퇴거를 당하지 아니하며, 참정권 및 공직을 제외하고는 일본인에 준하는 대우를 받는다.

222. 야마다 차관 면담 결과 보고 전문
(한국 쌀 수입과 상호 억류자 석방 관련)

가번호: TM-0227

암호번호: MTB-33

발신시간: 091830

수신인: OFFICE OF THE PRESIDENT
　　　　FOREIGN MINISTER

발신인: AMBASSADOR YIU

I MET JAPANESE VICE FOREIGN MINISTER YAMADA AND ASIAN AFFAIRS DIRECTOR ISEKI AT KAYUKAIKAN AT 3 P.M. TODAY. (I MET THEM AT THEIR REQUEST)

AT THIS MEETING, JAPANESE SIDE STATED THAT IT HAD BEEN AGREED IN PRINCIPLE AMONG THE AUTHORITIES CONCERNED IN JAPAN TO IMPORT 30,000 TONS OF KOREAN RICE. IN THIS CONNECTION, THE JAPANESE SIDE PROPOSED THAT THE CARRYING OUT OF THE MUTUAL REPATRIATION OF JAPANESE FISHERMEN WHO SERVED OUT THEIR SENTENCES AND OF KOREANS OF POSTWAR CATEGORY PRESENTLY DETAINED IN OMURA BE AGREED UPON WITH PRIOR ASSURANCE BY THE JAPANESE SIDE TO IMPORT 30,000 TONS OF KOREAN RICE. THE JAPANESE SIDE CONTINUED THAT IT WOULD BE TECHNICALLY DIFFICULT TO OPENLY CONNECT THE PROBLEM OF IMPORTING KOREAN RICE WITH THAT OF MUTUAL REPATRIATION OF DETAINEES, DUE TO INTERNAL POLITICAL REASONS PARTICULARLY WHEN THE DIET WAS IN SESSION

AND, THEREFORE, THE ANNOUNCEMENT FOR THE IMPORTING OF THE SAID AMOUNT OF KOREAN RICE WOULD BE MADE A WEEK OR SO AFTER THE ANNOUNCEMENT FOR THE MUTUAL REPATRIATION OF DETAINEES. THE JAPANESE SIDE REQUESTED THAT OUR SIDE GIVE A REPLY TO ITS PROPOSAL BEFORE THE END OF THIS WEEK. THE JAPANESE SIDE ALSO STATED THAT WHEN THE ABOVE PROPOSAL WAS AGREED UPON, ANY AND ALL UNFAVORABLE TRADE COUNTERMEASURES TAKEN BY THE JAPANESE SIDE AFTER LAST JUNE WOULD BE LIFTED.

I INSISTED THAT THE JAPANESE SIDE SHOULD IMPORT AT LEAST 50,000 TONS OF KOREAN RICE, BUT THE JAPANESE SIDE REPEATED THAT IT WAS IMPOSSIBLE TO DO SO UNDER THE PRESENT CIRCUMSTANCES.

THE JAPANESE SIDE ASKED ME TO KEEP STRICTLY IN SECRET FOR THE TIME BEING WHAT WAS STATED BY THE JAPANESE SIDE ON THE IMPORTATION OF KOREAN RICE ON THE REASONS OF ITS CONNECTION INVOLVED WITH OTHER COUNTRIES.

EARLY GOVERNMENT INSTRUCTION IN THIS REGARD WOULD BE HIGHLY APPRECIATED.

(THE END)

번역

가번호: TM-0227

암호번호: MTB-33

발신시간: 091830[1960. 1. 9]

수신인: 대통령실, 외무부 장관

발신인: 유 대사

오늘 오후 3시에 일본 외무성 야마다 차관과 이세키 아시아 담당 국장을 가유카이 칸에서 만났습니다. (그들의 요청으로 만났습니다.)

이 자리에서 일본 측은 한국산 쌀 3만 톤 수입에 대해 일본 관계 당국 간 원칙적으로 합의가 이루어졌다고 밝혔습니다. 이와 관련하여 일본 측은 일본 측이 한국산 쌀 3만 톤 수입을 사전 보장하는 조건으로 형기를 마친 일본인 어부들과 현재 오무라에 억류되어 있는 전후 카테고리 한국인들에 대한 상호 송환 합의를 제안하였습니다. 일본 측은 특히 국회가 개회 중인 상황에서 한국산 쌀 수입 문제를 억류자 상호 송환 문제와 공개적으로 연계시키는 것은 일본 내부의 정치적 사정으로 인해 현실적으로 어려우므로 상기 한국산 쌀 수입에 대한 발표는 억류자 상호 송환 발표 이후 일주일 정도 후에 하겠다고 계속 주장하였습니다. 일본 측은 금주 말까지 이 제안에 대한 회신을 줄 것을 요청하였습니다. 일본 측은 또한 상기 제안이 합의될 경우 지난 6월 이후 일본 측이 취한 모든 무역 관련 제재 조치를 해제할 것이라고 하였습니다.

저는 일본 측에 최소 5만 톤 이상의 한국산 쌀을 수입해야 한다고 주장했지만, 일본 측은 현 상황에서는 불가능하다는 입장을 반복했습니다.

일본 측은 다른 나라와의 관계를 이유로 한국산 쌀 수입에 대해 일본 측이 언급한 내용은 당분간 엄격히 비밀로 해줄 것을 요청했습니다.

이에 대한 정부의 조속한 지시가 있기를 바랍니다.

(끝)

228. 한국산 쌀 수입과 상호 억류자 석방 문제의 연계에 관한 일본 측 제의에 관한 대통령 앞 보고서

DRAFT

KPO/63

TO: His Excellency the President
FROM: Vice-Minister of Foreign Affairs

SUBJECT: Recommendation on our actions in connection with the recent Japanese proposal

According to Ambassador Yiu's report(MTB-33), the Japanese side proposed that the carrying out of the mutual repatriation of Japanese fishermen who served out their sentences and of Koreans of postwar category presently detained in Omura be agreed upon with prior assurance by the Japanese side to import 30,000 tons of Korean rice. The Japanese side further stated that when the above proposal was agreed upon, any and all unfavorable trade countermeasures taken by the Japanese side after last June would be lifted.

It is recommended for Your Excellency's approval that our Government accept the above proposal by the Japanese side and make arrangement for effecting the mutual repatriation of detainees on or around March 1, 1960. It is also recommended that Ambassador Yin be instructed to secure firm favorable terms for the rice-export.

If this recommendation meets with Your Excellency's approval, the Ministry will instruct Amb Yiu to implement it.

Most respectfully,

번역 초안

KPO/63

수신인: 대통령 각하
발신인: 외무차관

제목: 최근 일본 측 제안 관련 우리 측 조치에 대한 건의

유 대사의 보고(MTB-33)에 따르면, 일본 측은 형기를 마친 일본인 어부와 현재 오무라에 억류되어 있는 전후 카테고리의 한국인에 대한 상호 송환을 일본 측이 한국산 쌀 3만 톤 수입을 사전 보장하는 조건으로 합의할 것을 제안하였습니다. 일본 측은 상기 제안이 합의될 경우 지난 6월 이후 일본 측이 취한 모든 무역 제재 조치를 해제할 것임을 추가로 밝혔습니다.

우리 정부는 일본 측의 위 제안을 수용하여 1960년 3월 1일 또는 그 무렵에 억류자 상호 송환을 시행할 수 있도록 준비할 것을 각하의 승인하에 건의합니다. 또한 유 대사에게 쌀 수출에 대한 확고하고 유리한 조건을 확보하도록 지시할 것을 건의합니다.

이 건의가 각하의 승인을 받으면 외무부는 유 대사에게 이를 이행하도록 지시할 것입니다.

감사합니다.

230. 일본 측 제안에 대한 훈령 전문

0985　발신번호: FTB-45

발신일시: FEBRUARY 16, 1960

수신인: AMBASSADOR YIU AND
　　　　DELEGATES
발신인: FOREIGN MINISTER

REGARDING MTB THREE THREE DATED FEBRUARY NINTH CM ONE NINE SIX ZERO PD

ITEM ONE YOUR RECOMMENDATION REGARDING THE ACCEPTABILITY OF THE JAPANESE PROPOSAL REFERRED TO IN THE ABOVE CITED CABLE HAS BEEN FAVORABLY CONSIDERED WITH THE FOLLOWING EXPLICIT UNDERSTANDINGS CLN

POINT ONE MUTUAL REPATRIATION OF DETAINEES WILL BE EFFECTED ON OR AROUND MARCH FIRST PD AS TO FORMULA FOR ANNOUNCEMENT CONCERNING DETAINEES REPATRIATION CM WE WILL FOLLOW THE FORMULA MENTIONED IN FTB THREE FIVE ZERO DATED DECEMBER TWENTYFOUR ONE NINE FIVE NINE AND ALSO IN FTB THREE FIVE TWO DATED DECEMBER TWENTYFIVE ONE NINE FIVE NINE PD

POINT TWO JAPAN SHOULD LIFT ANY AND ALL UNFAVORABLE TRADE COUNTERMEASURES TAKEN AFTER LAST JUNE CM SIMULTANEOUSLY WITH THE ANNOUNCEMENT ON DETAINEES REPATRIATION PD

POINT THREE JAPAN SHOULD IMPORT NOT LESS THAN THIRTY

THOUSAND TONS OF RICE WITH REASONABLE TERMS CM WHICH DELEGATES SHOULD SECURE AT THE TIME WHEN THE JAPANESE SIDE GIVES QUOTE PRIOR ASSURANCE UNQUOTE PD THIS PRIOR ASSURANCE SHOULD BE FIRM AND IRREVOCABLE ONE PD REGARDING FORMALITY OF OBTAINING SUCH ASSURANCE CM DELEGATES WILL FOLLOW THE SAFEST WAY IN THEIR JUDGMENT PD

ITEM TWO PLEASE BE CAUTIOUS NOT TO IMPRESS THE PUBLIC AS IF THE DETAINEE ISSUE WERE UTILIZED FOR SOLVING ECONOMIC PROBLEM PD

ITEM THREE DELEGATES ARE CONFIDENTIALLY INFORMED THAT MINISTERS CONCERNED HERE HAVE APPREHENSION THAT THE JAPANESE SIDE MIGHT BRING DIFFICULT AND UNREASONABLE CONDITIONS AT THE STAGE OF CONTRACT FOR RICE TRADE PD

번역

발신번호: FTB-45

발신일시: 1960년 2월 16일

수신인: 유 대사 및 대표단
발신인: 외무부 장관

2월 9일 자 MTB 33 관련

1. 상기 인용된 전문에 언급된 일본 제안의 수용 가능성에 대한 귀하의 건의는 다음과 같은 점에 대한 분명한 이해를 전제로 호의적으로 고려되었습니다.
　(1) 억류자 상호 송환은 3월 1일 또는 그즈음에 시행될 것임. 억류자 송환에 관한

발표 공식에 관해서 우리는 12월 24일 자 FTB 350에 언급된 방식과 12월 25일 자 FTB 352에 언급된 방식을 따를 것임.

(2) 일본은 억류자 송환 발표와 동시에 지난 6월 이후에 취한 모든 무역 제재 조치를 해제해야 함.

(3) 일본은 합리적인 조건으로 최소 3만 톤 이상의 쌀을 수입해야 함. 일본 측이 사전 보증을 제시할 때 대표단은 이 조건을 확보해야 함. 일본 측의 사전 보증은 확고하고 취소할 수 없어야 함. 이러한 보증을 얻는 형식에 관해서는 대표단은 판단에 따라 가장 안전한 방법을 따라야 함.

2. 국민들에게 경제 문제 해결을 위해 억류자 문제가 활용되었다는 인상을 주지 않도록 주의하시기 바랍니다.

3. 우리 관계 부처 장관들은 일본 측이 쌀 수입 계약 단계에서 어렵고 불합리한 조건을 제시할지도 모른다는 우려를 갖고 있음을 대표단만의 참고로 알려드립니다.

264. 상호 석방 실시의 발표에 관한 지시 전문

발신번호: FTB-66

발신일시: Feb 28, 1960

수신인: Ambassador Yiu
발신인: Foreign Minister

Regarding MTB-42 and 44

Item 1. In case that the repatriation of Korea detainees at Omura is effected, the Japanese side should repatriate those who are under detention as of the date of the announcement.

Item 2. As for formula for announcement on repatriation of detainees, each side, respectively, should make its own announcement to the following effect: Japanese side: "The repatriation to the Republic of Korea of those Koreans who are being held in the Omura detention camp will be carried out by certain date." Korean side: "The repatriation to Japan of those Japanese fishermen who have served out their sentences as of announcing date will be carried out by certain date."

Item 3. At the Korea-Japan Working Committee to be held on the Japanese initiative, please request the Japanese side for presenting the latest list of Omura detainees together with detailed account of any changed situation which took place after November 9, 1959, when, according to the Ministry's understanding, there were 1,058 detainees there.

Item 4. You are authorized to hand to the Japanese side the list of those Japanese fishermen who served out their sentences as of the date of such handing in due course of the Working Committee meeting. In this connection, please bear in mind that if and as soon as the Japanese side repatriate our detainees at Omura, we will repatriate the Japanese fishermen who are on the above list.

번역

발신번호: FTB-66

발신일시: 1960년 2월 28일

수신인: 유 대사
발신인: 외무부 장관

MTB-42 및 44 관련

1. 오무라에 억류 중인 한국인의 송환이 실시될 경우, 일본 측은 발표일 현재 억류 중인 자를 송환해야 합니다.

2. 억류자 송환에 관한 발표의 형식에 관해서 쌍방은 각각 다음과 같은 취지로 발표합니다.
　일본 측: "오무라수용소에 수용되어 있는 한인의 대한민국 송환은 특정한 날짜까지 실시할 것이다."
　한국 측: "발표일 현재 형기를 마친 일본인 어부들에 대한 일본으로의 송환은 특정한 날짜까지 실시할 것이다."

3. 일본 측 주도로 개최될 한일실무위원회에서 일본 측에 대해, 1,058명이 억류되어 있던 1959년 11월 9일(당시 외무부 파악) 이후의 변화된 상황에 대한 상세한 설명과 함께 최신 오무라 억류자 명단을 제시해 줄 것을 요청하기 바랍니다.

4. 귀하는 실무위원회 회의가 개최되는 대로 그 제출일 현재 형기를 마친 일본인 어부들의 명단을 일본 측에 전달해도 좋습니다. 이와 관련하여 일본 측이 오무라에 억류된 우리 어민들을 송환하는 즉시 위 명단에 있는 일본 어민들도 송환할 것임을 잊지 마시기 바랍니다.

V.4 북송 저지를 위한 제네바대표부의 활동, 1956~1960

분류번호 : 723.1 JA 청 1955-60 V. 4
등록번호 : 768
생산과 : 아주과
생산연도 : 1960
필름번호 : C1-0010
파일번호 : 04
프레임번호 : 0001~0403

재일한인의 북송을 저지하기 위하여 국제적십자위원회가 소재한 제네바에서 전개된 우리 대표단(김용식, 최규하 공사, 김활란 대한적십자사 부총재 등)의 활동, 우리 정부와 대한적십자사의 국제적십자위원회를 상대로 한 교섭 내용, 주미 대사관을 통한 미국의 지원 요청 교섭 내용, 국제적십자위원회의 입장, 일본 정부의 입장 등에 관한 문서들이 수록되어 있다.

우리 정부의 강력한 반대에도 불구하고 국제적십자위원회는 결국 일본적십자사와 북한적십자사 간 재일한인 북한 송환 추진에 대해 '거주지 선택의 자유'라는 원칙을 내세우며 지원 입장을 취하게 되었으며, 이에 따라 1959년 8월 13일 일적과 북적 간에 콜카타에서 송환협정이 체결되었고, 같은 해 12월 14일 제1차 북송이 시작되었다.

별첨

2-1. 1956년 9월 4일 대한적십자사가 ICRC에 보낸 회답의 요지

별첨: 1956년 9월 4일 대한적십자사가 ICRC에 보낸 회답의 요지

대한적십자사는 다음과 [같은] 이유로써 ICRC를 포함한 일본적십자사 및 북한적십자사와의 4자 회담에 관한 ICRC의 제안을 거부하는 바입니다.

(1) 대한민국은 유엔에 의하여 승인된 한국에 있어서의 유일한 합법적 정부이다.

(2) 대한민국 정부는 재일한인들에 대한 관할권이 있으므로 이들을 보호할 권리와 의무가 있다.

(3) 1945년 8월 15일 일본 정부는 그들의 원에 따라 재일한인들이 계속 일본 국내에 체류할 것을 허락한다고 약속한 바 있다.

(4) 일본은 상호 석방 (억류자의) 교섭의 기회를 이용하여 재일한인의 북송을 획책하고 있으며 ICRC는 이에 대하여 방조하고 있다.

(5) 적절한 보상금이 지불되지 않는 한 재일한인의 인수를 거부할 한국 정부의 확고한 태도를 안 일본 정부는 북한 괴뢰에 미소를 던짐으로써 이들을 축출하려고 계획하고 있다.

(6) 재일한인은 무국적자들이 아니며 따라서 이들은 대한민국 정부로부터 정당하게 발급된 여행증명서 없이는 여하한 곳에라도 여행할 수 없다.

(7) 이 문제에 관하여 사전에 대한민국적십자사 및 관계 당국과 협의하지 않았음은 적십자 정신에 배치되는 처사이다.

(8) 재일한인의 북한 송환은 인도주의 원칙을 배반하는 처사이다.

재일한인이 어디로 송환되든지 간에 우선 다음의 제 점을 고려할 필요가 있는 것이다.

① 한국동란 중 200여 만의 한국인이 공산분자들에 의하여 납치되어 갔는바 공산분자들은 휴전협정 체결 시 이 납치 인사들을 귀화시키겠다고 엄연히 약속하였음에도 불구하고 현재까지 송환한 것은 종교계 및 외국인 등을 포함한 극소수에 불과하다.

② ICRC는 북한 괴뢰로 이 납치 인사들을 송환한다고 설복하는 데 실패하였다.

③ 월남한 많은 사람 중에 한 명도 북한으로 되돌아가고자 하는 사람은 없다.

④ 인도주의에 입각하고 휴전협정을 준수하는 입장에서 ICRC는 북한 괴뢰가 모든 납치 인사를 남한으로 송환하도록 종용하여야 할 것이다.

⑤ ICRC는 북한 괴뢰의 꼬임에 넘어갔다.

18. 재일한인 북송 문제에 관한
적십자 국제위원회의 입장과 우리 정부의 입장(1959)

1099   재일한인 북송 문제에 관한 적십자 국제위원회의 입장과 우리 정부의 입장(1959)

　　1. 재일한인 중 부유한 사람들은 일본에의 귀화를 장려하고 그 외의 사람들은 될 수 있는 대로 이들을 국외로 축출하려는 일본 정부의 계획은 '스캅[SCAP]' 말기서부터 잠재하여 있었던 것이고 또한 경우에 따라서는 이들을 북한 괴뢰 정권에 인도하여서까지라도 이들을 축출하여 보겠다는 생각은 오래전부터의 일인바 이 일본 정부의 기정 방침이 노골적으로 표면화한 것은 1955년을 전후한 때라고 볼 수 있다.

　　2. 이 문제에 관하여 일본 정부는 한동안은 종시일관 국제법상의 외국인 추방에 관한 이론을 악용하여 억지를 써왔던 것인데 이러한 억지 이론이 관철되지 않음으로써 난관에 봉착한 일본 정부는 점차로 재일한인이 자발적으로 '북한 귀환'을 원하고 이를 일본 정부가 인정하는 것처럼 가장된 이론을 날조하여 마치 이것이 '거주지 선택의 자유의 원칙'이라는 등 기정 정책을 수행하는 데 있어서 먼저 도달한 결론을 합리화하기 위하여 궤변을 조작하기에 우왕좌왕하였다.

　　3. 이와 같이 위장된 인도주의를 내세우기 위해서는 필연적으로 적십자사를 표면에 내세우지 않을 수 없었으며 특히 적십자 국제위원회(ICRC)를 이용하기에 전력을 다하여 왔다.

　　4. 1955년을 전후하여 일본 정부가 국제적십자위원회와 무슨 교섭을 하였는지에 관하여는 상세한 확증은 없으나 ICRC가 재일한인의 북한 송환에 관하여 처음으로 자신의 입장을 밝히고 어떠한 제의까지 한 것이 1956년 7월 16일이었다는 점에 우리가
1100   아직 잊을 수 없는 수수께끼가 있으나 여기에 일본 정부가 일부 재일한인의 북송 계획

의 결정을 한국 정부에 정식 통고한 것이 1956년이라는 것을 아울러 생각할 때 이에 이 수수께끼가 풀리는 단서가 있는 듯하다.

5. ICRC는 1956년 7월 16일에 대한적십자사, 일본적십자사 그리고 소위 북한괴뢰적십자사에 대한 'The problem presented by certain Koreans living at present either in Japan or Korea itself who wished to find a home of their choice on Korean soil'에 관한 제의를 하여왔는데 그 요지는 일본과 한국에 거주하는 한인의 자유로운 의사에 의하여 그들이 선택하는 한국 내 지역에 갈 수 있도록 전기 삼자(적십자사)가 합의한다면 ICRC도 이에 협조하겠다고 하였던 것이다. 이에 대하여 ICRC 자체는 자세한 설명을 하고 있지 않지만 생각하건대 다음과 같은 ICRC의 의도가 내포되어 있는 것으로 추측되는바 즉 1) 북한에 억류되어 있는 납치 인사의 귀환, 2) 남한에 있는 공산분자의 월북, 3) 재일한인의 북송, 4) 일본에 거주하는 한인 일부의 대한민국 귀환의 네 가지인 것이다.

6. 전기 ICRC의 네 가지의 제안들 생각하건대 일본인들이 'Master Formula'라고 부르고 있으나 제4항, 즉 재일한인이 대한민국으로 귀환하는 것은 그러한 의사가 있다면 그들은 언제나 한국으로 귀환할 수 있었던 것이고 또한 그러할 것이므로 이를 조건으로 재일한인의 북송을 흥정한다는 것은 언어 불성설이며, 제2항에서 언급된 남한에 거주하는 한인 중 북한에 가기를 원하는 사람들이란 공산당이 남한에 거주하고 있는 공산분자들의 월북을 실현하자는 것이 아니라면 이는 남한의 민심을 교란하자는 데 그 진의가 있는 것이므로 나머지 제1항과 제3항을 대비하여 볼 때 이 제안의 골자는 6.25 한국동란 시 납치되어 간 인사들의 귀환을 갈망하는 대한민국의 심리를 역용하여 재일한인의 북송을 실현하여 보겠다는 데 그 제안의 진의가 있다고 아니할 수 없으며 따라서 이것이 참으로 진실과 중립과 공정을 표방하는 ICRC의 제안인지 혹은 일본 정부와 괴뢰 정권의 합작된 음모가 ICRC에 의하여 대변된 것이지 의심하지 않을 수 없다.

7. 이와 같이 ICRC는 그 자신을 포함한 4자 '제네바 회담'까지 제안한 바 있었고 이

것은 동년(1956년) 8월 15일에도 재차 요청된 바 있었는데 이에 대하여 대한적십자사에서는 동년 9월 4일 별첨과 같은 요지로써 이에 회답하였던 것이다.

8. 이에 관하여 ICRC는 동년 12월 12일에 상기한 바와 동일한 내용의 제안을 되풀이하였고 1957년 2월 26일에는(한일회담 재개를 위한 교섭이 진행 중인 때) 또다시 같은 내용으로 다음과 같은 8항목에 달하는 제안을 하였던 것이다.

(1) 현재 거주지 및 귀환지의 적십자사 및 관계 당국이 제2항부터 8항까지의 조건을 수락한다면 ICRC는 재일한인의 귀환 요청과 귀환의 선택에 대한 그들의 의사가 참으로 자유의사인가를 심사하기 위하여 특별조사단을 파견할 용의가 있다.

(2) 일본적십자사 당국은 이들의 귀환 요청을 접수하는 데 필요한 모든 기술적인 기구를 마련하고 이 요청을 ICRC 특별조사단에 제출하며 동 조사단과 귀환 신청인과의 연락에 대하여 책임을 진다.

(3) 귀환 신청인의 출발 당시에 있어서의 재산 및 물질적인 형편은 동인들의 현재 거주지 및 귀화지의 적십자사 및 기타 관계 당국 사이의 합의에 의하여 결정될 것이며 송환자의 명부의 교환 및 송환 일정도 이에 의한다. ICRC는 이에 협조한다.

(4) ICRC는 필요에 따라 제반 여행증명서를 발급받는 데 협조한다.

(5) ICRC의 직접적인 책임은 1항과 4항에 한정된다.

(6) 출항항까지의 수송 및 출항항으로부터의 선편도 이를 적십자사 당국 및 일본 관계 당국이 담당한다.

(7) 귀환자의 인수와 그들의 최종 목적지까지의 수송은 귀환자의 적십자사 및 관계 당국이 담당할 것이며 만일 귀환자들이 제3국을 통과할 시에는 이들이 제3국에 도착 즉시로부터 담당한다.

(8) 귀환에 소요되는 모든 비용은 귀환자들의 현재 거주지 및 귀환지의 적십자 당국과 기타 관계 당국이 공동으로 50퍼센트씩 부담하는 것으로 한다.

그러나 이에 대해서 대한적십자사에서는 이 문제가 ICRC의 소관이 아니라는 우리의 입장을 설명하였던 것이다.

9. 이러한 ICRC의 제안이 있은 후부터는 재일한인의 북송에 관한 일본 정부의 태도

는 아연 본격적인 궤도에 오르게 되었는바 당시 한일 양측은 제4차 한일회담의 재개, 억류자의 상호 석방을 위한 교섭을 활발하게 진행하고 있었으므로(이를 한일예비교섭이라고 한다) 일본은 부산에 억류되어 있는 900여 명에 달하는 일본인 어부의 석방 및 송환에 있어서 초래될 지장을 우려하여 재일한인의 북송 계획을 노골화할 것을 당분간 보류하였던 것이다.

1103   10. 그러나 1957년 12월 31일에 한일회담의 재개 및 억류자의 상호 석방에 관한 한일 간의 제반 문서가 조인되어 자기들 어부의 석방 및 송환에 자신이 생긴 일본 정부는 드디어 그의 본심을 노골적으로 나타내게 되었는바 즉 '오무라'수용소에 수용 중인 104명의 한인에 대한 북송 계획이 그 일단인 것이다. 이 104명은 해방 후 일본에 밀입국하였던 자들로서 이번에 문제 되고 있는 2차대전 전부터 일본에 거주하던 재일한인과는 그 범주를 달리한다고 하나 국제적십자위원회 측에서 볼 때에는 이 양자 간의 구별 없이 그들의 북송을 알선할 수 있는 것인바 이 시기에는 일본 정부는 국제적십자위원회에 알선을 요구한 일이 없고 정치적인 한일 간의 회담에서 '그들을 북송하지 않겠다'는 언질까지 주었던 것인바 당시 왜 일본 정부는 현재 그가 발광적으로 부르짖고 있는 소위 '인도주의'나 혹은 '거주지 선택의 자유'에 정면으로 배치되는 이러한 언질을 주었는지 이해하기 곤란한 바 있는 것이다.

11. 그러므로 간교하게도 일본 정부는 1959년 2월 13일 그의 재일한인 북송 결정과 이에 대한 ICRC의 편의를 통고하여 옴에 있어서 " … the Government of Japan has decided to accept the previous offer of the ICRC and request … " 운운하여 옛날의 ICRC의 제의를 수락하는 것 같은 형식을 취했던 것이다.

[번호 없음]   12. 이 문제는 한국 정부가 누차 언명하고 또한 ICRC에 통고한 바와 같이 한일 양국 간의 정치적 회담에서 해결하여야 할 성질의 것이며 또한 이 점에 있어서 한일 양국은 이미 합의에 도달한 바도 있으므로 특히 정치적인 문제에 개입하지 않을 것을 중요한 신조로 삼고 있는 ICRC에서는 한인의 북송의 당, 부당을 떠나서 도대체 이에 간섭할 여지가 없는 것이다.

별첨
18-1. 재일한인 북송 계획의 이면에 숨은 몇 가지 사실(1959)[12]

재일한인의 북송 계획의 이면에 숨은 몇 가지 사실(1959)

1. 앞서 당부가 말한 바와 같이 일본 정부에 의한 재일한인의 북송 계획의 진행은 1955년 가을경부터 본격적으로 진행되어 왔던 것이며 이미 세상에 알려진 바와 같이 '북한괴뢰적십자사'와 일본적십자사 사이의 소위 '평양회담'이 1956년 1월 28일부터 시작되었던 것인바 그 표면상의 이유가 210명의 일본인 부녀자를 일본으로 귀국시키는 데 있다고는 하나 결코 동 회담의 목적하였던 바가 이에 국한되지 않았다는 뚜렷한 증거가 있는바 즉 우리는 이 소위 '평양회담'이 210명의 일본인 부녀자를 귀국시킨다는 단순한 문제에 약 1개월 이상의 시일이 걸렸다는 사실에 주목할 필요가 있으며 그 원인이 일본인의 본국 귀국을 조건으로 재일한인의 북송을 괴뢰 측이 요구한 데 대하여 일본 측이 한일 간의 복잡한 정치적 관계를 우려하여 이 교환 조건에 난색을 표시한 것은 사실이지만 동년 2월 24일 급진적으로 이 상호 교환 교섭이 타협을 보고 표면상에는 "북한이 양보하였다"라고 알려졌던 것으로, 실지에 있어서는 일본적십자사가 재일한인 북송에 협조하겠다는 약속하에 동 회담의 타결을 보았던 것으로서 이에는 다음 항에 기술된 바와 같은 역력한 증거가 있는 것이다.

2. 동년(1956년) 7월 10일 주일 대표부 모 외교관이 일본적십자사의 유력한 모 간부를 '도쿄' 모처에서 만났던 일이 있는바 동 석상에서 전기 일본적십자사 간부는 북한에 있는 일본인을 일본에 철수 귀국시킨다면 일본적십자사는 재일한인에 대해서도 동일한 후원을 부여할 용의가 있다는 전문을 적십자 국제위원회에 보냈으며 동 위원회에서는 이를 북한괴뢰적십자사에 전달하였는바 동 괴뢰적십자사는 이에 합의하겠다고 회답한 일이 있다고 고백하였던 것이다.

---

[12] 외무부가 작성한 것으로 보인다.

3. 전항에서 언급한 평양회담은 적십자 국제위원회의 강력한 지지하에 이루어졌던 사실을 우리는 주목할 필요가 있으며 이는 이 소위 평양회담이 진행 중에 있었던 2월 24일에 전기 적십자사 국제위원회가 북한괴뢰적십자사에 협상할 수 있는 능력을 승인하였다는 사실에서 뚜렷이 볼 수 있는바 동 사실은 적십자사가 참으로 지향하여야 할 '인도주의'와는 거리가 먼, 오히려 하나의 정치적인 협상이었다는 것을 명백히 알아야 할 것이다.

4. 당시 북한으로 파견된 일본적십자사 대표단의 4명의 멤버 중 '미야고시 요시스케'라는 자는 사실인즉 일본공산당원이고 일본적십자사의 부이사장이었던 것인바 갑자기 하룻저녁 사이에 일본적십자사의 촉탁 발령을 받고 가장된 일본적십자사의 맴버로서 수행하였던 것으로 그 이유는 북한 괴뢰 측에서 동인이 대표단에 포함되지 않으면 일본적십자사와 상대할 수 없다고 말한 데 있었던 것으로서 동인은 실로 양두구육격인 역할을 하였던 것이다. 이리하여 210명의 일본인 부녀자의 철퇴 귀국에 혈안이 되었던 일본적십자사 대표단은 겨우 36명에 불과한 일본인을 철수 귀국시키는 데 성공하였을 따름이고 그 실질적인 '성과'는 실로 다른 데 있었던 것으로서 당시의 일본적십자사의 '촉탁'이었던 '미야고시'는 일본인의 철수 귀국 문제와는 별도로 연간 500만 파운드의 무역협정을 체결하였던 것이다.

5. 이러한 평양회담에 원기를 얻어 일본 정부는 그 후 소위 48명의 한국인의 북송 문제를 실천에 옮기기에 이르렀는바 당시 일본 정부는 재일한인이 어디를 가든지 그것은 일본 정부로서는 관여할 바가 아니라는 태도를 취하면서 불과 영자로 76자를 넘지 않은 정도로써 그의 입장을 밝히고 625에 달하는 영자를 농하여서까지 그의 입장을 변명하기에 급급하였던 것으로(1956년 7월 9일 자 일본 정부의 각서에 의함) 그 후 세상에 알려진 바와 같이 일본 정부는 재일한인의 북송에 대한 필요성 및 정당성을 역설하여 왔던 것이다. 그 후 2년 반이란 세월이 경과하고 금일에 이르기까지 일본 측의 주장이 변하는 사정을 살펴보건대 일본은 재일한인의 북한 송환을 미리 계획하여 놓고 사후에 이것을 정당화하는 데 급급하고 있는 흔적이 역연한 것이다.

이러한 일본 측의 재일한인 북송 계획은 '모스코'에 근거를 둔 공산당의 지령하에 정연히 움직이는 공산분자들의 흉계에 일본 정부가 정책상의 필요성에 의하여 편승된 소치라고 볼 수 있는바 작일 평양방송에 의하면 소위 북한괴뢰적십자사는 '호찌민'에 예속되고 있는 적십자사에 메시지를 발송하여 태국 '방콕'에 거주하는 월남 국민들을 자유월남으로 강송하려는 태국의 계획을 분쇄하여야 한다고 격려하였다고 하며 이는 재일한인 북송 문제와 비슷한 성격을 띠고 있는바 이로 미루어 보아도 재일한인의 북송 문제가 '모스코'의 정연한 지령에 의하여 재류민을 위요하여 자유 국가 사이에 이간 책동을 기도하는 일련의 음모의 일단이라고 볼 수 있는 것이며 일본이 자기의 정책상의 이익을 실현하기 위하여 이러한 공산당의 음모에 편승되고 있음은 심히 유감된 일이라고 아니할 수 없다.

6. 그러면 과연 이 문제가 공산당과 일본 정부가 다 같이 선전하고 있듯이 재일한인의 자발적인 의사와 조금이라도 관련이 있을 것인가? 정보에 의하면 수일 전 일화로 약 2,000만 원의 정치 자금이 북한 괴뢰로부터 '도쿄'에 투입되었다고 하며 그들은 이러한 막대한 자금으로써 소위 그들이 말하는 "자발적 의사"를 조작하려 하고 있는바 이러한 '자발적 의사'의 조작이 효과적이고 성공적일수록 일본 정부는 자기의 정책을 실현하기에 편리한 것으로서 이로 말미암아 괴뢰의 송금 루트는 일본은행에 의하여 보장되고 있는 것이다. 동 정보에 의하면 수일 후부터 상기 자금에 의하여 수십만 매에 달하는 삐라가 뿌려질 것이라고 전하여진다.

7. 오는 낮 12시 반경의 일본 NSB 방송에 의하면 일본적십자사 섭외부장 '이노우에'는 적십자사 국제위원회에 일본의 주장을 설득시키기 위하여 '도쿄'를 출발하였다고 하는데 그는 일본 외상 '후지야마'의 서한을 휴대하였다고 하는바 이 적십자사 대표는 적십자사의 가면을 쓴 일본 정부의 대표라는 것을 잊어서는 안 된다. 금번 일본 정부의 재일한인의 북송 계획은 일본의 정치적인 목적을 달성하기 위하여 일본 정부가 계획하고 있는 일인바 이를 인도주의 운운하고 적십자사가 운운하고 하는 위선을 다하고 있는 것은 오로지 목적의 달성을 위해서 사용하는 교묘한 꾀에 지나지 않음을 알아야 할 것이다.

20. 김활란 박사(대한적십자사 부총재)의
제네바 파견 활동 보고 서한

Hotel Regina Geneve

July 10, 1959

President Syngman Rhee

Kyung Mu Dai

Seoul, Korea

Your Excellency, dear Mr. President:

On a sudden notice I rushed out of the country and came here to work on this national problem of ours. Because you were in Chinhae it was not possible to get your advice and counsel before leaving, for which I regret to this day.

Since coming here, with the indispensable help of Ministers Kim Yongshik and Choi Kyuha, I have made many contacts and interviewed individuals and groups connected with International Committee of Red Cross and several news agencies. With the background of these experiences, I hereby report to you the following observations and recommendations.

1. Found ICRC attitude toward us friendly and wishing to do something for us too. On the one hand ICRC is a "hard nut to crack" because of its rigid adherence to their principles of neutrality and impartiality. On the other hand it is a very vulnerable organization just because of its neutrality. Anybody can present any problem for investigation or assistance if it were in the name of Red Cross and for humanitarian purposes.

1111 So at present the Japanese-Communist joint proposal is up in the air. ICRC physically received it, but as yet it is neither rejected nor accepted. At their meeting on July 6th the committee was first informed about the proposal and the staff concerned was told to make a study of it. This study period can be prolonged as long as we can interfere. Since we are fighting with a game of delaying tactics, this is the time to interfere.

While our thoughts were running along these lines, President Boissier repeatedly says that the ICRC would welcome our proposal if we have any. And he emphasizes the time element in our presentation by saying as soon as possible or "within two weeks".

So believing it to be a good strategy we sent the cables and asked for instructions. With your permission I think Ministers Kim and Choi can draw up the initial draft and submit it for your approval before presentation. We can see only one step at a time, it seems. If we take this step now, we can prolong the battle. And in the meantime other possible steps may emerge to lead us on to our final victory.

As to the substance of our contemplated proposal we are putting our thoughts into words today. I will carry it to Paris tomorrow and there on to you through Paris. This letter will be sent by pouch from Paris too.

1112 2. On improvement of the staff and working facilities: While this problem is pending, which we hope will be a longtime yet, at least two more persons should be sent and added to the two men working together now. One should be Mr. Bum-suk Lee who had been here last spring and got sick. He is needed because of the Red Cross representation only a red cross man can make. Also he did such a good job that every body, I met here, thinks and speaks ever so highly of him. His contribution should be continued. Then a secretary who will be at the desk all the time and do all the recording and correspondence. If not possible to have someone come from home, it may be that one man can be spared for the time being by one of our embassies in Europe.

Then an office is needed with at least the minimum equipment essential and a budget to operate. There is nothing here now. Even the permanent mission in Geneva has nothing tangible so far—Mr. Kim does not say, but I think it is because no money has come as yet, for the office or even for a typist. And the allowance for cable should not be limited too much.

And I want to command most highly the work of Ministers Kim and Choi. They are doing such a fine piece of work that all I could do was merely to add the standing of the ROK national Red Cross. The two men are different but highly complimentary to each other and are working together in full harmony and cooperation. We can be very proud of their representations individually as well as a team. They are second to no others in the quality of their services. You and our country are to be congratulated to have such fine men serve the cause.

People like myself who come and go on temporary missions will be doing well, if we do not interfere too much. The credit for our success so far in delaying the decision of ICRC should be given to these two men and Mr. Bum-suk Lee.

3. Creation of an International Affairs Section in the working organization of our red cross. I have discovered that there is a distinct Red Cross World quite unique and apart from the rest. Only specialized workers, well versed both in theories and practices of the red cross international affairs can serve satisfactorily in relationships like our present one. We need good diplomats in the Red Cross World as well as in others.

This concludes for the time being what I have seen and felt and thought since coming here.

Please allow me to make another point here not directly but indirectly connected with our present issue. Since the Korea-Japan talks broke up last time, its seriousness has been coming home to my mind. I do not know the issues well and all the pros and cons are beyond me to enter into discussion. I know only three simple facts about it, and I state them here for your consideration. The first one is, that Korea and Japan being neighbors physically, geographically must restore and enjoy normal relations for the good of each other and for the strength of the free world.

The second fact is that you can bring about as no one else can. We have this confidence.

The third fact is that we, common people wish and pray that it be done by you in your time while you are still holding the reins. We shudder even at the idea of this important work being done by somebody else at some unknown future date.

May be you have never given thought to this angle of the question. I want to plead to you in the name of the countless who suffered under Japanese, that it is so important that you straighten out this relationship for us in your time once and for all times.

I hope I have not wearied you with so many words. The spirit behind the words has been an eager and anxious one. Please forgive me for any wrong expressions, if there are such to displease you.

When I see you in person I want to thank you for the second scroll you have written for my whangap. Words are too inadequate to express my gratitude. I am studying caligraphy and hope to be able to write one for your next birthday.

Ever sincerely yours,

Helen Kim

번역

레지나제네브호텔
1959년 7월 10일

경무대 이승만 대통령
대한민국 서울

친애하는 대통령 각하,

저는 갑작스런 통보를 받고 국가적 문제를 해결하기 위해 급히 출국하여 이곳에 왔습니다. 대통령님께서 진해에 계셨기 때문에 떠나기 전에 대통령님의 조언과 자문을 구할 수 없었는데, 지금 생각해도 아쉬움이 남습니다.

이곳에 온 후 김용식 공사와 최규하 공사의 도움을 받아 국제적십자위원회와 관련된 개인과 단체와 언론사들을 많이 접촉하고 인터뷰했습니다. 이러한 경험을 바탕으로 다음과 같은 관찰과 권고사항을 보고드립니다.

1. 우리를 대하는 국제적십자위원회의 태도는 우호적이며 우리를 위해 무언가를 하고자 하는 의지가 느껴졌습니다. 한편으로 국제적십자위원회는 중립성과 공정성의 원칙을 엄격하게 고수하기 때문에 '깨기 어려운 견과'입니다. 다른 한편으로는 중립성 때문에 매우 취약한 조직이기도 합니다. 적십자의 이름과 인도주의적 목적이라면 누구든지 조사나 지원을 위해 문제를 제기할 수 있습니다.

그래서 현재 일본과 북한 공산주의자들의 공동 제안은 공중에 떠있습니다. 국제적십자위원회는 이 제안을 물리적으로 접수했지만 아직까지 거부도 수용도 하지 않고 있습니다. 7월 6일 회의에서 위원회는 이 제안에 대해 처음 보고를 받았고, 관련 직원들은 이 제안에 대해 연구하라는 지시를 받았습니다. 이 연구 기간은 우리가 간섭한다면 연장될 수 있습니다. 우리는 시간 끌기 전술로 싸우고 있기 때문에 지금이 바로 간섭할 때입니다.

우리가 이런 생각을 하고 있는 동안 부아시에 위원장은 국제적십자위원회가 우리의 제안이 있다면 환영할 것이라고 반복해서 말했습니다. 그리고 그는 가능한 한 빨리 또는 "2주 이내"라고 말하면서 우리의 입장 표명에 <u>시간 요소</u>를 강조했습니다.

그래서 우리는 그것이 좋은 전략이라고 믿고 전문을 보내고 지침을 요청했습니다. 대통령님께서 허락해 주신다면 김 공사와 최 공사가 초안을 작성해서 입장 표명 전에 대통령님께 제출하고 승인을 받을 수 있을 것 같습니다. 우리는 한 번에 한 단계씩만 볼 수 있는 것 같습니다. 지금 이 단계를 시작하면 전투가 장기화될 수 있습니다. 그리고 그 사이에 우리를 최종 승리로 이끌 다른 가능한 단계가 나타날 수 있습니다.

오늘 제안의 내용에 관해서는 우리의 생각을 글로 옮기는 중입니다. 내일 파리로 가서 각하께 전달할 것입니다. 이 편지도 파리에서 행낭편으로 보낼 것입니다.

2. 직원 및 근무 시설 개선: 이 문제는 오래 끌지 않았으면 합니다만 현안으로 남아 있는데, 현재 함께 일하고 있는 두 사람에 최소 두 명 이상의 인력이 추가되어야 합니다. 한 명은 지난 봄에 이곳에 왔다가 병을 얻은 이범석 씨여야 합니다. 그는, 적십자사를 상대로 한 교섭은 적십자사 사람만이 가능하다는 점에서 꼭 필요한 사람입니다. 또한 그는 이곳에서 만난 모든 사람이 그를 매우 높게 평가할 정도로 훌륭한 일을 해냈습니다. 그의 공헌은 계속되어야 합니다. 그리고 항상 책상에 앉아 모든 기록과 서신을 할 비서가 있어야 합니다. 한국에서 누군가를 데려올 수 없다면 유럽에 있는 우리 대사관 중 한 곳에서 당분간 한 사람이 도와줄 수 있을 것입니다.

그런 다음 최소한의 필수 장비와 운영 예산이 있는 사무실이 필요합니다. 지금 여기에는 아무것도 없습니다. 제네바대표부조차도 아무것도 없습니다. 김 공사는 말하지 않았지만 사무실이나 타이피스트에 대한 돈이 아직 오지 않았기 때문이라고 생각합니다. 또한 전문 발송에 필요한 경비를 너무 많이 제한해서는 안 됩니다.

그리고 저는 김 공사와 최 공사의 업무 처리를 가장 높이 평가하고 싶습니다. 두 분이 너무 훌륭한 일을 하고 계셔서 제가 할 수 있는 일은 대한적십자사의 위상을 더하는 것뿐입니다. 두 사람은 서로 다르지만 서로를 칭찬하며 완전한 조화와 협력으로 함께 일하고 있습니다. 우리는 두 사람이 개인적으로나 팀으로나 제네바에 와계신 것이 매우 자랑스럽습니다. 그들의 업무 역량은 그 누구에게도 뒤지지 않습니다. 이렇게 훌륭한 사람들이 대의를 위해 봉사한다는 것은 각하와 우리 국가에 축하할 일입니다.

저처럼 일시적으로 임무를 수행하러 왔다 갔다 하는 사람들도 지나치게 간섭받지 않는다면 잘해낼 수 있을 것입니다. 지금까지 국제적십자위원회의 결정을 늦추는 데 성공한 공로는 이 두 분과 이범석 씨에게 돌려야 합니다.

3. 우리 적십자 실무 조직에 국제 업무 부서 신설하는 문제. 저는 다른 적십자사들과는 아주 독특하고 차별화된 적십자 세계가 있다는 것을 발견했습니다. 적십자 국제 업무의 이론과 실무에 정통한 전문 인력만이 현재와 같은 관계에서 만족스럽게 봉사할 수 있습니다. 우리는 다른 곳과 마찬가지로 적십자 세계에서도 훌륭한 외교관이 필요합니다.

이것으로 제가 이곳에 와서 보고 느끼고 생각한 것을 일단 마무리하겠습니다.

여기서 현안과 직접적이지는 않지만 간접적으로 연관된 한 가지를 더 말씀드리겠습니다. 지난번 한일회담이 결렬된 이후 그 심각성이 제 머릿속에 계속 떠오르고 있습니다. 저는 이 문제에 대해 잘 알지 못하며, 찬반양론은 제가 논할 수 있는 범위를 넘어섭니다. 다만 제가 아는 간단한 사실 세 가지만을 말씀드리고 이에 대한 각하의 판단을 구하고자 합니다. 첫 번째는 한국과 일본은 물리적, 지리적으로 이웃한 국가로서 서로의 이익과 자유세계의 힘을 위해 정상적인 관계를 회복하고 누려야 한다는 것입니다.

두 번째는 그 누구도 할 수 없는 일을 각하만이 해낼 수 있다는 사실입니다. 우리는 이러한 자신감을 가지고 있습니다.

세 번째 사실은 우리 평범한 사람들이 각하께서 아직 권력을 잡고 있는 기간 동안 각하에 의해 한일 관계 정상화가 이루어지도록 희망하고 기도한다는 것입니다. 우리는 이 중요한 일이 알 수 없는 미래의 어느 날에 다른 누군가에 의해 이루어질 것이라는 생각만 해도 몸서리쳐집니다.

어쩌면 각하께서는 이런 각도에서 생각해 보신 적이 없을지도 모릅니다. 일제 치하에서 고통받았던 수많은 사람의 이름으로 각하께서 각하의 시대에 우리를 위해 지금이라도 한일 관계를 바로잡는 것이 매우 중요하다는 것을 간곡히 호소하고 싶습니다.

너무 많은 말로 각하를 지치게 하지 않았으면 좋겠습니다. 간곡하고 간절한 마음으로 말씀을 드렸습니다. 혹시라도 잘못된 표현이 있었다면 용서해 주시기 바랍니다.

직접 뵙게 되면 제 환갑 때 두 번째 두루마리(서예)를 써 주신 것에 대해 감사드리고 싶습니다. 감사한 마음을 말로 표현하기에는 너무 부족합니다. 제가 지금 서예를 공부하고 있는데 각하의 다음 생신 때에는 꼭 써드릴 수 있기를 바랍니다.

감사합니다.

헬렌 김[김활란]

20-1. 김활란 박사가 이승만 대통령에게 보낸 서신에 대한 답신(작성자 불명)

July 29, 1959

Dear Dr. Kim:

I have been instructed to acknowledge the receipt of your letter of July 10, 1959, addressed to His Excellency the President.

First of all, I wish to express my hearty appreciation to you for your hard and good work at Geneva in contacting the ICRC authorities to block Japan's attempt on the deportation of the Korean residents in Japan to the northern part of Korea. As for draft essentials of our proposal to the ICRC which Minister Yong Shik Kim had submitted, the Government made thorough studies thereon and its views have been communicated to Minister Kim. I trust that he will handle the matter most discretely so that it may bring the best advantage to our cause.

Regarding your suggestion on improvement of the staff and working facilities, I think the problem is settled since the Government has decided to establish our Mission in Geneva, for which necessary arrangements have been completed. Your idea on the creation of an International Affairs Section in the working organization of our Red Cross is a fine one and I hope you will take up the issue for materialization with Health and Social Affairs Minister Sohn when you return to Seoul.

Your remarks on the Korea-Japan talks have been perused with particular attention and we will make special studies on those points you mentioned.

With best wishes for success in your important mission, I am

Sincerely yours,

번역

1959년 7월 29일

친애하는 김 박사님,

대통령 각하께 보낸 1959년 7월 10일 자 귀하의 서한을 수신하였음을 알려드리라는 지시를 받았습니다.

먼저 제네바에서 ICRC 당국과 접촉하여 재일한인들을 북한으로 송환하려는 일본의 시도를 저지하기 위해 열심히 노력해 주신 데 대해 진심으로 감사를 표합니다. 김용식 공사가 제출한 ICRC에 대한 우리 측 제안의 핵심 내용과 관련해서 정부는 이에 대한 충분한 검토를 거쳤고, 그 의견을 김 공사에게 전달했습니다. 김 공사께서도 우리 대의에 최대한 도움이 될 수 있도록 신중하게 처리해 주실 것으로 믿습니다.

직원 및 근무 시설 개선에 대한 제안에 대해서는 정부가 제네바에 우리 공관을 설치하기로 결정하고 필요한 준비가 완료되었기 때문에 이 문제는 해결될 것으로 생각합니다. 우리 적십자 실무 조직에 국제협력과를 신설하자는 말씀은 좋은 의견으로, 서울에 돌아오시면 손 보건복지부 장관과 함께 이 문제를 구체화해 나가시기를 바랍니다.

한일회담에 대한 김 박사님의 말씀은 특별히 주의 깊게 검토하고 있으며, 말씀하신 사항에 대해 특별히 연구하도록 하겠습니다.

박사님의 중요한 임무가 성공적으로 수행되기를 기원하며 이만 마치겠습니다.

감사합니다.

23. 김용식 공사가 대통령에게 보낸 서한
(재일한인 북송 문제 관련 대한적십자사 제안 관련)

No. 18

6 chemin des Mesmes, Geneva.

July 13th, 1959.

Your Excellency:

Enclosed herewith your Excellency will find the draft proposal of our Red Cross to ICRC.

If your Excellency approves, we should like to submit this to the ICRC when the time is appropriate. The significance of this proposal is as follows:

I do not believe the Japanese Red Cross will agree to this proposal and the ICRC will find some excuses for not giving approval to the Japanese request. Even if the Japanese agree, the talks will last a considerable time.

The contention of the proposal is that ICRC should do something for our people in Japan from the point of view of humanitarian relief work rather than of intervention in depatriation.

The wording would be restudied.

Even though it is likely to end as a diplomatic manoeuvre it will certainly help our cause in publicity.

With sentiments of loyalty and esteem

I remain,

Yours faithfully

번호: 18

6 chemin des Mesmes, 제네바
1959년 7월 13일

각하,

각하께 우리 적십자가 국제적십자위원회에 보내는 제안서 초안을 동봉해 보내드립니다.

각하께서 승인해 주신다면 적절한 시점에 이 제안서를 국제적십자위원회에 제출하고자 합니다. 이 제안의 의의는 다음과 같습니다.

일본적십자사가 이 제안에 동의할 것이라고 생각하지 않으며, 국제적십자위원회는 일본의 요청을 승인하지 않을 핑계를 찾을 것입니다. 일본이 동의하더라도 회담은 상당한 시간 동안 지속될 것입니다.

이 제안의 핵심은 송환 개입이 아닌 인도주의적 구호 활동의 관점에서 ICRC가 재일한인들을 위해 무언가를 해야 한다는 것입니다.

문구는 재검토할 것입니다.

외교적 책략으로 끝날 가능성이 높지만 우리의 대의명분을 홍보하는 데는 분명 도움이 될 것입니다.

충성심과 존경의 마음을 담아 올립니다.

감사합니다.

별첨

23-1. 대한적십자사가 국제적십자위원회에 제출할 제안 초안

DRAFT CONFIDENTIAL

Office of the President

Copy: Ministry of Foreign Affairs

ESSENTIALS OF OUR RED CROSS PROPOSAL TO ICRC

I. Preamble: We will briefly cite the background and present hardships of the 600,000 Korean Residents in Japan.

II. Contents of proposal:

1) KNRC requests the ICRC to take the following measures:

    A. ICRC will investigate whether or not the 600,000 Korean residents in Japan are treated humanely in due respect of humanitarian principles as enunciated in Articles 2, 9, 23, 25 and 26 of Universal Declaration of Human Rights. JRC will render necessary services to expedite such investigation.

    B. According to the result of its investigation, ICRC will make recommendation to the JRC to formulate and put into practice appropriate relief measures to alleviate their present sufferings in Japan.

2) KNRC will participate in such relief measures as will be taken in II, 1), B, above.

3) KNRC requests ICRC to urge the Japanese Government to take necessary steps to legally guarantee the right of the Korean residents in Japan to permanent residence which is not subjected to deportation.

4) A meeting between KNRC and JRC will be held under the auspices

of ICRC at a time and place to be mutually agreed upon, provided the JRC recognizes that, without taking, above all, the measures described in 1), 2) and 3) above, it cannot by any means be said that the Korean residents in Japan are free to stay in Japan.

REMARK: The main purpose of making this proposal is solely to counter the Japanese attempt to deport our people in Japan and to help ICRC in finding excuses for not giving approval to the Japanese request. Therefore, timing of the presentation of this proposal should be carefully calculated according to the development of the situation here, and we hope that this tactic should be kept in top secret.

Delegations

번역 기밀 초안

대통령실
사본: 외무부

ICRC에 대한 우리 적십자사 제안의 핵심사항

I. 서문: 60만 재일한인이 처해있는 현재의 어려움과 그 배경에 대해 간략히 언급하겠습니다.

II. 제안 내용
1) 한국적십자사는 ICRC에 다음과 같은 조치를 취해줄 것을 요청합니다.
    A. ICRC는 60만 재일한인이 세계인권선언 제2조, 제9조, 제23조, 제25조, 제

26조에 명시된 인도주의 원칙을 존중하여 인도적인 대우를 받고 있는지 여부를 조사한다. 일본적십자사는 이러한 조사를 신속히 진행하기 위해 필요한 서비스를 제공할 것이다.

  B. 조사 결과에 따라 ICRC는 일본 내에서 현재의 고통을 완화하기 위한 적절한 구제 조치를 수립하고 실천할 것을 일본적십자사에 권고할 것이다.

2) 한국적십자사는 위의 II. 1) B에서 취해질 구제 조치에 참여합니다.

3) 한국적십자사는 일본 정부가 재일한인들이 강제 추방을 당하지 않고 영주할 수 있는 권리를 법적으로 보장하기 위해 필요한 조치를 취하도록 촉구할 것을 ICRC에 요청합니다.

4) 상기 1), 2), 3)의 조치를 취하지 않고는 재일한인의 일본 체류가 자유롭다고 할 수 없다는 것을 일본 정부가 인정하는 경우, 상호 합의하는 시기와 장소에서 ICRC의 후원하에 한국적십자사와 일본적십자사 간의 회의를 개최합니다.

비고: 이 제안을 하는 주된 목적은 오로지 일본의 재일한인 송환 시도에 대응하고 ICRC가 일본의 요청을 승인하지 않을 명분을 찾는 데 도움을 주기 위한 것입니다. 따라서 이 제안의 발표 시기는 일본 내 상황 전개에 따라 신중하게 계산되어야 하며, 이 전략은 극비리에 유지되기를 희망합니다.

대표단

28. 대한적십자사 제안에 대한 외무부의 검토 의견 송부 서한

July 22, 1959

Dear Minister Kim:

I have been instructed by His Excellency the President to acknowledge the receipt of your letters Nos. 17 through 22, respectively addressed to His Excellency the President.

The Ministry particularly perused and carefully studied the draft "ESSENTIALS OF OUR RED CROSS PROPOSAL TO ICRC" which you recommended in your letter No. 18 dated July 13. I am enclosing herewith a paper stating the Ministry's points of view on the draft proposal.

Sincerely yours,

Chung Whan Cho
Minister

Enclosure: Ministry's Points of View
on "ESSENTIALS OF OUR RED
CROSS PROPOSAL TO ICRC"

The Honourable Minister Yong Shik Kim
6 chemin des Mesmes, Geneva

1959년 7월 22일

친애하는 김 공사님,

귀하가 대통령 각하께 보낸 서신 17호부터 22호까지를 각각 수령하였음을 알려드리라는 대통령 각하의 지시를 받았습니다.

특히 7월 13일 자 18호 서신에서 귀하가 추천한 '국제적십자위원회에 대한 우리 적십자사 제안의 핵심사항' 초안을 면밀히 검토하고 주의 깊게 검토하였습니다. 동 제안서 초안에 대한 외무부의 입장을 담은 문서를 동봉합니다.

감사합니다.

조정환 장관

별첨: '국제적십자위원회에 대한 우리 적십자사 제안의 핵심사항'에 대한 외무부 입장문

김용식 공사
6 chemin des Mesmes, 제네바

별첨

28-1. 대한적십자사 제안에 대한 외무부 검토 의견서

FOREIGN MINISTRY'S POINTS OF VIEW ON
"ESSENTIALS OF OUR RED CROSS PROPOSAL TO ICRC"

1. The main purpose of this proposal seems to employ a delaying tactics to postpone a settlement and thereby avoid an imminent danger. If the present issue could be dealt with solely in our talks with the ICRC, a delaying tactics of this kind might deserve consideration. But on the issue, the United States is now a third party with grave concern which intends to stand between the two countries to extend good offices. One of the major motives by which the U.S. seems to move is an apprehension that it may face a great difficulty in applying Regulation I of ICA if the present Korea-Japan tension is prolonged longer. In U.S. view, therefore, the matter is to be urgently settled. Unless we give up hope that we may go with U.S. good offices, there is no time to employ a delaying tactics.

2. Logic underlying Point one of the proposal is that ICRC should investigate first under what condition a number of Korean residents allegedly wish to be "repatriated" to the Communist north. ICRC, which is a humanitarian organization, will certainly have concern over the present sufferings of Koreans in Japan. But it seems that ICRC's conception of "free choice of residence" is so academic that there is little connection with the predicament of the residents and their alleged wish to leave the place of residence. ICRC may agree to undertaking such investigation. But this investigation may be one thing, and the so-called repatriation may be another thing.

3. Even if a conclusion is drawn differently from the above, will ICRC be able to investigate satisfactorily the sufferings of Korean residents in Japan without bona fide assistance of the Japanese authorities? In this connection, it is to be recalled that Japanese persecution of Korean residents in Japan has been a social one which is not easily visible. According to Japanese theory, there is no discrimination at least legally between Japanese nationals and Korean residents in social lives.

4. According to the recommendation, ICRC should urge the Japanese Government to take necessary steps to legally guarantee the right of the Korean residents in Japan to permanent residence which is not subjected to deportation. It would be a wishful thinking if we believe that ICRC gives any serious consideration to this recommendation. ICRC is not likely to move in legal consideration. According to ICRC's theory, a question is not the right of Korean residents in question but their will to reside permanently in Japan.

5. Point 4 of the recommendation is not very clear in its meaning. However, to hold a meeting between two Red Cross Societies under the auspices of ICRC is to virtually shift the Korea-Japan talks of governmental level to one of the Red Cross level. This say be what ICRC and JRC want to have. But this is completely unacceptable to our Government.

'ICRC에 대한 우리 적십자사 제안의 핵심사항'에 관한 외무부의 입장

1. 이번 제안의 주된 목적은 합의를 연기하여 임박한 위험을 피하기 위한 지연 전술을 구사하는 것으로 보인다. 현재 문제가 ICRC와의 회담에서만 다뤄질 수 있다면 이런 종류의 지연 전술은 고려할 가치가 있을 수 있다. 그러나 이 문제에 대해 미국은 심

각한 우려를 가진 제3자로서 한일 두 나라 사이에 서서 중재를 하려는 의도를 가지고 있다. 미국이 움직이는 주요한 동기 중 하나는 현재의 한일 갈등이 더 장기화될 경우 ICA 규정 I을 적용하는 데 큰 어려움을 겪을 수 있다는 불안감 때문이다. 따라서 미국 입장에서는 이 문제가 시급히 해결되어야만 한다. 우리가 미국의 중재를 받아들일 희망을 포기하지 않는다면 시간 끌기 전술을 구사할 여유가 없다.

2. 제안의 첫 번째 포인트의 논리는 다수의 재일한인이 어떤 조건에서 공산권 북송을 희망하고 있는지를 국제적십자위원회(ICRC)가 먼저 조사해야 한다는 것이다. 인도주의 단체인 ICRC는 현재 재일한인들이 겪고 있는 고통에 대해 당연히 관심을 가질 것이다. 하지만 ICRC의 '거주지 선택의 자유'라는 개념은 너무 학문적인 개념이라서 재일한인들이 처한 곤경이나 거주지를 떠나고 싶다고 주장하는 것과는 별로 관련이 없는 것 같다. ICRC가 이러한 조사를 수행하는 데 동의할 수는 있을 것이다. 그러나 이러한 조사와 소위 송환은 별개의 문제일 수 있다.

3. 설령 위와 다른 결론이 도출된다고 하더라도 일본 당국의 선의의 협조 없이 ICRC가 재일한인들의 고통을 만족스럽게 조사할 수 있을까? 이와 관련하여 재일한인에 대한 일본의 박해는 쉽게 드러나지 않는 사회적 박해였다는 점을 상기할 필요가 있다. 일본의 이론에 따르면, 적어도 법적으로 일본인과 재일한인 사이에는 사회생활에서 차별이 존재하지 않는다.

4. 건의안에 따르면, ICRC는 일본 정부에 재일한인이 강제 퇴거를 당하지 않는 영주권을 법적으로 보장하기 위해 필요한 조치를 취할 것을 촉구해야 한다. ICRC가 이 권고를 진지하게 고려할 것이라고 믿는 것은 어디까지나 우리의 희망사항일 것이다. ICRC가 법적인 고려를 통해 움직일 가능성은 높지 않다. ICRC의 이론에 따르면, 문제는 해당 재일한인의 권리가 아니라 일본에 영구적으로 거주할 의사가 있는지의 여부이다.

5. 건의의 4항은 그 의미가 명확하지 않다. 그러나 ICRC의 후원하에 양국 적십자사

간 회담을 개최한다는 것은 정부 차원의 한일회담을 적십자 차원의 회담으로 전환한다는 것을 의미한다. 이는 ICRC와 일본적십자사가 원하는 바가 아닐 수 없다. 그러나 우리 정부로서는 도저히 받아들일 수 없는 제안이다.

75. 외무부 장관이 국제적십자 부아시에 위원장에게 보내는 메시지를 김 공사에게 알리는 외무부 전문

DATE. AUG 6, 1959

SENT TO: MINISTER KIM DAEPYOBU GENEVA

YOU ARE INFORMED FOLLOWING MESSAGE WAS CABLED TODAY TO BOISSIER FROM FOREIGN MINISTER CLN QUOTE EYE WISH TO EXPRESS MY GREAT ADMIRATION FOR THE NOBLE SPIRIT OF YOUR HUMANITARIAN ORGANIZATION CMA ESPECIALLY FOR ITS IMPARTIAL AND VERY CAUTIOUS APPROACH TO THE SOCALLED REPATRIATION OF KOREAN RESIDENTS IN JAPAN TO THE NORTHERN PART OF KOREA PD

BECAUSE THE PURPORTED AGREEMENT BETWEEN JAPAN RED CROSS AND COMMUNIST NORTH KOREAN RED CROSS IS AN OBVIOUS POLITICAL CONSPIRACY CMA THE PARTIES TO IT ARE DESPERATELY ANXIOUS FOR ICRC SANCTION IN ORDER TO ESTABLISH GROUNDS FOR A PRETENSE OF HUMANITARIAN PD THIS EXPLAINS THE VERY NOMINAL AND VIRTUALLY POWERLESS ROLE ASSIGNED TO ICRC PD THEY WANT ICRCS GOOD NAME BUT NOT ICRCS FAIRNESS AND IMPARTIALITY PD TO OUR REGRET CMA JAPAN IS MISREPRESENTING BOTH THE ISSUES AND THE FACTS CMA AND IS FABRICATING STORIES DESIGNED TO DEFEND THE DEPORTATIONS AND REPRESENT THEM AS HUMANITARIAN PD ALL THE WORLD KNOWS THAT THE FATE OF KOREAN RESIDENTS IN JAPAN WAS UNDER DISCUSSION IN KOREA JAPAN NEGOTIATIONS LONG BEFORE THE JAPANESE DECIDED ON THE DEPORTATIONS CMA AND THAT SUCH

NEGOTIATIONS PROVIDE THE ONLY LEGITIMATE CHANNEL FOR THE SOLUTION OF THE PROBLEM PD IT IS STILL OUR FIRM AND SINCERE CONVICTION THAT KOREA JAPAN GOVERNMENTAL NEGOTIATIONS CAN AND SHOULD SETTLE THE RESIDENT ISSUE IN ACCORDANCE WITH HUMANITARIAN PRINCIPLE AND THE HIGHEST STANDARDS OF JUSTICE PD THE TWO GOVERNMENTS THEREFORE SHOULD URGENTLY PURSUE THE ATTAINMENT OF THIS OBJECTIVE PD IF THERE ARE DISAGREEMENTS THAT CANNOT BE RESOLVED THROUGH SUCH DISCUSSIONS CMA THEN THE INDEPENDENT JUDGMENT AND OPEN MINDED ASSISTANCE OF ICRC WOULD BE VITAL TO FINAL ACCORD PD IT WILL NEVER BE TOO LATE FOR ICRCS HELP CMA AND THE VALUE OF THIS ASSISTANCE WILL BE GREATLY MULTIPLIED IF ICRC ACTION IS WITHHELD UNTIL IT IS REQUIRED PD EYE CANNOT AND HAVE NOT THE SLIGHTEST INTENTION OF TRYING TO INFLUENCE OR INTERFERE WITH YOUR INDEPENDENT JUDGMENT AND HUMANITARIAN UNDERTAKINGS PD BUT I AM STRONGLY OF THE OPINION THAT THE TWO GOVERNMENTS SHOULD EXHAUST ALL MEANS OF SETTLING THIS POLITICAL ISSUE ON A HUMANITARIAN BASIS BEFORE REFERRING IT TO ICRC PD EYE AM ALSO CERTAIN THAT IT WILL BE TO YOUR SATISFACTION IF THIS COMPLICATED AND DIFFICULT PROBLEM IS ADJUSTED BY THE TWO GOVERNMENTS IN ACCORDANCE WITH HUMANITARIAN CONSIDERATIONS PD PLEASE BE ASSURED THAT IN THIS SPIRIT MY GOVERNMENT WILL KEEP YOU INFORMED OF ALL KOREA JAPAN CONFERENCE DEVELOPMENTS AFFECTING THE KOREAN RESIDENTS PD. EYE SINCERELY APPEAL TO YOU AND YOUR NOBLE ORGANIZATION TO CONSIDER THIS QUESTION MOST SERIOUSLY AND CAUTIOUSLY SO THAT IT CAN BE SOLVED IN A MANNER THAT WILL PROTECT HUMAN RIGHTS AND PRESERVE THE PEACE OF NORTHEAST ASIA PD UNQUOTE

WOIMUBU

번역

1959년 8월 6일

수신인: 제네바대표부 김 공사

다음 메시지가 금일 외무부 장관으로부터 부아시에 위원장에게 발송되었음을 알려드립니다. "존경하는 부아시에 국제적십자위원회(ICRC) 위원장님, 저는 귀하의 인도주의 단체인 국제적십자위원회의 고귀한 정신에 대해 큰 존경을 표하고자 하며, 특히 재일한인의 북송에 대한 공정하고 매우 신중한 접근 방식에 대해 감사드리는 바입니다.

일본적십자사와 공산주의 북한적십자사 간의 합의는 명백한 정치적 음모이기 때문에 이 합의의 당사자들은 인도주의자라는 허울의 명분을 쌓기 위해 ICRC의 허가를 필사적으로 갈망하고 있습니다. 이것은 ICRC에 주어진 명목적이면서도 사실상 무력한 역할을 설명하고 있는 것입니다. 그들은 ICRC라는 좋은 이름은 원하지만 ICRC의 공정성과 불편부당성은 원하지 않습니다. 유감스럽게도 일본은 이 사안과 관련 사실을 모두 왜곡하고 있으며 북송을 옹호하고 그것을 인도주의로 표현하기 위해 고안된 이야기를 조작하고 있습니다. 전 세계는 한일 간에 재일한인의 운명을 정할 사안들이 일본이 북송을 결정하기 오래전부터 논의되어 왔다는 점, 이러한 협상이 문제 해결을 위한 유일한 합법적 통로를 제공할 것이라는 점을 잘 알고 있습니다. 한일 정부 간 협상이 인도주의 원칙과 정의의 최고 기준에 따라 재일한인 문제를 해결할 수 있고 또 해결해야 한다는 것은 우리의 변함없이 확고하고 진지한 신념입니다. 따라서 양국 정부는 긴급히 이러한 목적을 달성해야 합니다. 만일 이러한 논의를 통해 해결될 수 없는 이견이 있을 경우에는 ICRC의 독립적인 판단과 열린 마음가짐의 지원이 최종 합의에 필수적일 것입니다. ICRC의 도움이 늦게 제공된다고 해서 그것이 절대 늦은 것이라고 할 수 없습니다. 특히 국제적십자위원회의 조치가 꼭 필요할 때 이루어진다면 그 도움의 가치는 크게 배가될 것입니다. 저는 귀하의 독립적인 판단이나 인도주의적 조치에 대해 영향력을 행사하거나 간섭하려는 의도가 조금도 없으며 그럴 수도 없습니다.

그러나 저는 양국 정부가 이 정치적 문제를 ICRC에 의뢰하기 전에 인도주의적 차원에서 문제 해결을 위한 모든 수단을 강구해야 한다고 생각합니다. 또한 이 복잡하고 어려운 문제가 인도주의적 고려에 따라 양국 정부에 의해 조정된다면 귀하께서도 만족할 것이라고 확신합니다. 이런 정신에서 우리 정부는 재일한인들에게 영향을 미치는 모든 한일회담 진행 상황을 귀하에게 계속해서 알려드릴 것을 약속드립니다. 저는 이 문제가 인권을 보호하고 동북아시아의 평화를 보존하는 방식으로 해결될 수 있도록 귀하를 비롯한 귀하의 고귀한 조직이 이 문제를 진지하고 신중하게 고려할 것을 진심으로 호소합니다."

외무부

91. 국제적십자위원회의 재일한인 북송 관련 성명문(보도 자료)

Geneva, August 11, 1959 Press Release No 682b

The ICRC and the question of Koreans in Japan

ICRCPRESS, August 11, 1959 – The International Committee of the Red Cross has decided to lend its assistance to the Japanese Red Cross with a view to preparing the repatriation of those Koreans resident in Japan who express the wish to proceed to a place of their choice in their country of origin. This decision is inspired by the principles which were set out in the Press Release of March 13, 1959; it is dictated solely by the interest of the persons concerned.

The International Committee notes that on October 16, 1958, the Government of the Democratic People's Republic of Korea stated that it was prepared to receive those Koreans resident in Japan who wished to proceed to North Korea, and to make ships available for their transport. On February 13, 1959, the Government of Japan decided, on its own responsibility, to authorize these repatriations and to entrust the Japanese Red Cross with the organization of the repatriation, with the assistance of the ICRC.

Further, the agreement reached in Geneva on June 24, 1959, between the Red Cross Societies of Japan and the Democratic People's Republic of Korea has shown that the two Societies intend to base their action on the principle whereby every person should have the right freely to choose his place of residence and, in particular, to return to his home country.

Since, in the opinion of the ICRC, this principle of free choice implies that the Koreans in Japan have the possibility of proceeding to North Korea, of remaining in Japan or of going to South Korea, negotiations were started with the Government of Japan and the Japanese Red Cross. The ICRC has received satisfactory assurances from them in regard both to the conditions whereby the principle of the free choice of the persons concerned will be guaranteed, and to the position of Koreans who would remain in Japan.

Lastly, the Government and the Red Cross of the Republic of Korea recently informed the ICRC that Koreans residing in Japan who wished to go to the Republic of Korea would be authorised to do so as soon as the necessary arrangements for this purpose have been made with the Japanese Government. The International Committee hopes that it will also be possible to reach an agreement for the organisation of these repatriations.

A mission of the ICRC will shortly be leaving for Tokyo to make arrangements for the International Committee's participation in this matter.

Genéve, le 11 aoûtt 1959   Communiqué No 682b

Le CICR et la question des Coréens au Japon

CICRPRESS, Genève le 11 août 1959 – Le Comité international de la Croix-Rouge a décidé de prêter son concours à la Croix-Rouge japonaise en vue de pré parer le rapatriement de ceux des Coréens résidant au Japon qui exprimeront le désir de se rendre au lieu de leur choix dans leur pays d'origine. Cette décision s'inspire des principes qui ont été énoncés dans le communiqué du 13 mars 1959. Elle est dictée par le seul intérêt des personnes en cause.

Le Comité international constate en effet que le 16 octobre 1958 le Gouvernement de la République populaire démocratique de Coréee s'est décclaré prêt à accueillir ceux des Coréens résidant au Japon qui souhaiteraient se rendre en Corée du Nord, et à mettre à disposition des bateaux pour leur transport. Le 13 février 1959, le Gouvernement du Japon a décidé sous sa propre responsabilité d'autoriser ces rapatriements et de confier à la Croix-

Rouge japonaise le soin de les organiser, avec le concours du CICR.

De plus, l'accord intervenu à Genève le 24 juin dernier entre les Croix-Rouges du Japon et de la République populaire démocratique de Corée a démontré que les deux Sociétés entendaient se baser sur le principe suivant lequel toute personne doit pouvoir librement choisir sa résidence, et notamment se rendre dans son pays.

Ce principe du libre choix impliquant, aux yeux du CICR, la possibilité pour les Coréens du Japon soit de se rendre en Corée du Nord, soit de rester au Japon, soit de se rendre en Corée du Sud, des négociations ont été ouvertes avec le Gouvernement et la Croix-Rouge japonaise. Le Comité international a recu de leur part des assurances satisfaisantes portant non seulement sur les conditions dans lesquelles la liberté du choix serait garantie, mais aussi sur la situation des Coréens qui resteraient au Japon.

Enfin, le Gouvernement et la Croix-Rouge de la République de Corée ont dernièrrement fait savoir au CICR que les Corérens réssidant au Japon qui en exprimeraient le désir seraient autorisés à se rendre en République de Corée aussitôt que les arrangements nécessaires auront été conclus à cet effet avec le Gouvernement du Japon. Le Comité international souhaite qu'une entente puisse également intervenir pour l'organisation de ces rapatriements.

Une mission du CICR va prochainement se rendre à Tokio, afin de fixer les modalités de la participation du Comité international.

번역 1959년 8월 11일, 제네바 　　　　　　　　　　　　　　보도 자료 682b호

국제적십자위원회와 재일한인 문제

1959년 8월 11일 국제적십자위원회 보도 자료 – 국제적십자위원회는 일본에 거주하는 한인들 중 출신 국가에서 자신들이 원하는 장소로 송환되기를 희망하는 사람들

을 송환하기 위한 준비를 위해 일본적십자사에 지원을 제공하기로 결정했다. 이 결정은 1959년 3월 13일 자 보도 자료에 명시된 원칙에 따른 것으로, 전적으로 당사자의 이해관계에 따라 결정된다.

국제위원회는 1958년 10월 16일 조선민주주의인민공화국 정부가 북한으로 가기를 희망하는 일본 거주 한인들을 수용하고 이들을 수송할 선박을 제공할 준비가 되어있다고 밝혔음에 주목한다. 1959년 2월 13일, 일본 정부는 자국의 책임하에 이러한 송환을 승인하고 국제적십자위원회(ICRC)의 도움을 받아 일본적십자사에 송환 조직을 맡기기로 결정했다.

또한 1959년 6월 24일 제네바에서 일본적십자사와 조선민주주의인민공화국적십자사 간에 체결된 합의에 따르면, 두 적십자사는 모든 사람이 자신의 거주지를 자유롭게 선택할 권리, 특히 본국으로 귀환할 권리를 가져야 한다는 원칙에 따라 행동할 것임을 밝혔다.

ICRC의 의견에 따르면, 이러한 자유 선택의 원칙은 재일한인들이 북한으로 갈 수도 있고, 일본에 남을 수도 있고, 한국으로 갈 수도 있다는 것을 의미하기 때문에 일본 정부 및 일본적십자사와 협상을 시작했다. ICRC는 당사자의 자유 선택 원칙이 보장될 수 있는 조건과 일본에 남게 될 한인의 입장에 대해 만족할 만한 확답을 일본 정부로부터 받았다.

마지막으로, 대한민국 정부와 대한적십자사는 최근 일본 정부와 함께 이에 필요한 준비가 완료되는 대로 대한민국으로 가기를 희망하는 일본 거주 한인에 대해 한국행을 허가할 것임을 ICRC에 통보하였다. 국제위원회는 또한 이러한 송환을 조직하기 위한 합의에 도달할 수 있기를 희망한다.

이 문제에 대한 국제위원회의 참여를 준비하기 위해 ICRC 사절단이 곧 도쿄로 떠날 것이다.

103. 재일한인의 북송에 관한 일본 정부의 입장 등이 담긴 문서

August 13, 1959

<u>The nature of the problem of voluntary repatriation to North Korea of Korean residents in Japan, the Japanese Government's basic position and its policy relating to the disposition of this problem, and the negotiations at Geneva between the Red Cross Societies of Japan and Korea</u>

1. This problem is one of voluntary return in accordance with the free will of the individual and not one of repatriation of Koreans by the Japanese Government, much less deportation against their will. This should be kept in mind in discussing the disposition of this problem or making a fair judgment on it.

The Japanese Government has consistently pursued a policy of permitting the voluntary exit of an alien regardless of the destination he chooses, when such alien desires to leave Japan of his free will.

However, in view of the special circumstances of the present case, such as that there have been movements for mass return to North Korea and counter-movements and that the Japanese Government is obliged to afford necessary facilities to Korean repatriates from a humanitarian viewpoint because this is a collective repatriation of a large number of Koreans, many of whom are destitute, the Japanese Government has decided, on its own initiative, to go beyond the limit of its normal responsibility and take special measures for safeguarding the freedom of will and maintaining impartiality of the repatriation work as much as practicable.

Thus, the Japanese Government decided to entrust the repatriation work to the Japanese Red Cross Society and to request the ICRC to cooperate in this work, having confirmed in the Cabinet Understanding of February 13 of this year its policy to dispose of the North Korean repatriation problem in accordance with the internationally accepted principle of the freedom of choice of residence.

2. The Japanese Red Cross Society, recognizing that the above-mentioned policy of the Japanese Government to be in perfect agreement with the basic principles of the Red Cross, complied with the request of the Government and sent first its Director of Foreign Affairs, Mr. Inoue, in late February, and then its Vice President, Mr. Kasai and Director of Social Affairs, Mr. Takagi, in early April to Geneva. The Japanese Red Cross delegation first conveyed the request of the Japanese Government to the ICRC. Following this, the negotiation with the North Korean Red Cross delegation began, during which various difficulties and complication were encountered. In this connection the following two facts must be pointed out.

Firstly, direct negotiation with the North Korean Red Cross was started since the ICRC was of the opinion that it was unable to decide its attitude unless the Japanese Red Cross first negotiated with the North Korean Red Cross and the result of agreement reached become known. Thus, even though the two Red Cross societies conduct negotiations on a humanitarian question under such circumstances, and Koreans in Japan return to North Korea of their own free will, this does not imply the slightest change in the Japanese Government's foreign policy.

Secondly, such being the case, it become necessary for the Japanese Red Cross to devise a practicable formula which would be acceptable to the North Korean side but which at the same time would not deviate in substance from our basic position. This required considerable efforts on our part. Under the agreement finally agreed upon, arrangements to guarantee the freedom of will, which was our basic position from the outset, are assured.

3. In the course of the negotiations items considered to be not absolutely necessary were dropped and some changes were made in the wording, but arrangements to guarantee the free expression of will, which is our basic policy, have been maintained.

The principal reasons are as follows:

a) It is provided in the agreement as a prerequisite that the applications for return must be based on the free will of applicants themselves.

b) It is provided in the agreement that the application must be made by the applicant himself in person to the registration agency organized by the Japanese Red Cross Society.

c) It is provided in the agreement that the registration agency will be organized and operated by the Japanese Red Cross system. But in order to insure that the organization and operation of the registration agency will be fair and impartial in conformity with humanitarian principles, it is provided that the Japan Red Cross Society may request the ICRC to take necessary and appropriate measures. On the basis of such request the ICRC may render effective cooperation for the purpose of insuring impartial handling of the repatriation work as well as the free expression of will by the individual.

d) Needless to say, the individual may at any time prior to embarkation change his mind regarding repatriation. In addition, an individual may express his genuine will to return or not to return to the Japanese Red Cross Society and the Japanese Red Cross Society will handle this in a just and proper manner.

4. On the other hand, the ICRC, recognizing that the agreement proves that

the Red Cross Societies of Japan and North Korea intend to act on the basis of the principle that any individual may freely choose his own place of residence and especially that he may return to the country of his origin, announced on August 11th its decision to cooperate with the Japan Red Cross Society in order to enable Korean residents in Japan to express their will to return to the plade of their choice in their country of origin.

This announcement confirms that the ICRC has agreed to cooperate in the humanitarian phase of the repatriation work.

Thus the basic purpose of the Cabinet Understanding of February 13 of this year had been adhered to not only in the agreement as well as in the cooperation of the ICRC.

5. The Japanese Government wishes to restate on this occasion that its policy has always been to allow Koreans continue to stay in Japan, if they so desire, so long as they observe the laws and regulations of Japan, and to permit their departure from Japan if they so choose by their won free will to return either to North or South Korea. In the implementation of this policy, the Japanese Government firmly upholds the basic position that it does its utmost to prevent any person from being taken against his will to places where he does not want to go, or from not being able to return to the place of his choice.

As mentioned earlier, the will of individual will be fully guaranteed by the formula agreed upon, but the Japanese Government, from its own stand and from its position of supervising the Japanese Red Cross, is prepared to take necessary and appropriate steps for this purpose.

6. It is the sincere hope of the Japanese Government that the repatriation work will be smoothly implemented and will be carried out smoothly with the assistance of the ICRC as well as the cooperation of all parties concerned. At

the same time it earnestly hopes that the Governments and peoples of all the countries of the world will fully understand the nature of this problem and extend their support and cooperation to this humanitarian cause.

번역

1959년 8월 13일

재일한인의 북한으로의 자발적 송환 문제의 본질, 이 문제의 처리에 관한 일본 정부의 기본 입장 및 방침, 그리고 한일 적십자사 간의 제네바협상

1. 이 문제는 개인의 자유의사에 따른 자발적 귀환의 문제이지 일본 정부에 의한 강제 송환의 문제가 아니며, 본인의 의사에 반하는 강제 추방은 더욱 아니다. 이 문제의 처리를 논의하거나 공정한 판단을 내릴 때 이 점을 염두에 두어야 한다.

일본 정부는 외국인이 자유의사에 따라 일본을 떠나고자 하는 경우, 그가 선택한 목적지와 관계없이 자진 출국을 허용하는 정책을 일관되게 추진해 왔다.

그러나 북한으로의 집단 귀환 움직임과 이에 대한 반대 움직임이 있었다는 점, 다수 빈곤층인 다수의 한국인을 집단적으로 송환하는 것이므로 인도주의적 견지에서 일본 정부로서는 송환 대상자에게 필요한 시설을 제공할 의무가 있다는 점 등 이 사건의 특수한 사정을 고려하여 일본 정부는 자국의 통상적인 책임의 한계를 넘어 가능한 한 송환 업무의 공평성 유지와 의사 자유 보장을 위한 특별 조치를 취하기로 결정하였다.

이에 따라 일본 정부는 국제적으로 통용되는 거주지 선택의 자유 원칙에 따라 송환 문제를 처리한다는 방침을 금년 2월 13일 각의에서 확인한 후 일본적십자사에 송환 업무를 위탁하고 국제적십자위원회(ICRC)에 협조를 요청하기로 결정했다.

2. 일본적십자사는 상기 일본 정부의 방침이 적십자의 기본 원칙에 전적으로 일치한다고 인식하고, 일본 정부의 요청에 따라 2월 말에 이노우에 국제업무국장을, 4월 초에 가사이 부총재와 다카기 사회국장을 제네바에 파견하였다. 일본적십자 대표단

은 먼저 일본 정부의 요청을 ICRC에 전달했다. 그 후 북한적십자 대표단과의 협상이 시작되었고, 그 과정에서 여러 가지 어려움과 복잡한 문제가 발생했다. 이와 관련하여 다음 두 가지 사실을 지적하지 않을 수 없다.

첫째, 북한적십자사와의 직접 교섭이 시작된 것은 일본적십자사가 먼저 북한적십자사와 교섭을 하고 그 합의 결과를 알지 못하면 ICRC의 태도를 결정할 수 없다는 판단에 따른 것이었다.

따라서 이러한 상황에서 양국 적십자사가 인도주의적 문제에 대한 협상을 진행하고 재일한인이 자유의사에 따라 북한으로 귀국한다고 하더라도 이것이 일본 정부의 외교정책에 어떠한 변화가 있음을 의미하는 것은 아니다.

둘째, 이러한 상황에서 일본적십자사는 북한 측이 수용할 수 있으면서도 동시에 우리의 기본 입장을 실질적으로 벗어나지 않는, 실천 가능한 공식을 고안해낼 필요가 있었다. 이를 위해서는 우리 측의 상당한 노력이 필요했다. 최종적으로 합의된 합의서에는 처음부터 우리의 기본 입장이었던 신체의 자유를 보장하기 위한 조치가 보장되어 있다.

3. 협상 과정에서 꼭 필요하지 않다고 판단되는 항목이 삭제되고 문구가 일부 변경되었지만, 우리의 기본 방침인 자유로운 의사 표현을 보장하는 조치는 그대로 유지되었다.

이에 관한 주요 이유는 다음과 같다.

a) 귀환 신청이 신청자 본인의 자유로운 의사에 근거해야 한다는 전제 조건이 계약서에 명시되어 있다.

b) 일본적십자사가 주관하는 등록 기관에 신청자 본인이 직접 방문해야 한다는 것이 계약에 명시되어 있다.

c) 등록 대행 기관은 일본적십자사 시스템에 의해 조직 및 운영된다는 것이 계약에 명시되어 있다. 그러나 등록 기관의 조직 및 운영이 인도주의 원칙에 따라 공정하고 공평하게 이루어지도록 보장하기 위해 일본적십자사는 ICRC에 필요하고 적절한 조치를 취하도록 요청할 수 있다고 규정되어 있다. 그러한 요청에 근거하여 ICRC는 송환 업무의 공정한 처리와 개인의 자유로운 의사 표현을 보장하기 위해 효과적인 협조를

제공할 수 있다.

　d) 말할 필요도 없이, 개인은 출항 전에 언제든지 송환에 관한 자신의 마음을 바꿀 수 있다. 또한 개인은 일본적십자사에 귀환 또는 귀환하지 않겠다는 진정한 의사를 표명할 수 있으며, 일본적십자사는 이를 정당하고 적절한 방식으로 처리한다.

　4. 한편 ICRC는 이번 합의가 일본과 북한의 적십자사가 개인이 자신의 거주지를 자유롭게 선택할 수 있고, 특히 출신국으로 돌아갈 수 있다는 원칙에 입각하여 행동하겠다는 의사를 표명한 것으로 평가하고, 재일한인들이 출신국에서 원하는 곳으로 돌아갈 수 있도록 일본적십자사와 협력하기로 했다고 8월 11일 발표했다.

　이번 발표를 통해 ICRC는 인도주의적 차원에서 송환 작업에 협력하기로 했다는 것을 확인했다.

　따라서 올해 2월 13일의 각의 양해의 기본 목적은 합의뿐만 아니라 ICRC의 협력에서도 준수되었다.

　5. 일본 정부는 재일한인이 원할 경우 일본의 법령을 준수하는 한 일본에 계속 체류할 수 있도록 하고, 그들이 자유의사에 따라 북한 또는 남한으로 귀국하기를 원할 경우 출국을 허용한다는 방침을 이 기회에 다시 한 번 밝히고자 한다. 일본 정부는 이 정책을 실시함에 있어서, 누구든지 자신의 의사에 반하여 원하지 않는 곳으로 끌려가거나 자신이 원하는 곳으로 돌아가지 못하는 일이 없도록 최선을 다한다는 기본 입장을 확고히 견지하고 있다.

　앞서 언급한 바와 같이 개인의 의사는 합의된 방식에 의해 충분히 보장되지만, 일본 정부는 일본적십자사를 감독하는 입장에서 이를 위해 필요하고 적절한 조치를 취할 준비가 되어있다.

　6. 송환 작업이 ICRC의 지원과 모든 관련 당사자의 협력하에 순조롭게 이행되고 원활하게 수행되기를 일본 정부는 진심으로 희망하며, 동시에 세계 각국 정부와 국민들이 이 문제의 본질을 충분히 이해하고 인도주의적 대의에 대한 지지와 협력을 확대하기를 간절히 희망한다.

V.5 북송 연장을 위한 일본적십자사와 북한적십자사의 면담, 1960

분류번호 : 723.1 JA 북 1955-60 V.5
등록번호 : 769
생산과 : 경무대/아주과
생산연도 : 1960
필름번호 : C1-0010
파일번호 : 05
프레임번호 : 0001~0434

재일한인 북송협정의 연장 문제를 둘러싼 한일 간 대립, 연장 저지를 위한 한국 정부와 주일, 주제네바 대표부, 주미 대사관의 활동 내용, 북송협정의 연장 관련 언론 기사 등이 수록되어 있다.

1959년 12월 14일 제1차 북송 이후, 1960년 1년 동안에만 5만여 명에 달하는 재일한인의 북송이 이루어졌다. 일본 정부는 북송을 원하는 재일한인이 여전히 다수라는 입장, 북송을 중단할 경우 국내 정치적으로 큰 부담을 안게 된다는 점 등을 이유로 북송협정 연장의 불가피성을 주장하였으며, 결국 1960년 10월 27일 북송협정은 한국 측의 격렬한 반대에도 불구하고 1년 연장되고 말았다.

한편 한일회담은 1960년 4.19혁명으로 한국에서 이승만 정권이 퇴진하면서 중단되었다가 1960년 8월 12일 장면 내각의 출범 후, 9월 5~6일 고사카 젠타로 일본 외상의 방한을 계기로 재개에 합의하고, 그해 10월 25일 제5차 한일회담 예비회담 본회의를 시작으로 재개되었다.

1. 일본, 북한 괴뢰 관계

1469

일본-북한 괴뢰 관계

(별첨: 교포 북송 관계)

1958년 7월~1960년(1961. 1)

아주과

1470　1958년

8월 24일

일본 사절단, 평양 도착

소위 '북한대외문화연락위원회'의 초청에 의해 9월 9일의 괴뢰 건국 10주년 기념식전에 참가할 일본 사절단 일행 18명(단장, 사회당 참원의원 아이자와 시게아키(相澤重明) 씨)은 24일 평양에 도착.

9월 3일

도바시(土橋) 씨 등, 평양에 도착

전 전체노조(全遞勞組) 위원장 도바시 가즈요시(土橋一吉) 씨와 전 도쿄토건일반노조(土建一般勞組) 중앙위원 오자와 기요시(小澤淸) 씨는 2일 평양에 도착.

9월 26일

재일 조총련계 교포 자제에 1억 원 송금

북한 괴뢰의 소위 '조선재외동포원호위원회'는 26일, '괴뢰적십자'를 통해 재일 조총련계 교포 자제의 교육 원조비로서 10만 파운드를 송금하였다. 이러한 종류의 송금은 이미 3회에 달하는바 그 총액은 32만 파운드가 된 셈이다.

9월 27일

제2차 일·북괴 무역협정 체결 교섭은 좌절

북괴의 소위 '국제무역촉진위원회'는 27일 일본의 '일조무역협회'에 대하여 '제2차 일조무역협정'의 교섭에는 불응하겠다는 태도를 통고하였다. 괴뢰 측은 '한일회담'의 즉시 중단 및 괴뢰-일본 간의 직접 거래를 요구하고 있다.

(주) 일-괴뢰 무역은 일본 민간 3단체가 1957년 9월 27일 북한 괴뢰 측과 제1차 일조무역협정(무역액: 편도 600만 파운드)을 체결함으로써 개시되었는데, 그 후 일·중공 무역 중단의 영향으로 중개항인 대련항을 이용할 수 없게 되어, 일·괴뢰 무역도 4월에 자동적으로 중단되었는데 수출입 실적은 200만 파운드에 달하였을 뿐이다.

1959년

1월 2일

일조협회 오타 나카(大田中) 이사장, 평양 도착

소위 '조선대외문화연락협회'의 초청을 받은 일조협회의 오타 나카 이사장은 공로[비행편] 평양에 도착.

2월 28일

조선노동당 및 일본공산당 양 대표단, 공동코뮈니케를 발표

조선노동당과 일본공산당 양 대표단 간의 평양회담에 관한 공동코뮈니케가 27일 평양에서 발표되었다.

3월 17일

사회당 사절단, 평양 도착

사회당은 일·괴뢰 간의 정치 무역 관계의 개선과 재일교포 북한 강송 문제의 토의를 위해 오카다(岡田), 다나카(田中) 양 의원을 평양에 방문시키기로 결정.

4월 11일

일본·북괴 양 적십자사, I.R.C에서의 회담 개최를 발표

제네바의 일본, 북괴 양 적십자사 대표단 대변인은 11일, 오후 재일교포 강송 문제에 관하여 13일부터 회담을 시작할 것이라고 발표.

1473 5월 30일

일본국민구원회 대표, 평양 도착

난바 □□(難波矢夫) 씨를 단장으로 하는 일본국민구원회 대표단 일행 6명은, 북괴의 소위 '조선대외문화연락협회'의 초청을 받고 29일 평양에 도착.

6월 22일

북괴의 화력 발전기 구입 대표단의 일본 입국 문제

일본국제무역촉진협회는 19일 소위 '조선국제무역촉진위원회'로부터 현안의 발전기 구입의 상담 구체화를 위해 상사, 기술자로 구성되는 대표단을 파일하고 싶다는 전보를 접수, 그의 신입을 받아들인다는 결정을 내렸다.

(주) 북괴 측은, 일조협회와 괴뢰의 금강무역상사 간에 진행되고 있는 5만 킬로와트 발전기 20기(일화 총액 약 400억 원)의 구입을 실현시키기 위해 대표단의 파견을 신입한 바 있었으나, 일본 정부는 한일회담과의 관계상 북한 관계자의 입국을 인정하지 않았기 때문에 구체화되지 못하고 있었다.

7월 4일

니가타(新潟)현 지사, 평양 방문

소위 '평양시 인민위원회'의 김용진 위원장의 초청을 받아 평양을 방문하는 기타무라(北村) 니가타 지사는 3일 평양에 도착, 이 괴뢰 부수상과 회견하였다.

1474 1960년

1월 5일

북한 방문 일 기자단 일행, 평양 출발

북한을 방문 중인 일본 기자단 일행 7명은 5일, 공로[비행편] 평양을 출발, 일본으로 향하였다.

1월 23일

일상, 북괴와 무역

무역계 소식통이 밝힌 바에 의하면, 도쿄, 오사카, 고베의 일부 상사는 1959년 가을

부터 북한 괴뢰와 직접 무역을 하고 있었다 한다. 현재까지의 수출입 총액은 약 10억 원(약 300만 미화 불)으로서, 일본으로부터는 다이아, 베어링, 와이어로프 등을 수출하고 북한으로부터는 마그네시아그□, 선철, 형석 등을 수입하였다.

2월 4일

일본, 북한 잔류자 명부를 북괴 측에 제출

일본 후생성은 북한에 잔류 중에 있는 소식 불명의 일본인을 조사 중에 있었던바, 우선 140명의 명단을 작성해서 일적을 통해 괴뢰적십자에 정식으로 조사를 의뢰하였다. 이 명부는 니가타 일적센터에서 괴뢰적십자 대표단에 수교되었다.

2월 27일

북괴적십자, 재일 조총련계 자제에 2억여 원을 송금

괴뢰적십자사는 일본 원 2억 210만 원을 재일 조총련계 자제의 교육비로서 재일조선인교육회에 송금하였다. 괴뢰 측은 이로써 6회에 걸친 대일 송금을 행한바 그 총액은 일화 9억 1,510만 원에 달하였다.

3월 22일

재일조선인귀국협력회 대표단, 평양 도착

재일조선인귀국협력회 북한 파견 사절단 일행(단장: 중원의원) 4명은 22일 평양에 도착하여 남일 괴뢰 부수상, 박성철 외상 등과 회담하였다.

5월 6일

북괴, 일본 측 안부 조사 명부를 휴행

일본 후생성은 북한에서 소식 불명된 일본인의 안부 조사를 의뢰하기 위해서, 일측을 통해 6일 괴뢰적십자 대표에게 871명분의 명부를 수교하였다. 이는 2월 4일의 140명분에 이어 2차에 해당하는 것이다.

5월 11일

이이다(飯田) 일조협회 간사, 평양 출발

이이다 일조협회 상임간사는 10일간의 북한 방문을 끝내고 11일 평양을 떠났다.

7월 12일

하카나카 마사하루(畑中政春)에 괴뢰 국기훈장

소위 '조선인민공화국 최고인민회의'는 11일, 하카나카 일조협회 사무국장에 대해,

일·북괴 양국 인민의 우호 관계 증진을 위한 그의 공로를 찬양하여 괴뢰 국기훈장 제2급을 수여하였다. 일본인이 북한 괴뢰의 국가 훈장을 받은 것은 이번이 그 처음의 일이다.

9월 1일

북괴, 재일 조총련계 자제 교육비로 2억 원 송금

괴뢰적십자 중앙위원회는, 소위 '조선재외동포구호위원회'의 위임으로 재일 조총련계의 자제 교육 원조 자금으로서 일화 2억 1,300만 원을 송금하였다.

9월 8일

일조협회 대표, 평양을 방문

소위 '조선대외문화연락협회'의 초청으로 북한을 방문 중인 일조협회 사절단은 7일, 초청 단체인 '조선대외문화연락협회'와 공동성명을 발표.

9월 13일

북괴, 홍콩 중계의 대일 무역 중지

북괴는 돌연 홍콩 중계의 일본과의 3각 무역을 중지한다고 통고하였다. 일본, 북괴 간의 무역은 1958년 5월 일·중공 무역 중단 후, 따라서 중단되었다가 58년 10월 재일 교포 송환협정의 성립을 전후로 해서 재개, 매월 5,000톤 평균의 무역이 홍콩 중계로 행해졌다. 이의 중계는 홍콩의 중공계 상사가 행하였던바 북괴 측은 금후 일본과의 직접 무역이 아니면 이를 중단하겠다고 통고해 온 것이다.

10월 11일

북괴, 일본 어선 2척을 포획

괴뢰 외무성은 일본 어선 2척이 7일, 북한 연해(평북, 용천, 군신도)를 불법 침입하였기 때문에 이를 포획하였다고 발표.

10월 18일

일, 북괴 무역 재개

9월 이래 중단되었던 홍콩 경유 일·괴뢰 3각 무역은 광주 주재의 괴뢰 국영 무역상사 '동명공사'를 행하여 홍콩 화상 중계로 재개되었다.

10월 24일

북괴, 포획 일 어선 및 어부를 송환

북괴적십자사는 24일 일본적십자사에 "10월 7일 북한 연해를 침입, 포획되었던 일본 어선 2척과 27명의 어부는 이를 송환하기로 결정, 일행은 26일 일본으로 향발하였다"라고 통고하였다.

12월 6일

아이카와(相川) 일조무역협회 상무, 평양 방문

일조무역협회의 아이카와 상무이사는 괴뢰의 소위 '조선국제무역촉진위원회'의 초청으로 6일 평양을 방문.

별첨: 교포 북송 관계

1959년

4월 11일

일본, 북괴 양 적십자사, 제네바 국제적십자사에서의 회담 개최를 발표

제네바의 일본, 북괴 양 적십자사 대표단 대변인은 11일 오후, 재일교포 강송 문제에 관하여 13일부터 회담을 시작할 것이라고 발표.

4월 13일

제1회 회담, 쌍방의 기본 입장을 설명

재일교포 강송에 관한 일·북괴 양 적십자 대표의 제1회 정식 회담은 13일, I.R.C 본부 회의실에서 개최되었는데 쌍방은 재일교포 강송에 관한 기본 입장을 각각 제시하였다.

4월 15일

제2회 회담, 일본 측 실무협정 초안 내용을 제시

제2회 회담은 15일 I.R.C 본부 회의실에서 열렸는데, 이 회담에서는 상대방의 입장에 관한 질의를 행하였다. 북괴 측은 국제위의 개입 문제, 일본 측은 북괴 측 구상에 따르는 해상 수송에 있어서의 불안 등에 대하여 각각 질문하였다.

4월 17일

제3회 회담, 귀국 의사 확인으로 대립

제3회 회담도 17일 I.R.C 본부에서 재개되었는데, 이 북괴적십자 대표는 "북한 귀국 희망자의 의사 확인은 조선총련에 의해서 하여야 하며, 적십자 국제위의 개입은 필요가 없는 것이다"라고 주장하였다.

4월 20일

제4회 회담, 일본 측 '의사 확인 문제'에 대해 구체적 설명

4월 22일

제5회 회담, '의사 확인, 선별 문제'를 토의

4월 24일

제6회 회담, 북괴, 국제위 개입을 수락

제6회 회의에서 북괴 측은 국적의 개입(조건부)을 수락함과 아울러 북괴 측 귀한 계획을 제시하였다.

4월 27일

제7회 회담, 기본 원칙에 합의

제7회 회담은 27일 열렸는데, 이 회담의 결과 양측은 "귀환의 기본적 원칙에 관해서는 일·북괴 쌍방 간에 완전한 의견의 일치를 보았다"고 발표하였다(공동코뮈니케 발표).

4월 29일

제8회 회담, 일본 측 '국제위 개입 문제를 중심한 17항목' 설명

5월 2일

제9회 회담, 일본 측 '신제안(본문 4항, 부속 문서 2항)'을 제시

5월 4일

제10회 회담, 고정 문제로 쌍방 간 의견 대립

5월 6일

제11회 회담, 일본 측 '일조 적십사 협정안(협정 본문, 부속 문서 4, 공동선언 2)'을 괴뢰 측에 수교

5월 8일

제12회 회담

5월 20일

제13회 회담

5월 25일

제14회 회담, 북괴 측 일본 안에 전면 회답

북괴 측은 일본 측의 20일 회담(제13회 회담)에 전면적으로 불만을 표시하였는데, 특히 고정 처리(의사 표시의 자유)에 관한 일본 제안 및 국제위의 실무 개입에 대하여서는 절대 반대의 태도를 표시하여 회담은 결렬 직전의 위기에 돌입하였다.

6월 1일

제15회 회담, 회담 결렬의 위기 회피

1일 열린 양 적십자 회담은 지금까지 논쟁의 적이 된 '지도', '관리', '고정 처리' 등 자구를 일본 측이 전면적으로 철회함으로써, 회담 결렬의 위기는 일응 모면된 것같이 보였다.

6월 4일

제16회 회담, 일본 측 '고정 문제'에 관한 해석을 설명

제16회 회담은 4일 열렸는데, 이 회담에서 북괴 측은 '고정' 문제에 관한 일본 측의 회답을 요구하였는바, 이에 대하여 일본 측은 '의사 표시의 자유'라는 것은

(1) 강박 또는 교사에 의한 명시 또는 묵시의 의사 표시

(2) 허위 또는 착오에 의한 의사 표시

(3) 과실로 인한 의사 표시

등은 '의사 표시의 자유'에 기한 의사 표시로 볼 수 없다고 회답하였다.

6월 10일

제17회 회담, 일·북괴적십자 회담 사실상 타결

제17회 회담에서 북괴 측은 일본 측이 도쿄로부터의 새로운 훈령에 기해 제시한 (1) 고정 신청인은 본인으로 한다. (2) 종래 주장해 온 '고정' 또는 '의의'를 '의사의 변경'이라 해도 좋다는 2개의 점을 골자로 한 제안을 승인하였다.

이로써 4월 13일 제1회 회담으로부터 약 2개월간에 걸쳐 진행된 일, 북괴적십자 회담은 이 쟁점의 해결로써 사실상 타결된 셈이 되었다. 그리고 이 회담에서 일본 측은 18개 항목에 달하는 협정 초안안을, 북괴 측은 10개 항목에 달하는 최종 제안을 제시하였고, 또한 공동코뮈니케를 발표하였다.

6월 14일

15일부터 '북한귀환협정 기초위' 회의 개최

일·북괴적십자 회담은 15일부터 정식으로 '재일교포 북한귀환협정' 작성을 위해 기초위원회를 발족할 것이다. 동 위원회는 '협정 본문 18조, 부속서(수송 관계), 일적 선언(국제위원회 관계)'으로 된 일본의 협정안과 '협정' 하나로 된 북괴 안을 놓고, 귀환협정의 기초에 착수할 것이다.

6월 15일

기초위 제1회 회의

일, 북괴적십자 회의는 15일 일본대표단 숙소에서 개최되었는데, 회담의 내용은 적십자 국제위와의 관계상 공표되지 않았다.

6월 16일

기초위 제2회 회의 속개

제2회 회의도 전일과 같이 일본대표단 숙사에서 열렸는데, 회담의 내용은 비밀로 되어있다.

6월 24일

일, 북괴적십자 회의, 제18회 본회의 개최, '협정 호혜 성립'

일, 북괴적십자 협정은 6월 10일, 협정 내용의 기본적 사항에 관해 쌍방의 합의가 성립, 그 후 협정기초위원회의 협정 기초가 완료되어 24일의 제18회 본회의에서 그 결과를 확인하였다.

보통의 경우, 이로써 협정은 바로 조인에 들어가게 되는 것이지만 이 경우는 협정 자체가 적십자 국제위의 개입을 필요조건으로 하고 있으므로 협정을 국제위에 제시하여 그 확인을 얻은 후에 정식 조인을 하게 된 것이다.

7월 7일

협정 조인 문제로 일·북괴 양 대표단 회담

7일 개최된 일·북괴 양 적십자 회담에서 이 북괴 대표는 즉시 협정의 조인을 행할 것을 주장하고, 만약 이것이 불가능하면 조인의 일자를 결정해 두자고 주장한 데 대하여, 가사이(葛西) 일 대표는 적십자 국제위의 승인이 있기 전에는 조인할 수 없다고 답변하였다.

7월 7일

협정 초안은 이미 '가서명 문서'

국제적십자위는 8일, 일·북괴 양 적십자사가 6월 24일 적십자 국제위에 제출한 귀환 계획 초안은 이미 양 적십자사가 가서명한 문서라는 사실을 밝혔다.

8월 13일

일·북괴 양 적십자사, 캘커타에서 협정에 조인

재일교포의 북한 송환에 관한 일·북괴 양 적십자 협정은 13일, 캘커타에서 조인되었는데, 동 협정은 전문 9조로 되어있다.

12월 14일

제1차 송환선(975명) 니가타 출항

12월 21일

제2차 송환선(976명) 니가타 출항

12월 28일

제3차 송환선(991명) 니가타 출항

1960년

1월 15일

제4차 송환선(998명) 니가타 출항

1월 22일

제5차 송환선(999명) 니가타 출항

1월 29일

제6차 송환선(998명) 니가타 출항

2월 5일

제7차 송환선(1,002명) 니가타 출항

2월 12일

제8차 송환선(1,016명) 니가타 출항

2월 19일

제9차 송환선(1,015명) 니가타 출항
2월 26일

제10차 송환선(1,024명) 니가타 출항
3월 4일

제11차 송환선(1,028명) 니가타 출항
3월 11일

제12차 송환선(1,046명) 니가타 출항
3월 18일

제13차 송환선(1,000명) 니가타 출항
3월 26일

제14차 송환선(1,004명) 니가타 출항
4월 1일

제15차 송환선(1,067명) 니가타 출항
4월 8일

제16차 송환선(1,059명) 니가타 출항
4월 15일

제17차 송환선(1,076명) 니가타 출항
4월 22일

제18차 송환선(1,093명) 니가타 출항
4월 29일

제19차 송환선(1,061명) 니가타 출항
5월 6일

제20차 송환선(1,041명) 니가타 출항
5월 13일

제21차 송환선(1,039명) 니가타 출항
5월 20일

제22차 송환선(1,073명) 니가타 출항
5월 27일

제23차 송환선(1,131명) 니가타 출항

6월 3일

제24차 송환선(1,114명) 니가타 출항

6월 10일

제25차 송환선(1,085명) 니가타 출항

6월 17일

제26차 송환선(1,048명) 니가타 출항

6월 24일

제27차 송환선(1,107명) 니가타 출항

7월 1일

제28차 송환선(1,065명) 니가타 출항

7월 8일

제29차 송환선(1,100명) 니가타 출항

7월 15일

제30차 송환선(1,036명) 니가타 출항

7월 22일

제31차 송환선(1,037명) 니가타 출항

7월 23일

북괴적십자, 귀환협정 연장을 제안

괴뢰적십자 중앙위원장 김응기는 시마즈(島津) 일적 사장에게 보낸 전보에서 재일교포 송환협정의 기한 연장을 제안하였다.

7월 29일

일적, 송환 촉진(스피드 업)을 신립

일적의 시마즈 사장은 "송환 촉진 문제를 협의하기 위해 괴뢰적십자의 대표를 조속히 니가타에 파견할 것을 요청한다"라는 뜻의 전문을 발송하였다. 이는 23일의 북괴적십자의 입전에 대한 반전인 것이다.

7월 29일

제32차 송환선(1,094명) 니가타 출항

8월 5일

북괴, 니가타 회담에 동의

북괴적십자의 김 사장은 5일, 시마즈 일적 사장에게 보낸 전보에서 재일교포의 송환에 관한 동 사장의 7월 29일 자 '니가타 회담'의 요청에 동의하였다.

8월 5일

제33차 송환선(1,023명) 니가타 출항

8월 12일

제34차 송환선(981명) 니가타 출항

8월 18일

제35차 송환선(1,066명) 니가타 출항

8월 23일

북괴적십자 대표단, 니가타로 향발

'니가타 회담'에 참석할 북괴적십자 대표단(단장: 이일경 부사장)은 23일 제36차 송환선 편으로 청진을 출발.

8월 26일

제36차 송환선(1,059명) 니가타 출항

9월 2일

니가타 '일·북괴 본회담' 5일부터 개최 결정

'북괴 대표단 수원(기자 2명이 포함된)의 신문 전보 타전 문제'로 결렬 상태에 빠졌던 일, 북괴적십자 회담은 2일, 일본 정부가 '회담 내용에 관한 한, 수원의 신문 전보 타전을 인정한다'는 태도를 결정하자 결렬의 위기를 회피, 5일부터 본회의를 열 것에 합의하였다.

9월 2일

제37차 송환선(1,070명) 니가타 출항

9월 5일

'니가타 회담' 제1회 회의 개최

제1회 본회의는 5일, '니가타현청'에서 열렸는데, 이 회의에서는 '귀환협정 무수정, 기한 연기'의 괴적 측 제안과 '일정 기한 내의 신청 및 그 촉진(스피드 업)을 위한 협의'

를 내용으로 한 일본 측 제안을 놓고 토의하였다.

9월 10일

'니가타 회담', 제5회 본회의

10일에 개최된 제5회 회의에서 북괴 측은 한결같이 '일정 기간 신청 및 그 촉진'을 내용으로 한 일적 안을 전면 거부하고 협정 무수정 연장안을 고집하였다.

9월 12일

제6회 본회의, 회담 결렬 위기에 직면

제6회 회의에서 일적 측은 북괴 측이 주장하는 귀환 무수정 연장을 수락할 수 없다는 태도를 명백히 표시하여, 회담의 전도는 절망적이 되었다.

9월 16일

제38차 송환선(1,027명) 니가타 출항

9월 17일

제8회 회의, 북괴 측, 일적 신제안을 즉각 거부

제8회 회의에서 일적 측은 일적, 일 정부, 여당 수뇌와의 협의의 결과 채택한 신제안을 최종안으로서 제출하였으나 북괴 측은 이를 즉각 거부하였다.

9월 23일

니가타 회담 결렬, 괴적 대표단 귀국

북괴적십자 대표단의 이일경 단장 외 6명은 '니가타 회담'이 결렬되자 23일 오후 니가타를 출발, 북한으로 향하였다.

9월 23일

제39차 송환선(997명) 니가타 출항

9월 30일

제40차 송환선(987명) 니가타 출항

10월 7일

제41차 송환선(1,049명) 니가타 출항

10월 13일

니가타에서 일·북괴 양 적십자 비공식 회담

다카기(高木) 일적 사회부장은 송환 승선 단장으로 니가타에 온 김주영 괴적 국제부

부부장과 13일, 북한 송환 연장 문세 타개를 위해 회담하였다.

10월 14일

제42차 송환선(1,172명) 니가타 출항

10월 20일

'다카기(高木)-김(金) 회담' 재개

북한송환협정 연장 문제의 해결책을 모색하는 다카기-김 회담은 20일, '니가타'에 정박 중인 송환선 내에서 열렸는데, 양자는 현 협정의 1년 자동 연장 및 그에 따르는 귀환 촉진에 관한 회담 개최 문제에 대하여 토의하였다.

10월 21일

제43차 송환선(1,037명) 니가타 출항

10월 27일

송환협정 1년 연장에 조인

난항을 거듭해 오던, 북한송환협정 연장 문제의 일·북괴 양 적십자 교섭은 27일에 이르러 타결, '협정 갱신을 위한 합의서', '송환 촉진을 위한 일적 제안서', '괴적 회답서', '공동코뮈니케'의 4문서에 조인하였다.

10월 28일

제44차 송환선(1,083명) 니가타 출항

11월 4일

제45차 송환선(1,073명) 니가타 출항

11월 11일

제46차 송환선(971명) 니가타 출항

11월 18일

제47차 송환선(968명) 니가타 출항

11월 24일

1,200명 안으로 합의

북한 송환의 촉진을 위한 일·괴적 양 적십자 제3회 니가타 회담은 "1회의 수송인원을 1,200명으로 증가하고, 이를 1961년 3월 1일부터 실시할 것"에 합의하였다.

11월 26일

제48차 송환선(888명) 니가타 출항

12월 3일

제49차 송환선(820명) 니가타 출항

12월 9일

제50차 송환선(668명) 니가타 출항

12월 16일

제51차 송환선(653명) 니가타 출항

1961년

1월 13일

제52차 송환선(883명) 니가타 출항

1월 20일

제53차 송환선(669명) 니가타 출항

1월 29일

제54차 송환선(751명) 니가타 출항

(주) 이로써 북한으로 강송된 재일교포는 13,729세대, 54,281명에 달하고 있다.

2. 재일한인 북송에 관한 한국 측 항의서

1495   For Copenhagen Conference[수기로 표시]

JAN 1960

1. There is a breach of international obligation on the part of the Japanese Government because the unilateral disposal of the problem of Korean residents in Japan is a violation of the Agreed Minutes of December 31, 1957.

2. The Deportation of Koreans in Japan is a violation of the terms mutually agreed on (August 26, 1959) that the Korea-Japan overall talks will discuss for settlement the problem of those who neither wish to repatriate to the Republic of Korea nor wish to remain in Japan.

3. The Government of the Republic of Korea has due right and obligation to protect Korean residents in Japan.

4. In view of their historical background of migration into Japan, the deportation of Korean residents in Japan in most inhumane.

5. Japan advocates the so-called principle of free choice of residence, but there is no freedom to leave in the Communist north.

6. The Deportation contributes to strengthening manpower of the puppet regime with which the free world is still at war.

7. The Deportation not only deteriorate the relations between Korea and Japan but also threatens the peace and security of the Northeast Asia.

8. Ostensibly, the deportation scheme is carried out by the Japan Red Cross in the name of the Red Cross, but it is a political intrigue joinly undertaken by the Japanese Government and the puppet regime.

번역 코펜하겐 회의용[수기로 표시]

1960년 1월

1. 일본 정부가 재일한인 문제를 일방적으로 처리한 것은 1957년 12월 31일 합의의 사록을 위반한 것이므로 일본 정부의 국제적 의무 위반이다.

2. 재일한인 강제 송환은 대한민국으로의 송환을 원하지 않거나 일본에 잔류하기를 원하지 않는 자의 문제 해결을 위해 한일회담에서 협의하기로 상호 합의(1959년 8월 26일)한 사항을 위반한 것이다.

3. 대한민국 정부는 재일한인을 보호할 정당한 권리와 의무를 가진다.

4. 재일한인의 역사적 이주 배경에 비추어 볼 때, 재일한인에 대한 강제 송환은 가장 비인도적인 처사이다.

5. 일본은 소위 거주지 선택의 자유 원칙을 주장하지만 공산주의 북쪽에는 떠날 자유가 없다.

6. 강제 송환은 자유세계가 여전히 전쟁 중인 괴뢰 정권의 인력 강화에 기여한다.

7. 강제 송환은 한일 관계를 악화시킬 뿐만 아니라 동북아시아의 평화와 안전을 위협한다.

8. 표면적으로는 일본적십자사가 적십자의 이름으로 강제 송환을 실시한다고 하지만, 이는 일본 정부와 괴뢰 정권이 합작하여 벌이는 정치적 음모다.

4. 북한으로 송환된 밀입국 한인에 관한 보고 공문

한일대(정) 제7호

단기 4293년 1월 14일

주일 대사[관인]

외무부 장관 귀하

건명: 북한으로 송환된 밀입국 한인에 관한 건

(연: 4292년 12월 22일 자 TM-12127호)

(연: 4292년 12월 22일 자 TM-12128호)

(연: 4292년 12월 24일 자 한일대-(정) 제246호)

머리의 건 연호 공한으로 이미 보고드린 바와 같이 지난 12월 21일 소위 제2차 '송환선' 편으로 전후 범주에 속하는 한인 42명이 북한으로 송환된 데 대하여 이를 항의하는 구상서를 일본 외무성에 전달하였던바, 금반 일본 외무성으로부터 이에 대한 회답 구상서를 전달하여 왔사옵기에 동 일본 측의 구상서 원본(영문 및 일본문본 각 1통)을 별첨 송부하오니 금후 취할 조치에 관하여 지시하여 주시기 바라나이다.

별첨: 일본 외무성 구상서 아북 제4호 일문 및 영문 원본 각 1통

별첨

4-1. 일본 측 구상서(일문본 및 영문본)

外務省

亜北第4号

昭和35年1月11日

口 上 書

　外務省は, 在本邦大韓民国代表部に敬意を表するとともに, 同代表部の1959年12月22日付口上書PKM-26に言及し, 次のとおり申し述べる光栄を有する.

　1. 日本国政府が, 大韓民国政府に対して機会ある度に明らかにしたとおり, 就中, 去る12月18日 山田外務事務次官が, 大韓民国代表部代表柳大使に手交したエード・メモアールにおいて明らかにしたとおり, 北鮮帰還は, 居住地選択の自由という基本的人権にかかわる人道問題であることは, 洽ねく支持されており, またこの見地に基く日本国政府の処理方針が正しいことは, 客観的にも証明されている所である.

　2. そもそも, 自国民, 特に他国への不法入国者が他国政府によって退去強制処分をうけた場合, これを速かに自国領域内に引取ることは, 確立せる国際法上の原則である. それにも拘らず, 大韓民国政府は, 在日韓人刑余者については1952年5月以後, また, 韓人不法入国者については1954年7月以後, すみやかにこれを引取る措置を講じないために, 日本国政府が大村収容所に収容しておくことを余儀なくされる韓人の数は増加する一方となり, また, その収容期間も著しく長期化するに至った. 大村収容所に収容されている韓人不法入国者の中に北朝鮮帰還希望者が発生するに至ったのは大韓民国政府が, 確立せる国際法上の原則に従ってその責任を果さないところに起因するものであって, 若し大韓民国政府がすみやかに彼らを引取っておりさえすれば, かかる問題は全く発生する余地がなかったことは明らかである.

3. 本邦に密入国した後大村収容所に収容され，日本国政府当局の特別の配慮によってその後仮放免された韓人中の若干名が，自らの選択によって最近北朝鮮へ帰還したことは事実である．

しかしながら，彼等の帰還に関し韓国代表部が今回の口上書においてなした非難は，次の理由により根拠を欠くものである．

すなわち，1957年12月31日に署名された「日本国において収容されている韓人及び韓国において収容されている日本人漁夫に対する措置に関する日本国政府と大韓民国政府との間の了解覚書」は，「大韓民国政府は，第二次世界大戦後の韓人不法入国者の送還を受け入れる」旨を規定しており，これによって明らかなように，右「了解覚書」は，大韓民国政府が韓人不法入国者を速かに引取るべき義務を同政府に課したものであるが，日本国政府が韓人不法入国者の凡てを大韓民国政府に引渡す義務を日本国政府に課したものではない．この点は，不法入国者その他退去強制の事由に該当する外国人を強制送還することは，主権国の権利であって，義務ではないという国際法の原則から見て，論争の余地の無い当然のことであり，連絡委員会の会議その他の機会に日本側が屢次指摘したとおりである．

Translation

THE GAIMUSHO

No. 4/ASN

NOTE VERBALE

The Ministry of Foreign Affairs presents its compliments to the Korean Mission and, with reference to the latter's note verbale PKM-26 dated December 22, 1959, has the honour to state as follows:

1. As has been made clear by the Government of Japan to the Government of the Republic of Korea on every occasion, particularly in the aide memoire handed over by Mr. Hisanari Yamada, Vice Minister for Foreign Affairs, to Ambassador Tai Ha Yiu, Chief of the Korean Mission, on December 18, 1959, it has been widely supported that the repatriation of Koreans to North Korea is a purely humanitarian problem based on the fundamental human rights regarding the freedom of choice of residence and, also, it has been objectively proved that the policy of the Government of Japan in dealing with this problem under such basic position is just and proper.

2. It is a firmly established principle of international law that a State is under obligation promptly to admit or re-admit its nationals into its own territory, particularly those who entered the territories of another State illegally and who are deported by the Government of the latter State. Nevertheless, the Government of the Republic of Korea not only failed, after May 1952, to take steps promptly to accept the deportation of Korean residents in Japan who bad committed crimes but also failed, after July 1954, to take steps to accept

the deportation of Korean illegal entrants promptly, thereby compelling the Government of Japan to keep an ever increasing number of Koreans in the Omura immigration Center and consequently causing the prolongation of their internment to a considerable extent. It is solely due to this negligence on the part of the Government of the Republic of Korea to carry out its own responsibility under the established principle of international law that an atmosphere developed among the Korean illegal entrants interned at the Omura Immigration Center in which some of them came to desire to return to North Korea. It is evident, therefore, that if the Korean Government had promptly accepted the deportation of Korean illegal entrants there would have been no room at all for any such problem as this to arise.

3. It is true that some of the Korean illegal entrants into Japan who were interned at the Omura immigration Center and were later granted parole by special consideration of the Government of Japan, recently returned to North Korea by their own choice. However, the accusations made by the Korean Mission in this regard in its note verbals under reference cannot be justified for the following reasons:

The "Memorandum of Understanding between the Government of Japan and the Government of the Republic of Korea regarding Measures on Koreans Detained in Japan and on Japanese Fishermen Detained in Korea", signed on December 31, 1957, explicitly provides that "the Government of the Republic of Korea-will accept the deportation of Korean illegal entrants after the World War II." From this provision it is evident that the said "Memorandum of Understanding", while imposing an obligation on the Government of the Republic of Korea to accept Korean illegal entrants promptly, imposes no obligation on the Government of Japan to deliver all Korean illegal entrants to the Government of the Republic of Korea. This is natural and indisputable in view of the principle of international law that it is a right but not duty of a sovereign State to deport illegal entrants of other aliens who are subject to deportation under its laws and regulations. It is added that the above position of the Japanese Government has been repeatedly clarified by the Japanese side at the meetings of the Working Committee as well as other occasions.

Tokyo, January 11, 1960

번역 번역본

외무성

아북 제4호

1960년 1월 11일, 도쿄

구상서

외무성은 재일본 대한민국대표부에 경의를 표함과 동시에 동 대표부의 1959년 12월 22일 자 구상서 PKM-26을 언급하면서 다음과 같이 말씀드리는 것을 영광으로 생각한다.

1. 일본 정부가 대한민국 정부에 대해 기회 있을 때마다 밝힌 바와 같이, 지난 12월 18일 야마다 외무성 사무차관이 대한민국대표부 대표인 유 대사에게 교부한 비망록에서 밝힌 바와 같이, 북한 귀환은 거주지 선택의 자유라는 기본적 인권에 관한 인도적 문제라는 것은 확고하게 지지되고 있으며, 또한 이 견해에 입각한 일본 정부의 처리 방침이 옳다는 것은 객관적으로도 증명되고 있는 부분이다.

2. 애초에 자국민, 특히 타국 불법 입국자가 타국 정부에 의해 강제 퇴거 처분을 받

은 경우 이를 신속히 자국 영역 내로 인계하는 것은 확립된 국제법상의 원칙이다. 그럼에도 대한민국 정부는 재일한인 수형자에 대해서는 1952년 5월 이후, 한국인 불법 입국자에 대해서는 1954년 7월 이후 신속하게 이를 인계하는 조치를 취하지 않아 일본 정부가 오무라수용소에 수용해 두어야 하는 한인의 수는 증가하는 한편, 그 수용기간도 현저하게 장기화되었다. 오무라수용소에 수용되어 있는 한국인 불법 입국자 중 북한 귀환 희망자가 발생하게 된 것은 대한민국 정부가 확립된 국제법상의 원칙에 따라 그 책임을 다하지 않은 데서 기인하는 것이며, 만약 대한민국 정부가 신속하게 그들을 인수하기만 했어도 그러한 문제가 전혀 발생할 여지가 전혀 없었던 것은 분명하다.

3. 일본에 밀입국한 후 오무라수용소에 수용되었다가 일본 정부 당국의 특별한 배려로 이후 가석방된 한국인 중 일부가 자신의 선택에 따라 최근 북한으로 송환된 것은 사실이다. 그러나 이들의 귀국과 관련하여 한국대표부가 이번 구상서에서 한 비난은 다음과 같은 이유로 근거가 부족한 것이다.

즉, 1957년 12월 31일에 체결된 「일본에 억류 중인 한국인과 한국에 억류 중인 일본 어민에 대한 대책에 관한 일본 정부와 대한민국 정부 간 양해각서」는 '대한민국 정부는 제2차세계대전 후 한국인 불법 입국자의 송환을 받아들인다'는 취지를 규정하고 있다. 이에 의해 명백히 알 수 있듯이, 위 '양해각서'는 대한민국 정부가 한국인 불법 체류자를 신속히 인수할 의무를 일본 정부에 부과한 것이지, 일본 정부가 한국인 불법 체류자 전원을 대한민국 정부에 인도할 의무를 일본 정부에 부과한 것은 아니다. 이 점은 불법 입국자 기타 강제 퇴거 사유에 해당하는 외국인을 강제 송환하는 것은 주권국의 권리이지 의무가 아니라는 국제법의 원칙에 비추어 볼 때 논란의 여지가 없는 당연한 일이며, 연락위원회 회의 등에서 일본 측이 거듭 지적한 바와 같다.

12. 북송과 관련한 국제적십자위원회의 최근 동향 관련 보고 문서

FOR REPORTING

January 26, 1960

Recent ICRC Moves on the Deportations, etc.

1. On January 4, 1960, the ICRC Mission in Japan delivered to JRC a note requesting suspension of political demonstrations in connection with deportations. In handing this note, Mr. Durand orally stated that his Mission would withdraw if his warnings are not heeded.

2. JRC reportedly complied with the ICRC advice as stated above, issuing instructions to its local branch offices on January 7. On the other hand, organizations supporting deportations such as "Repatriation Cooperation Association" and "Nitchokyokai" protested to ICRC Mission that the ban on using loud-speakers was an oppression of human sentiment.

3. Since the ICRC Mission in Japan gave warnings to JRC, repeated representations were made to ICRC in Geneva to the effect that its Mission should be withdrawn from Japan now that ICRC itself recognized that the deportations have been carried out under strong political influence.

4. Ambassador Yang is under Ministry's instructions to urge U.S. State Department to advise the Japanese Government to discontinue the deportation

and also to urge the American Red Cross Society to use its influence with the ICRC in Geneva so that the ICRC Mission in Japan may be withdrawn.

5. On January 19, the ICRC Mission in Japan advised the Japan Red Cross again to exclude "exterior intervention" in the so-called repatriation procedures. According, the Japan Red Cross instructed its local offices that the "exterior intervention" be excluded in the so-called repatriation and that should the Koreans are illiterate, the JRC officials should fill up the applications on their behalf, etc. Choryun charged the JRC in a statement that the applicants should be allowed to have their friends fill up the applications on behalf of them, and that the JRC procedures would make "repatriation" more difficult giving psychological pressures to the applicants.

6. Whenever Vice-Foreign Minister Choi met U.S. Ambassador McConaughy, the former used to make strong representation to the latter to the effect that it was the time for the United States Government to advise Japan to discontinue further implementation of the deportation and the American Red Cross should urge the ICRC to withdraw its Mission in Japan.

번역   보고용

1960년 1월 26일

북송 등에 관한 최근 국제적십자위원회의 움직임

1. 1960년 1월 4일, 일본 주재 ICRC 대표부는 일본적십자사에 북송과 관련한 정치적 시위의 중단을 요청하는 공문을 전달했다. 뒤랑 씨는 이 공문을 전달하면서 자신의 경고에 귀 기울이지 않을 경우 대표부를 철수할 것이라고 구두로 밝혔다.

2. 일본적십자사는 1월 7일 현지 지부 사무소에 지침을 내리면서 위와 같은 ICRC의 조언을 따른 것으로 알려졌다. 반면 '송환협력회', '닛초 교카이' 등 강제 송환을 지지하는 단체들은 확성기 사용 금지는 민심에 대한 탄압이라며 ICRC 대표부에 항의했다.

3. 주일본 ICRC 대표부가 일본적십자사에 경고를 한 이후, 대표부는 제네바의 ICRC에 ICRC 스스로도 북송이 강력한 정치적 영향력하에 이루어졌다는 것을 인정한 만큼 대표부가 일본에서 철수해야 한다는 취지의 의사 표명을 반복적으로 했다.

4. 양 대사(주미 대사)는 미 국무부가 일본 정부에 송환 중단을 권고하도록 촉구하고, 미국 적십자사가 제네바의 ICRC에 대한 영향력을 활용하여 일본 내 ICRC 임무가 철수될 수 있도록 촉구하라는 외무부의 지시를 받고 있다.

5. 1월 19일, 주일본 ICRC 대표부는 일본적십자사에 소위 송환 절차에서 '외부 개입'을 배제할 것을 다시 권고했다. 이에 따라 일본적십자사는 현지 사무소에 소위 송환에서 '외부 개입'을 배제하고, 재일한인이 문맹자인 경우 일본적십자사 직원이 신청서 등을 대신 작성해 줄 것을 지시했다. 조련은 성명서를 통해 신청자들의 지인이 신청서를 대신 작성할 수 있도록 허용해야 하며, JRC의 절차는 신청자들에게 심리적 압박을 주어 '송환'을 더욱 어렵게 만들 것이라고 주장했다.

6. 최 차관은 매카너기 대사를 만날 때마다 미국 정부가 일본에 강제 송환의 추가 실시를 중단하도록 권고하고, 미국 적십자사가 일본 주재 ICRC의 철수를 촉구해야 할 시점이라는 취지로 강력히 주장하곤 했다.

21. 유태하 대사의 북송 관련 성명문(언론 발표문)

PRESS RELEASE

(For Immediate Release)

Korean Mission in Japan

February 4, 1960

Republic of Korea Ambassador Tai Ha Yiu today issued the following statement:

"The attention of the Free World should be drawn to the fact, among other things, that those Koreans who were sent to the communist slavery in the northern part of Korea and the would-be 'repatriates' were and are under the command and a strict control of the 'Soren,' a Korean communist organization. This organization keeps close contacts with and vigilance over the would-be 'repatriates' while the Korean public in Japan and others who believe in freedom and democracy are denied any chance of approaching and making friendly persuasion to the would-be 'repatriates' by the Japanese side which keeps secret to the public the name lists of them.

The JRC keeps secret the names and addresses of those Koreans who were already shipped out to the northern part of Korea, and even the numbers of the 'applicants' which used to be made known to the public, up to fifth shipment of 'repatriates'. What they called the 'registration' for the sixth group of 'repatriates' were stealthily conducted and, though it is reported that preparations are being made for the transportations of seventh and eighth groups of 'repatriates' the dates of 'registrations' and the number of the 'registrants' are kept confidential. This well manifests the true nature of the political scheme of 'repatriation'.

That the shipment of Korean residents in Japan to the communist slavery in the northern part of Korea is being carried out under a most malicious political machination has fully been exposed to the world by numerous evidences on political pressures imposed upon the Korean residents in the course of the operation of the so-called 'repatriation'. It should be noted that the political activities are getting impetus ever more and a secret way of operation of the 'repatriation' works is being manipulated with an obvious attempt to ship out to the northern part of Korea as many Koreans as possible.

The ICRC's special mission here admitted the involvement of the political activities in the 'repatriation' operation and warned the JRC against them. However, since those activities are sequential to the deportation scheme which was motivated solely from political consideration, such would never be prevented by simply checking some of superficial phenomena. Therefore, I wish to point out that any decision by the ICRC, short of withdrawal of its role from the 'repatriation' scheme, cannot correct the evils inherent to such a sort of schemes.

The 'Soren's' political pressures on the individual Koreans concerned are getting more insidious and brutal—often applying physical tortures to those who do not give in to its demand, thus leading them even to the cases of suicide—, while the JRC, keeping its steps with the 'Soren', makes efforts to blindfold the public the political involvement in the operation of the 'repatriation' works and tries to push through to the last its long cherished plan of expelling the whole Korean residents in Japan.

It is ridiculous to contend that the 'repatriation' scheme lies in the noble principle of 'freedom of choice of residence' when the 'repatriation' is conducted under political maneuvers, pressures and the time-table of the

Korean communist elements and the Japanese.

Stressing that, to save the basic human rights of Korean residents in Japan, the inhumane scheme of the so-called 'repatriation' under political machination should urgently be brought to an end, I wish to invite a keen attention of the peoples of the Free World in this connection."

ENDIT.

번역 보도 자료
(즉시 배포)

주일 한국대표부

1960년 2월 4일

유태하 주일 대한민국 대사는 오늘 다음과 같은 성명을 발표했다.

"자유세계는 무엇보다도 한국 북부의 공산주의 노예로 끌려간 한인들과 '송환 예정자'들이 일본 내 한인 공산주의 조직인 '총련'의 지휘와 엄격한 통제하에 있었다는 사실에 주목해야 한다. 이 조직은 '송환 예정자'들과 긴밀한 접촉과 경계를 유지하고 있으며, 자유와 민주주의를 신봉하는 다른 재일한인들은 일본 측이 '송환 예정자'들의 명단을 비밀에 부치고 있어 '송환 예정자'들에게 접근하여 (북한에 가지 말라고) 우호적으로 설득할 수 있는 기회조차 전혀 갖지 못하고 있다.

일본적십자사는 이미 북송된 한인들의 이름과 주소, 심지어는 5차 송환까지의 '신청자' 명단까지 비밀에 부쳐왔고, 심지어는 '송환 대상자'의 숫자까지도 공개하지 않았다. 6차 '송환 대상자'에 대한 '등록'은 은밀하게 이루어졌고, 7차, 8차 '송환 대상자'의 이송을 위한 준비가 진행되고 있는 것으로 알려졌지만 '등록' 날짜와 '등록자'의 수는 비밀에 부쳐졌다.

재일한인들을 북한의 공산주의 노예로 내모는 것이 가장 악랄한 정치 공작에 의하여 진행되고 있다는 것은 이른바 '송환' 공작 과정에서 재일한인들에게 가해진 정치적 압력에 대한 수많은 증거에 의하여 만천하에 충분히 폭로되었다. 정치 공작은 더욱 탄력을 받고 있으며, 가능한 한 많은 한인을 북으로 송환하려는 명백한 시도로 '송환' 작업이 비밀스럽게 운영되고 있다는 점에 주목해야 한다.

국제적십자위원회 특별대표단은 '송환'에 정치 공작이 개입된 사실을 인정하고 이에 대해 일본적십자사에 경고했다. 그러나 이러한 정치 공작은 오로지 정치적 고려에서 비롯된 송환 계획의 연속선상에 있는 것이기 때문에 단순히 표면적인 현상 몇 가지를 확인하는 것으로는 결코 예방할 수 없다. 따라서 '송환' 계획에서의 역할을 철회하지 않는 한 ICRC의 어떤 결정도 그러한 종류의 계획에 내재된 악을 바로잡을 수 없다는 점을 지적하고 싶다.

'총련'의 재일한인 개개인에 대한 정치적 압력은 점점 더 교활하고 잔인해지고 있으며, 그 요구에 굴복하지 않는 사람들에게는 육체적 고문을 가하여 자살에까지 이르게 하고 있다. '총련'과 보조를 맞추고 있는 일본적십자사는 '송환' 작업에 정치적인 개입이 있다는 사실을 국민들이 알지 못하도록 노력하고 있으며, 재일한인 전체를 추방하려는 그들의 오랜 숙원을 마지막까지 밀어붙이려 하고 있다. 이것은 '송환'이라는 정치적 계획의 본질을 잘 보여준다.

일본 내 조선 공산주의 세력과 일본인들의 정치적 책동과 압력, 시간표에 따라 '송환'이 진행되고 있는데도 '거주지 선택의 자유'라는 숭고한 원칙이 있다고 주장하는 것은 어불성설이 아닐 수 없다.

재일한인들의 기본적 인권을 지키기 위해서는 정치 공작에 의한 이른바 '송환'이라는 비인도적 책동이 시급히 종식되어야 한다는 점을 강조하면서, 이와 관련하여 자유 세계 인민들의 각별한 관심을 촉구하고자 한다."

이상

29. ICRC 총재가 대한적십자사 총재에게 보내온 서한 내용 요약 문서

단기 4293년 2월 24일

건명: ICRC 총재로부터 대한적십자에 보내온 서한 내용 요약

요약 내용

1. 최근 국적 주일 대표부에서 일적에 송환 문제와 관련하여 건의를 한 사실은 있으나 그 후 도쿄로부터의 보고에 의하면 일적이 동 건의를 잘 받아들여 그 후로는 국적의 간섭을 촉구할 만한 사건은 발생치 않았음.

2. 송환의 원만한 진행을 보장하기 위한 일적 당국의 노력은 부인할 수 없으며 비록 운영상 난관이 있고 개선의 여지는 있다 하더라도 일적 당국이 이를 위하여 온갖 효율적 노력을 기울이고 있음은 우리 대표단은 확인한 바 있음.

3. 사실상의 북송이 개시된 지 2개월이 지난 오늘에도 대한민국으로의 집단 귀환 문제는 결정조차 못 보고 있으니 하루속히 진전을 보아 전체 송환 계획상에 균형을 가져오기를 기대한다.

4. 과반 제네바에서 김활란 부총재가 설명한바 일본 영주를 택할 교포들을 위한 물질 원조 계획은 그간 어떠한 진전을 보았는지 알고 싶다.

이상

29-1. 국제적십자위원회 위원장이 대한적십자사 총재에게 보낸 서한[13]

Geneva, February 9, 1960

JPM/RN 232 r(76-172)

Dr. Chang Whan Sohn
President,
The Republic of Korea National Red Cross
SEOUL

Dear Mr. President,

We acknowledge the receipt of your telegram and your letter dated January 22 last. We thank you for this communication, to which we have given our full attention.

It is correct that the head of our special mission in Tokyo recently drew the attention of the Japanese Red Cross to the desirability, in his view, of all appropriate measures being taken in order as far as possible to avoid anything of a political or propaganda character being attached to the repatriation operations. Our delegates reported to us that the Japanese Red Cross had acted on those recommendations and that the departures last month had not given rise to any demonstrations such as those which had prompted our mission to intervene. Our mission was referring not to impressions, but to objective findings made on the spot by ICRC delegates.

For our part, we interpret this as an instance of the goodwill and good intention which inspire the Japanese Red Cross. It cannot be denied that, in often delicate circumstances, that Society is making great efforts to ensure that

---

13 본 영문 서한의 번역문은 29번 서한 요약 문서를 참조.

the repatriations proceed smoothly. Difficulties undoubtedly exist and progress can still be made on a number of points. It is, however, certain that the Japanese Red Cross has not hesitated to make its very efficient services fully available to this operation, as our delegates in Japan have confirmed.

On the other hand, the International Committee of the Red Cross is struck by the fact that although actual repatriation to the northern part of your country commenced almost two months ago, there is not even the beginning of a solution to the problem of any more or less collective return to the Republic of Korea. We know that the matter is currently under discussion between the two Governments concerned and it is not our intention to interfere in those negotiations. We would, however, welcome any development that would give to the whole operation a balance which, for reasons beyond our control, is still lacking.

We should therefore appreciate your keeping us informed of the results of the discussions. We would also be interested to know whether or not the Republic of Korea National Red Cross has been able to carry out the plans outlined to us by your Society's Vice-President, Dr. Helen Kim, when she visited us in Geneva, as regards material assistance for Koreans who elect to remain in Japan.

Yours sincerely,

Lèopold BOISSIER
Copie: M. le Ministre Yong-Shik-Kim
Geneve

30. 주제네바 김용식 공사 보고 서한 요약 문서

1556　　　　　　　　　　　　　　　　　　　　단기 4293년 2월 25일

건명: 주제네바 김용식 공사 보고 요약
　　(주제 89호 - 단기 4293년 2월 15일부터
　　　　단기 429 년　월　일까지)

요약 내용

1. ICRC로부터 대한적십자사 총재 앞으로 발송된 2월 29일 자 서한의 사본을 접수하다. (사본 별첨)
동 주요 내용은 아래와 같음.
대한민국으로의 송환 문제는 아직 그 해결의 단서조차 얻지 못하고 있다. … 전체 송환 계획 운영상에 균형이 잡히기를 우리(국적)는 기대한다.

2. 본직은 ICRC 측과의 재차 회합을 통하여 아래 사항을 강조하였음.
ㄱ. 대한민국으로의 귀환 문제는 현재 양국이 협의 중이나 일본 측의 '송북 흉계'로 말미암아 큰 난관에 봉착하고 있다.
ㄴ. 일본은 ICRC의 조력하에 공산 치하로의 우리 교포 추방이 성공적으로 이루어지리라고 믿는 까닭에 우리 측에 무성의하고 완강한 태도로 임하고 있다.
ㄷ. ICRC가 만일 '송환 문제를 위요한 한일 간 의견 대립으로 말미암아 현재의 불균형이 초래될 것이라'고 인식한다면 일본으로부터 철수하여야 한다.
ㄹ. '주노' 박사가 제정한 소위 '거주지 선택의 자유' 원칙은 사실상 '송환' 실시 면에 반영되어 본 적이 없다.

3. '주노'는 "ICRC가 소위 송환 완료 시까지 일본에 머무를 필요는 없을는지도 모른다"라고 하며 "대표단이 일본에 무기한으로 체류치는 않을 것이다"라고 시사하였음.

4. 그들이 일본을 철수하리라는 명확한 증후는 없으나마 우리 측이 강경히 주장하여 온 보람이 있어 최소한 자기들의 '개입' 사실에 관하여 재검토하게 된 것으로 보임.

따라서 차제에 대한적십자사로 하여금 '국적' 앞으로 강경한 서한을 재차 발송함이 좋을 것이라는 취지의 권고를 정부에 전보로 전한 바 있음.

이상

30-1. 김용식 공사의 대통령 앞 보고 서한[14]

February 15, 1960

No. 89

His Excellency President Syngman Rhee
Office of the President
SEOUL

Your Excellency,

On the 13th, I received a copy of a letter from ICRC to the president of our National Red Cross. In the letter, ICRC stated that:

'There is not even the beginning of a solution to the problem of collective return to the Republic of Korea ⋯ we would, however, welcome any development that would give the whole operation a balance ⋯ which is still lacking.'

Today I again had talks with ICRC on the subject and I said that we are now discussing with the Japanese Government on the issue of repatriation of our residents in Japan to the Republic of Korea. However, because of the Japanese scheme to deport our people to the Communist regime, we have great difficulty in dealing with them. The Japanese do not show any sincere attitude and take an adamant attitude towards us, believing that they would successfully dispel our people from Japan to the Communist regime with the assistance of ICRC.

If ICRC now realize that the operation is unbalanced because of disagreement between the Republic of Korea and Japan on the repatriation issue, as mentioned in the letter, it should withdraw from Japan and avoid giving

---

[14] 본 영문 서한의 번역문은 30번 서한 요약 문서를 참조.

prejudice to our negotiation with Japan. I added that when Dr. Junod went to Japan, he established the so-called principle of free choice of residence; namely, to remain in Japan, to return to the Republic of Korea or to go to the Communist regime. However the registration has been tightly controlled by the Communist league in Japan and it became clear that no such free choice was over made in the 'registration'.

He said that the committee will review the situation and make a decision in this regard. The decision, according to him, will depend much on the development of the situation. He hinted that ICRC would not necessarily stay in Japan until the termination of the 'repatriation' and that it will not maintain indefinitely its delegation in Japan.

Still, there is no definite sign that they will soon withdraw from Japan, but it seems that our persistent representations have at least made them think twice, though they were already involved in the Japanese scheme.

In this connection I recommended the Government by cable to advise the Korean National Red Cross once again to send a letter to ICRC, stressing that the deportation prejudices any success of our diplomatic negotiation with the Japanese.

Of course, I will continue to make a representation in this regard and am doing my best.

With sentiments of loyalty and esteem,

I remain,

Your Excellency's obedient servant,

33. 허정 장관의 기자회견에 대한 이세키 국장의 견해 보고 전문

가번호: TM 0646
암호번호: MTB-104

발신시간: 071615 [1960. 5. 7]

수신인: 장관
발신인: 주일 대사대리

본인이 미곡 수출 촉진 교섭차 금일 7일 오전에 이세키 국장을 만났던바 그 자리에서 이세키 국장은 허정 장관께서 기자회견 시 북송을 중지하여야 한일회담을 재개할 수 있다고 한 데 대하여 아래와 같이 스스로 그의 견해를 말하였으므로 참고로 보고하나이다.

기

"신문 보도에 의하면 일본이 북송을 중지하여야만 한일 관계 정상화를 기대할 수 있다고 한 데 대하여 자기[나]로서는 일본의 현 실정으로 보아 북송 희망자가 있는 한 북송을 중지할 수 없는 형편이며 만일 이것이 한국 정부의 정식 방침이라고 하면은 자기[내] 생각으로는 오히려 그 전 이 정권 시대에 북송 사실을 건드리지 않으면서 한일회담을 재개하고 무역을 재개한 정책보다도 오히려 일부 후퇴한 것으로 볼 수밖에 없다. 물론 일본으로서는 한국과의 관계를 버리고 북한과의 관계를 맺자거나 북한이 한국보다 좋다거나 하는 생각은 아니나 현 실정으로 북송 희망자가 있는 한, 또 일본 국내의 형편상 정면으로 북송을 중지해야 한다고 들고나오면 일본으로서는 대단히 곤란한 형편에 놓이게 된다. 북송 희망자는 자기네[우리]들 조사로 당초에는 1만 명 내외로 추산한 것이 작년 말에 3만 내지 5만이 되고 현재로서는 조총련 측에서 20만 명이라고 하나 일본 정부는 약 10만 명으로 본다. 그러나 정확한 숫자는 알 수 없는 것이 조총련 영향하에 매주 약 1,000명 정도밖에 실제 신청을 하지 않고 있다. 앞으로 한국 측은 이러한 사정하에 북송이 이루어지고 있다는 사실에 유의하면서 흉금을 풀어놓고 이야기할 수 있으면 양국 간 국교 조정에 큰 도움이 될 줄 생각된다. 한국 측이 정면으로 북송 중지를 조건으로 삼는 경우에는, 예를 들면 허 장관이 이야기한 기시 수상 등의 한국 방문을 고려하는 분위기도 만들기 어렵다고 생각한다."

이상 이세키 국장의 말은 이세키 개인의 말이라기보다는 일본 외무성의 견해를 어느 정도 표명한 것같이 느껴졌으므로 보고하나이다.

(이하 여백)

39. 이세키 국장 면담 내용 보고 전문

NO. TM-06191

DATE. 241915[1960. 6. 24]

수신인: 외무부 장관 귀하

6월 14일 자 MT-0686호 전문으로 지시하신 건에 관하여 금일 6월 24일 오전 10시부터 11시까지 일정 외무성 '이세키' 아세아국장을 만났사온바 '이세키'는 이 자리에서 아래와 같이 언명하였사옵기에 이에 보고하나이다.

기

"재일한인 북송 문제에 대하여는 한국의 국민감정이나 입장을 잘 양해하는 바이나 최근 일정 당국이 비공식으로 조사한 바에 의하면 북송 희망자의 총계는 약 10만으로부터 14만까지이며 이 수효는 증가 일로에 있는 경향이고 또한 한국과는 반대로 일본 국민의 거의 전부와 각 정당이 이를 지지하고 있는 실정인 데다가 지금의 일본 정치 정세가 매우 복잡하고 위험하여 만일 북송을 정치적 고려에 입각하여 중지한다면 일본사회당 등의 반발이 일어나서 대단히 곤란할 것이니 북송 희망자가 있는 한 이를 계속 실시 아니 하지 못할 형편이다. 따라서 오는 8월에 '송북협정'은 갱신되리라고 생각되나 다만 이러한 결정은 현 '기시' 내각이 교체된 후 신내각에 의하여 7월 중에 작정될 것으로 안다. 자기[나]로서는 한국의 대재일교포 정책이 좋아져서 북송 희망자가 줄어질 것을 희망한다." 북송을 중지함이 양국 간의 우호 증진을 위하여 절대로 필요하다는 데에 대한 '이세키' 국장의 이상과 같은 언명에 대하여 본인은 일본 정부가 진실로 북송을 중지할 생각이 있다면 북송을 개시할 때에 한국 정부, 국민 및 재일교포 등의 강력한 반대 운동을 배제하고 강행 정책을 취하였던 바와 같은 각오를 가지면 중지가 불가능하지 않을 뿐만 아니라 일본의 정책 여하에 따라서는 북송 신청자의 수효도 상당히 감소될 줄로 믿으니 중요한 점은 일정이 진심으로부터 북송을 중지하여야 하겠다는 결심을 하는 것이라고 부언하였습니다. 또 '이세키' 국장은 문의하기를 만일에 일본이 '송북협정'을 갱신하는 경우에 한국의 반응에 대하여 어떻게 예상하느냐 하기에 본인은 "나의 개인적인 의견으로서는 상당한 반발이 정부는 물론 국민으로부터 일어나 양국 간의 우호 증진을 저해할 것으로 생각된다"라고 말하였습니다. 이상.

주일 대사대리

47. 북송 문제에 관한 일본 신문 기사 보고 전문

NO. TM-0707

DATE. 011410[1960. 7. 1]

TO. 외무부 장관 귀하

7월 1일 자 '요미우리', '아사히', '산케이', '마이니치' 및 '닛케이' 신문 조간은 요지 다음과 같은 특파원 기사를 게재하였사옵기로 이에 보고하나이다.

기

1. 요미우리신문(하마부치 특파원 30일발)

허정 내각은 북송협정 연장의 의향이 전하여지자 대일 정책을 재검토하지 않으면 안 되게 된 것 같다. 평화선에서 3척의 어선을 나포한 사실이 이를 입증하고 있다. 원래 허정 내각은 임시 정권이므로 대일 외교라는 중대한 문제에 손을 대는 데에 관하여 비판의 소리도 있었으나 통상 재개, 일인 기자의 입국 허가, 일 어선 나포의 사실상 중지 등을 행하는 일방 북송 중지를 요망하여 왔다. 그러나 일본이 허정 내각을 상대하지 않는다는 소식이 전하여지고 북송 중지 요청마저 실현되지 않을 것 같으며 이제까지의 양보적인 태도를 변경하지 않으면 안 되게 되었다고 말할 수 있다. 아[아이젠하워] 대통령 방한 시에 있었던 한미회담의 중심 문제는 일본 문제이었다고 하는바 허정 씨의 말투로는 역시 혹종의 이 얘기가 있었던 것 같으며 어쩌면 그때의 회담 내용에 따라 한일 관계를 재검토하고 있다고 보는 측도 있다.

2. '요미우리신문'(하마부치 특파원 30일발)

허정 국무총리는 30일 기자회견에서 다음과 같이 말하였다. 1) 북송 문제에 관하여 누차 일본 측에 주의를 하였으며 미국 측에도 이것이 한일 관계에 나쁜 영향을 준다고 말하여 왔다. 협정 연장을 기도한다는 보고가 있었기에 주일 대사대리를 소환하였다. 2) 주일 대사대리가 29일 일본 측에 항의한즉 '이세키' 국장은 일정이 북송에 관한 결정을 내린 바 없고 평화선에 관하여는 업자에게 주의를 하였으나 일본 업자가 침범하고 있다고 대답하였다 한다. 3) 냉정히 사태의 귀추를 주시하고 사태 호전을 위한 노력을 계속하겠다.

3. '아사히'신문(야노 특파원 30일발)

허정 씨는 30일 기자회견에서 1) 총선거를 위하여 경비계엄의 해제를 고려하고 있으며 2) 북송 문제에 관한 자세한 보고를 듣기 위하여 주일 대사대리를 소환하였다고 말하였다.

4. 산케이신문(스가 특파원 30일발)

요새 한국은 평화선 문제와 북송 문제로 일본에 대하여 강경한 태도를 보이고 있다. 이 두 문제는 금후 정권이 교체된다 하더라도 국지적인 성격을 그대로 가지게 될 것이며 대일 외교의 기본선이라고 생각된다. 평화선의 정당성을 주장하는 사람들은 1908년의 어업 자원 보호를 위한 총독부령을 전례로 들어 그 정당성을 주장하고 있는 바 이 문제는 오히려 현실 문제로서 평화선이 한국 경제에 있어서 생명선의 역할을 하고 있다는 데에 중점이 있는 것이다. 한편 북송 문제에 관하여는 재일교포의 생활이 곤란하여 이북으로 간다든가 또는 유태하 전 대사 때문이라든가 하여 거의 할 수 없다는 식으로 생각하는 면도 있다. 이 문제로 언제까지나 한일 관계를 정화하지 않는 것도 대의명분상 좋지 않으니 재일교포의 대우를 향상하여 그 수효를 줄이는 방향으로 노력하는 데에 기대를 가지고 있다.

5. '마이니치'신문(아라이 특파원 30일발)

일본 정국에 대하여 한국은 큰 관심을 가지고 있다. 한국이 반공 진영의 보루임은 주지의 사실이지만 흥미 있는 것은 한국이 북한과 소련 및 중공을 동일 취급하지 않는 데에 있다.

따라서 일본의 가장 강력한 신수상 후보인 '이케다'가 중공과 무역을 하고 싶다고 말하였다는 보도는 한국 신문에 그리 크게 나지 않아도 북송협정을 연장할 것이라는 관측 기사는 크게 취급되고 있다. 이는 북한과 38선을 경계로 적대하고 있는 데 그 원인이 있는 것 같다. 한국 사람들의 일본사회당에 대한 경계심은 조금도 흔들리고 있지 않으며 민사당에 대하여도 안심하고 있지 않다. 만일 일본사회당이 다음 선거에서 대진출을 하게 된다면 한국은 북으로 북한, 남으로 사회당을 가지게 되어 극도로 곤란하게 될 것이라는 견해가 지배적이다.

주일 대사대리

49. 북송 문제에 대한 주일 대표부 및 주제네바 대표부의 보고 요약 문서

단기 4293년 7월 2일

건명: 북송 문제에 관한 주일 대표부 및 주제네바 대표부 보고 요약

요약 내용
(1) 주일 대표부 보고:

(ㄱ) 주일 국적 대표 '뒤랑' 씨는 7월 말경 ICRC 본부와 협의차 귀국한다고 함. 동 씨에게 아국의 입장과 단호한 북송 반대를 ICRC 본부에 전달해 줄 것을 요구함.

(ㄴ) 일적 외무부장 '끼치우[기우치]'는 정부가 결정한 후 북송협정 연장을 위하여 북한과 협상할 것을 언명하고 어떤 외국의 압력(한국을 가리킴)에 의하여 중지하지는 않을 것이라고 하였음. '끼치우[기우치]'는 계속하여 북송협정 경정은 협정 기한 만료 3개월 전에 개정하여야 되도록 규정되어 있다고 함. 이미 40,000명의 북송 희망자 등록을 접수하였으며 그중 약 29,000명은 송환하고 현 협정 기한 내에 50,000명이 송환될 것이며 60,000명이 더 등록을 할 것으로 생각한다고 말하였음.

(ㄷ) 일본의 '아사히' 및 '마이니치' 양 신문은 북송 문제에 관한 한국 정부의 강경한 태도, 즉 일 어선 나포 및 기타 등을 보도하고 북송에 대하여 한국이 매우 강한 태도를 취하고 있음을 보도하였음.

(2) 주제네바 대표부 보고:

(ㄱ) ICRC는 북송 등록 수를 예측할 수 없다고 하나 현재 검토 중에 있음.

(ㄴ) 일적은 북송협정 연장에 대하여 국적과 교섭하고 있지는 않으나 연장을 위하여 ICRC에 접촉하여 양해를 구할 것으로 예측됨.

(ㄷ) ICRC는 계속하여 북송 계획에 참가하느냐의 문제를 7월 중에 재차 검토, 결정할 것이며 결정 시에는 북송을 위요한 최근의 전망을 고려할 것이라고 함.

55. 일본 정부의 북송협정 연장 획책 관련 주제네바 대표부 앞 지시 전문

발신번호: MG-0705   발신일시: 061800[1960. 7. 6]

수신인: 주제네바 공사
발신인: 장관

일본 정부의 북송협정 연장 획책에 관한 건

일본 정부는 11월 12일에 만료되는 소위 캘커타 협정을 연장코자 획책하고 있는바 이에 대하여 즉시 국제적십자위원회 관계관을 방문하시고 하기 요령으로 우리 입장을 천명, 설득하여 동 위원회가 이에 동조치 말고 이 계획에서 손을 뗄 것을 요청하시는 동시 귀지에서의 국적, 입적 및 괴적 등의 움직임과 접촉 등을 자세히 관찰하여 보고하시기 바랍니다.

1. 사월혁명 이후 우리 정부는 모든 성의를 다하여 한일 간의 관계를 개선하고 현안 문제를 합리적으로 해결코자 하여 성의 있는 태도와 조치를 취하고 특히 인도적 견지에 입각하여 형기 만료한 일 어부를 즉시 일본으로 송환하고 있다.

2. 북송 문제에 대하여는 이것이 자유인을 공산 지옥으로 몰아넣는 결과를 가져옴을 경고하고 우리 국민의 거국적 반대에 비추어 이를 중지할 것을 호소한 것이다. 그러나 일본 정부는 오히려 이를 연장하려 하여 재일한인 문제를 양국 정부의 회담을 통하여 합리적으로 해결되는 길을 막고 있다.

이상

56. 일본 정부의 북송협정 연장 획책 관련
주미 대사관 앞 지시 전문

NO. MW-0713   DATE. 061800[1960. 7. 6]

SENT TO. 주미 대사

일본 정부의 북송협정 연장 획책에 관한 건

　일본 정부는 최근 11월 12일에 만료되는 소위 캘커타 협정을 연장코자 획책하고 있는바 이에 대하여 즉시 미 국무성 관계관을 방문하고 하기 요령으로 우리 입장을 천명, 설득하여 미국 정부가 일본 정부에 대하여 최대한의 영향력을 발휘하여 동 연장 계획을 중지하도록 요청하시기 바라며 곧 이에 대한 미국 측 반응을 보고하시기 바랍니다.

　1. 사월혁명 이후 우리 정부는 모든 성의를 다하여 한일 관계를 개선하고 현안 문제를 합리적으로 해결코자 노력하여 이의 일환으로서 다음과 같은 조치를 취하였다.
　(1) 형기 만료한 일 어부의 즉시 송환
　(2) 일인 기자의 입국 및 취재 허가
　(3) ICA 도입 물자 입찰에 일본 참가 허용
　(4) 한일 통상의 증진

　2. 이에 반하여 일본 측은 북송 계획을 연장코자 괴뢰 측과 교섭을 개시하고 있는데 이는 한일 관계를 개선하려는 우리의 노력을 헛되이 하고 한일 관계에 악영향을 주는 것이다.

　이상

60. 미 국무차관보 파슨스와의 면담 내용 보고 전문

NO. TM-0711

DATE. 081700[1960. 7. 8]

TO. 외무부 장관 귀하

MW-0713 장관 지시에 의하여 본관이 7월 8일 15시 15분부터 55분까지 40분간 미 국무차관보 'PARSONS' 씨하고 협의한 바를 아래와 같이 보고하나이다.

1. 'PARSONS' 씨는 1938년부터 40년까지 만주 봉천에서 총영사로 근무하고 있었으며 그 당시의 한국인들이 일본의 압정에서 신음하고 있던 사실을 상기하면서 최대의 동정을 표시하였음.

2. 이 문제는 양국 간에 개재되는 중요한 정치 문제이며 미국의 입장도 여러모로 곤란하므로 표면에서 한국을 협력할 수는 없으나 최선을 다하여 보겠다고 말하였으며 한국 정부에서도 적극 북송 희망자를 감소시키기에 노력하여야 될 것이라고 말하였음.

3. 북한 괴뢰가 공산 조직과 교육 그리고 선전 또 환자에 대한 치료 편리 등을 제공하고 있는 사실에 비추어 한국 정부도 이에 대하는 장기 계획으로써 한인 교포 문제를 인도하기 바란다고 말하였음.

4. 평화선 문제로 한일 간의 긴장 상태가 조장된다면 단기 문제 해결에 영향이 있을 것을 고려하여 달라고 했음.

5. 한 공사가 동북아국장 'BANE' 씨하고 7월 8일 17시 30분부터 협의한 결과 재일

한인 민단 조직을 강화할 필요성이 있다고 강조하였음.

　이상을 종합하건대 미국 측으로선 절대적인 협조를 아끼지 않으려고 하고 있으나 복잡한 일본의 정치 정세로 말미암아 표면적인 개입을 할 수 없다는 태도를 엿볼 수가 있었으나 진심으로 우리의 목적 달성에 노력하여 줄 것을 간파하였음을 삼가 보고하나이다.

주미 대사

61. 파슨스 차관보 면담 결과 추가 보고 전문

NO. WM-0718

DATE. 091700[1960. 7. 9]

TO. 외무부 장관 귀하

MW-0717 전문에 관하여 아래와 같이 추가 보고하나이다.

'PARSONS' 씨가 강조하기를, 한국에 주재하는 일본 신문 기자들의 기사가 중대한 영향을 일본 정부에 미칠 것이므로 이 문제의 해결을 위하여 이들을 잘 이용하는 것이 효과적일 것이라고 건의하였음.

주미 대사

65. 이세키 국장과의 면담 내용 보고 전문

NO. TM-0789

DATE. 111845 [1960. 7. 11]

TO. 외무부 장관 귀하

오늘(7월 11일) 하오 3시에 외무성 아세아국장 '이세키'를 방문하고 소위 '캘커타' 협정의 연장 문제를 비롯하여 일 어선의 평화선 대거 침범 사건, 일본 경비정의 아국 영해 침범 사건 등에 관하여 약 1시간 면담하였사온바 그 면담 내용의 요지를 우선 아래와 같이 보고하오며 상세한 것은 다음 파우치 편으로 보고할 위계입니다.

먼저 본인이 "지난 6월 29일 귀하를 방문하여 소위 캘커타 협정의 연장 문제에 관하여 문의한 바 있었는데 그 후 일본 정부의 태도에 무슨 변화는 없었는가?"라고 물은즉 이세키는 "일본 정부의 태도에 공식적으로는 아무 변화가 없으나 일본 국내의 제반 형편으로 보아 그 협정을 연장하지 않을 수 없을 것 같다"라고 대답하였습니다.

이에 대하여 본인은 "우리나라의 4.19 사태 후 우리 정부는 한일 관계 개선을 위하여 성의 있는 노력을 다하여 왔는데 이에 호응하는 아무 성의도 보이지 않을 뿐 아니라 일본 어선은 대거하여 평화선을 침범하고 있고 그중에는 제주도 혹은 부산에 아주 가까이 접근하는 예도 있고 심지어 일본 경비정은 우리 영해를 침범까지 하였다(이 영해 침범 사건에 관하여서는 도면을 제시하고 자세히 그 경위를 설명하였음). 이러한 형편이니 한국 측으로서는 일본의 성의를 의심하지 않을 수 없으며 만약 소위 캘커타 협정이 연장이 된다면 한일 관계는 극히 악화하게 될 것이니 절대로 이를 피하여야 할 것이다"라고 말한즉 이세키는 다음과 같이 말하였습니다.

"한국의 사정은 잘 알겠으나 일본의 심정을 말하면 외무성만이 한일 관계를 고려하여 신중을 기하고 있고 국내 여론이라든가 다른 부처는 캘커타 협정의 연장을 당연한 것이라고 생각하고 있다. 기시 정권이 물러가고 새 정권이 수립된 후 만약 캘커타 협정을 연장치 않고 북송을 중지한다면 정치적 혼란이 일어나고 수습하기 곤란하게 될 것이다. 그러나 이 문제에 관하여는 한국의 체면과 한일 양국의 우호 증진을 저해하지 않기 위하여 가능한 한 노력하겠다. (이에 관하여는 기밀 관계상 파우치 편에 상세히 보고하겠나이다.)

영해 침범 문제에 관하여서는 곧 해안보안청에 연락을 하여 사실이라면 그대로 그 사실을 한국 측에 통보할 것이고 그 선후책을 강구할 것이다. 일본 어선이 빈번하게 나포를 당하게 되면 일본 내의 여론을 악화하게 하여 일본 측이 북송 문제에 대한 방침을 결정함에 있어서 한국 측에 불리하게 될 가능성이 있다."

이에 대하여 본인은 "우리나라의 4.19 사태 후 여전히 우리 국민감정은 북송을 절대 반대하고 있으니 어떻게 하여서든지 그 협정의 연장을 피하여야 하며 그 협정이 연장되지 않는다는 결정을 일본 측이 하지 않는 한 한국 측으로서는 다른 문제는 고려의 여지조차 없는 형편이다"라고 말하였습니다.

앞으로의 북송 희망자의 수를 어느 정도로 추산하느냐 하는 질문에 대하여 이세키는 일본 경찰은 10만 내지 15만, 일본적십자사는 5만 내지 7만, 조총련은 약 20만이라고 추산하고 있는바 외무성은 7만 내지 8만 정도일 것이라고 추산하고 있다고 대답하였습니다. 일본 측의 진의를 타진하기 위해서 본인이 "일본적십자사가 조총련에 대하여 소위 캘커타 협정을 연장할 것을 약속하였다는 말이 있는데 사실인가?"라고 말을 던져본즉 "일본적십자사가 비공식으로 그렇게 하였을는지도 모르겠다"라는 답변이었습니다.

이상

주일 공사 [이재항[15]]

---

15 이승만 대통령의 측근이었던 유태하 주일 대사가 4.19혁명으로 물러난 뒤, 당시 대표부에서 참사관으로 근무하던 이재항이 공관장대리로 임명되었다. 이재항 참사관은 1960년 7월 공사로 승진하여 1960년 9월까지 근무하다가 대통령 비서실장으로 영전하였다. 그는 한일회담 대표단 일원으로 오랜 기간 일본과의 교섭에 참석하기도 하였다.

66. 재일한인 북송 문제 관련 국제적십자위원회 뒤랑 씨와의 면담 요지를 보고한 전문 사본 송부 공문

제대제 103호

단기 4293년 7월 11일

주제네바 대표부 공사 김용식

외무부 장관 각하

건명: 재일한인 북송 문제에 관한 국적 Junod 씨와 면담 요지 전문 보고 사본 송부의 건

머리의 건 재일한인 북송 문제에 관하여 7월 11일 국적 부회장 Junod 씨를 방문하여 약 70분간 요담한 내용은 이미 암호 전문 Mm-0713호로써 보고드린 바 있사오나 이에 동 전문 보고 사본을 송부하오니 사수하시기 바랍니다.

별첨: 전문 사본 1통

별첨

66-1. 재일한인 북송 문제에 관한 ICRC 뒤랑 씨와의 면담 요지 보고 전문 사본

GM-0713

121300

What Dr. Junod said yesterday is as follow:

Item 1: ICRC does not consider itself bound by so-called Calcutta Agreement and ICRC so far is unable to take any decision which would be at variance with former decision, thus it has not changed its position to maintain its Mission in Japan. However, Mr. Durand will return to Japan soon and will report to the Committee about his views on this issue and Dr. Junod himself will visit Seoul and Tokyo in August to evaluate situation and also exchange views with the officials concerned.

Item 2: He said that neither JRC nor Puppet Red Cross approached ICRC on the matter of the renewal of Calcutta Agreement:

Item 3: He further confidentially told me as his personal view that if the Korean side some to agreement with Japanese for repatriation of Koreans in Japan to ROK and inform ICRC of prospective date of such agreement, ICRC might consider to suspend its participation in Jap deportation plan until such agreement is effectuated. He also expressed that no successful efforts had been made to alleviate the suffering of poverty-stricken Koreans in Japan:

Item 4: In the evening of July 11th from seven to ten thirty I also had talks with Dr. Junod and Mr. Gallopin, Director of ICRC while having dinner together:

Item 5: Dr. Junod will visit Seoul on or about August 26 accompanied by his wife.

It might be helpful that we show to Dr. Junod when he comes to Seoul some formula to have our people in Japan who wish to return to our country repatriated and to make some overture to Jap side to discuss the repatriation of Koreans in Japan to ROK and thus impress Dr. Junod and persuade him to withdraw ICRC Mission from Japan

Minister Kim, Geneva

번역 GM-0713

121300

어제 주노 박사가 말한 내용은 다음과 같습니다.

1. 국제적십자위원회는 소위 캘커타 협정에 구속되어 있다고 생각하지 않으며, 지금까지 국제적십자위원회는 이전의 결정과 상반되는 어떠한 결정도 내릴 수 없으므로 일본에서의 임무를 유지한다는 입장에는 변함이 없습니다. 그러나 뒤랑 대표는 조만간 일본으로 돌아가 이 문제에 대한 자신의 견해를 위원회에 보고할 예정이며, 주노 박사도 8월 중 서울과 도쿄를 방문하여 상황을 평가하고 관계 당국자들과 의견을 교환할 예정입니다.

2. 그는 일본적십자사나 괴뢰적십자사 모두 캘커타 협정 갱신 문제에 대해 ICRC에 접근하지 않았다고 말했습니다.

3. 그는 또한 한국 측이 재일한인의 한국 송환을 위해 일본 측과 합의하고 그 합의 예정일을 ICRC에 통보한다면, ICRC는 그 합의가 발효될 때까지 일본인 강제 송환 계획에 대한 참여를 중단하는 것을 고려할 수 있다는 개인적 견해를 비밀리에 저에게 말했습니다. 그는 또한 빈곤에 시달리는 재일한인들의 고통을 완화하기 위한 어떠한 노력도 성공적으로 이루어지지 않았다고 말했습니다.

4. 7월 11일 저녁 7시부터 10시 30분까지 주노 박사와 갈로팽 국제적십자위원회(ICRC) 국장과 함께 저녁 식사를 하면서 회담을 가졌습니다.

5. 주노 박사는 부인과 함께 8월 26일경에 서울을 방문할 예정입니다.

주노 박사가 서울에 올 때 귀국을 희망하는 재일한인들을 송환할 수 있는 방안을 제시하고 재일한인들의 한국 송환 문제를 일본 측에 제의하여 주노 박사를 감동시키고 일본에서의 ICRC 임무 철수를 설득하는 것이 도움이 될 것입니다.

제네바 김 공사

68. 주일 미국 대사 맥아더와의 면담 내용 보고 전문

NO.

DATE. 60. 7. 12

수신인: 외무부 장관 귀하

　오늘(7월 12일) 오전 10시 45분 미국 주일 대사 '맥아더'를 방문하고 약 1시간 면담하였사온바 그 면담의 요지를 다음과 같이 보고하나이다.

　먼저 본국으로부터 가지고 온 '허정 국무총리'의 친서를 맥 대사에게 전달한 후 본인이 주일 대표부 공관장으로 취임한 데 대하여 앞으로 여러 가지로 협조하여 줄 것, 특히 재일한인의 북송 제지에 대하여 앞으로 여러 가지로 협조하여 줄 것을 요청하였더니 맥 대사는 "한국 측이 현실적이며 합리적인 대일 외교 정책을 취하는 경우에는 나도 측면적으로 모든 협력을 아끼지 않을 것이며 또한 일본 정부를 설득하기에 노력할 것이다"라고 말하였습니다. 본인은 서울에서 지시를 받은 대로 "우리나라의 4.19 사태 후 우리 정부는 한일 관계의 개선을 위하여 성의 있는 노력을 다하여 왔는데 일본 측은 이에 호응하는 아무 성의도 보이지 않을 뿐 아니라 일본 어선은 100척 혹은 200척이 대거하여 평화선을 침범하고 있는 형편이다. 우리 정부는 한일 관계를 염려하여 이들 일본 어선을 나포하는 것을 삼갔는데 일본에서는 이를 기화로 방약무인하게 제주도 혹은 부산 부근 가까이까지 계속 대거 침입하여 옴으로 부득이 3척을 나포하지 않을 수 없게 된 것이다. 더욱이 일본 경비정은 2마일 지점까지 영해를 침범하여 온 후 우리 측 항의에 대하여 이를 부인하는 형편이니 일본이 과연 한일 문제 해결에 성의를 가지고 있는지 의심하지 않을 수 없는 형편이다(이 영해 침범 문제에 관하여 본인이 서울에서 가지고 온 자료를 맥 대사에게 제공하였음)"라고 말하고 계속해서 어제(7월 11일) '이세키' 아세아국장과 만나서 면담한 내용을 맥 대사에게 설명하여 주었습니다. (　-0789호 참조).

이에 대하여 맥 대사는 자기도 그동안 '후지야마' 외상, '이시이' 자민당 총무회장 등을 만나서 북송 희망자를 어떻게 하여서든지 금년 11월까지 북송을 완료하고 캘커타 협정을 연장하지 않는 것이 좋겠다고 말한바 그들은 국내의 제반 사정으로 연장치 않는다는 것은 어려운 일이라는 설명을 받았다, 일본 측이 어제 '이세키' 국장이 말하였다는 대로 타협적인 태도를 보인다면은 그러한 해결 방법도 일리 있는 방법이라고 생각한(이 점에 관하여서는 내일 특별 파우치 편에 송부하는 본인과 …

(이하 암호 해득이 불가능하여 주일 대표부에 문의 중에 있음.)

71. 이세키 아시아국장과의 면담 결과 보고 공문

한일대(정) 제115호

단기 4293년 7월 12일

주일 공사[관인]

외무부 장관 귀하

건명: '이세키' 아세아국장과의 면담에 관한 보고의 건
    (연: TM-0787호)

머리의 건 지난 7월 11일 하오 3시에 일본 외무성 아세아국장 '이세키'를 방문하고 면담한 내용에 관하여서는 이미 연호 전문으로 이를 보고한 바 있사오나 그 면담의 요지를 다시 아래와 같이 보고하나이다.

<u>아래</u>

<u>본인</u>: 지난 6월 29일 귀하를 방문하여 소위 '캘커타' 협정의 연장 문제에 관하여 이야기한 바 있었는데 그 후 이에 대한 일본 정부의 태도에 무슨 변화는 없는가?

<u>이세키</u>: 공식적으로는 일본 정부의 태도에 아무 변화가 없다. 즉 일본 정부로서는 이 문제에 대하여 아무 결정을 한 바가 없으며 이에 대한 결정은 다음 내각이 하게 될 것이다. 시기는 금월 말까지는 신내각이 이를 결정하여야 할 것이다. 그러나 일본 국내의 제반 형편으로 보아 그 협정을 연장하지 않을 수 없을 것이다. 다시 말하면 지난번에 일미안보조약 개정 관계로 일대 국민 데모에 봉착하여 '기시' 정권이 사퇴까지 하는 사태에 이르러 국내 정치 대세가 불안정한데, 현재 상당수의 북송 희망 신청자 수가 있고 ICRC가 이에 개입해 있는데 지금 당장 북송 중지를 선언하는 경우 조총련

계통은 물론 이에 동조하는 '사회당', '총평' 등이 또 데모 등을 일으켜 정치적 압력을 가하는 경우에는 정부가 후퇴하여야 할 것이니 북송의 당장 중지라는 결정은 매우 곤란할 것이다.

　본인: 우리나라의 4.19 사태 후 우리 정부는 한일 관계의 개선을 위하여 성의 있는 노력을 다하여 왔는데 일본 측은 이에 호응하는 아무 성의도 보이지 않을 뿐 아니라 일본 어선은 대거하여 평화선을 침범하고 있고 그중에는 제주도 혹은 부산에 아주 가까이 접근하는 예도 있으며 심지어 일본 경비정은 우리 영해를 침범까지 하였는데 일본은 이 사실을 의식적으로 부인하고 있다(이 영해 침범 사건에 관하여는 본인이 본국으로부터 가지고 온 도면 등을 제시하고 자세히 그 침범 경위를 설명하였음). 이러한 형편이니 한국 측으로서는 일본의 성의를 의심하지 않을 수 없으며 이러한 상태하에서 만약 소위 캘커타 협정이 연장이 된다면은 한일 관계는 극히 악화하게 될 것이니 절대로 이를 피하여야 할 것이다.

　이세키: 한국의 사정은 잘 알겠다. 그러나 일본의 실정을 말하면 외무성만이 한일 관계를 고려하여 신중을 기하고 있고 국내 여론이라든가 다른 정부 기관은 캘커타 협정의 연장을 당연한 것이라고 생각하고 있는 형편이다. '기시' 내각이 물러가고 새 내각이 성립된 후 만약 캘커타 협정을 연장치 않고 북송을 중지한다면 정치적으로 대혼란이 일어나서 수습하기 곤란한 지경이 될 것이다. 그러나 이 문제에 관하여는 한국의 체면과 한일 양국의 우호 증진을 저해하지 않기 위하여 가능한 한 노력을 할 용의가 있다. 자기[내] 생각으로는 <u>무조건 그 협정을 연장하는 것이 아니고 딱 한 번만 연장한다는 조건으로 최단기간, 예컨대 6개월간 연장한다는 것은 불가피하다고 생각하며 이것도 한 가지 해결 방법이 아닌가 생각된다. 한 번만 연장하고 그 후는 절대로 다시는 연장치 않겠다는 확약을 한국 측에 할 수도 있을 것이다.</u> (상기 하선 부분에 관해서는 외부 누설이 안 되도록 특히 유의해 주시기 바랍니다.) 영해 침범 문제에 관하여서는 곧 해상보안청에 연락을 하여 재조사를 해보겠으며 사실이라면 그대로 그 사실을 한국 측에 통보할 것이고 그 선후책을 강구할 것이다. 일본 어선이 빈번하게 나포를 당하게 되면 일본의 여론이 악화하여 일본 측이 북송 문제에 대한 방침을 결정함에 있어서 한국 측에 불리하게 될 가능성이 있다.

　본인: 우리나라의 4.19 사태 후 여전히 우리 국민감정은 북송을 거족적으로 절대 반

대를 하고 있으니 어떻게 하여서든지 그 협정의 연장을 피하여야 되며 일본 측이 그 협정을 연장하지 않는다는 결정을 내리지 않는 한 한국 측으로서는 다른 문제는 고려의 여지조차 없는 형편이다.

이세키: <u>캘커타 협정이 신내각이 수립된 후 연장이 되는 경우에는 한국 정부만 동의한다면 적당한 인물을 한국에 파견하여 캘커타 협정을 연장하지 않으면 안 된 만부득이한 일본 측의 사정을 한국 측에 설명케 할 용의가 있다.</u> (상기 하선 부분에 대하여 정부 의견을 지시하여 주시기 바랍니다.)

본인: (여기에 대하여는 아무 대답을 하지 않았음.)

본인: 앞으로의 북송 희망자의 수를 어느 정도로 추산하는가?

이세키: 일본 경찰은 10만 내지 15만, 일본적십자사는 5만 내지 7만, 조총련은 약 20만이라고 추산하고 있는바 외무성은 7만 내지 8만 정도가 아닐까 생각하고 있다.

본인: 일본적십자사가 조총련에 대하여 소위 캘커타 협정을 연장할 것을 약속하였다는 말이 있는데 사실인가(이 질문은 아무 근거 없이 일본 측의 진의를 타진하기 위하여 던져본 것임).

이세키: 일본적십자사가 비공식으로 그렇게 하였을는지도 모르겠다.

이상

72. 소위 '북송협정' 연장 합의설 관련 전화전

발·수화 일시: 4293년 7월 13일 오전 10시 45분

발화자: 아주과장
수화자: 주일 대표부 문 1등서기관

통화 건명: 소위 '북송협정' 연장 합의설에 관하여

내용

문(아주과장): 국내 신문 보도에 의하면 일본 정부와 일본적십자사는 '북송협정' 연장에 합의를 보았다고 하는데 사실인가?

답(문 서기관): 그러한 사실은 없다. 이 문제는 현 내각에서는 결정을 아니 하고 새로 조직될 내각에 넘기기로 결정된 것으로 안다.

문(아주과장): 그러면 도쿄발 신문 보도(조선일보 양 기자)의 근거는?

답(문 서기관): 그것은 수일 전 양 기자가 '일적'의 '이노우에' 외사부장과 회견하였을 때 "일적으로서는 동 협정을 연장하기로 내정하고 있다"라고 언명한 것이 와전된 것으로 안다.

77. 북송협정 연장 저지 관련 지시 전문

발신번호: MT-07107

발신일시: 141700 [1960. 7. 14]

수신인: 주일 공사
발신인: 장관

북송협정 저지에 관한 건
(대: 7월 12일 자 한일대(정) 제115호)

머리의 건에 관하여 일정 외무성을 방문하고 아래에 의하여 일본의 북송 연장 저지책을 제시하고 이 안이 수락되도록 최선을 다하시기 바라나이다.

아래:

(1). 소위 캘커타 협정을 연장하지 않으면 안 될 필요성의 근거가 희박하다. 예컨대 조총련이 앞으로의 북송 희망자를 20만으로, 일적 당국이 5만 내지 7만으로, 일경 당국이 10만 내지 15만 등등으로 예상한다는 가상적인 수에 입각하여 협정을 연장하려고 하는데 이에 대한 타당성을 인정할 수 없다. 불특정한 인원이 장래에 북송을 희망할지도 모른다는 막연한 예상하에 북송협정을 연장함은 부당하다.

(2). 소위 캘커타 협정은 작년 8월 13일 조인된 지 약 일 년이 되니 그동안 소위 북송 희망자가 등록할 수 있는 충분한 기간이 이미 부여되었다. 따라서 만일 북송을 희망하는 자가 남아있으면 그들의 등록을 8월 12일까지 마감하도록 일정을 조치할 것이다.

(3). 전기 8월 12일까지 등록을 필한 자의 수송에 관하여는 소위 캘커타 협정이 만료되는 11월 12일까지 수송을 만료하도록 일정은 필요한 조치를 취할 수 있을 것이다.

(4). 대호 공문에 지적된 일본 정객 방한 문제에 대하여는 그러한 목적으로 내한할 필요가 없다고 생각하오니 그리 양지하시고 일정에 대하여는 이 문제에 관하여 아무 회답도 하지 마시기를 이상 바라나이다.

이상

79. 야마다 외무차관과의 면담 내용 보고 공문

한일대정 제116호

단기 4293년 7월 14일

주일 공사[관인]

외무부 장관 귀하

건명: '야마다' 외무차관과의 면담 내용 보고의 건

연 TM-07119호

금일 14일 오전 11시 30분부터 약 40분간 본인은 이원경 참사관을 대동하고 일본 외무성 '야마다' 사무차관을('이세키' 아세아국장 배석) 방문하고 금반 공관장으로 취임한 데 대하여 취임 인사를 하고 이 기회에 한일 간에 개재된 문제, 특히 일본의 캘커타 협정 연장 문제에 대하여 우리 정부의 입장을 이야기하였사온데 그 요지를 다음과 같이 보고하나이다.

본인: 4.19 사태 이후에 한국 정부는 한일 양국 간의 관계를 개선하기 위하여 가능한 모든 조치를 취하였고 한국 정부로서는 앞으로도 더욱 이러한 노력을 아끼지 않을 것으로 생각하나 여기에는 일본 측도 이러한 한국 측의 노력에 호응하여 성의 있는 조치를 한다면 양국 간의 관계를 개선하는 데 가장 좋은 기회가 왔다고 본다. 여기에 관련하여 만약 일본이 캘커타 협정을 연장하는 일이 있다면 한일 관계의 개선은 중대한 난관에 봉착될 것으로 보니 일본은 이 기회에 동 협정을 연장하지 않도록 조치해 주기 바란다.

야마다: 일본이 한국인의 북송을 하게 된 경위는 첫째로는 거주지 선택의 자유라는

원칙적인 면과 둘째로는 일본 국내의 제반 형편에 의해서 하게 된 것인데 솔직히 이야기해서 캘커타 협정이 맺어졌을 때도 북한으로 가는 한인의 수가 소수일 것이라고 생각하였으나 사실은 큰 숫자가 되어서 놀랐다. 자기[내] 생각으로서는 이 문제를 해결하는 실질적인 방법은 북한으로 가려는 희망자가 없어져야 하는 것으로 본다.

본인: 한인 북송 조치에 대한 한국 국민의 반대는 항상 강건한 것이니 일본은 한국 국민의 이러한 감정과 한국 정부의 북송 반대 방침을 충분히 고려해서 동 협정의 연장 조치를 막음으로써 앞으로의 한일 관계를 개선하는 길을 터야 할 것이다.

야마다: 일본도 한국 국민의 감정 등을 잘 알고 있고 또한 현 시기가 한일 관계를 개선하는 좋은 기회가 될 것으로 보고 있는 만큼 어떤 방법을 생각해야 하는 것이 좋은 것으로 생각은 하나 사실상 북한으로 가겠다는 희망자가 많이 있어 딴 도리가 없으니 어떻게 하면 북송 희망자가 줄어질 수 있을까 하는 방법이 발견되어야 할 것으로 생각한다.

본인: 한국으로서는 원칙적으로 당초부터 이 북송을 반대해 왔고 또한 현재에도 반대하는 바이나 문제를 합리적으로 해결하는 한 방법으로서는 현 협정 기간 내에, 즉 11월 13일까지 나머지 희망자의 송환을 끝내버리고 그 후의 연장을 불허하는 방법도 있지 않겠는가?

야마다: 실질적으로 이 문제를 해결하는 데는 한국의 교포가 한국으로 돌아갈 수 있는 길을 열어줌으로써 큰 도움이 될 것으로 보는데 그런 면에서 고려해 볼 문제는 없겠는가?

이세키: 종전에 토의한 바 있는 '귀환협정' 같은 것을 성립시킨다면 북한으로 가는 사람이 줄고 한국으로 귀환하려는 사람이 많아질 것인데 이 문제에 관해서 본국 정부와 상의해 본 일은 없는가?

본인: 그런 일은 없고 우리로서는 오직 북송협정 불연장을 바랄 뿐이다.

이상

80. 재일한인의 북송협정 연장 문제 등에 관한 주일 대표부 보고 공문

한일대(정) 제124호

단기 4293년 7월 14일

주일 공사[관인]

외무부 장관 귀하

건명: 재일한인의 북송 문제 등에 관한 건

　머리의 건 본인이 지난 7월 9일 서울에서 귀임한 후 외무성 아세아국장 '이세키', 미국 주일 대사 '맥아더', 외무차관 '야마다' 등과 면담한 내용에 관하여는 이미 전보 혹은 공문으로 보고한 바 있사온바(야마다 차관과의 면담 내용 보고는 본 공문과 같은 파우치 편으로 발송하였음) 그동안 교섭한 경과와 각 방면으로 수집한 정보를 종합한 결과에 대하여 본인의 의견을 첨부하여 다음과 같이 보고하나이다.

기

　1. 소위 '캘커타' 협정의 연장 문제에 관하여서는 일본 측의 태도로 보아 앞으로의 북송 희망자의 추정 수로 비추어(참조 TM-0789호) 그 기간은 아직 확실치 않으나 동 협정은 연장이 될 가능성이 많다고 판단하지 않을 수 없습니다. 서울 주재 미 대사관 '그린' 참사관과 '맥아더' 주일 미 대사를 만나 이야기하여 본 인상으로서도 미국이 '캘커타' 협정 연장 중지를 위하여 적극적으로 노력할 의도가 발견되지 않습니다.

　2. 소위 '캘커타' 협정의 연장을 완전히 저지하거나 혹은 연장을 하더라도 이를 최단기간으로 연장케 하기 위하여서는 소위 북송 희망자의 수를 최소로 줄이는 방향으로 노력하여야 할 것은 물론이온바 그 방법으로는 재일한인, 민단 등에 대한 제반 시

책을 실질적인 방법으로 강화하는 일방, 대한민국으로의 귀환을 촉진, 장려할 수 있는 기초를 만들 것과 일본에 계속 거주할 것을 원하는 자에 대한 처우 문제 등이 만족하게 조속히 해결되어야 할 것으로 생각합니다. 이 문제는 만일 북송협정의 연장이 실현되는 경우에 재일교포의 동요를 막는 데도 필요합니다. 재일한인의 귀환 문제와 처우 문제에 관하여서는 작년 연말에 한일 양측에서 상당한 교섭이 진행된 결과, 대체로 원칙적인 합의가 성립될 단계까지 간 바 있었으나 소위 '보상금'의 지불 방법에 관하여 교섭이 좌절이 되어 이것이 중요한 원인이 되어 합의를 보지 못한 채 해를 넘기게 되었던 것입니다. 앞으로 재일한인의 귀환 문제와 처우 문제에 대한 교섭을 시작한다면 위에서 언급한 과거의 교섭을 기초로 하여 새로이 교섭을 시작하지 않을 수 없는 것입니다.

3. 작년 연말에 교섭을 거듭하여 여러 번 수정을 가한 후 일본 측과 거의 합의에 도달할 단계에까지 이르렀던 '합의의사록'안과 '공동코뮤니케'안을 참고로 별첨하옵는바 당시 이상의 두 안과 '보상금' 지불에 대한 일본 측의 비밀 확약(ASSURANCE)(미국을 중개로 한 비밀 확약) 문제를 동시에 해결할 것을 기하였던 것입니다.

4. 앞으로도 계속하여 북송협정 연장 저지에 적극 노력을 할 작정입니다마는 금일 (7월 14일) 자민당의 신총재가 결정되었으므로 불원 신내각이 수립하게 될 것으로 보이는바 소위 '캘커타' 협정의 연장 문제는 시간적으로 보아 신내각 수립 후 곧 내각이 방침 결정에 착수할 것으로 보이므로 재일한인의 귀환 문제 및 처우 문제에 관하여도 일본 측과 교섭을 시작한다면 신내각이 수립된 후 곧(이달 하순경) 하는 것이 북송 저지에도 효과적일 것으로 생각되는 바이오니 이 문제에 대하여 당지에서도 연구하겠사오나 본부에서도 신중히 연구하시와 지시하실 사항이 있사오면 조속 지시 있으시기를 바랍니다.

5. 본건과 관련된 각 공관, 특히 워싱턴과 제네바로부터의 정보가 있는 경우 이를 참고로 본인에게 보내주시면 큰 도움이 될 것으로 생각되오니 이 점 참작하여 주시기 바라나이다.

이상

별첨

80-1. 1959년 12월 작성된 재일한인의 귀환 문제와 처우 문제에 대한 공동성명

JOINT COMMUNIQUE

The Delegates of the Governments of the Republic of Korea and Japan at the Fourth Korea-Japan Overall Talks have reached agreement on the principles concerning the repatriation for resettlement in the Republic of Korea of Korean residents in Japan and the treatment of those Koreans while remaining in Japan.

December , 1959

번역

공동성명

제4차 한일회담에 참석한 대한민국과 일본국 정부 대표들은 재일한인의 대한민국에서의 정착을 위한 송환과 일본에 체류하고 있는 동안의 처우에 관한 원칙에 합의하였다.

1959년 12월   일

80-2. 1959년 12월 작성된 재일한인의 귀환 문제와 처우 문제에 대한 합의의사록

(Draft 28-12-1959)

AGREED MINUTES

December ___, 1959

With regard to the repatriation and the treatment of the Koreans who have been residing in Japan since prior to the termination of hostilities of the Pacific War (hereinafter to be referred to as Korean residents in Japan), the Delegates of the Governments of Japan and of the Republic of Korea at the 4th Japan-Korea Overall Talks, taking into consideration the special position of Korean residents in Japan, reached agreement in principle at the meeting on December ___, 1959, as follows:

1. The Government of Japan will:

(a) provide necessary facilities in Japan for the collective repatriation of the Korean residents in Japan to the Republic of Korea during a period to be specified; and

(b) respect the property rights of the Korean residents in Japan who will repatriate to the Republic of Korea and allow them to take home all their property in principle. The method, timing and so forth will be decided through consultation between the two Governments.

2. The Government of the Republic of Korea will:

(a) accept the repatriation of Korean residents in Japan regardless of their political affiliations during their stay in Japan ; and

(b) take necessary steps for their resettlement in the Republic of Korea.

3. The Government of Japan will recognize for the Korean residents in Japan while remaining in Japan the rights they enjoy, excepting the franchise and the eligibility for public offices.

On the basis of the above principles and of other understandings or terms already agreed upon, the Governments of Japan and of the Republic of Korea will conclude as soon as possible an agreement or agreements in concrete form concerning the matters mentioned above and other problems related thereto.

번역 (1959-12-28 일본 측 초안)

합의의사록

1959년 12월 ___

　태평양전쟁의 적대 행위가 종료되기 이전부터 일본에 체류하고 있는 한국인(이하 '재일한인'이라 한다)의 송환 및 처우에 관하여, 제4차 일한전면회담에 참석한 일본국 및 대한민국 정부 대표들은 재일한인의 특별한 지위를 고려하여 1959년 12월 ___ 일 회의에서 다음과 같이 원칙적으로 합의하였다.

1. 일본 정부는 다음과 같이 한다.
(가) 재일한인의 대한민국으로의 집단 송환을 위하여 일본 내에 필요한 시설을,

지정하는 기간 동안 제공한다.

(나) 대한민국으로 송환되는 재일한인의 재산권을 존중하고 원칙적으로 재일한인의 모든 재산을 가져갈 수 있도록 한다. 그 방법, 시기 등은 양국 정부 간의 협의를 통하여 결정한다.

2. 대한민국 정부는 다음과 같이 한다.
(가) 일본에 체류하는 동안의 정치적 성향에 관계없이 재일한인의 송환을 수용한다.
(나) 대한민국에서의 정착을 위하여 필요한 조치를 취한다.

3. 일본 정부는 재일한인이 일본에 체류하는 동안 참정권 및 공직 피선거권을 제외한 모든 권리를 인정한다.

일본국 정부와 대한민국 정부는 상기 원칙과 이미 합의한 기타 양해 또는 조건에 기초하여, 상기 사항 및 기타 관련 문제에 관한 구체적인 형태의 협정을 가능한 한 조속한 시일 내에 체결한다.

89. 이세키 국장과의 면담 내용 보고 전문

NO. TM-07158

DATE. 191930[1960. 7. 19]

TO. 외무부 장관 귀하

대 MT-07107

대호 전문 지시에 따라 금일 7월 19일 하오 2시 반 '이세키' 아세아국장을 방문하고 소위 '캘커타' 협정의 연장 저지책 등에 관하여 면담하였사온바 동 면담의 내용을 아래와 같이 보고합니다.

기

1. 먼저 본인은 한국 정부는 여하한 경우라도 일본이 현재 실시 중에 있는 북송을 인정할 수는 없으며 이를 단호히 반대한다는 것을 명백히 한 다음, 그러나 현실적인 면에서 이 문제를 조속히 해결하기 위해서 북송 연장 저지책을 제시하는 바이라고 말하고 대호 전문 지시 내용대로의 저지책을 제시하고 이 안에 따라 일본 측은 북송협정을 연장하지 않도록 최선을 다하여 줄 것을 강력히 요청하였음. 이에 대하여 이세키 국장은 "ㄱ. 오는 8월 12일까지 등록을 마감하게 되면 조총련 등을 비롯한 좌익 계열의 맹렬한 활동으로 인하여 북송을 진심으로는 원하지 않는 자까지 합하여 막대한 수의 재일한인이(예컨대 15만 내지 20만) 등록을 할 가능성이 있으며 만약 이렇게 되는 경우에는 일본 측으로서는 상당히 장기간, 예컨대 적어도 1년 혹은 2년을 연장하지 않으면 안 되게 될 것이며 일본 측이 그 협정을 될 수 있는 한 단기간, 예컨대 6개월간만 연장하려고 하는 노력이 수포화할 것이니 이 안은 절대로 받아들일 수 없다. ㄴ. 북송 희망자의 수송을 11월 12일까지 완료하려면 결국 선박의 척 수를 대폭 늘려야 할

것인바 북한 측이 이에 응할 가능성이 전연 없고 또한 그렇게 하기 위하여서는 (니가타)의 수용 시설 등도 대폭 증축을 하여야 할 것이므로 시간적, 기타 여러 가지 사정으로 그렇게 할 수가 없다. ㄷ. 신내각이 수립되었으므로 일본 정부로서는 이달 말경에는 북송협정의 연장 문제에 대한 구체적 방침을 결정하게 될 것으로 생각하는데 전번에 말한 바와 같이 최단기간 딱 한 번만 연장한다는 뜻을 한국 측에 대하여 자기로서는 확약을 할 수 있다고 생각하나 11월 12일까지 송북을 끝마치도록 원하는 한국 측 제안에 대하여서는 일정으로서는 수락할 수 없다. ㄹ. 한국 측 입장도 고려하여 일정으로서는 대략 전항과 같은 내용으로 북송협정을 연장할 것이 예상되는데 이 일본 측 결정에 대하여 한국이 맹렬히 반대함으로써 한일 관계가 악화되어도 만부득이하다고 생각한다"고 답변하였음.

2. 평화선을 침범하는 일 어선의 나포에 관하여 '이세키' 국장은 "한국 측이 평화선을 대거하여 깊숙이 침범하는 어선뿐만 아니라 평화선 가까이에서 한두 척이 단독으로 조업하는 경우에도 이를 무차별로 나포하고 있음은 유감이니 이러한 무차별 나포는 삼가달라"라는 강한 요청을 하였음.

주일 공사

90. 북송협정 연장 저지 방안 관련 훈령 전문

번호: MT-071405

일시: 201530, 4293년 7월 20일

앞: 주일 공사 귀하

귀 전문 TM-07158호에 대하여서는 즉시 일본 외무성 당국자를 방문하시고 하기 요령에 따라 일본 측이 북송협정 연장을 포기하도록 다시 강력히 요청하시기 바랍니다.

1. 일본 측은 북송이 인도주의와 자유의사에 입각하여 행하여지고 있다고 주장하여 왔고 우리는 정치적 목적하에 행하여진 것이라고 하여왔는바 이제 일본 측 말에 의하면 만일 8월에 등록을 마감한다면 좌익이 동원 내지 선동하여 15만 내지 20만 명이 등록할 것이며 따라서 이들의 송환에는 1년 내지 2년이 걸릴 것이라고 한다니 이는 곧 북송이 정치적인 의도 밑에 강제적인 압력하에서 이루어지고 있다는 것을 입증하는 것이며 이러한 정치적 압력을 배제할 유효한 방도가 강구되어 있지 않음을 증명하는 것이다.

2. 일본은 흔히 일본 내의 정치 사정(특히 좌익의 소동) 등을 인용하여 송북협정 연장의 불가피성을 주장하고 있는바 이 주장 역시 인도주의와는 거리가 먼 것이다.

3. 소위 북송을 위한 등록 기간이 1년이란 충분한 시간을 두고 행하여져 왔으니 앞으로 이를 더 연장할 필요가 없으며 현재 등록한 자가 1만 명 정도라 하니 협정 연장의 필요는 더욱 없다.

4. [삭제]

5. 귀중한 인간의 자유와 일생 운명에 관계되는 일인 만큼 막연한 추측이나 의심스러운 근거로 북송협정을 연장한다는 것은 부당한 일이며 꼭 연장이 필요하다면 그 확실한 증거를 제시해 주기 바란다.

6. 위와 같은 점으로 보아 북송협정은 연장되어서는 안 될 것이며, 이로써 한일 관계가 악화되어도 할 수 없다 운운한 일본 측의 발언은 한일 관계의 개선보다 북송에 더욱 관심이 있다는 말로 들리니 실로 유감지사가 아닐 수 없다.

이상

103. 북송에 관한 주일 대표부 보고 요약 문서

단기 4293년 7월 28일

건명: 북송에 관한 주일 대표부 보고 요약

요약 내용

(1) 일본사회당 사다 국제국장은 7월 22일 고사카 외상을 방문하고 북송협정을 연장할 것, 8월 2일에 개최되는 '원·수폭 금지 세계대회'에 중공 및 북한 괴뢰 대표를 참가시키도록 요청하였다 함.

(2) 7월 22일 북송협정 연장 문제를 협의하기 위하여 내각 심의실, 외무성, 후생성, 운수성 관계자 회의를 열었으며, 금월 중 결론을 내릴 것이라 함.

(3) 7월 27일 자 일본 마이니치신문은 북송 희망자가 많고, 북송은 인도적이고, 정치적 고려로써 중지할 것이 못 된다는 등 이유를 들어 북송협정을 연장하여야 된다고 주장하였음. "북송협정을 연장 못 하면 한국이 주장하는 대로 일본은 정치적으로 끌리어 들어가는 것이 된다."

(4) 7월 27일 기자회견 석상에서 고사카 외상은 북송 희망자가 있는 한 인도적인 입장에서 북송협정을 연장하여야 되나 복잡한 국제적인 관계도 있으므로 심중 고려하여야 한다고 말하면서 북송협정을 지금 연장할 것인지는 말할 수 없다고 말하였다 함. 그 후 북송협정 연장 문제로 수상과 협의하였다고 하며 북한 괴뢰 대표가 일본에 오는 것을 보아 일본 측의 태도를 결정하기로 하였다 함.

(5) 북송협정 연장 문제로 7월 26일 북한 괴뢰에 회전할 예정을 7월 27일 이후로 연기하기로 관계 당국 간에 합의를 보았다고 하며 그 이유는 후생성이 수송 인원의 최대 인원수가 1,500명이라고 하면서 수송 인원 증가에 난색을 표시하였기 때문이라고 함.

이상

105. 주일 대표부의 보고 내용 요약

단기 4293년 8월 2일

건명: 보고 요약

공람: TM-07287
　　　TM-0806

1. 일본 '도쿄'신문과 '아사히'신문은 각각 그 사설에서 북송 문제에 언급하여 북송 계획이 당초부터 '인도적 견지'에서 출발한 이상 이제 정치적인 이유로 이를 중지할 수는 없는 것이므로 소위 귀환협정을 연장하고 귀환 사무를 촉진한다는 일적 안이 현 사태하에서 가장 타당한 것이라고 논평.

2. '아시아'신문은 또한 북송협정 연장 문제를 한국 총선거 결과와 관련시켜 민주당 정권이 현 정부보다 대일 우호 방침을 세울 것이 기대되기 때문에 일 정부로서는 현재 한일 경제 협조를 타진하고 있는 중이며, 일면 한국민의 북송 반대 감정도 무시할 수 없는 것이므로 '니가타' 회담을 시급히 타결하여 협정 연장을 기정사실화하고 또한 한 적의 도쿄회담 제의를 한국 측을 설득할 수 있는 기회로 보고 이를 환영하며 일 외무성 내에서는 한일회담을 9월 중에 서울서 개최하고 싶다는 생각이 굳어져 가고 있다고 보도.

128. 북송 기한 연장에 대한 최근 동태 보고 공문

한일대영 제4031호

단기 4293년 9월 12일

주일 공사 [관인]

외무부 장관 귀하

북송 기한 연장에 대한 최근 동태 보고의 건

　머리의 건 일부 정보에 의하면 재일 조총련 조직이 총동원되어 제60차 선편까지 귀환 등록을 시키고 이미 제37선까지 인원 3만 8,000여 명을 보냈는데 지금 등록에 남아있는 2만여 명 중에서 북행을 취소하는 경향이 많고 앞으로 더 이상 희망자가 용이하게 응하지 않으므로 일본이 주장하는 SPEED UP에는 북한이 응할 수 없는 형편이고, 그대로 또는 매 선편마다 약간 인원을 증원하는 조건으로 연장이 되는 때에는 북한서는 귀환인 수 부족을 가끔 배를 결항시켜 시간을 끌어가면서 북송을 유지할 계획이 보인다고 함.

　북송 희망자가 적어감은 그 전 2차에 걸쳐 교포 극빈자를 한국에 집단으로 보낸 선전과 한일 간이 호전됨에 의함이라고 간주하고 있음.

　이상

131. 이세키 아시아국장과의 면담 내용 보고 전문

NO. TM-09140

DATE. 131600[1960. 9. 13]

TO. 외무부 장관 귀하

본인은 금일 9월 13일 오전 11시부터 12시까지 일정 외무성 '이세키' 아세아국장과 면담하였사온바 '이세키' 국장이 동 면담에서 말한 내용을 아래와 같이 보고하나이다.

기

1. '고사카' 외상 방한에 관하여 일본 정부 및 언론계들이 만족하고 있으며 양국 우호 증진에 기여한 바 많다고 평가하고 있다.

2. 한일 간의 예비회담은 서울에서 양 외상이 합의한 바와 같이 10월 말에 개최하는 것으로 알고 준비하고 있으며 작 12일부터 관계 각 성과 협의를 시작하였다. 일본에서 총선거(일본) 후 개최 운운하고 있는 것은 본회담을 의미하는 것이라고 생각된다.

3. 대한 무역 확대 문제에 관하여 지금 관계 각 성과 연락 중인바 '고사카' 외상은 미국으로 떠나기 전에 관계 각 성에 성의를 가지고 추진하여 달라고 직접 요청하였다.

4. '고사카' 외상은 '허터' 장관과 회담할 때에 한국 문제에 관하여 (1) 선의를 가지고 국교 정상화에 노력하겠다는 것과 (2) 앞으로 한국에는 경제적 안정이 필요할 것인데 미국의 금후 대한 경제 방침이 어떠한가를 물어보고 일본으로서는 미국의 대한 원조가 계속되기를 바란다고 말하는 동시에 대한 경제 협조는 한, 미, 일 3국 간의 긴밀한 연락하에 하자는 것을 말할 것이다. (이 점에 관하여는 우리나라 주미 대사관 또는 주

한 미 대사관을 통하여 자세한 내용을 알아볼 필요가 있을 줄로 생각합니다.)

5. 뉴욕에서 한일 간 소정상회담 개최 운운은 신문 보도에 지나지 않으며 일본으로서는 구체적인 계획을 가지고 있지 않다.

6. 북송 문제에 관하여 일본 측은 송환의 '스피드 업'과 북송 희망자의 일정 기간 내의 일제 등록을 골자로 한 제안을 제시하였는바 북한적십자는 이를 정치적이라는 이유하에 반대하였고, 한편 일적 측도 북한 측의 무수정 연장안을 거부한다는 태도를 밝혔다. 이에 대하여 북한 측은 명일 14일 오후 3시에 개최되는 제7차 본회의에서 북한 측의 정식 의견을 말하기로 되었다. 이 문제에 관하여 외무성은 '니가타' 회담이 결렬되어도 좋으니 강경한 태도로 나가자는 태도를 가지고 있으나 일본적십자사와 후생성은 회담 결렬에 강경히 반대하고 있는바 북한 측이 스피드 업과 일제 등록을 전부 거부할 경우에는 회담은 결렬될 것으로 보여진다. 그러나 북한 측이 스피드 업은 찬성하고 일제 등록만을 반대할 경우에는 일본 측은 이에 대체할 태도를 다시 연구하게 될 것이다. (이 문제에 관하여 본인은 한국 측이 북송 자체를 승인하는 것은 아니나 '니가타' 회담이 스피드 업만을 결정함으로써 북송이 언제 끝난다는 것조차 예측할 수 없는 사태에 도달하게 되면 현재의 한국민의 국민감정으로 보아 한일 현안 해결에 큰 지장을 줄 것이니 그 점을 잘 고려하라 말하였습니다.)

이상

주일 공사

135. 니가타 회담에 관한 일본 정부와 적십자사 간의 협의에 관한 신문 기사 보고 전문

NO. TM-09170

DATE. 151820[1960. 9. 15]

TO. 외무부 장관 귀하(사본: 방교국장)

 9월 15일 자 당지 각 신문 석간은 '니가타' 회담에 관하여 이케다 수상을 위시한 정부 수뇌와 일적이 금일 15일 아침 일 측의 최종 태도를 협의하였는바 그 결론은 명일 아침 정부 여당회의에서 내기로 되었다고 보도하고 있사온바 아래에 이에 관한 마이니치신문 기사를 송부하나이다.

기

 북송협정 연장 문제를 위요하고 난항을 계속하고 있던 일조 양 적십자의 니가타 회담을 타개하기 위하여 정부 측은 15일 아침 7시 30분부터 이케다 수상을 비롯하여 정부 측 관계 각료, 자민당 마스타니 간사장, 일적 측에서 '시마즈' 사장, 가사이 대표단장, 이노우에 대표가 모여 일본 측의 최종적인 태도를 협의하였다.
 '가사이' 대표단장으로부터 회담의 자세한 경과 보고가 있었으며 각 각료가 각기 그들의 견해를 명백히 한 것뿐이며 결론은 나오지 않았다.
 16일 아침 9시부터 다시 정부 관계 각료, 자민당 삼역[간사장, 정조회장, 총무회장]의 회의를 열고 태도를 결정하기로 되었다. 그러나 이날의 수뇌회의에서는 일적의 입장을 양해하고 협정 연장 문제를 타결하기 위하여 결렬을 회피하여야 한다는 공기가 강하였다. 이날의 회의에는 이케다 수상을 비롯하여 이시다 노동상, 고지마 법무상, 야마사키 자치상의 관계 각료, 오히라 관방장관, 야마다 외무, 다카다 후생 양 차관, 당 측은 마스타니 간사장이 출석, 일적 측은 시마즈 사장과 이날 아침 니가타에서 귀경한 가사이 대표단장, 이노우에 대표가 출석하여 오전 7시 30분부터 회의를 시작하였다.

회의 석상 가사이 단장은 니가타 회담의 경과를 자세히 설명, 난국 타개의 유일한 방법은 지난 14일의 제7회 회담에서 북한적이 제시한 "무수정 연장안에 응한다면 스피드 업 문제는 현행 협정의 범위 내에서 협의할 수 있다"라는 점이며 일본 측이 타협하는 이외에는 없다고 설명. 또한 일적이 인도 문제로서 북한적 측과 교섭하고 있는 중에 정부 관계자가 일본 입장을 외부에 누설하는 것은 교섭에 있어서 큰 장해가 된다고 어려운 입장을 호소하였다. 그 후 각 성 측에서 각기 의견을 진술하였는바 외무성 측에서는 여전히 "대한국 외교상 북한 측의 제안을 그대로 받아들이는 것은 좋지 않다"라는 의견이 진술되었다.

이케다 수상은 종시 한 마디도 발언을 하지 않고 회의 진행을 관망하고 있었는데 오전 8시 30분 나고야 지방 유세를 위하여 퇴석하였다.

그 후 각 각료와 마스타니 간사장이 결론을 어떻게 할 것인가에 관하여 협의하였지만 결론을 얻지 못하고 명일 16일 오전 9시 이케다 수상의 귀경을 기다려 각의를 열기 전에 관계 각료와 마스타니 간사장 등 자민당 삼역이 모여 정부의 최종적인 결론을 내기로 되었다. 그러나 이날 회의에서는 전반적으로 "어디까지나 결론을 피하고 협의를 성립시키는 것이 적십자의 입장이다"라는 일적 측의 의견을 정부 및 당이 양승한 것 같으며 16일의 정부의 결론은 일단 북한 측의 주장을 받아들여 협정을 수정하지 않고 연장하여 귀환 업무의 스피드 업을 기도한다는 방향을 내세울 것으로 관측되고 있다.

'오히라' 관방장관의 담화:
회의에서는 일적을 비롯하여 각 성의 이야기를 충분히 들었다. 정부로서는 회담에 임하고 있는 일적의 입장을 생각하여 피력된 각 성의 의견을 조정하여 16일 오전 중에는 결론을 낼 생각이다. 회담의 결렬은 어떻게 해서라도 피하고 싶다.

주일 공사

136. 북송 기한 연장에 대한 최근 동태 보고 요약 문서

단기 4293년 9월 16일

건명: 북송 기한 연장에 대한 최근 동태 보고 요약

(주일대영 제4031호 - 단기 429 년 월   일부터
　　　　　　　　단기 4293년 9월 12일까지)

　1. 재일 조총련은 그 조직을 총동원하여 제60차 선편까지 귀환 등록시켰으나(완료분 37차, 인원 38,000여 명) 현재 등록에 남아있는 20,000여 명 중에서 북행 취소자가 속출하고 있으므로 일본 측에서 주장하는 speed up에는 응할 수 없을 것이라는 정보가 있음.

　2. 북송 희망자의 감소는 2차에 걸친 극빈자의 본국 귀환 선전 및 한일 관계의 호전 전망에 의한 것으로 간주됨.

147. 9월 17일 제8회 니가타 회담 본회의 보고 요약 문서

단기 4293년 9월 20일

건명: 보고 요약

9월 17일 오후 5시 제8회 '니가타' 회담 본회의

일적의 신제안(① 현행 협정을 6개월간 연장 ② 이 기간 내에 귀환 업무가 종료하지 않을 경우에는 재연장할 용의가 있음 ③ 현행 협정에 의거하여 스피드 업을 지급히 협의함)에 대하여 북한 측은 다음과 같은 이유로(① 현행 협정을 1년 3개월간 연장할 수 없다는 이유가 없음 ② 일적의 '스피드 업'안은 이유가 박약함 ③ 신제안은 정부 및 자민당의 협의로서 정치적이다 ④ 귀환 업무의 파탄 직면과 재일조선인의 비참 상태에 대한 책임은 일본 측에 있음) 일적을 비난하였으며 23일 귀환선 편으로 귀국하겠음을 시사하였음.

'오히라' 관방장관은 북한 측이 이를 거부한다면 타 방도가 없다고 하였음.

159. 북한적십자 대표단 귀국 관련 보고 전문

번호: TM-09240

일시: 231800[1960. 9. 23]

수신인: 외무부 장관 귀하

　금일 9월 23일 하오 당지에서 청취한 방송에 의하면 북한괴뢰적십자 대표단 일행은 금일 하오 4시 45분에 니가타항을 출항한 제39차 북송선으로 귀국하였다고 하오며 북한괴뢰적십자 대표는 이에 앞서 "일본의 정치적 파괴 공작으로 인하여 니가타 회담은 결렬되었다. 이로 인하여 발생하는 모든 곤란에 대한 책임은 일본 측에 있다"라는 뜻의 성명을 발표하였다 하옵기에 이를 보고하나이다.
　참고로 일정은 금일 23일이 공휴일임을 첨언하나이다.

주일 공사

160. 니가타 회담 결렬에 관한 보고 전문

번호: TM-09248

일시: 241350[1960. 9. 24]

수신인: 외무부 장관 귀하

이미 보고한 바와 같이 북한적십자 대표단이 작 9월 23일 제39차 송환선 편으로 귀환하였음으로 말미암아 '니가타' 회담은 결렬되었사온바 본건에 관하여 당 대표부가 일정 외무성 당국 등에 알아본 결과를 아래와 같이 보고하나이다.

1. 일적 '가사이' 부사장은 23일 오후 기자회견에서 성명을 발표하고 북송협정의 종료일까지는 아직도 시간이 있으니 그동안 북한 측이 태도를 재고하도록 촉구하였음.

2. 일정은 회담이 결렬되었다 하더라도 협정 유효일까지 계속 북송 희망자의 신청을 접수할 것임.

3. 현재 북송 희망자를 신청한 자는 약 16,000명이며 또한 앞으로 새로운 신청자가 있을 것으로 예상되어 신청자를 협정 기한 내에 전부 송환할 수 없음이 명백한바 협정 종료 이후에는 이들을 '잔무 정리' 형식으로 계속 송환할 것임.

4. 그러나 '잔무 정리' 형식에 의한 송환의 계속은 북한 측의 계속적인 배선을 전제로 하고 있는바 북한 측이 배선을 하지 않을 경우에 대처하기 위한 대책은 아직은 수립한 바 없음.

5. 전반적으로 회담 결렬에 대처하기 위한 수습 대책은 아직 수립한 바 없으나 앞으

로 연구하게 될 것임.

추이: 니가타 회담이 결렬된 이후에는 조총련, 일조협회 및 재일조선인귀환협력회 등이 매일같이 일정 관계 당국을 찾아와서 항의 진정하고 있다고 하옵기에 첨언하나이다.

이상

176. 일본적십자사 이노우에 외사부장의 제네바 방문과 관련하여 제네바대표부에 보낸 지시 전문

NO. 908

DATE. OCT 8 1960

SENT TO. 1ST SECRETARY HWANGHOUL
DAEPYOBU GENEVA

IT WAS REPORTED FROM KOREAN MISSION IN JAPAN THAT KAORU INOUE CMA FOREIGN AFFAIRS DEPARTMENT CHIEF OF JRC CMA LEFT TOKYO ON SEPTEMBER THIRTIETH FOR GENEVA TO ATTEND IRC FEDERATION EXECUTIVE COMMITTEE MEETING AND HE IS ALSO TO DISCUSS THE ISSUE OF EXTENDING THE SOCALLED CALCUTTA AGREEMENT PD

PLEASE GET IN TOUCH WITH ICRC OFFICIALS (DR. JUNOD OR MR. MAUNOIR) AND ASK THEIR ASSISTANCE IN THWARTING JAPANESE SCHEME TO EXTEND SAID AGREEMENT PD

YOU ARE ALSO ADVISED TO REMIND THEM OF AND CONFIRM THE UNDERSTANDING GIVEN TO MINISTER KIM THAT ICRC WOULD WITHDRAW FROM THE SOCALLED REPATRIATION WORK ON AND AFTER NOVEMBER TWELFTH PD

FORMIN

번역 번호: 908

일시: 1960년 10월 8일

수신인: 제네바대표부 황호을 1등서기관

　일본 주재 한국대표부로부터 보고받은 바에 의하면 이노우에 가오루 일본적십자사 외무부장이 9월 30일 도쿄에서 출발하여 제네바로 가서 ICRC 연맹 집행위원회 회의에 참석하고 또한 소위 캘커타 협정 연장 문제를 협의할 예정이라고 합니다.
　ICRC 관계자(주노 박사 또는 모누아르 박사)와 연락을 취하여 일본 측의 계획을 저지하도록 협조를 요청해 주시기 바랍니다.
　또한 11월 12일 이후 ICRC가 소위 송환 작업에서 철수할 것이라고 김 공사가 이해한 바를 상기시키고 확인하기 바랍니다.

외무장관

177. 주제네바 대표부의 회신 독촉 전문

NO. MG-1006

DATE. 111340

SENT TO. 1ST SECRETARY HWANGHOUL
            DAEPYOBU GENEVA

ONE PD PLEASE REPORT IMMEDIATELY ABOUT YOUR TALK WITH ICRC OFFICIALS PD

TWO PD FOR YOUR INFORMATION SOCALLED CALCUTTA AGREEMENT WILL NOT LIKELY BE RENEWED PD HOWEVER LEFTIST ELEMENTS IN JAPAN TRYING HARD TO HAVE IT EXTENDED FOR ANOTHER YEAR PD PLEASE TRY HARD TO IMPRESS ICRC OFFICIALS THAT IF THE EXTENSION IS MADE THE K-J CONFERENCE WHICH IS SLATED TO OPEN 25 OCTOBER WILL BE JEOPARDIZED PD THEREFORE CMA REQUEST THEM TO REFRAIN FROM GIVING ANY ASSISTANCE TO JAPANESE SCHEME PD ALSO REMIND THEM THAT WHEN WE HAD A TALK WITH DR JUNOD AT HIS OFFICE CMA HE COMMITTED HIMSELF THE ICRC WOULD CONSIDER SERIOUSLY THAT IF THE KOREAN RED CROSS AND JRC START THE TALKS ON REPATRIATION OF KOREAN IN JAPAN TO ROK CMA ICRC MAY ADVISE THE JRC TO SUSPEND THE SOCALLED REGISTRATION AND DEPORTATION OF OUR PEOPLE PD YOUR URGENT REPLY AWAITED PD

FORMIN

번역 번호: MG-1006

일시: 111340 [1960. 10. 11]

수신인: 제네바대표부 황호을 1등서기관

1. ICRC 관계자와의 면담 결과에 대해 즉시 보고해 주시기 바랍니다.

2. 소위 캘커타 협정은 갱신되지 않을 것임을 귀하의 정보 차원에서 알려드립니다. 그러나 일본의 좌파분자들은 그것을 1년 더 연장하기 위해 열심히 노력하고 있습니다. 연장이 이루어지면 10월 25일 열릴 예정인 한일회담이 엉망이 될 것이라는 점을 ICRC 관리들에게 잘 이해시키기 바라며, 그에 따라 일본의 계획에 대한 지원을 자제하도록 요청하기 바랍니다. 또한 우리가 그의 사무실에서 주노 박사와 대화를 나눴을 때 그는 대한적십자사와 일본적십자사가 재일한국인 송환에 관한 회담을 시작하면 ICRC가 재일한인들의 북송 등록과 북송을 중지하도록 일본적십자사에 권고할 것이라고 약속하였음을 상기시키기 바랍니다. 귀하의 긴급 회신을 기다립니다.

외무장관

178. 북송협정 연장 관련 주제네바 대표부 회신 전문

번호: GM-1005

일시: 111730

수신인: WOIMUBU

UNDER INSTRUCTIONS EYE MET MAUNOIR OCT 11TH AND BY REMINDING HIM OF DR JUNODS UNDERSTANDING TO MINISTER KIM CMA ASKED ICRC TO USE GOOD OFFICES IN THWARTING JAP ATTEMPT TO EXTEND SOCALLED CALCUTTA AGREEMENT SO THAT GOOD ATMOSPHERE MAY BE CREATED FOR KJ TALKS WHERE BOTH PARTIES COULD WORK OUT SETTLEMENT ON KOREAN RESIDENTS PROBLEM PD

MAUNOIR SAID INOUYE CALLED ON HIM A FEW TIMES AND TOLD HIM OF JRC POSITION ON DEPORTATION ISSUE THAT IT WANTED TO SPEED UP SOCALLED REPATRIATION BY SENDING MORE KOREAN RESIDENTS IN JAPAN TO NOPAK EVERY WEEK BUT PUPPET SIDE WANTED CONTINUATION OF SAME TERMS AND CONDITIONS AS SPECIFIED IN SOCALLED CALCUTTA AGREEMENT PD

HE SAID SINCE THERE IS NO NEW ELEMENT IN PRESENT ISSUE ICRC COULD NOT CHANGE ITS POSITION AS FAR AS SOCALLED REPATRIATION IS CARRIED OUT IN ACCORDANCE WITH THEIR "PRINCIPLES" AND AS LONG AS THERE EXIST KOREANS "DESIROUS OF GOING TO NOPAK" PD.

HE SAID ICRC IS NOT BOUND BY ANY AGREEMENT OR BY ANY THIRD PARTY AND WHETHER OR NOT SOCALLED CALCUTTA AGREEMENT IS EXTENDED DEPENDS ENTIRELY UPON JAP AND NOPAK SIDES PD. HE SAID

HE WILL REPORT TO THE COMMITTEE THE REPRESENTATION OF OUR GOVT PD

DR JUNOD IS BUSY BUT EYE WILL TRY TO SEE HIM TO TALK ON SUBJECT PD

번호: GM-1005

일시: 111730[1960. 10. 11]

수신인: 외무부

　　지시하에 저는 10월 11일 모누아르를 만나 주노 박사의 김 공사에 대한 약속을 상기시킴으로써 ICRC가 소위 캘커타 협정을 연장하려는 일본의 시도를 저지하는 데 일정한 역할을 하여 한일 양국이 한일회담에서 재일한인 문제에 대한 합의를 도출하게끔 좋은 분위기가 조성될 수 있도록 해주기를 요청하였습니다.

　　모누아르는 이노우에가 몇 차례 전화를 걸어 매주 더 많은 재일한인을 북한에 보냄으로써 송환에 속도를 내고 싶은 것이 일본 측 입장이나, 괴뢰 측은 소위 캘커타 협정에 명시된 규정과 조건이 지속되기를 원한다고 말했다고 전했습니다.

　　그는 현재 문제에 새로운 요소가 없기 때문에 ICRC는 소위 송환이 '원칙'에 따라 진행될 것이며, 북한에 가고 싶어 하는 재일한인이 존재하는 한 입장을 변경할 수 없다고 말했습니다.

　　그는 ICRC는 어떤 합의나 제3자에 의해 구속되지 않으며 소위 캘커타 합의의 연장 여부는 전적으로 일본과 북한 측에 달려있다고 했습니다. 그는 우리 정부 입장을 위원회에 보고할 것이라고 말했습니다.

　　주노 박사는 바쁘지만, 만나서 이 주제에 관해 이야기할 수 있도록 계속 노력하겠습니다.

183. 북송협정 연장 중지 요청 교섭 지시 전문

NO. MT-1088

DATE. 141630[1960. 10. 14]

SENT TO. 주일 공사

 북송협정에 관하여 일본 측의 일부 지도자들이 협정 연장과 북적 안에 대한 양보를 기도하고 있다는바, 즉시 일본 외무성을 방문하시어 북송협정 연장 중지를 강력히 요청하시기 바랍니다.

외무부 장관

184. 북송협정 문제에 관한 보고 전문

1808 NO. TM-1096

DATE. 141745

TO. 외무부 장관 귀하

연: TM-1081호

연호 전문으로 보고한 신문 보도(14일 각의가 북송협정 문제를 검토할 것이라는 보도)에 관하여 일본 외무성 당국자에게 문의한바 아래와 같이 답변하였삽기에 보고하나이다.

1. 14일 각의는 '아사누마' 사회당 위원장 피살 사건을 주로 하여 개최된 것인바 동 각의에서 시간이 있으면 북송 문제도 논의될지 모른다.

2. 외무성으로서는 일적이 제의한 최종 제안을 최종적인 것으로 생각하고 있으며 이를 수정할 의사는 없다.

3. 그러나 일적 및 후생성 등에는 일 측이 입장을 다소 수정하더라도 북한 측과 타협할 수 있는 길을 발견하여야 한다는 의견이 있는바 외무성은 이에 반대한다.

4. 각의에서 구체적인 내용을 결정하기 위하여서는 각의 전의 레벨에서 구체안을 연구 검토한 후 상정 의결케 되는 것이니 이러한 절차 없이 신문이 보도한 바와 같이 각의가 구체적인 것을 결정할 리가 없을 것이다.

추이: 당지에 체류 중인 한국적십자사 '이범석' 씨가 금일 14일 '이노우에' 외사부장

을 만났다고 하는데 이범석 씨에 의하면 '이노우에'가 일적으로서는 이북 측이 요구하는 점(예컨대 1년 정도 협정을 연장하는 것)을 동의하여 타협하여야 한다는 생각을 가지고 있고 자기 개인 생각으로서는 "정부가 결국은 일적 입장에 찬동하지 않을 수 없지 않는가"라고 생각한다고 말하였다고 하옵기에 참고로 첨언하나이다.

이상

주일 공사

186. 북송 문제에 관한 일본 각의 논의 관련 보고 전문

번호: TM-10102

일시: 151210[1960. 10. 15]

수신인: 외무부 장관 귀하

대: MT-1068호

작 14일 저녁 총리부 총무장관 '후지에' 씨 및 자민당의 '후나다 주' 씨와 면담하여 작일 개최된 각의에서 북송 문제에 관하여 어떻게 논의가 되었는지에 관하여 문의하였사오며 금일 15일 오전에는 외무성 '야마다' 사무차관과 역시 북송 문제에 관하여 접촉하였사온바 그 내용은 아래와 같이 보고합니다.

1. '후지에' 총무장관(작일의 각의에 참석하였다고 함)이 말한 바에 의하면 작일 각의에서 북송 문제에 대하여서는 일적, 외무성, 후생성 등의 의견이 아직 합치되어 있지 않음에 비추어 '이케다' 수상은 우선 실무 담당관 사이에서 대책을 연구 검토하여 통일된 안으로 일본의 태도를 대외적으로 발표하라는 지시가 있었다고 함.

2. 야마다 사무차관과의 대화 내용은 아래와 같음.
본인: 신문지상의 보도에 의하면 관계 당국에서 북송에 대한 대책을 재검토하고 있다는 등 여러 가지로 보도되고 있는데 그 진상이 어떠한지?
야마다: 신문지상에는 사실무근의 보도가 많이 게재되고 있는데 일적 등에서는 일본 측의 입장을 다시 수정하여서라도 이북 측과 타협을 하자는 태도를 취하고 있는 것은 사실이다. 그러나 외무성으로서는 다시 입장을 변경할 의사는 전혀 없다. 즉 외무성의 근본 입장에는 하등의 변동이 없는 것이나 사무적인 점에 있어서는 검토할 여지

가 있지 않을까 생각하고 있다.

본인: 한일예비회담이 불원 시작이 되는데 북송협정을 연장하는 일이 일어난다면 회담의 원만한 진행에 큰 지장을 초래하게 될 것이다. 북한 괴뢰는 북송 문제로 일본을 괴롭히는 동시에 한일 관계의 호전을 방해하기 위해서 갖은 노력을 다하고 있는 것이며 북송 문제가 남아있는 한 한일 간의 우호 관계에 큰 지장이 될 것이다.

야마다: 북송 문제가 한일 간의 우호 관계에 지장을 초래하고 있다는 것은 일 측도 이해하고 있으므로 이 북송 문제에 대하여 일 측도 정치적으로 심중한 고려를 하고 있다.

이상

주일 공사

199. 일본과 북한적십자사 대표 간의 회담에 대한 신문 기사 보고 전문

번호: TM-10153

일시: 211230[1960. 10. 21]

수신인: 외무부 장관

금일 10월 21일 자 당지 각 신문은 작 20일 북송선 '도보리스크'호상에서 행하여진 '다카기' 일적 사회부장과 북한괴뢰적십자 김주영 대표 간의 회담에 관하여 크게 보도하고 있는바 아래에 이에 관한 마이니치신문의 기사를 번역 보고하나이다.

기

북조선 귀환 협정의 연장 문제에 관한 '다카기' 일적 사회부장과 김주영 북조선적십자 대표(국제부 부부장) 간의 회담은 20일 하오 9시 10분부터 10시 10분까지 귀환선 '도보리스크'호의 선내 응접실에서 행하여졌다. 김 대표는 '다카기' 부장에 대하여 1) 협정을 자동적으로 1년간 연장한 후 스피드 업 건에 관하여 일적 측이 제안한다면 협의에 응할 용의가 있다, 2) 협정 연장 문제에 관하여서는 직접 회담을 열고 싶다 등의 점을 회답하였다. '다카기' 사회부장은 즉답을 피하였지만 이에 의하여 결렬 상태에 있던 협정 연장 문제는 타개의 기운을 보이게 되었다. 일본 측은 21일 하오 2시부터 외무, 후생, 법무 각 성 내각, 일적의 연락회의를 열고 최종적 태도를 협의하였다. 동일의 회담은 지난 13일의 비공식적인 것과는 달라서 각기 적십자의 대표라는 자격으로 개최되었다. 양 대표에 일적 측에서는 일적 '니가타'지부 사무국장, 북조선 측에서는 염원일 승선 대표, 전금진 수인이 옵서버로 출석하였다. 김 대표는 "협정을 자동적으로 1년간 연장한 후 촉진의 조건이 성숙되었다 하여 일적 측이 이를 제기한다면 협정 제5조 3항에 의거하여 북조선 측은 협의에 응할 용의가 있다"라고 말하였다.

이에 대하여 '다카기' 부장은 시마즈 일적 사장에게 보고하여 다음 기회에 일적 측의 태도를 전할 것이라고 즉답을 피하였다. 김 대표는 "우리 측이 일본 측에 만족할 만한 대답을 주었음에도 불구하고 일본 측은 우리에게 만족할 만한 회답을 하지 않는 것은 유감이다"라고 불만의 빛을 보였다.

1) 협정의 자동적 1년 연장은 조급히 해결하여야 할 문제이며 긍정적인 회답을 기대한다.

2) 일적 측이 협정 연장 문제에 관하여 회담을 제안한다면 응할 용의가 있다.

3) 그러나 연장 문제는 15,000명의 귀환 희망자가 현재 신청하고 있는 등의 구체적인 문제도 포함하고 있으므로 전보로써는 해결되지 않는다. 일적 측이 제안한다면 제3국에서 또는 오늘과 같이 승선 대표와 일적 대표 간에서 협의를 행하고 싶다는 등의 3점을 밝히고 하오 10시 10분에 끝났다.

주일 공사

202. 북송협정 연장에 관한 동향 보고 전문

번호: TM-10163

일시: 221400 [1960. 10. 22]

수신인: 외무부 장관 귀하

건명: 북송협정 연장에 관한 건

연: TM-10162

연호 전문으로 보고한 바와 같이 금일 22일 자 당지 각 신문은 일적 및 정부 관계 각 성이 작 21일 연락회의를 열고 북송협정 연장 문제를 논의한 결과, 일적 주장을 인정하기로 의견의 일치를 보았으며 내주 초에 '이케다' 수상의 결정을 기다리기로 되었다고 보도하였으므로 본인은 금일 아침 긴급히 '이세키' 아세아국장에게 전화로 그 진상을 알아보는 동시에 우리 측 입장을 재강조하였사온바 '이세키' 국장은 "신문이 보도한 바와 같이 21일에 연석회의가 있었음은 사실이지만 외무성으로서는 일적 최종 제안을 양보할 수 없다는 의견을 가지고 있었으므로 외무성 의견과 일적 및 후생성 의견은 아직도 대립하고 있는 셈이다. 그러나 현재의 정세를 보면 신문이 보도하고 있듯이 종전까지 북한 측은 북송협정의 무조건 무수정 연장을 주장하여 왔는데 지난 20일에 있었던 일적 '다카기' 사회부장 및 북한적 '김주영' 대표 간의 회담(TM-10153호 참조)에서 북한 측은 연장 기한을 1년으로 하는 데에 반대가 없음을 표명하는 동시에 '스피드 업' 문제에 있어서도 적극적인 태도를 표시하였으며 또한 적십자 국제위원회 '부아시에' 위원장의 서한이 일적에 내도하여 일본의 전체적인 여론이 일적 및 후생성이 주장하는 바와 같이 1년간의 연장이라도 하여 해결을 도모하여야 한다는 방향으로 움직이고 있음이 사실이다. 따라서 외무성 측은 한일회담이 재개되는 미묘한 시기인 만큼 반대의 태도를 취하고 있으나 외무성 주장이 관철될는지는 의심스럽다. 이 문제는 4, 5일 내에 '이케다' 수상에 의하여 결론이 내려질 것으로 예상되는데 이상과 같은 정세하에서 협정 연장을 봉쇄하는 길로서는 한일 양국 최고위 측에서 어떠한 조치를 취하는 것 이외에는 없다고 생각한다"고 말하였삽기에 보고하나이다. 본인의 생각으로는 북송 문제는 비관적인 방향으로 발전하고 있는 것 같사온바 이 문제에 관한 우리 측의 최종적인 노력으로서 국무총리 및 외무부 장관께서 각각 일본 수상 및 외무대신에게 긴급히 서한 또는 전보로 협정을 연장하지 말라는 요구를 하는 것도 한 방법이 아닌가 생각되며 국적위에 대하여도 어떠한 조치를 취함이 좋지 않을까 합니다. 이상.

주일 공사

204. 북송협정 연장 문제 관련 전망 보고 전문

1843 수신인: 정무국장 귀하

북송협정 연장 문제에 관하여

1) 이북 측이 종래 사실상 1년 3개월 연장을 주장하던 것이 1년으로 연장 기간을 단축하였고 스피드-업에 적극성을 보였고,

2) ICRC 부아시에의 서한이 내도하였고,

3) 오는 11월 20일에 총선거를 앞두고 있다는 것 등으로 일본의 국론이 협정 연장 쪽으로 기울어지고 있는 것이 사실인바 어젯밤에 이세키 국장이 언명한 바에 의하면 외무, 후생 양 대신의 의견이 여전히 갈라서 있으므로 결론을 이케다 수상에 일임하기로 하였다 하며 이케다는 한일회담의 결렬을 각오하여서라도 연장을 결심하느냐 혹은 이를 거부할 것인가를 수일 내에 결정하게 될 것이라고 하니 사태는 낙관할 수 없는 상태이니 이 점 참고하시기 바라나이다.

문 참사관

206. 북송협정 연장 관련 보고 전문

번호: TM-10187

일시: 261230[1960. 10. 26]

수신인: 외무부 장관 귀하

건명: 북송협정 연장에 관한 건

1. 일적 사장은 작 10월 25일 오전 6시 북한적십자 사장에게 "19일 자 귀 전문과 20일 니가타에서 열린 김주영 및 다카기 대표 회담에 의거하여 10월 27일 제44차 송환선으로 일본에 오는 귀사 대표에게 일적 회답을 표명하고 협의하고 싶다"라는 요지의 전문을 발송하였으며 일적 '이노우에' 외사부장 및 '다카기' 사회부장은 금일 26일 니가타로 향발하기로 되었음.

2. 일본은 전주 연락회의 이래 본건에 관한 이케다 수상의 결정(TM-10163호 참조)에 관하여 공표한 바는 없으나 위와 같이 27일 일본에 오는 북한 대표에게 일본 측 회답을 표명하겠다고 타결하게 된 것은 이세키 국장에게 확인하여 본바 이케다 수상이 '북송협정을 1년간 연장한 후 소위 스피드 업에 관한 협의를 진행시킨다'는 입장에 대하여 제안을 내린 결과라고 하며 이를 북한 측이 수락하면 28일 중에라도 합의사항을 정식 문서화할 것으로 예상됨.

3. 이러한 사태에 대한 조치로서 (1) 본부에서 성명서를 발표하여 정부 입장을 밝히는 것 (2) 대표부가 구두 또는 '노트 버벌'로 일정에 항의할 것 등이 있을 것이며 또 그 시기에 관하여도 일적이 북한 측에 회담을 제시한 즉후와 합의사항을 문서화한 후 (만일 이번에 문서를 작성하지 않고 다음에 하기로 된다면) 등으로 구분할 수 있을 것이라

고 생각되옵는바 이에 관하여 당부가 취할 조치를 지급 지시하여 주시기 바라나이다.

추이: 본건 관계 신문 기사를 별도 전문 TM-10188호로 송부하나이다.

이상

주일 공사

208. 북송협정 연장 관련 본부 훈령 전문

1849   발신번호: MT-10163

발신일자: 271400[1960. 10. 27]

수신인: 한일예비회담 수석대표
발신인: 장관

1. 북송 연장을 일본 측이 강행할 때에는 일본 측 수석대표에 대하여 이에 대한 유감의 뜻을 표시하고 이 문제에 대한 일 측의 무성의한 점을 강경히 지적하실 것. 그러나 회담 결렬은 피하시기 바람.

이상

209. 북송협정 연장 관련 항의 구상서 전달 지시 전문

발신번호: MT-10164

발신일자: 271400 [1960. 10. 27]

수신인: 주일 공사

발신인: 장관

귀 전문 TM-10187호에 관하여 아래와 같이 지시하나이다.

1. 즉시 일본 정부에 대하여 북송 연장이 불가하다는 점을 열거하여 북한과 최후 합의를 하지 않기를 요구하는 노트 버벌을 보낼 것.

2. 북한과 일본 정부가 최종 타협할 때에는 즉시 일본 정부에 대하여 엄중한 항의를 할 것. 노트 버벌에는 이로써 발생할 사태에 관한 책임이 일본 측에 있다는 것과 이 문제에 대하여 장차 취하게 될 모든 조치에 대한 권리를 유보한다는 뜻을 명시할 것.

이상

210. 구상서 전달 결과 보고 전문

번호: TM-10197

일시: 271930[1960. 10. 27]

수신인: 외무부 장관 귀하

별도 TM-10198호 전문으로 보고하는 바와 같이 정서하여서 본부 훈령 MT-10164호 제1항에 의거하여 별도 타전하는 바와 같은 '노트 버벌'을 일본 외무성에 보냈음을 보고하나이다.

주일 공사

별첨

210-1. 일본 외무성에 전달한 구상서 관련 보고 전문

번호: TM-10198

일시: 271930

수신인: 외무부 장관 귀하

금일 27일 오후에 일본 외무성에 아래와 같은 '노트 버벌'을 발송하였습니다.

PKM-22

NOTE VERBALE

THE KOREAN MISSION PRESENTS ITS COMPLIMENTS TO THE MINISTRY OF FOREIGN AFFAIRS AND, UNDER INSTRUCTIONS OF ITS HOME GOVERNMENT, HAS THE HONOR TO MAKE THE FOLLOWING REPRESENTATIONS:

1. THE KOREAN GOVERNMENT IS GRAVELY CONCERNED WITH THE REPORTED TALKS BETWEEN THE REPRESENTATIVES OF THE JAPANESE RED CROSS AND THE NORTHERN KOREAN PUPPET RED CROSS HELD TODAY AT NIIGATA FOR THE RENEWAL OF THE VALIDITY OF THE SO-CALLED CALCUTTA AGREEMENT FOR DEPORTING KOREAN RESIDENTS IN JAPAN TO THE COMMUNIST-OCCUPIED NORTHERN KOREA. AS THE GOVERNMENT OF THE REPUBLIC OF KOREA HAS MADE IT CLEAR ON NUMEROUS OCCASIONS, ITS POSITION FIRMLY OPPOSING THE DEPORTATION HAS IN NO WAY CHANGED SINCE THE DEMOCRATIC REVOLUTION IN KOREA IN

APRIL, 1960.

2. IT IS ESPECIALLY REGRETTABLE THAT THE REPORTED TALKS AT NIIGATA IS BEING HELD IN THE VERY WAKE OF THE OPENING OF THE PRELIMINARY TALKS TO THE FIFTH KOREA-JAPAN OVERALL TALKS. IN THIS CONNECTION, THE GOVERNMENT OF THE REPUBLIC OF KOREA WISHES TO POINT OUT THAT IT HAS ALREADY TAKEN SOME MEASURES FOR REMOVING ALL BARRIERS TO FRIENDLY RELATIONS BETWEEN KOREA AND JAPAN AS FAR AS POSSIBLE AND THAT THE GOVERNMENT OF THE REPUBLIC OF KOREA HAS ENTERED INTO THE CURRENT PRELIMINARY TALKS WITH HIGH EXPECTATION AND HOPE THAT THE GOVERNMENT OF JAPAN WOULD RECIPROCATE THE SINCERE EFFORT OF THE KOREAN GOVERNMENT ON PAVE THE WAY FOR THE NORMALIZATION OF KOREA-JAPAN RELATIONS.

3. IT MUST BE POINTED OUT THAT, IF THE VALIDITY OF THE SO-CALLED CALCUTTA AGREEMENT IS RENEWED AS REPORTED, IT WILL NOT ONLY AFFECT ADVERSELY THE SMOOTH PROCEEDING OF THE PRELIMINARY TALKS BUT ALSO IMPAIR THE GOOD ATMOSPHERE BETWEEN KOREA AND JAPAN WHICH HAS FORTUNATELY BEEN FORMATED RECENTLY.

4. THE GOVERNMENT OF THE REPUBLIC OF KOREA EARNESTLY REQUESTS THAT THE JAPANESE GOVERNMENT IMMEDIATELY TAKE MEASURES FOR DISCONTINUING THE TALKS AT NIIGATA WITH A VIEW TO PREVENTING THE PROLONGATION OF THE DEPORTATION OF KOREAN RESIDENTS IN JAPAN TO THE COMMUNIST-OCCUPIED NORTHERN PART OF KOREA.

TOKYO, OCTOBER 27, 1960

주일 공사

번역

번호: TM-10198

일시: 271930[1960. 10. 27]

수신인: 외무부 장관 귀하

금일 27일 오후에 일본 외무성에 아래와 같은 '노트 버벌'을 발송하였습니다.

PKM-22

구상서

대한민국대표부는 일본국 외무성에 경의를 표하며, 본국 정부의 지시에 따라 다음과 같이 진술합니다.

1. 한국 정부는 일본적십자사 대표와 북한적십자사 대표가 오늘 니가타에서 재일 한인을 공산 점령 북한으로 송환하기 위한 이른바 '캘커타 협정'의 유효성을 갱신하기 위해 회담을 가졌다는 보도에 대해 심각하게 우려하고 있다. 대한민국 정부가 여러 차례 명백히 밝힌 바와 같이, 1960년 4월 한국 민주화 혁명 이래로 강제 송환에 단호히 반대하는 입장은 결코 변함이 없다.

2. 특히 이번 니가타에서의 회담이 제5차 한일회담의 예비회담이 시작된 직후[16]에 개최된다는 보도가 나온 것은 매우 유감스러운 일이다. 이와 관련하여 대한민국 정부

---

16 제5차 한일회담 예비회담 본회의는 1960년 10월 25일 개최되었다.

는 이미 한일 우호 관계에 가로놓인 모든 장애물을 가능한 한 제거하기 위한 몇 가지 조치를 취해왔으며, 일본 정부가 한일 관계 정상화의 길을 열어나가기 위한 우리 정부의 성의 있는 노력에 화답하기를 바라는 높은 기대와 희망을 가지고 이번 예비회담에 참석하였다는 점을 지적하고자 한다.

3. 보도된 바와 같이 소위 캘커타 협정의 유효성이 갱신된다면 예비회담의 원활한 진행에 악영향을 미칠 뿐만 아니라 최근 다행히 형성되고 있는 한일 간 우호적인 분위기를 저해하는 결과를 초래할 것임을 지적하지 않을 수 없다.

4. 대한민국 정부는 일본 정부가 재일한인들을 공산주의가 점령하고 있는 한반도 북부로 송환하는 사태의 장기화를 방지하기 위하여 니가타 회담의 중단을 위한 조치를 즉시 취할 것을 간절히 요청하는 바이다.

1960년 10월 27일, 도쿄
주일 공사

211. 북송협정 연장 합의 보고 전문

번호: TM-10199

일시: 271930[1960. 10. 27]

수신인: 외무부 장관 귀하

    북송협정의 연장 문제를 협의하는 일적과 북한괴뢰적십자 간의 제2차 '니가타' 회담은 금일 10월 27일 오전 10시부터 이날 아침에 입항한 귀환선 '흐도리그크'호상에서 행하여졌으며 일적 측에서 '다카기' 사회부장, '이노우에' 외사부장의 양 대표, 북한 적십자 측에서 김주영 대표와 전택지, 선금진 양 수원이 출석하여 북송협정의 자동적인 1년간 연장과 스피드 업의 협의에 관하여 합의하고 하오 3시부터 다시 일적 니가타현 지부에서 회의를 개최하여 하오 5시 반에 이에 조인하였음을 보고하오며 본건에 관하여 일본 외무성 당국자에게 조회하여 보았던바 전기 조인은 미리 정부의 양해하에 행한 것이기 때문에 다시 정부의 승인을 얻을 필요도 없을 것이라 하옴을 첨언하나이다.

주일 공사

214. 사와다 한일회담 일본 수석대표 면담 결과 보고 전문

번호: TM-10202

일시: 281230[1960. 10. 28]

수신인: 외무부 장관 귀하

대: MT-10163호

금일 10월 28일 오전 11시 일본 외무성으로 '사와다' 수석대표를 정식으로 방문하고 북송협정의 연장 문제에 관하여 1) 북송협정 연장으로 인하여 한일회담에 좋지 못한 영향을 가져오는 일이 있다면 그 책임은 전적으로 일본 정부에 있다는 것, 2) 이 점에 관하여 우리 정부는 필요한 여하한 조치라도 취할 수 있는 권리를 유보하고 있다는 것, 3) 신문 보도에 의한 '오히라' 관방장관의 '일조 양국'이라는 용어 사용이(TM-10201 참조) 만약 일본 정부의 공적 견해라면 이는 한일회담의 기초를 파괴하게 될 것이라는 점을 항의하였사옵기에 우선 보고하오며 상세한 내용은 다음 파우치 편으로 보고하겠습니다.

수석대표/주일 대표부

216. 북송협정 연장에 관한 합의서 및 교환문 보고 전문

번호: TM-10206

일시: 271930 [1960. 10. 27]

수신인: 외무부 장관 귀하

작 10월 27일 니가타에서 일본적십자사 및 북한적십자사 대표 간에 서명된 북송협정 연장에 관한 합의서 및 교환문 2통 그리고 공동코뮈니케는 금일 각 신문 조간에 발표되었사온바 이를 아래와 같이 번역 송부하나이다.

기

1. 합의서

(1) 일본적십자사와 조선민주주의인민공화국적십자회는 1951년 11월 13일 캘커타에서 서명된 일본적십자와 조선민주주의인민공화국적십자회 간의 주일 조선인의 귀환에 관한 협정을 협정 기간 만료일인 1960년 11월 13일부터 1961년 11월 12일까지 1년간 그대로 연장한다.

(2) 이 합의서는 1960년 10월 27일 니가타에서 동등한 효력을 가지는 일본어 및 조선어로 2통을 작성한다.

(3) 이 합의서는 조인한 날로부터 효력을 발생한다.

1960년 10월 27일

일본적십자사를 대표하여, 이노우에 미스다로, 다카기 다케사부로
조선민주주의인민공화국적십자회를 대표하여, 김주영

2. 교환문

(1) 일 측 교환문

일본적십자사는 귀환협정 제5조 제3항 규정에 기하여 수송 증가에 관한 합의를 오는 11월 10일부터 니가타에서 개시할 것을 귀 적십자회에 제안합니다.

1960년 10월 27일
니가타에서

(2) 북한 측 교환문

1960년 10월 27일 자 서한으로 귀환협정 제5조 제3항 규정에 기하여 수송 증가에 관한 합의를 오는 11월 10일부터 니가타에서 개최하자는 일본적십자사의 제안을 수령하고 동 제안에 동의합니다.

1960년 10월 27일
니가타에서 조적 대표

3. 공동코뮤니케

일본적십자사 및 조선민주주의인민공화국적십자회는 거주지 선택의 자유 및 적십자 제 원칙에 기하여 재일조선인이 자유로이 표명한 의사에 귀환할 수 있도록 현안을 해결하는 데에 완전한 합의를 보았다.

주일 공사

219. 북송협정 연장에 대한 항의서 전달 결과 보고

번호: TM-10213

일시: 281700[1960. 10. 28]

수신인: 외무부 장관 귀하

단기 4293년 10월 28일 하오 12시 10분, 엄요섭 공사는 일본 정부 외무성 '야마다' 사무차관을 방문하고, 북송협정 연기에 대한 정부의 항의문을 수교하는 일방, 아래와 같이 항의하였음을 보고하나이다.

항의 내용:

엄 공사: 아국 정부는 한일회담을 앞두고 일본 정부가 이러한 상태를 야기시킬 줄은 전연 몰랐다. 본인은 상당히 '쇼크'를 받았다. 아국의 여론은 이에 절대 반대하고 있으며, 아국 정부는 이를 심중히 취급하고 있다. 일본 정부는 일본공산당원이 거주지 선택의 자유라고 해서 공산국가에 가겠다고 하면 설령 인도주의라 할지라도 이를 허가하겠는가? 심중히 고려하여 줄 것을 재삼 부탁하였는데도 불구하고 이러한 사태가 되었으니 정식 항의문을 전달케 된 것이다. 우호적인 회담을 앞두고 이러한 사태가 발생하였으니 본인은 정부의 훈령을 기다릴 것이나 이를 심중히 취급하고 있다.

'야마다' 사무차관: 북송 문제에 관한 한국의 입장은 잘 이해하는 바이다. 우리는 일본 측의 이론을 알고 있으면서도 가능한 범위 내에서 이를 조정하기 위하여 최대의 노력을 하였다. 아국에 있어서는 법적으로 거주지 선택의 자유가 있으며, 정책적인 면에서도 국민이 해외여행을 하겠다면 이를 제한할 수 없다. 북송은 결정된 방침이므로 북한에 가겠다는 자를 중지시킬 수 없다. 과거 공산 진영에서 자유를 찾아 자유 진영에 온 자는 허다하여도 자유 진영에서 집단적으로 공산주의 국가에 간 적은 없으며, 금반의 한국과의 문제는 유일무이한 일이다. 그러나 이미 이는 방침으로 되어있으며, 가겠다는 자를 막지 못함이 우리의 입장이다. 일본 정부가 이 시기에 왜 이 협정을 연장하게 되었는가에 대하여는 유감으로 생각한다. 아국은 한일회담에 대하여 크게 기대를 가지고 있으며, 이 연장의 시기가 나빴다고 함을 알고 있다. 아국도 북송을 언제까지나 지연시킴은 반대하였고 또한 조속한 기간에 북송을 완료하자는 것이 최초의 희망이었다. '스피드 업'은 한국과의 관계 및 인도주의 정신을 고려하여 주장하여 온 바이다. 그러므로 앞으로는 '스피드 업' 하도록 하겠다. 본인도 이 시기가 나빴으므로 상당히 염려가 되며, 이러한 사실이 공산 북한에 이용됨이 없고 또한 한일회담에 악영향을 가지고 옴이 없도록 한국 정부에 '어필'하고자 생각하고 있었다.

공사: 이는 공산주의자들에게 좋은 선전 재료를 제공하였을 뿐 세계 인도주의에 대한 공헌은 되지 않는다. 한국은 공산주의에 의하여 최대의 희생을 받았고 또한 현재에 있어서도 이를 반대하고 있으므로 공산주의자에게 선전 재료를 제공한다는 것은 곤란한 일이다. 이러한 북송 문제는 정치적으로 해결하여야 할 문제라고 생각하고 있다.

그러므로 앞으로는 정치적인 해결이 있기를 부탁한다. '오히라' 관방장관은 "일조 양국"이라는 언사를 사용하였는데 이는 무슨 의미인가? 이러한 표현에 대하여 우리는 의아심을 안 가질 수 없다.

차관: 본인은 아직 신문을 보지 못하였다. 그러나 어떠한 정치적 의미에서 이러한 말을 하였다고는 생각지 않는다. ('마에다' 아세아과장: '아사히신문'만이 그렇게 보도하였다.)

공사: 인도주의는 북송자에게 한하여 적용하는가?

차관: 그렇지 않다. 다만 현재 북송이 계속되고 있으니 말이다.

공사: 공산 대 자유라는 점에서 볼 때, 이는 정치적인 문제이다. ICRC는 북송에만 인도주의 운운하지 공산 치하에 억류되고 있는 자에 대하여는 이를 적용치 않고 있다.

차관: 한국의 사정을 잘 이해하고 있으며, '스피드 업'에 최선을 다하겠다. 현재 북송된 자로부터 온 서한 등에 의하여 이미 북송 기세가 저하하였으며 앞으로는 점차 더 저하할 것이므로 앞으로 1년 이내에 정리될 듯하다.

공사: 북송에는 정치적인 의도가 더 많다고 본다. 앞으로 일본 정부는 이에 정치적인 결단을 내려주기 바란다.

이상.

주일 공사

221. 사와다 수석대표와의 면담 결과 보고 전문

번호: TM-10215

일시: 291235 [1960. 10. 29]

수신인: 외무부 장관 귀하

연: TM-10202호

1. 금일 10월 29일 오전 10시 반에 'SHIBA PARK HOTEL'로 일본 측 '사와다' 수석대표의 방문을 받고 약 30분간 면담하였사온바 그 요지를 아래와 같이 보고하오며 상세한 내용은 파우치 편으로 보고하겠습니다.

사와다 수석대표는 북송협정을 1년간 연장한 데 대하여 한국 측에 미안하게 생각하고 있다고 말하고 북송은 사실상 1년 이내에 완료할 것을 확신하고 있다고 말하면서 그동안 한일회담을 조속히 진전시켜 재일한인이 안심하고 일본에 계속 살 수 있게 해 주어야 될 것이라고 말하였음.

2. '오히라' 관방장관의 "일조 양국" 운운의 발언에 관하여 '사와다' 수석대표는 "일조 양 적십자" 운운한 것이 오보된 것이라고 석명하면서 본건에 관하여도 미안하게 생각하고 있으므로 이 문제를 더 중대화하지 말 것을 요망하였음.

이상

수석대표

223. 국제적십자위원회 총재의 서한 관련 외신 보도 내용 확인 지시 전문

1874   번호: MG-1021

일시: 311340

수신인: DAEPYOBU GENEVA

THE FOLLOWING IS THE FULL TEXT OF AP REPORT, SEPTEMBER 22, IN QUESTION.

QUOTE LEOPORD BOISSIER, PRESIDENT OF THE INTERNATIONAL COMMITTEE OF THE RED CROSS, IN GENEVA, URGED JAPAN THURSDAY NOT TO LET REPATRIATION OF KOREANS TO NORTH KOREA STOP. IN A MESSAGE TO TADATSUGU SHIMAZU, PRESIDENT OF THE JAPAN RED CROSS(JRC), THE ICRC CHAIRMAN SAID HE FELT KOREANS SHOULD CONTINUE TO BE GIVEN FREE CHOICE IN SELECTING WHAT SECTION OF THEIR HOMELAND THEY WISHED TO RETURN TO. HE SAID INTERRUPTING THIS WOULD MEAN SEPARATION OF MANY KOREAN FAMILIES. THOUGH BOISSIER DID NOT SAY SO DIRECTLY, THE NOTE WAS INTERPRETED BY MANY JAPANESE AS INDIRECTLY SUPPORTING THE NORTH KOREA STAND FOR ANOTHER ONE-YEAR EXTENSION OF REPATRIATION AGREEMENTS WHICH EXPIRES NOV. 12. IN THE SENSE, THE MESSAGE WAS EXPECTED TO AROUSE THE IRE OF THE REPUBLIC OF KOREA, WHICH HAS BEEN BITTERLY OPPOSED TO CONTINUATION OF THE NORTH KOREAN REPATRIATION.

IT HAS CALLED THE REPATRIATION "TANTAMOUNT TO SENDING THEM

INTO SLAVERY." SHIMAZU IMMEDIATELY TOOK THE NOTE TO PRIME MINISTER HAYATO IKEDA WHAT EFFECT IT WOULD HAVE ON THE MEETING BETWEEN JAPAN AND NORTH KOREA RED CROSS OFFICIALS IN THE JAPAN SEA PORT OF NIIGATA THURSDAY NIGHT AND THEIR ATTEMPT TO FIND A SOLUTION TO THEIR STALLED REPATRIATION NEGOTIATIONS WAS NOT IMMEDIATELY KNOWN. UNQUOTE

[수기로 추가된 부분]
Please cable back whether there was such message sent by Boissier to JRC.

번역

번호: MG-1021

일시: 311340

수신인: 제네바대표부

다음은 문제의 9월 22일 자 AP통신 보도 전문입니다.

"레오폴드 부아시에 국제적십자위원회 총재는 제네바에서 일본에 한국인의 북한 송환을 중단하지 말 것을 촉구했다. 시마즈 다다쓰구 일본적십자사(JRC) 사장에게 보낸 메시지에서 ICRC 총재는 재일한인들이 조국의 어느 지역으로 돌아가고 싶은지 자유롭게 선택할 수 있어야 한다고 말했다. 그는 이를 중단하는 것은 많은 한국인 가족의 이산을 의미한다고 말했다. 부아시에는 직접적으로 그렇게 말하지는 않았지만 많은 일본인은 이 메시지를, 11월 12일에 만료되는 송환협정을 1년 더 연장해야 한다는 북한의 입장을 간접적으로 지지하는 것으로 해석했다. 그런 의미에서 이 메시지는 북송 연장에 극렬히 반대해 온 한국 측의 분노를 불러일으킬 것으로 예상됐다. 한국 측은 북송을 '노예로 보내는 것과 다름없다'고 비난해 왔다. 시마즈 사장은 이 메시지를 이케다 하야토 총리에게 즉시 보고했는데, 이 메시지가 목요일 밤 일본 니가타항에서 열린 일본적십자와 북한적십자 당국자 간의 회담과 교착 상태에 빠진 송환에 대한 해결책을 찾으려는 시도에 어떤 영향을 미칠지에 관해서는 알려지지 않았다."

[수기로 추가된 부분]
부아시에가 JRC에 그 같은 메시지를 보냈는지 전문으로 보고 바랍니다.

224. 국제적십자위원회 총재의 서한 관련 주제네바 대표부 답신 전문

번호: GM-1101

일시: 031230

수신인: WOIMUBU

RE MG-1021 PD DR MAUNOIR SAYS THERE WAS NO ICRC MESSAGE TO JRC AS ALLEGED BY AP DISPATCH OF SEPT 22 IN QUESTION EXCEPT DR BOISSIER'S LETTER TO SHIMAZU DATED OCT 11 THE CONTENTS OF WHICH ARE IDENTICAL AS THOSE CONTAINED IN MG-1019.

DR MAUNOIR POINTED OUT THAT THE OCT 11 LETTER DID NOT SAY "KOREANS… MAY CONTINUE TO PROCEED QTE TO NOPAK UNQTE BUT QTE TO A PLACE OF THEIR CHOICE IN THEIR COUNTRY OF ORIGIN" PD HE EMPHASIZED THAT THE LETTER DID NOT DEPART FROM ICRC'S PAST POSITION. DETAILS VIA POUCH.

DAEPYOBU GENEVA

번역 번호: GM-1101

일시: 031230 [1960. 11. 3]

수신인: 외무부

    MG-1021과 관련하여 모누아르 박사는 10월 11일 자로 부아시에 박사가 시마즈에게 보낸 편지를 제외하고는 문제의 9월 22일 자 AP 보도에서 주장한 것처럼 ICRC가 JRC에 보낸 메시지는 없으며, 10월 11일 자 편지의 내용은 MG-1019에 포함된 것과 동일하다고 말했습니다.

    모누아르 박사는, 10월 11일 자 서신에는 "재일한인들은 계속 '북한'으로 (송환이) 진행되어야 한다"가 아니라 "출신국의 자신들이 원하는 장소"로 기재되어 있다고 지적했습니다. 그는 이 서한(의 내용)이 ICRC의 과거 입장에서 벗어나지 않았다고 강조했습니다. 행낭을 통해 세부사항을 보고하겠습니다.

제네바대표부

225. 일본적십자사와 대한적십자사 간의 회담 개최에 관한 언론 보도 보고 전문

번호: TM-1121

일시: 031240[1960. 11. 3]

수신인: 외무부 장관 귀하

당지 11월 3일 자 신문(산케이신문) 조간 보도에 의하면 일본적십자사는 북송협정 연장 문제가 결말을 보게 되었으므로 아직 현안으로 남아있는 한국적십자사와의 회담을 개최하기 위한 준비를 하고 있었는바 이번에 동 회담을 북한 측과 '스피드 업'을 협의한 후인 11월 하순부터 12월 중순까지의 기간 동안 도쿄에서 개최할 방침을 결정한 모양이며 일적은 정식으로 회담 개최에 관한 전보를 발송하기로 되었다고 하옵기에 보고하나이다.

주일 공사

226. 귀환 업무의 스피드 업에 관한 보고 전문

번호: TM-1122

일시: 031240 [1960. 11. 3]

수신인: 외무부 장관 귀하

　당지 11월 3일 자 신문(마이니치) 조간에 의하면 일본적십자사는 지난 10월 27일에 있었던 북한적십자와의 합의에 따라 오는 11월 10일부터 '스피드 업'에 관한 협의를 북한 측과 하기로 되었는데 일적은 이 문제를 조속히 해결하기 위하여 제1회 회담에서 "현재 실시하고 있는 매주 1,000명의 귀환자 수송을 1,500명 정도로 증가한다"라는 제안을 하도록 그 방침을 정부 관계 기관과 협의한 후 결정하였다고 합니다. 그런데 북한 측이 일적 제안을 동의하면 '스피드 업'의 문제는 곧 해결을 보게 될 것이지만 그 실시는 준비 관계로 내년 2월 말경이 될 것이라고 하옵기에 보고하나이다.

주일 공사

228. 국제적십자위원회 총재의 일적 사장 앞 북송 관련 서한 내용 언론 보도 보고 전문

번호: TM-1130

일시: 051300

수신인: 외무부 장관 귀하

11월 5일 자 당지 각 신문 조간은 '부아시에' 국제적십자위원회 위원장이 일본적십자사에 국적위가 한인 북송에 관하여 계속 '옵서버' 또는 조언자로서 일적을 원조하겠다는 전문을 보냈다고 보도하고 있사온바 아래에 이에 관한 영문 '요미우리' 신문 기사를 송부하나이다.

기

ICRC READY TO ASSIST REPATRIATION

TADATSUGU SHIMAZU, PRESIDENT OF THE JAPANESE RED CROSS, FRIDAY RECEIVED A MESSAGE FROM LEOPOLD BOISSIER, PRESIDENT OF THE INTERNATIONAL COMMITTEE OF THE RED CROSS, ASSURING JAPAN THAT THE ICRC WOULD CONTINUE TO ASSIST THE NORTH KOREAN REPATRIATION PROJECT BY ACTING AS SUPERVISOR OR OBSERVER.

BOISSIER'S MESSAGE WAS IN REPLY TO MESSAGE SENT BY SHIMAZU, CALLING FOR CONTINUED ASSISTANCE BY THE ICRC IN EXECUTING THE JAPAN-NORTH KOREA REPATRIATION AGREEMENT, EXTENDED FOR ANOTHER YEAR UNTIL NOVEMBER 12, 1961.

MEANWHILE, 1,073 KOREANS, THE 45TH GROUP MIGRATING TO NORTH

KOREA SINCE DECEMBER LAST YEAR, LEFT NIIGATA FRIDAY ABOARD TWO SOVIET SHIPS CHARTERED BY THE NORTH KOREAN RED CROSS FOR CHONGJIN.

THEIR RETURN BRINGS THE TOTAL VOLUNTARILY REPATRIATED UNDER THE PROGRAM TO 47,016 PERSONS.

이상

주일 공사

번역

번호: TM-1130

일시: 051300[1960. 11. 5]

수신인: 외무부 장관 귀하

11월 5일 자 당지 각 신문 조간은 '부아시에' 국제적십자위원회 위원장이 일본적십자사에 국적위가 한인 북송에 관하여 계속 '옵서버' 또는 조언자로서 일적을 원조하겠다는 전문을 보냈다고 보도하고 있사온바 아래에 이에 관한 영문 '요미우리' 신문 기사를 송부하나이다.

기

ICRC, 송환 지원 준비 완료

시마즈 다다쓰구 일본적십자사 사장은 금요일 국제적십자위원회 레오폴드 부아시에 위원장으로부터 국적이 옵서버 또는 조언자 역할을 통해 북한 송환 프로젝트를 계속 지원할 것이라는 메시지를 받았다.

부아시에의 메시지는 1961년 11월 12일까지 1년 더 연장된 일, 즉 북한 송환협정을 이행하는 데 있어 ICRC의 지속적인 지원을 요청하는 시마즈의 메시지에 대한 답신이었다.

한편 지난해 12월 이후 45번째로 북한으로 이주한 한국인 1,073명이 금요일 북한 조선적십자사가 용선한 두 척의 소련 선박을 타고 니가타를 떠나 청진으로 향했다.

그들의 귀환으로 송환 프로그램에 따라 자발적으로 송환된 총인원은 47,016명으로 늘어났다.

이상

주일 공사

229. 국적위 총재가 일적 총재에게 보낸 서한 관련 보고 공문

1881   제대 제202호
단기 4293년 11월 7일

주제네바 대표부 공사[관인]

외무부 장관 귀하

건명: 국적위 총재의 일적 총재에 보낸 서한에 관한 건

머리의 건, GM-1101호로 이미 보고한 바와 같이 국적위의 모누아르 씨를 방문하고 9월 22일 자 에이. 피. 통신[AP통신] 보도 내용에 관하여 알아본 결과를 아래와 같이 보고하나이다.

기

1. 모누아르 씨는 전기 9월 22일 자 에이. 피. 통신에 보도되었다는 부아시에 국적위 총재 서한에 관하여 말하기를 일적 총재 시마즈가 4293년 9월 30일 자 서한으로 일적과 괴적 대표 간의 북송협정 연장 교섭의 그간 경위를 보고하여 왔으므로 10월 11일 자로 이에 회답을 낸 사실은 있으나 9월 22일 전후하여 다른 서한 또는 성명을 발한 사실이 없다고 함.

2. 전기 10월 11일 자 서한의 발송 사본과 동 서한의 내용이 일자 일구의 틀림없이 보도되어 있는 일본 영자 신문 클리핑(내용은 모두의 인사말 "I have the honour to acknowledge…"와 말미의 "Sincerely yours,"라는 구절만이 제외된, 전문 MG-1019호로 보내주신 내용과 동일함)을 제시하며 동 서한의 내용이 일본에 유리한 것처럼 신문에 해석 보도되고 동 서한 전문이 발표된 데에 대하여 유감의 뜻을 표하였음.

3. 모누아르 씨는 동 서한의 다음 구절을 인용하며

"… may continue to proceed to a place of their choice in their country of origin and that any measure which might lead to the separation of members of a family against their will, would be avoided."

국적위의 입장이 항상 불편부당인 엄정 중립적인 것이며 순전히 인도주의 입장에 서있다는 점을 강조하고 10월 11일 자 부아시에 총재 서한을 자기가 초안하였다고 말하며 전기 구절에 북한에 가게끔 한 구절이 하나도 없다고 강조하고 이는 대한민국에도 적용되는 구절이라고 설명하였음.

4. 지난 7월에 김용식 공사(당시)에게 준 주노 국적위 부총재의 언질을 상기시키고 또한 재일한인 문제를 포함한 제반 현안 문제를 해결하기 위한 한일회담이 순조롭게 진행되도록 좋은 분위기를 조성하기 위하여 국적위가 일적과 일정 당국이 소위 캘커타 협정 연장을 하지 않도록 적극 알선, 조력하여 줄 것을 누차 요청한 바 있음을 상기시키고 10월 25일에 재개된 한일회담의 전도에 암영을 던질 것을 우려한다고 말하였던바, 모누아르 씨는 그간 사정을 잘 아는 바이나 일본 측이 부아시에 총재의 서한을 왜곡 해석한 데에 대하여는 이는 어디까지나 일본 측의 책임이며 국적위로서는 어찌할 도리 없는 노릇이라고 답하였음.

5. 일본 측의 과거로부터의 불신한 태도를 예시하고 한국 정부는 새로운 희망을 가지고 금번 회담 재개에 임하였는데 일본 측이 소위 캘커타 협정 연장에 서명하는 데에 있어 국적위 총재의 서한을 인용하여 마치 국적위 측의 권고에 의하여 연장에 동의한 듯한 인상을 주고 있음을 지적하고 이와 같은 구실을 주게 함으로써 결과적으로 일본 측에 가담 내지는 지지하는 결과를 가져왔다는 점을 강조하고 이와 같이 일본 측은 항상 국적위를 이용만 하고 있으니 과거와 같이 국적위 본부 건물을 회담 장소로 제공한다든가 일적에 유리하게 해석되는 성질의 서한 또는 성명을 내지 말 것이며 동 북송 사무로부터 하루빨리 손을 떼어줄 것을 요청하였던바, 현재 일본에 있는 국적위 대표단은 국적위가 동 대표단을 파견하기로 결정하였을 때와 사정의 변경이 없는 한(일본

내에 이북 또는 기타 자기가 선택하는 지역으로 가기를 희망하는 한인이 있는 한, 또는 동일 가족 인원이 자기 의사에 반하여 이별당하고 있는 상태가 계속되는 한) 국적위의 주의와 원칙상 동 대표단을 철수시킬 수가 없다고 되풀이하였음.

235. 북한적십자사 측이 북송협정 재연장을 위해 일적에 보낸 전문

PHYONGYANG 182 28 1340

LT

MR TADATSUGU SHIMADZU PRESIDENT
JAPANESE RED CROSS SOCIETY
TOKYO

More than sixty thousand Korean citizens have already returned to their fatherland in accordance with the return home agreement for the Korean citizens in Japan concluded between Red Cross Societies of Korea and Japan, and they are leading a new, happy life in the bosom of their fatherland.

And it is a well known fact that there are still no small number of the Korean citizens in Japan who wish to return home and they are expressing their desire to return home.

As your society admits, it is obvious that the return home operation can not be completed within the term of the agreement.

With this fact in view, our society proposes that the term of the return home agreement for the Korean citizens in Japan concluded between Red Cross societies of Korea and Japan be extended for another year in accordance with article nine of the return home agreement.

We expect your affirmative reply to our proposal.

Sincerely yours,

Kim Eung Ki, chairman
Korean Red Cross Society

번역 평양 182 28 1340
LT

[작성 일자 1961. 7. 28]

도쿄 일본적십자사 시마즈 다다쓰구 사장

일북 적십자사 간에 체결된 재일한인 송환협정에 따라 이미 6만 명이 넘는 재일한인이 조국으로 돌아와 조국의 품에서 새롭고 행복한 삶을 영위하고 있습니다.

그리고 아직도 적지 않은 재일한인들이 귀국을 희망하고 있으며, 귀국 의사를 표명하고 있다는 것은 잘 알려진 사실입니다.

귀 적십자사도 인정하고 있는 바와 같이 송환 작업이 협정 기간 내에 완료될 수 없다는 것은 명백한 사실입니다.

이러한 사실을 감안하여 우리 적십자사는 일북 적십자사 간에 체결된 재일한인 송환협정 제9조에 따라 협정 기간을 1년 더 연장할 것을 제안합니다.

우리 제안에 대한 귀측의 긍정적인 회신을 기대합니다.

감사합니다.

조선적십자사 회장 김응기

236. 북적의 송환협정 연장 제의를 승낙하는 일적의 회신 전문

COPY OF TELEGRAM

TOKYO, JULY 31, 1961

MR KIM EUNG KI CHAIRMAN
KOREAN RED CROSS SOCIETY
PHYONGYANG

We acknowledge receipt of your telegram of July 28. in view of current number of Korean applicants for return, we consider repatriation operation would not be completed by November 12, 1961.

Accordingly we have no objection in extending term of Calcutta accord for one year.

Sincerely,

TADATSUGU SHIMADZU
PRESIDENT
JAPANESE RED CROSS SOCIETY

번역 전보 사본

1961년 7월 31일, 도쿄

평양 조선적십자사 김응기 회장

7월 28일 자 귀하의 전보를 잘 수신하였습니다. 현재 송환을 희망하는 한인의 수를 고려할 때 1961년 11월 12일까지 송환 작업을 완료할 수 없을 것으로 판단됩니다.

이에 따라 우리는 캘커타 협정의 기간을 1년간 연장하는 데 이의가 없습니다.

감사합니다.

일본적십자사 사장 시마즈 다다쓰구

237. 북송협정 재연장에 관한 시마즈 일적 사장의 담화문

TRANSLATION

PRESIDENT SHIMADZU'S TALK ON TEE PROLONGATION OF RETURN ACCORD

July 31, 1961

Japanese Red Cross society received telegram from the North Korean Red Cross Society on July 29 proposing to prolong Calcutta accord for one more year. We replied in the affirmative today.

We think it is clear that the repatriation of all the applicants for return could not be completed within the term of validity of the Present accord. However, considering from current situation of applications, it is also an undeniable fact that the repatriation operation has passed its peak.

Accordingly, although the accord is now extended for one more year, we may finish the operation at any time during the course of prolonged period if the situation requires to do so.

Such being the situation, we do not think prolongation of this accord will be considered next year. Accordingly we hope the Koreans wishing return would take formalities as quickly as possible.

북송협정 연장에 관한 시마즈 사장 담화문

1961년 7월 31일

일본적십자사는 7월 29일 북한적십자사로부터 캘커타 협정을 1년 더 연장할 것을 제안하는 전보를 받았다. 우리는 오늘 긍정적으로 회답했다.

현재 협정 유효기간 내에 송환 신청자 전원의 송환을 완료할 수 없다는 것은 분명한 사실이라고 생각한다. 그러나 현재의 신청 상황을 고려할 때 송환 작업이 정점을 지났다는 것 또한 부인할 수 없는 사실이다.

따라서 협정 유효 기간이 1년 더 연장되었지만, 장기화되는 과정에서 상황에 따라서는 언제라도 작업을 종료할 수 있다.

현재 상황이 이렇기 때문에 내년에는 협정 연장을 고려하지 않을 것으로 생각한다. 따라서 귀국을 희망하는 한인들은 가능한 한 빨리 절차를 밟아주시기 바란다.

V.7 북송 관계 참고 자료, 1955~1960

분류번호 : 723.1 JA 북 1955-60
등록번호 : 771
생산처 : 아주과
생산연도 : 1960
필름번호 : C1-00011
파일번호 : 02
프레임번호 : 0001~0548

1955년 4월 10일부터 1957년 12월 3일까지의 재일한인 북송 경과를 정리한 문서. 북송 문제에 관한 외무부 대변인의 담화문 및 주일 한국대표부의 홍보 자료, 교섭 경위 등이 수록된 장이다.

1. 재일한인의 북한 송환이 이루어지기까지의 경과(1955~1957)가 정리된 문서

0009

April 10, 1955

The north Korean puppet regime first spoke for repatriation of the Japanese from northern part of Korea through Bong Han Lee and Tong Huyk Chun at the Afro-Asian Conference in Bandung.

October 15, 1955

The north Korean puppet regime's spokesman stated over the Pyongyang radio that north Korea can never recognize the validity of any negotiations between south Korea and Japan on the question of mutual release of detainees. The spokesman requested the Japanese Government to receive a representative of north Korean Red Cross Society who might be dispatched to discuss the questions of treatment of Koreans in Japan and their repatriation to north Korea.

October 16, 1955

The north Korean puppet regime issued a statement to the effect that it will not recognize any measure to be taken as a result of Japan's talks with south Korea on the exchange of detainees in Pusan and Omura and that Koreans in Omura should be released immediately and for that purpose, the puppet regime's Red Cross wishes to send its delegation to Japan.

December 29, 1955

Nam IL, north Korean puppet premise, announced his readiness to dispatch north Korean mission to Japan to settle the problem of Koreans in Japan.

January 28, 1956

The Japanese delegation composed of Katsunishi and Inoue of Japanese Red Cross, Miyagoshi of the so-called Nichokyokai and one interpreter arrived at Pyongyang to negotiate the repatriation of some 210 Japanese from northern part of Korea in bargain for the repatriation of Koreans in Japan to the communist north Korea.

February 7, 1956

The ICRC recognized the qualifications of the Red Cross to the north Korean puppet regime's Red Cross Society.

February 24, 1956

The so-called Pyongyang talks was concluded after a month long negotiations. Yoshisuke Miyagoshi of the Nichokyokai concluded the repatriation of 36 Japanese out of 210 and also a trade contract for 5 million pound-value per annum.

May 9, 1956

Mr. W. Michel and Mr. E De Weck of the ICRC visited Acting Foreign Minister, Cho and discussed on the problem of displaced civilian persons. Their mission was particularly connected with looking into a problem of finding certain Koreans living either in Japan on in Korea a home of their choice on Korean soil.

May 1956

Massrs. W. Michel and E De Weck visited Pyongyang in connection with their mission.

June 29, 1956

The Foreign Ministry sent a Note Verbale to Her Majesty's Britannic Legation in Korea requesting to render advice to the British Shipping Company to refrain from giving assistance for transport of 48 Koreans and to the HongKong Government to withhold issuance of landing permits for them.

July 4, 1954

The Foreign Minister cable-instructed Minister Yong Shik Kim in Tokyo, Charge d'affairs in Paris and Consul-General in HongKong to make strong representation with authorities concerned in connection with 48 Koreans. Representation was also filed with the ICRC against its intervention in the issue.

July 6, 1956

Minister to the United Kingdom, Myo Mook Lee made a written representation to the British Foreign Minister expressing the regret that the British vessel is rendering services and facilities for transporting the 48 Koreans in question,

July 7, 1956

Minister Yong Shik Kim met American Ambassador Allison and explained our position on the 48 Koreans and at the same time, requested for efforts to stop the Koreans from leaving Japan.

July 10, 1956

Minister Yong Shik Kim reported that, in the course of the conversation between Consul-General Choi and Inoue, head of Foreign Affairs Department of the Japanese Red Cross, the latter said the JRC had sent a cable in December, 1953 to the north Korean Red Cross Society through the ICRC in Geneva proposing that, if the north Korean Red Cross assists in the repatriation of the Japanese in north Korea, the Japanese Red Cross would reciprocally render assistance in the repatriation of the Koreans in Japan desiring to go to north Korea. Inoue reportedly went on to say that the JRC received later an answer from the north Korean Red Cross in favor of the Japanese proposal.

July 11, 1956

Minister Yong Shik Kim met General Lemnitzer and explained the position of our Government in regard to 48 Koreans.

July 11, 1956

The Foreign Minister filed with the ICRC a strong protest against the ICRC's issuance of travel documents to the 48 Koreans allegedly desirous of going to north Korea.

July 16, 1956

The Japanese Red Cross was requested by the north Korean Red Cross to make a joint request to the Russian Red Cross regarding the question of the 48 Koreans.

July 16, 1956

The ICRC sent the Red Cross Societies of Korea and Japan and north Korean puppet Red Cross notes in which it stated that it would cooperate in determining freely expressed will of the Koreans in connection with the question of finding certain Koreans living either in Japan or Korea a home of their choice provided that the authorities concerned give consent to that effect.

In the notes, the ICRC propsed 4—way repatriation referred to as "Master Formula" by the Japanese 1) repatriation of Koreans in Japan to south Korea, 2) repatriation of Koreans in Japan to north Korea, 3) return of kidnapped Koreans in the north to south Korea and 4) proceeding of communist elements in south Korea to the north.

July 21, 1956

Minister Yong Shik Kim again called on General Lemnitzer on July 21 and explained to him about the Japanese plan to expel 48 Koreans to north Korea. The Minister pointed out the to the General that the plan was a design engineered jointly Japan, north Korea and the Soviet Russia. The General reportedly promised that he would do whatever he can to stop the departure of the 48 Koreans.

July 23, 1956

Pyongyang radio announced that north Korea is ready to extend livelihood subsidy for those Koreans in Japan expected to be repatriated early July.

July 23, 1956

Director-General, Tatsunosuke Takasaki of the Japanese Economic Planning Agency said in his campaigning speech that he desired an early interchange between Japan and north Korea. This is the first time that a Japanese cabinet minister openly urged the economic ties between Japan and the communist north.

July 24, 1956

In reply to the Foreign Minister's letter of July 11, the ICRC answered to the effect that it had issued travel documents solely from the humanitarian considerations and had not acted in any way to affect the legal status of those Koreans.

July 25, 1956

Minister Yong Shik Kim reported that the Japanese Red Cross is said to have been negotiating with the ICRC for issuance to the 48 Koreans of necessary documents for travel to north Korea.

July 25, 1956

President of the Korean Red Cross Society addressed to Tadatsugu Shimazu, President of the Japanese Red Cross stressing that the deportation of Korean residents is strictly the political question and does not fall within the jurisdiction of the Red Cross. The letter also pointed out that the Republic of Korea is the sole sovereign in Korea and therefore, has the unquestionable right and obligation to protect the Koreans in Japan.

August 2, 1956

The Korean Red Cross Society pointed out to the ICRC that the package deal of 4-way repatriation will promote the communist and Japanese political interests and will bring forth unjust and inhumane results.

August 4, 1956

The Foreign Minister sent a letter to Ambassador Dowling requesting for the assistance of U.S. Government in connection with the 48 Koreans.

August 15, 1956

The ICRC again in its letter of August 15 proposed to hold a meeting on October 15 at its Headquarters among the representatives of the Red Cross

Societies of the Republic of Korea, Japan, and north Korea and the ICRC to discuss "the question of finding certain Koreans living at present either in Japan at in Korea itself a home of their choice on Korean soil". The letter said the meeting might perhaps take place in New Delhi at the time of 19th International Red Cross Conference.

August 17, 1956

Japanese press, "Mainichi Shimbun" carried an article that concurrence by the Republic of Korea would set into motion a master formula proposed by the ICRC which aims at; 1) that all south Koreans persons detained in north Korea be released and allowed to return to south Korea, 2) that all north Korean persons detained in south Korea be allowed to return to North Korea, 3) that all Korean persons in Japan desiring to go to north Korea be allowed to do so, and 4) that all Koreans in Japan desiring to go to south Korea be allowed to do so.

August 30, 1956

In Minister Kim's meeting with Nakagawa, the former told the latter that "inasmuch as this question (ICRC proposal of July 16, 1956) was still on the agenda of the formal K-J talks, there was no room for the ICRC to step into purely diplomatic problem between the two sovereign countries".

August 30, 1956

The Foreign Ministry released a statement to the effect that the Koreans in Japan are nationals of the Republic of Korea and the deportation of 48 Koreans would provides a precedent to deport all of 60,000 Koreans in Japan.

September 4, 1956

The Korean Red Cross Society sent a letter dated September 21 in reply to ICRC's letter of August 15 in which the ICRC proposed to hold a meeting among the Red Cross Societies of the Republic of Korea, Japan, north Korea and the ICRC. The letter explained in detail our position and rejected the proposed meeting on the ground that it was a fait accompli already decided among the Red Cross Societies of Japan and north Korea and the ICRC.

September 4, 1956

The ICRC sent a letter dated September 21 in reply to the KRC's letter of September 4, 1956. The ICRC only repeated in the letter its previous position on the issue.

December 6, 1956

The Foreign Minister cable-instructed Ambassador Limb in New York to bring the question of 48 Koreans before the United Nations and fight for our cause.

December 7, 1956

The Foreign Minister cable-instructed Minister Yong shik Kim to lodge strong protest with Norwegian Minister against transporting by Norwegian vessel of 20 Koreans to Shanghai and to request that the vessel be directed to return to the port of embarkation.

December 7, 1956

Foreign Minister Cho issued a statement strongly protesting against deporting 20 Koreans to north Korea by the Japanese Government. The statement pointed out that the Koreans in Japan are nationals of the Republic of Korea which is the sole sovereign in Korea as recognized by the United Nations and that the Republic of Korea and Japan had agreed on mutual release and repatriation when the Justice Ministry blocked its implementation.

December 12, 1956

The ICRC addressed memorandum to three Red Cross Societies of the Republic of Korea, Japan and north Korea urging the letters to settle the question of Korean residents in Japan on in Korea who wished a home of their choice on Korean soil.

December 28, 1956

Sul Ya Han of north Korean puppet regime and Masaharu Hatanaka requested in New Dehli mediation by the Indian Red Cross for the repatriation of Koreans in Japan, release of Omura detainees and the Japanese fishermen.

January 4, 1957

In reply to ICRC's memorandum of December 12, 1956, the Korean Red Cross Society sent a memorandum to the ICRC re-emphasizing our position.

March 4, 1957

Japanese press, "Yomiuri" in its article of March 4 quoted Prime Minister Kishi as saying that it would not be advisable to enter into direct negotiations with north Korea in view of the present relations between the Republic of Korea and north Korea and so many problems still unsettled between the Republic of Korea and Japan. Kishi went on, according to the press to say, however, this doesn't mean non-negotiations with north Korea for good and therefore, such problems closely affecting the Japan should be tackled as a matter of first importance.

December 3, 1957

The Ministry received a replying letter from the ICRC to its letter of November 2, 1957. The letter was patterned after the previous ones and pointed out again that the issuance of travel documents to 48 Koreans was solely from the humanitarian reasons. With this letter, the lingering haggle over the question of 48 Koreans has at least superficially come to an end.

번역

1955년 4월 10일

북한 괴뢰 정권은 반둥에서 열린 아프리카-아시아 회의에서 이봉한과 전통혁을 통해 한반도 북부의 일본인 송환을 처음으로 주장함.

1955년 10월 15일

북한 괴뢰 정권의 대변인은 평양 라디오를 통해 북한은 억류자 상호 석방 문제에 대한 남한과 일본 간의 협상의 유효성을 결코 인정할 수 없다고 밝힘. 대변인은 일본 정부에 재일한인의 처우와 북한 송환 문제를 논의하기 위해 북한적십자사 대표를 파견해 줄 것을 요청함.

1955년 10월 16일

북한 괴뢰 정권은 부산과 오무라의 억류자 교환에 관한 일본과 남한의 회담의 결과로 취해지는 어떠한 조치도 인정하지 않을 것이며 오무라에 있는 한국인들을 즉각 석방해야 하며 이를 위해 북한 괴뢰 정권의 적십자사는 대표단을 일본에 파견하고자 한다는 취지의 성명을 발표함.

1955년 12월 29일

북한 괴뢰 정권 수상 남일, 재일한인 문제 해결을 위해 북한 대표단을 일본에 파견할 준비가 되어있다고 발표함.

1956년 1월 28일
 일본적십자사의 가쓰니시와 이노우에, 소위 일조협회의 미야고시, 통역관 1명으로 구성된 일본대표단이 재일한인 210여 명을 공산주의 북한으로 송환하는 협상을 위해 평양에 도착함.

1956년 2월 7일
 국제적십자위원회, 북한 괴뢰 정권의 적십자사에 대해 적십자사 자격을 인정함.

1956년 2월 24일
 한 달간의 협상 끝에 이른바 평양회담이 타결됨. 일조협회의 미야고시 요시스케는 210명 중 일본인 36명의 송환과 연간 500만 파운드 상당의 무역 계약을 체결함.

1956년 5월 9일
 국제적십자위원회(ICRC)의 미셸(W. Michel)과 데 벡(E. De Weck)이 조 외무장관 대행을 예방하고 실향민 문제에 대해 논의함. 이들의 임무는 특히 일본에 거주하거나 한국에 거주하고 있는 특정 한국인들에게 한국 땅에서 그들이 원하는 집을 찾아주는 문제와 관련이 있었음.

1956년 5월
 미셸과 데 벡이 그들의 임무와 관련하여 평양을 방문함.

1956년 6월 29일
 외무부는 주한 영국공사관에 영국 선박회사가 재일한인 48명에 대한 이송 지원을 자제해 줄 것과 홍콩 정부에 이들에 대한 상륙허가서 발급을 보류해 줄 것을 요청하는 공문을 보냄.

1954년 7월 4일
 외무부 장관은 도쿄 주재 김용식 공사, 파리 주재 대사대리, 홍콩 주재 총영사에게 재일한인 48명과 관련하여 관계 당국에 강력히 항의할 것을 전문으로 지시함. 또한 국제적십자위원회(ICRC)에도 이 문제에 개입한 것에 대해 항의함.

1956년 7월 6일
이묘묵 주영국공사는 영국 외무장관에게 영국 선박이 문제의 재일한인 48명을 수송하기 위한 서비스와 시설을 제공하고 있는 것에 대해 유감을 표명하는 서면 항의를 보냄.

1956년 7월 7일
김용식 공사는 앨리슨 주일 미국 대사를 만나 재일한인 48명에 대한 우리 입장을 설명하는 동시에 이들의 출국을 막기 위해 노력해 줄 것을 요청함.

1956년 7월 10일
김용식 공사는, 최 총영사와 이노우에 일본적십자사 외무부장이 대화하는 과정에서 일본적십자사가 1953년 12월 제네바 주재 국제적십자위원회(ICRC)를 통해 북한적십자사에 '북한에 있는 일본인 송환을 도와주면 일본적십자사도 북한행을 희망하는 재일한인의 송환을 상호 지원하겠다고 제안하는' 전문을 보냈다고 이야기하였음을 보고함. 이노우에는 나중에 일본적십자사가 북한적십자사로부터 일본의 제안에 찬성한다는 답변을 받았다고 말한 것으로 전해짐.

1956년 7월 11일
김용식 공사가 렘니처 장군을 만나 재일한인 48명에 대한 우리 정부의 입장을 설명함.

1956년 7월 11일
외무부 장관은 북한행을 희망하는 것으로 알려진 48명의 재일한인에 대한 국제적십자위원회의 여행증명서 발급에 대해 국제적십자위원회에 강력히 항의함.

1956년 7월 16일

일본적십자사는 북한적십자사로부터 48명의 재일한인 문제에 대해 러시아적십자사에 공동 요청을 해달라는 요청을 받음.

1956년 7월 16일
국제적십자위원회(ICRC)는 한국과 일본의 적십자사 및 북한의 조선적십자회에 공문을 보내 일본과 한국에 거주하는 특정 한국인들에게 그들이 원하는 고향을 찾아주는 문제와 관련하여 관련 당국이 동의할 경우 한국인들의 자유로운 의사 표현에 협조할 것임을 밝히는 공한을 보냄. 이 공한에서 ICRC는 1) 재일한인의 남한 송환, 2) 재일한인의 북한 송환, 3) 납북 한국인의 남한 송환, 4) 남한 내 공산주의자들의 북한 송환 등 이른바 '마스터 공식'으로 불리는 4방향 송환을 제안함.

1956년 7월 21일
김용식 공사는 7월 21일 렘니처 장군을 다시 만나 48명의 재일한인을 북한으로 추방하려는 일본의 계획에 대해 설명함. 김용식 공사는 장군에게 이 계획이 일본, 북한, 소련이 공동으로 설계한 계획임을 지적함. 장군은 48명의 재일한인의 출국을 막기 위해 할 수 있는 모든 것을 하겠다고 약속한 것으로 알려짐.

1956년 7월 23일
평양방송은 북한이 7월 초 송환될 것으로 예상되는 재일한인들에 대한 생계 보조금을 연장할 준비가 되어있다고 발표함.

1956년 7월 23일
일본 경제기획청 다카사키 다쓰노스케 장관은 선거 유세 연설에서 일본과 북한 간의 조기 교류를 희망한다고 밝힘. 일본 내각 장관이 공개적으로 일본과 공산주의 북한 간의 경제 관계를 촉구한 것은 이번이 처음임.

1956년 7월 24일
7월 11일 자 외무장관의 서한에 대한 답신으로 국제적십자위원회는 인도주의적 고려에서 여행증명서를 발급했을 뿐 해당 한국인의 법적 지위에 영향을 미치는 어떠한 행동도 하지 않았다는 취지의 답변을 보내옴.

1956년 7월 25일
김용식 공사는 일본적십자사가 48명의 재일한인에게 북한 여행에 필요한 서류를 발급하기 위해 ICRC와 교섭을 벌이고 있다고 보고함.

1956년 7월 25일
대한적십자사 총재는 일본적십자사 총재 시마즈 다다쓰구에게 보내는 서한을 통해 한국인 추방은 엄밀히 말해 정치적 문제이며 적십자사의 관할에 속하지 않는다는 점을 강조함. 이 서한은 또한 대한민국이 한국의 유일한 주권국이며 따라서 재일한인들을 보호할 당연한 권리와 의무가 있다는 점을 지적함.

1956년 8월 2일
대한적십자사는 4자 송환 패키지 협상이 공산주의와 일본의 정치적 이익을 도모하고 부당하고 비인도적인 결과를 초래할 것이라고 국제적십자위원회(ICRC)에 지적함.

1956년 8월 4일
외무부 장관은 다울링 대사에게 한국인 48명 사건과 관련하여 미국 정부의 지원을 요청하는 서한을 보냄.

1956년 8월 15일
국제적십자위원회는 다시 8월 15일 자 서한을 통해 '현재 일본에 거주하고 있는 특정 한국인들을 한국 땅에서 그들이 원하는 집을 찾아주는 문제'를 논의하기 위해 10월 15일 국제적십자위원회 본부에서 한국, 일본, 북한적십자사 대표와 국제적십자위원회 간 회의를 개최할 것을 제안함. 이 서한은 제19차 국제적십자회의가 열리는 뉴델리에서 회의가 열릴 수 있을 것이라고 언급함.

1956년 8월 17일

일본 언론 『마이니치신문』은 한국이 동의하면 1) 북한에 억류된 모든 남한인을 석방하여 남한으로 귀환시키고, 2) 남한에 억류된 모든 북한인의 북한으로의 귀환을 허용하며, 3) 북한으로 가고자 하는 모든 재일한인의 귀환을 허용하고, 4) 남한으로 가고자 하는 모든 재일한인의 귀환을 허용하는 것을 목표로 하는, ICRC가 제안한 기본 공식이 가동될 것이라는 기사를 게재함.

1956년 8월 30일

김 공사는 나카가와 국장과의 회담에서 "이 문제(1956년 7월 16일의 ICRC 제안)가 아직 공식적인 한일회담의 의제인 이상, 두 주권 국가 간의 순수한 외교 문제에 ICRC가 개입할 여지가 없다"라고 말함.

1956년 8월 30일

외무부는 재일한인이 대한민국 국민이며, 48명의 재일한인 추방은 재일한인 6만 명 전원을 추방하는 선례가 될 것이라는 취지의 성명을 발표함.

1956년 9월 4일

대한적십자사는 한국, 일본, 북한적십자사와 국제적십자위원회 간 회의를 개최할 것을 제안한 8월 15일 자 국제적십자위원회의 서한에 대한 답신으로 9월 21일 자 서한을 보냄. 이 서한은 우리의 입장을 상세히 설명하고, 회의 개최는 이미 한일 적십자사와 북한적십자사 및 ICRC 간에 결정된 사항이라는 이유로 제안을 거부함.

1956년 9월 4일

국제적십자위원회는 1956년 9월 4일 자 조선적십자회의 서한에 대한 답신으로 9월 21일 자 서한을 보냄. 국제적십자위원회는 이 서한에서 이 문제에 대한 기존 입장을 반복했을 뿐임.

1956년 12월 6일
외무부 장관은 뉴욕 주재 임 대사에게 재일한인 48명의 문제를 유엔에 제기하고 우리의 대의를 위해 싸울 것을 전문으로 지시함.

1956년 12월 7일
외무부 장관은 김용식 공사에게 노르웨이 선박이 한국인 20명을 상하이로 이송하는 것에 대해 노르웨이 장관에게 강력히 항의하고 선박을 출항지로 돌려보내도록 지시할 것을 전문으로 지시함.

1956년 12월 7일
조 외무장관은 일본 정부가 한국인 20명을 북한으로 추방한 데 대해 강력히 항의하는 성명을 발표함. 성명서는 재일한인이 유엔이 인정한 대한민국 유일 주권 국가인 대한민국의 국민이며, 대한민국과 일본은 상호 석방 및 송환에 합의했으나 [일본] 법무성이 이의 이행을 저지한 바 있음을 지적함.

1956년 12월 12일
국제적십자위원회는 한국, 일본, 북한의 3개 적십자사에 한국 땅[한반도를 의미]에서 자신이 원하는 고향에 가기를 희망하는 재일한인 문제를 해결해 줄 것을 촉구하는 서한을 보냄.

1956년 12월 28일
북한 괴뢰 정권의 한설야와 하타나카 마사하루가 뉴델리에서 재일한인 송환, 오무라 억류자 석방, 일본인 어부 석방 등을 위한 인도 적십자사의 중재를 요청함.

1957년 1월 4일
대한적십자사는 1956년 12월 12일 자 국제적십자위원회의 공문에 대한 답신으로 우리의 입장을 재차 강조하는 공문을 국제적십자위원회에 보냄.

1957년 3월 4일

일본 언론 『요미우리』는 3월 4일 자 기사에서 기시 총리의 말을 인용해 현재 한일 관계와 한일 간에 아직 해결되지 않은 많은 문제를 고려할 때 북한과 직접 협상에 나서는 것은 바람직하지 않다고 보도함. 기시는 그러나 이것이 북한과 영원히 협상을 하지 않겠다는 뜻은 아니며, 따라서 일본에 밀접한 영향을 미치는 문제들을 우선적으로 해결해야 한다고 말했다고 언론은 전함.

1957년 12월 3일

외무부는 1957년 11월 2일 자 서한에 대한 국제적십자위원회의 답신을 받음. 이 서한은 앞선 서한과 마찬가지로 재일한인 48명에 대한 여행증명서 발급이 전적으로 인도주의적 이유에 의한 것임을 다시 한 번 지적하고 있었음. 이 서한을 통해 48명의 한국인 문제를 둘러싼 해묵은 논쟁은 적어도 표면적으로는 종지부를 찍었음.

2. 조총련에 의한 재일한인의 북한 송환 운동과
그 배후에 개재된 음모

0019   번호(No.): A-92-3

대한민국
외무부 정무국
BUREAU OF POLITICAL AFFAIRS
MINISTRY OF FOREIGN AFFAIRS
REPUBLIC OF KOREA

국제 정치 사정 조사 자료
(STUDY PAPER ON INTERNATIONAL RELATIONS)

문서의 구분(Classification): 보통   일자(Date): 단기 4292년 1월 21일

제목(Subject): 조총련에 의한 재일교포의 북한 송환 운동과 그 배후에 개재된 음모

목차
1. 조총련에 의한 북한계 재일한인의 북한 송환 운동의 개관
2. 북한 송환 운동의 배후에 숨어있는 음모

0020   국제 정치 사정 조사 자료   호

조총련은 재일한국인의 북한 송환 운동을 통하여 무엇을 획책하고 있는가?

1. 조총련 및 그 산하 공산분자들에 의한 재일교포의 북한 송환 운동의 개관

재일 북한계 공산분자들의 북한 송환 운동은 작년 4월 15일에 열린 제4차 한일회담과 때를 같이하여 갑자기 발생한 것은 아니며 그 역사는 벌써 오래된 것으로서 이미 단기 4289년 6월에 일본적십자사의 적극적인 주선과 ICRC의 협조하에 40여 명에 달하는 재일공산분자들이 북한으로 송환된 바 있으나 이 북한 송환 운동이 점차로 조직적이고 집단적인 국면을 띠게 된 것은 최근의 일인바, 즉 4290년 12월 31일에 억류자의 상호 석방 및 송환과 제4차 한일회담의 재개에 관한 합의가 한일 간에 성립되자 재일 북한계 단체인 조총련은 일본공산당 및 사회당 그리고 공산계 단체 등의 적극적인 지지와 후원하에 한일회담을 방해하기 위한 운동을 적극적으로 시작하게 되었다.

이 목적을 위하여 그들은 전기 한일 간의 합의에 의한 재일 억류 교포들의 남한으로의 강제 송환은 인도적인 견지에서 도저히 용납될 수 없는 일이며 재일 일반 및 억류 교포들에게 귀환지 선택의 자유가 부여되어야 한다고 주장하면서 재일교포의 북한 송환 운동을 적극적으로 추진하여 오던 중 조총련은 이 운동을 실현하기 위하여 북한 괴뢰의 적극적인 후원과 사촉하에 일본 국내 도처에서 집회를 열고 구체적인 방법과 계획을 토의하였으며 특히 4291년 6월에는 '오무라' 수용소 내의 억류 교포들까지 선동하여 북한 송환을 요구하는 단식 시위를 야기케 하였는바 이들은 또한 동정적인 일본 정부 및 국회에 진정서를 제출하고 대표자들을 직접 파견하여 구두로 진정케 하는 등 온갖 수단과 방법을 다하였다.

0021

이러한 운동은 4291년 10월 초순경부터 점차로 전국적, 집단적인 성격을 띠게 되었으며 북한으로부터 송금되어 오는 돈을 빈곤한 교포들에게 분배하여 가면서 재일교포의 환심을 사고 가두에서 북한 귀국 희망자의 서명을 받는 등 발광적인 동향을 보이게 되었는바 일본공산당, 사회당 간부들 및 일본적십자사 등은 인도적인 견지에서 북한 송환을 원하는 재일한국인을 북한으로 송환하여야 한다고 주장하고 일본 국회 및 정부에 이 뜻을 역설하면서 조총련의 동향에 적극 동조하였다.

북한 송환에 관하여 특히 주목할 만한 것은 일본적십자사의 최근의 동향인바 동 적십자사에서는 4292년 1월 20일 이사회를 열고 재일한국인의 북한 송환 문제는 정치와 분리하여 인도적으로 조속히 해결할 것을 결의하고 이 뜻을 북한괴뢰적십자사에 통지하였다고 하는바 이에 대한 일본 정부의 반응이 매우 주목된다.

4291년 1월부터 12월 기간 중 중앙 도시에서 개최된 집회만을 추려보아도 약 40건에 달하며 이러한 운동은 앞으로도 더욱 조직적으로 강력하게 추진될 것이라고 추측되는바 이들은 북한 송환 운동을 통하여 다음과 같은 것을 획책하고 있다.

2. 북한 송환 운동의 배후에 숨어있는 음모

전술한 바와 같이 조총련 및 그 산하 공산분자들은 재일교포의 북한 송환에 혈안이 되고 있는바 우선 그들이 장기적으로 목적하고 있는 것으로서 1) 종국적으로는 한국 전 영역의 공산화, 적어도 현재에 있어서는 남한과 같은 국제적 지위에서의 병존이며 이를 종국적인 목표로 하여 단기적으로는 2) 한일회담의 방해 및 좌절, 3) 북한의 군사력 및 노동력의 보충 및 4) 재일교포의 공산화 등을 목적으로 하고 있다.

북한 송환 운동의 배후에 은폐되어 있는 이들의 흉모는 다만 한일회담을 전후로 하는 제반 정세 및 조건만을 배경으로 하고 있는 것은 아니며 그들의 종국적인 목적에 시단을 둔 것으로서 이와 관련된 북한 송환 운동이 다만 한일회담의 재개란 시대적인 환경에 자극되어 점차로 계획적, 집단적인 형태를 갖추게 되었다고 봄이 가장 적당할 것인바 이들이 종국적인 목적으로 삼고 있는 바는 다시 말할 나위도 없이 한국 전 영역을 공산화하는 것 혹은 적어도 한국을 위요하는 국제 정치적 현실을 당분간 그대로 받아들이고 소위 '조선민주주의인민공화국'을 남한과 동등한 북한에 있어서의 한 정치적 단위인 것 같이 선전하여 이른바 두 개의 한국의 병존이란 사실을 국제적으로 뚜렷이 인식게 함으로써 그 국제적인 지위를 향상하고 지반을 공고히 하여 한국 전 영역을 장악하려는 장기적인 전략의 제1단계 작전을 수행하려는 데 있는 것으로서 이러한 징조는 그들의 상전인 소련이 유엔에 있어서 북한 괴뢰와 남한과의 공동 유엔 가입의 소위 '패키지 딜'안을 주장한 사실, 북한 괴뢰의 아아[아시아·아프리카] 중립국가국에 대한 침투 공작 등에서 여실히 볼 수 있으며 북한 송환 운동도 그 뿌리를 이곳에 두고 있는 것이다.

만일 한일회담이 중요한 현안 문제를 해결하고 성공적으로 막을 내린다면 이는 북한 괴뢰에 대하여는 치명적인 타격인바, 즉 일본 정부는 한국과 정식 외교 관계를 맺게 될 것이고 따라서 일본에 대한 대한민국의 비중은 북한 괴뢰의 그것에 비하여 현재보다 훨씬 더 높아질 것이며 반대로 북한 괴뢰는 현재 일본과 유지하고 있는 비공식적인 관계마저 이를 계속하기 불편하게 되는 동시에 60여 만에 달하는 재일교포에 대한 그들의 발언권을 현저히 약화할 것이다.

고로 이러한 치명적인 타격을 초래할지도 모르는 한일회담에 대하여 북한 괴뢰 및 그 주구인 조총련은 방관적인 태도를 취할 수가 없었던 것이며 이들은 4290년 12월 31일에 이루어진 한일 간의 합의에 의하여 억류자의 상호 석방 및 송환이 실시되고 동년 4월 15일부터는 제4차 한일회담이 재개되기에 이르자 '남조선'은 미 제국주의자들의 선동하에 일본과 한일회담을 통하여 조약을 체결함으로써 반공적인 아세아 방위 체제를 확립하고자 책동하고 있다고 비난하면서 '소위' '조선민주주의인민공화국'이 참가하지 않은 동 회담은 무효라고 주장하였는바 이들은 또한 재일 억류 교포들의 자유의사에 반하여 남조선으로 강송되었다고 선전하고 북한 송환 운동을 조직적으로 전개함으로써 한일회담 방해에 박차를 가하기 시작하였다.

그들은 또한 재일교포의 북한 송환을 실현함으로써 북한으로부터의 중공군의 철수에 따르는 군사력의 부족을 보충하고 아울러 일반 노동력의 결핍을 메꾸려고 꾀하고 있는 것이다.

그리고 한편 북한 송환과 관련하여 교육 통상 및 경제 면에 있어서 교포들의 사생활에 강력히 침투하여 많은 선량한 재일 일반 교포를 공산화하고자 획책하고 있다.

3. 재일한인의 소위 북한 송환 문제에 관하여[17]

0024　재일한인의 소위 북한 송환 문제에 관하여

　　1. 지난 1월 29일 일본의 '후지야마' 외상이 "재일한인의 북한 송환 문제는 인도적인 견지에서 신속히 실천하겠다"라고 발언한 후 우리의 계속적인, 그리고 강력한 반대에도 불구하고 2월 13일 일본 정부 각의는 소위 북한 송환을 추진할 것을 결정하고 이 날 밤 일본 정부는 그 결정을 우리에게 통고하여 왔다.

　　2. 이 문제는 최근에 와서 갑자기 생긴 것은 아니며 4288년부터 일본 정부의 그러한 동향은 보였던 것이고, 4288년 1명, 4289년 12월에 20명에 달하는 재일공산분자들이 일본 정부의 협조를 얻어 북한으로 향한 후 재일공산분자들에 의한 북한 송환 운동은 활발히 계속되어 왔으며, 이러한 운동은 될 수 있는 대로 많은 재일한인을 국외로 몰아내려는 일본 정부의 일관한 정책의 음양의 뒷받침을 받아왔으며 한일회담을 파괴하고 한일 양국 관계의 악화에 이해를 느끼는 일부 일본인도 이 정치 음모에 가담하여 왔던 것이다.

　　3. 4290년 12월 31일에 한일 간에 제4차 한일회담 재개와 억류자의 상호 석방 등 합의가 이루어지자 이에 당황한 재일공산분자들은 소위 조총련의 산하에서 일본 정부의 일부 관변 측 및 일부 정당 세력의 동정적인 협조를 얻어 북한 송환 운동을 적극적으로 추진하여 왔는데 동 합의에 의하여 일본 정부는 억류 한인을 전부 한국으로 송환하여야 함에도 불구하고 4291년 1월부터 억류 한인 중 90여 명은 북한으로 송환될 것을 원하고 있으므로 이들을 송환할 수 없다고 주장하기 시작하였다. 이러한 일본 정부의 주장은 상기 한일 간의 합의에 배반되는 것이어서 그 후 양국 간의 정식 회의에서

17　1959년 2월 14일에 작성된 외무부 대변인 담화문.

격렬히 논의된 결과 드디어 일본 측은 우리 측에 그들을 북한에 송치하지는 않겠다고 언약한바 이 사건이 이번의 소위 집단 송환 문제와 그 성질이 본질적으로 동일한 이상 또 하나의 위약이었음을 지적하지 않을 수 없다.

4. 이 집단 북한 송환 운동은 작년 10월 초순경부터는 점차로 적극적인 방향으로 움직이게 되었으니 일본의 이에 대한 협력이 음양으로 계속되어 오던 중 이 정부의 의도를 받들었음인지 일본적십자 이사회는 지난 1월 20일 "재일한인의 북한 송환 문제는 정치와 분리하여 인도적인 견지에서, 또한 1957년의 뉴델리국제적십자회의의 결의에 비추어 조속한 시일 내에 실천되어야 한다는 종래의 입장을 재확인한다"라는 결의문을 채택하고 이 뜻을 북한괴뢰적십자사에 통지하였으며 이어 1월 29일에는 앞에 말한 바와 같이 일본 외상 '후지야마'의 성명으로 북한 송환에 대한 일본 정부의 태도는 완전히 표면화하게 되었다.

5. 소위 재일한인 북한 송환 문제는 무모한 일본 정부의 일부 세력과 공산분자가 합작하여 적십자의 가면을 쓰고 꾸민 정치적인 음모인 것임에 우리들은 주의하여야 할 것이다. 즉 작년 11월에 일본 외무성의 전 외교관이고 현재는 일본적십자사 섭외부장이라고 칭하는 '이노우에'는 북월남 '하노이'를 경유, '평양'에 들어가 북한적십자사와 접촉하고 모종의 음모를 획책하고 돌아온 사실이 있으며 또한 소위 일본공산당과 북한 괴뢰의 재일 연락 기관인 '닛쵸 교카이[日朝協會]'의 이사장이고 일공 당원인 '하다나카 마사하루'가 헬싱키 공산당 평화대회에 갔다 오다가 '베이징'을 경유, '평양'에 잠입하여 역시 재일교포의 북한 송환 문제에 관하여 1월 10일 김일성과 비밀리에 회담한 바 있는 것이다.

6. 이러한 사실에도 북구하고 과거 국제법상 외국인의 출국의 자유를 부르짖던 일본 정부는 이번에는 시종일관 인도적인 견지라는 방패를 내세워 그들의 북한 송환 계획을 설명하려고 하고 있으며 이번에도 일본 정부는 단기 4289년에 재일한인 20명이 북한으로 송환된 경위와 같이 국제적십자사의 지원을 얻어 동 적십자사로 하여금 그 여행증명서를 발급게 하여 그간 주장하여 오던 소위 '인도적 입장' 또는 '적십자 정신'이라는 허울 좋은 구실을 정당화하려고 노력하고 있는 것이다.

7. 국제법상 어떠한 나라든지 외국에 거주하고 있는 자국민을 보호할 권리와 책임이 있는 것이다. 우리 정부는 한국에 있어서의 유일한 합법 정부이므로 일본에 거주하는 우리 교포들을 보호할 권리와 의무가 있는 것이며, 우리 동포가 집단적으로 노예가 강요되는 공산 치하에 사실상 강제로 송치되려고 하는 이 사태를 좌시할 수 있을 것인가.

8. 재일한인의 법적 지위와 처우에 관한 문제는 다년간 양국 간의 중요한 현안 문제의 하나로 되어왔고 특히 1957년 12월 31일의 합의 문서에 의하여 이들의 지위와 처우 문제는 제4차 한일회담의 중요한 의제의 하나로 되어있는바 일본 정부는 제4차 한일회담이 연말 휴회 후 재개되려는 일시에 일방적으로 소위 북한 송환 의도를 발표한 것은 한일회담이 소기 목적의 태반을 자연 소멸케 하는 것으로서 일본 정부가 이 문제는 한일회담과는 하등의 관련이 없는 것이라고 주장하는 것은 어불성설이며, 그들이 회담을 이 이상 진행하기 싫다는 의사를 간접적이나 일방적인 방법으로 표현한 것이 아닌가.

9. 군사 및 노동 면에 있어서 혹심한 인적 부족에 봉착하고 있는 북한 괴뢰의 노동력과 군사력의 증강을 결과하는 북한 강제 추방을 단행하겠다는 일본 정부의 결정은 우리의 적이며 동시에 전 자유세계의 적인 북한 괴뢰를 돕는 극히 비우호적인 도전적인 태도이며, 자유세계에 대한 직접적인 도전과 같은 것으로서 우리의 안전 보장상 이를 방관하고 있을 수 없는 것이다. 특히 북한 괴뢰는 재일한인의 북한 수용을 실현함으로써 소위 주권 국가로서의 권리를 북한 괴뢰가 가진다는 인상을 줌으로써 해외 한인 중 괴뢰가 보호하는 한인도 존재한다는 인상을 주어, 즉 '두 개의 한국'을 억지로 만들어 국제적으로 그 지위의 비중을 높이고 나아가서는 한국 전역을 공산화하려고 획책하고 있는바 일본이 이러한 북한 괴뢰의 음모에 동조하고 있는 것은 자유 민주 진영에 대한 명백한 배신 행위가 아니면 무엇인가?

10. 일본 정부는 소위 '인도주의'를 표방하며, 1957년 '뉴델리' 적십자회의에서 채택된 이른바 거주지 선택 자유의 원칙을 원용함으로써 그들의 흉모를 정당화하려고 하고 있으나 재일한인의 대부분이 일본의 침략 전쟁 수행을 위하여 강제로 일본으로 끌

려간 사람들이며 종전 후에는 이들 한인이 일본 정부로서는 불필요하게 되었다고 하여, 또 그들의 많은 사람이 빈곤한 생활을 하고 있다고 하여 이들의 추출을 획책하니 그 빈곤에 대한 책임을 져야 할 일본이 책임을 지고 정당한 보상을 지불하기는커녕 이들을 다시 공산 노예 생활에 몰아넣으려고 하면서 무슨 면목으로 인도주의를 하는 것이라고 말하겠는가?

11. 그들이 구실로 내세우는 소위 거주지 선택의 자유라고 하는 것은 6.25동란으로 말미암아 이북으로 납치되어 간 수많은 선량한 한국인들과 같이 자유의사를 무시당하고 공산 세계에서 신음하며 귀향을 하려고 하여도 할 수 없는 소위 실향 사민들을 공산 노예 생활에서 구출하려고 하는 데에 그 정신이 있는 것이며, 공산 노예 생활로 수많은 사람을 몰아넣으려는 흉모에 대한 구실은 도저히 될 수가 없는 것으로서 일본의 계획은 인도주의를 표방하고 가장 비인도적인 과오를 범하고 있지 않은가?

12. 주권 국가는 외국인의 출입국을 관리할 권리가 있다는 국제법상의 일반 원칙을 일본 정부는 이 경우에 적용시킴으로써 그 계획을 합법화하려고 아직도 노력하고 있으나 이 원칙이 외국인의 대량 집단 축출에까지 적용된다는 것은 이 문제의 역사적 배경을 떠나서 생각하더라도 국제법을 악용하고 침략 사상이 아직도 남은 일본의 악의적 해석이라 아니 할 수 없다. 더구나 전기한 바와 같이 주권 국가는 자국민을 보호할 권리가 있는 것이며 국제관례상 그 국민이 소속하는 국가의 정부만이 여권 내지 여행증명서를 발급하는 것이 상례임에도 불구하고 어떤 제3자로 하여금 여행증명서를 발행케 하여서까지 집단 축출을 감행한다는 것은 분명한 주권 침해가 아닌가?

13. 이상에서 본 바와 같이 일본 정부의 계획은 가장 비인도적이며 비우호적인 불법 행위이며 우리 정부는 모든 방법을 다하여 그 기도를 분쇄할 용의와 결의를 가지고 있는바, 일본이 끝까지 반성하지 않고 그 흉계를 단행하는 경우에 발생할 모든 중대한 결과에 대하여서는 오로지 일본 정부가 그 책임을 져야 할 것은 물론, 또한 이러한 한국의 정당한 주장과 당연한 주권 발동에 대하여서는 전 자유 우방 국가의 지지를 받게 될 것임을 확신한다.

10. 일본 정부의 재일한인 북송 계획에 대한
우리 정부의 조치와 교섭 경위

0335

외무부

4292년 12월   일

0336   제2차세계대전이 종료한 1945년 8월에 일본에는 약 200만의 우리 동포가 거주하고 있었다. 이들의 대부분은 두말할 나위도 없이 일본의 대한 식민 정책에 따른 착취와 압박으로 말미암아 그들의 고향에서 도저히 생계를 유지할 수 없어 호구의 방도를 마련하기 위하여 부득이 일본으로 이주하여 간 사람들이거나 또는 일본의 침략 전쟁 수행 중 일본 군대에 강제 징모되었거나 일본 내 군수공업에 노무자로 종사하기 위하여 일본 당국이 강제로 징용하여 간 사람들이었다.

제2차대전이 종결되고 조국이 해방되자 이들 한인 중 약 140만 명은 고국으로 돌아왔고 나머지 약 60만에 가까운 한인이 일본에 잔류 체재하게 됨으로써 오늘날의 재일한인 문제가 생기게 되기에 이른 것이다.

1948년 8월 15일에 우리 단독 정부가 수립된 후 우리 정부는 이들 한인에 대하여 우선 그들이 일본에 잔류하게 된 동기가 그들이 일본에 정착하여 어느 정도 생계의 방도가 서있거나 또는 귀국하여도 도저히 곧 응분의 생활을 영위할 수 없는 실정에 연유하였음을 고려하여 그들로 하여금 일본 내에서 계속하여 평화롭게 생활을 영위하여 나가도록 하여주고자 일본 점령 당국인 연합군 사령부(SCAP)와 긴밀한 연락과 협조를 유지하여 왔던 것이며 1948년 겨울에는 연합군 사령부와 교섭하여 대한민국 주일 대표부가 설치된 이래 직접 이 재일한인의 보호 선도에 당케 하였던 것이다.

0337

1951년 대일 평화조약이 초안되고 있을 무렵 우리 정부는 재일한인의 일본국에 있어서의 처우 문제가 명확지 않음에 비추어 이를 조속히 해결하여야 할 필요를 느끼고 이에 관하여 일본 정부와 교섭을 시작하고자 당시 SCAP의 알선을 요청한 바 있어 동년 10월 20일부터 그 교섭이 시작되었는데 이 회의의 의제가 다른 현안 문제에까지 확대되어 한일전면회담을 마련하게 된 것이다. 그러므로 동년 10월 20일부터 일본 도쿄에서 개최된 제1차 한일회담에서 이 재일한인 문제가 제일 우선적인 의제로 채택되었음은 당연한 일이었고 또 이 문제는 그 후에 있어서도 가장 세상의 이목을 집중한 문제였다.

이 회담이 시작되자 재일한인 문제에 대한 양측의 기본 태도는 곧 노출되었다. 우리 측은 재일한인이 일본 내에 계속 거주할 수 있음은 물론, 앞으로 그들에 대한 실질적인 처우 문제에 중점을 두었음에 반하여 일본 측은 우선 재일한인의 국적 문제만을 확정한 다음 그 후에 여타의 문제를 처리할 수도 있을 것이라는 정도의 소극적인 태도로 임하여 왔다.

물론 우리 정부로서도 재일한인이 독립한 대한민국의 국민이라는 데 별 이의가 있을 수 없는 것이었으나 일본 측이 국적 문제를 성급히 확정해 보자는 데는 저의가 있었으니, 그 하나는 한국 국적을 확인한다는 일은 일본 측 궤변에 의하면 한인이 과거 일본 국적을 취득하고 있었으니 이제는 그 국적의 상실을 확인하자는 것이고 따라서 소위 한일 합방의 유효성 시비에 대하여 미리 간접적으로 못을 박아두자는 것이고, 또 하나는 재일한인이 대한민국의 국적을 취득하였다는 것만 확인시켜 놓으면 국제법상 외국인임이 확인되는 결과, 1951년 11월 1일부터 발효하는 일본 신'출입국 관리령'을 적용하여 재일한인을 일본 국내의 다른 외국인과 동등한 지위에 놓음으로써 거주 조건에 대한 여러 가지 제한을 마음대로 가할 수 있을 뿐더러 마음대로 추방할 수 있다는 것인바 이러한 일본 측의 저의를 간파한 우리 정부로서는 도저히 특별한 역사적 배경을 가진 그들의 장래 처우를 명확히 규정하지 않고서는 이와 같은 국한된 제안에만 겸손히 응할 수는 없었던 것이었다.

도시 재일한인에 대한 일본 정부의 정책에는 이때부터 오늘날까지 근본적인 변화가 없는데 이를 요약건대 재일한인 중 비교적 부유하고 유능한 사람은 일본인으로 귀화하기를 장려하고 기타의 사람들은 될 수 있는 대로 일본 국외로 추출하자는 것이 근본적 의도라 하겠고 이 의도를 실현하는 데 있어서 그 방법이 여러 가지로 그 형태를 달리하였을 뿐이다.

1951~1952년 당시 우리 정부로서는 재일한인이, 일본 내에 자발적으로 주거를 갖

게 된 일반 외국인과는 전혀 동일히 처우할 수 없음을 밝히고 특히 이들의 일본 국내의 거주권에 이의가 있을 수 없고 또 그들이 대한민국과의 사전 양해 없이는 일방적으로 강제 퇴거될 수 없음을 강조하였던 것이다. 환언하면 우리 정부로서는 이들 재일한인에 대하여 그들의 역사적 과거에 비추어 참정권을 제외하고는 일본인과 동일한 대우가 부여되어야 할 것이라는 입장을 견지하였던 것이다.

그러나 일본 정부는 우리 정부의 이와 같은 정당하고도 당연한 입장에 동조하기는 커녕 재일한인 문제를 토의, 해결하기 위하여 설치된 재일한인문제위원회에서 그 토의를 고의로 지연시키는 일방, 재일한인 중 경범자들까지 강제 퇴거 처분을 일방적으로 단행하려는 기세를 보였다.

우리 정부는 계속하여 재일한인 문제의 조속한 해결을 가져오기 위하여 일본 측의 이러한 불성실한 태도 속에서 1952년 4월에는 일본 측과의 공동 초안 작성 단계까지 이르렀던 것이나 기본 문제에 관하여서는 상당한 견해 차이를 남긴 채 일본 측의 '대한 재산청구권'이라는 놀라운 제안으로 회담이 결렬되므로 이 교섭 전체가 수포화되었던 것이다.

이와 같이 재일한인 문제가 그들의 주장대로 해결될 가능성이 희박해지자 일본 측은 어떠한 수단으로든지 재일한인을 일방적으로 추출하고자 제1차 한일회담이 결렬된 다음 달인 1952년 5월에 125명의 재일한인을 일방적으로 일본 선박에 싣고 부산항까지 와서 우리 정부에 인수를 강요하였던 일이 있다. 당시 우리 정부는 전전부터 거주하던 재일한인을 일본 정부가 일방적으로 추방할 수 없다는 주장을 관철하여야 할 필요상 그들의 인수를 거부하고 전원을 일본으로 반송한 일이 있는데 일본 정부는 끝내 그 주장을 고집하기 위함인지 이들을 오무라(大村)수용소에 억류하기 시작하였으며 이것이 일본 정부가 재일한인을 억류하게 된 시초의 일이었고 그 후 정부는 이 문제를 해결하는 데 약 5년의 세월을 소비하였던 것이다. 물론 우리 정부로서도 일반 밀항자를 인도받는 데는 아무 이의가 없었던 고로 일본 정부는 이번에는 위에 말한 125명 중 77명을 마치 밀항자인 것처럼 명부를 위조하여 1954년 10월 송환 밀항자 틈에 섞어 송환해 온 일이 있다. 일본 측이 밀항자라 칭하여도 우리 측이 직접 조사, 확인하기 전에는 이를 인수하지 않는 정부 방침은 이때(1954년) 일본 측에 속았던 경험에 연유한 것이고 밀항자 인수에 정부가 신중한 태도로 임하여 왔음은 설사 밀항자들의 수용소 생활이 길어질지라도 수많은 재일한인의 권익을 옹호하기 위한 원칙을 견지하는 데 있어서 부득이 취하지 않을 수 없었던 조치였다. 이와 같은 일본 정책은 그 후에도 변함이 없었으며 1955년 1월 현재 오무라수용소에 수용되어 있던 재일한인은 404명이었는데 일본 정부가 제의하기를 한국 측이 밀항자를 인수한다면은 이 404명을 일본 국내에 석방할 것이고 이후부터는 재일한인을 그 이상 억류하지 않겠다는 언약을 주었으므로 1955년 1월부터 5월까지 707명의 밀항자를 정부가 인수하였던 일이 있다. 그런데 괴이하게도 일본 측은 404명 중 277명만 석방하고 나머지 127명은 수용소에 그대로 남겨두었을 뿐 아니라 1955년 8월 말 현재 재일한인으로서 수용소에 수용되었던 사람의 수효가 386명에 달하였으니, 즉 일본은 그 몇 달 전의 언약을 위반하고 257명을 더 수용하였던 결과가 된 것이다. 이와 같은 사실은 한 예를 든 데 지나지 않으며 일본 측은 증명서의 불비 기록의 불충분의 자료만 있으면 언제나 재일한인을 마치 밀항자와 같이 취급하여 그 일본 국외 축출을 기도하여 온 것이다. 오무라수용소에 수용 중인 '밀항자' 문제가 그리 간단치 않은 이유도 여기에 있는 것이다.

이러한 일본 정부의 불성실한 태도를 시정하고 정당한 절차에 의한 판결도 아닌 자의적인 행정 처분만으로 죄 없이 수용소에 감금되어 신음하는 재일한인을 구출하기 위한 정부의 노력의 결과, 1956년 3월 31일 주일 대표부 김용식 공사와 일본 '시게미쓰' 외무대신 사이에 세칭 '김-시게미쓰' 합의사항이 이루어져서 억울한 운명에 놓여 있는 재일한인 억류자가 석방된 약정이 성립되었던 것인데 일본 측에 의하면 일본 법무성의 반대로 이와 같은 일본 외무대신의 언약이 실행되지 못하여 일본 외무성 당국자들이 난처한 입장에서 당황하던 일이 기억에 새로운데 이때부터 일본 정부는 재일한인을 추방하기 위하여 이후에 언급할 별다른 방안을 모색하기 시작한 것으로 알려지고 있다.

즉 이와 같이 일본 측은 재일한인의 역사적인 배경을 전혀 무시하고 일반 외국인과 같은 국제법상의 지위를 부여하겠다는 허울 좋은 간판을 들고 이들을 가능한 한 많이 추방하고자 전력을 다하여 왔는데 위에 말한 바와 같이 우리 정부의 재일한인 보호에 관한 강력한 정책에 조우하게 되자 자기 정책의 실현에 곤란함을 느끼고 1956년 여름을 계기로 그 재일한인 축출에 관한 방책을 바꾸기 시작하였다.

1956년 5월 ICRC 대표 M. W. Michel 및 M. de Weck 양 씨가 일본의 오무라수용

소와 우리나라의 부산 외국인수용소를 시찰할 목적으로 일본과 한국을 방문한 일이 있는데(외무부 내방: 5월 9일) 그들과 일본적십자사가 무엇을 의논하였는지는 분명치 않으나 그 직후인 다음 달 6월 재일한인 중 북한 송환을 원한다는 48명의 재일한인이 (동 48명은 1956년 4월 일본 정부 선박 '고지마 마루'가 북한에 잔류하고 있는 일인을 철수차 북한으로 갈 때 승선하고자 하다가 실패한 자들임) 일본적십자사의 적극적 원조 밑에서 ICRC의 여행증명서를 가지고 북한으로 출발하리라는 일이 일어났던 것이다.

이러한 사태에 처함에 주일 대표부는 동년 6월 27일 일본 외무성에 각서를 제출하고 '만일 일본 정부가 대한민국 여행증명서를 소지하고 있지 않은 48명의 재일한인에 대하여 출국 허가를 발급한다면 이는 국제관례에 위반될 뿐 아니라 대한민국에 대하여 비우호적이라고 해석하며, 또한 이들 재일한인이 북한 공산 지역으로 갈 수 있도록 일본 정부가 허용한다면 이는 대한민국의 안전에 대하여 커다란 위협이 되지 않을 수 없다'는 요지의 경고를 발하였던 것이다.

이에 대하여 일본 외무성은 7월 9일 회답 각서를 송부하여 왔는데 일본 정부의 견해에 의하면 (1) 이 재일한인 48명은 그들의 자유의사에 의하여 그들의 비용으로 일본을 떠나는 것이지 일본 정부는 그들의 여행에 대하여 아무런 관련이 없다는 점과 (2) 일본 정부는 자유의사로, 자비로 일본을 출발하는 외국인의 여행을 막을 수 없다고 하며 모든 책임을 피하려 하였다.

정부는 또한 ICRC에 대하여 ICRC가 여행증명서를 발급할 권한이 없음을 설명하고 이러한 일이 적십자사 정신에도 위배됨을 지적하고 이 정치적인 성격을 내포하는 사건에 ICRC가 관여하지 말 것을 종용하였던 것이다.

이에 대하여 ICRC는 우리 정부의 견해가 마치 오해에 기인하고 있는 듯이 설명하고 자기들의 행동이 모두 정당하다고 우겼던 것이다(7월 24일).

동년 가을 이 48명 중 제1차로 20명이 '노르웨이' 선박 S.S. Heinan호로 드디어 일본을 출국하고 말았는데 이 사건의 의의는 일본 정부가 종래의 국제법 이론의 형식적인 적용에 조치하던 법리론적 괘변 전술로부터 인도주의 원칙 운운이라는 유연 전술로 전환하여서까지 재일한인을 국외로 축출하려 하였다는 점에 있는 것이다. 동시에 일본 정부는 이 48명의 '케이스'를 통하여 일본 측은 이 문제 처리에 관한 한국 측의 반응이 무엇인가를 타진하여 보고자 시도하였던 것이다.

0345   이와 시기를 같이하여 ICRC의 중요한 움직임이 있었으니 그 후의 문제의 발전을 이해하는 데 참고가 되므로 일본 정부의 움직임과 아울러 간단히 요약하면 다음과 같다.

즉 (1) 일본 정부는 그들의 위장된 인도주의를 내세우기 위해서는 편의상 그리고 필연적으로 적십자사를 표면에 내세우지 않을 수 없었으며 특히 ICRC를 이용하기에 전력을 다하여 왔다.

(2) 일본 정부와 국적이 사전에 무슨 교섭을 하였는지에 대하여는 여러 가지 추측이 있지만, 국적이 재일한인의 북한 송환에 관하여 처음으로 자신의 입장을 밝히고 어떠한 제의까지 한 것이 1956년 7월 16일이었다. 여기에 일본 정부가 일부 재일한인의 북송 계획의 결정을 한국 정부에 정식 통고한 것이 1956년이라는 것을 아울러 생각할 때 전후 사정을 설명할 자료가 된다.

(3) 즉 국적은 1956년 7월 16일에 대한적십자사, 일본적십자사 그리고 소위 북한괴뢰적십자사에 대하여 "The problem presented by certain Koreans living at present either in Japan or Korea itself who wished to find a home of their choice on Korean soil"에 관한 회의를 하여 왔는데 그 요지는 일본에 거주하는 한인의 자유로운 의사에 의하여 그들이 선택하는 한국 내 지역에 갈 수 있도록 관계 적십자가 합의한다면 국적도 이에 협조하겠다고 하였던 것이다.

0346

(4) 여기에 있어서 국적은 그 자신을 포함한 관계 적십자사의 '제네바' 회담까지 제안한 바 있었고 이것은 동년(1956년) 8월 15일에도 재차 요청된 바 있었는데 이에 대하여 대한적십자사에서는 동년 9월 4일 회한을 발송하여 상기와 같은 국적 제안에 대한 우리나라의 입장을 다시금 설명하고 우리나라 국민인 재일한인의 인권을 침해하고 공산주의자들이 꾸며놓은 계책에 넘어가는 것을 의미하는 이 제네바 회담의 제안을 반대하였던 것이다.

이와 같은 정세하에서 주일 대표부 수석 김용식 공사와 일본 외무성 아세아국장인 '나카가와' 두 사람이 1956년 10월부터 1957년 4월에 이르기까지 한일 양국 간의 현안 문제를 조속히 해결하는 방법에 대한 비공식 교섭(소위 세칭 한일예비교섭이라 함)을 하였는데 이 회의에서 특히 '재일한인 문제를 어떻게 해결할 것인가'라는 점이 상당히 논의되었다. 그중에도 우리 정부는 앞서 말한 바와 같은 48인 사건과 같은 불행한 사태가 재발하지 않기 위한 일본 정부의 보장을 받고자 노력한 결과, 예컨대 1956년

0347   12월 15일 김용식 공사는 일본 외무성 아세아국장 '나카가와'에 대하여 일본 정부가 어떠한 한인이 북한으로 가겠다고 할지라도 출국 허가를 해서는 아니 된다고 강조하고 만일 일본 측이 계속하여 이러한 과오를 범할 경우에는 이 교섭도 소용없을 것이라고 말하였던바 '나카가와' 국장은 외국인 출입국에 관한 일본 법령을 설명하고 난 후 분명히 일본은 어떠한 한인이라도 북한으로 송환치 않겠고 또한 일본 배가 그들을 북한으로 실어 가는 것도 허가하지 않겠다는 언약을 주었던 것이다. 이에 앞서 12월 7일 김 공사는 일본 외무성의 '가도와키' 차관을 방문하고 48인 사건에 대하여 일본 측의 보장을 요구하였을 때에 그(가도와키)는 (ㄱ) 일본 정부는 20명의 한국인(48인 중의 20명)의 출국은 일본 정부가 미리 알지 못하였고 이 문제의 복잡성을 모르는 출입국 당국의 현지 관리가 출국을 허가한 것이다, (ㄴ) 그러나 한인이 장차 북한으로 간다고 하더라도 허용치 않을 것이며 이 목적을 위하여 일본 배를 사용치도 않을 것이라는 보장을 주었던 것이다. 이와 같은 양국 간에 양해된 사항을 기초로 한일 양국 정부는 한일전면회담을 재개하는 제반 조건에 대하여 전면적인 노력을 한 결과 1957년 12월 31일에 합의의사록이 성립된 것이고 일본 외무대신이 서명한 이 합의의사록에서 일본 정부는 분명히 재일한인의 운명을 일방적으로 처리 않겠다는 약속을 하였던 것이다. 그러나 일본은 일면 한일교섭을 하면서도 일면 그들의 재일한인 추출에 관한 일방적 조치가 가능한 길을 마련하고 있었으니 즉 전기와 같은 김-나카가와 예비교섭 중에도 끊임없이 재일한인 문제를 제멋대로 처리하고자 ICRC와 교섭해 왔던 것이다. 1957년 2월 26일 ICRC memorandum이라는 것은 이와 같은 배경에서 나온 것이니 그 취지를 요약하면 다음과 같은 8항목에 달하고 있다.

0348   (1) 현재 거주지 및 귀환자의 적십자사 및 관계 당국이 제2항부터 8항까지의 조건을 수락한다면 ICRC는 재일한인의 귀환 요청과 귀환 선택에 대한 그들의 의사가 참으로 자유의사인가를 심사하기 위하여 특별조사단을 파견할 용의가 있다.

(2) 일본적십자사 당국은 그들이 귀환 요청을 접수하는 데 필요한 모든 기술적인 기구를 마련하고 이 요청을 ICRC 특별조사단에 제출하며 동 조사단과 귀환 신청인과의 연락에 대하여 책임을 진다.

(3) 귀환 신청인의 출발 당시에 있어서의 재산 및 물질적인 형편은 동인들의 현재 거주지 및 귀환자의 적십자사 및 기타 관계 당국과 사이의 합의에 의하여 결정될 것이

며 송환자의 명부의 교환 및 송환 일정도 이에 의한다.

(4) ICRC는 필요에 따라 제반 여행증명서를 발급받는 데 협조한다.

(5) ICRC의 직접적인 책임은 1항과 4항에 한정한다.

(6) 출항항까지의 수송 및 출항항으로부터의 선편도 이를 적십자사 당국 및 일본 관계 당국이 담당한다.

(7) 귀환자의 인수와 그들의 최종 목적지까지의 수송은 귀환자의 적십자사 및 관계 당국이 담당할 것이며 만일 귀환자들이 제3국을 통과할 시에는 이들이 제3국에 도착 즉시로부터 담당한다.

(8) 귀환에 소요되는 모든 비용은 귀환자들의 현재 거주지 및 귀환자의 적십자사 당국과 기타 관계 당국이 공동으로 50퍼센트씩 부담하는 것으로 한다.

그러나 이에 대하여 대한적십자사에서는 이 문제가 ICRC의 소관이 아니라는 우리의 입장을 설명하였던 것이다.

이러한 ICRC의 제안이 있은 후부터는 재일한인의 북송에 관하여 일본 정부는 새로운 무기를 얻을 것처럼 궤도에 오르게 되었는바 당시 한일 양측은 제4차 한일회담의 재개, 억류자의 상호 석방을 위한 교섭을 활발하게 진행하고 있었으므로(이를 한일 예비교섭이라고 한다) 일본은 부산에 억류되어 있는 약 900명에 달하는 일본인 어부의 석방 및 송환에 있어서 초래될 지장을 우려하여 재일한인의 북송 계획을 노골화할 것을 당분간 보류하였던 것이다.

1957년 12월 31일 한인 간에 제반 문서가 조인된 당시 일본 측은 전면한일회담에서 한국 측이 전면적으로 일본의 주장을 받아들여 자기 마음대로 일이 해결될 경우에는 위에 말한 새로운 무기를 사용치 않겠지만 그렇지 않을 경우에는 다른 방도가 있다는 심산을 가지고 있었다.

1957년 12월 31일 합의사항을 통하여 재일한인 문제에 있어서 하나의 해결을 본 일이 있으니 이는 당시 오무라수용소에 수용 중이던 484명의 재일한인 전원이 일본 국내에 석방되어 각기 거주지에 돌아갔다는 사실이다. 또한 일본 정부는 이후로는 다시 수용소에 수용하는 등의 일을 자제하겠다는 언약을 하였던 것이다. 그러나 다음 해 1월부터 시작된 주일 대표부와 일본 외무성 간의 이른바 한일실무자회의에서 일본 측은 다시 오무라수용소에 수용 중이던 밀항자 중에서 약 90명이 북한 지역으로 가기를 원한다는 엉뚱한 주장을 하기 시작하여 또 하나의 난제를 던져주었던 것인데 이 문제에 관하여 양측이 상당한 격론을 한 후 일본 측은 1월 27일 제4차 실무자회의에서 "문제의 한인을 북한에도 보내지 않고 일본 국내에 석방치 않겠다"라는 Status Quo 유지에 관한 언약을 주어 우선 급한 사태를 면하였는데 이 사건을 통하여 일본 정부는 두 번째로 우리 정부의 한인 북송 문제에 대한 동향을 살펴본 셈이고, 이때에도 일본 측은 이 문제를 ICRC에 제기하여 협력을 얻어보자는 등 엉뚱한 제안을 한 일이 있어 우리 측이 일축한 일이 있었던 것이다.

동년 4월 15일부터 전면회담이 개최되어 재일한인 문제에 관하여 제1차, 2차, 3차 회담에 있어서와 같이 독립한 위원회를 조직하여 5월 19일부터 그 회의를 시작하였는데 이 회의에서 우리 측은 재일한인의 처우 문제의 토의에 중점을 두었음에 반하여 일본 측은 종시일관 '추방 조건'을 어떻게 하느냐에 논점을 돌리기에 힘써 양측은 원칙 문제에서도 좀처럼 의견의 접근이 어려운 채 교섭이 지지부진하더니 동년 6월에 들어가서 우리 측에 심리적인 압력을 가하고자 원하였음인지 오무라수용소에 수용 중인 한인으로 이북 괴뢰 정권으로 돌아가기를 원하는 억류 한인 80여 명으로 하여금 단식투쟁을 일으키게 하여 이 문제를 인도주의라는 명목하에서 그들의 북한 송환이 불가피하다는 주장을 들고나와 세상을 또 한 번 놀라게 하였던 것이다. 이 문제는 세 번째로 일본 측이 한국 측의 반응을 테스트한 셈이다. 또한 일본 측은 이러한 문제를 제기함으로써 당연히 있을 것으로 예상되는 격론을 통하여 한일전면회담을 지연시켜 자기들의 이득을 보고자 하였던 것이다.

재일한인 문제를 가지고 전면회담에 임하는 일본 측의 기본 태도는 될 수 있는 대로 합의를 성립시키지 않아야 일본 국내법인 '출입국관리령'을 일방적으로 시행할 수 있어 일본국의 이익에 부합된다고 생각하였음인지 재일한인 문제에 관한 자기들의 초안을 밝히지 않은 채 지연 작전을 써왔으니 그 예를 일일이 들 도리가 없다. 일본 측은 1952년 4월에 소위 공동 초안을 전면적으로 백지화하자고 제안을 함으로써 우리 측을 놀라게 하였고 이 회의에서의 토의는 종시일관 우리 측의 초안을 기초로 진행되어 왔다.

이 시기에 있어서 일본 측은 일면 한국 측과 회담을 진행하고 일면은 ICRC와의 교섭이라는 양면 작전을 계속하였을 뿐 아니라 동년 9월부터는 재일한인 공산 단체 및

0353 　북한 괴뢰 정권이 한일교섭을 파괴하려는 음모를 교묘히 이용하면서 재일한인들을 한국으로 추방하기가 곤란할 바에는 북한으로라도 추방하여 보자는 계획을 본격적으로 고안해 왔으니 소위 '재일한인귀국촉진회' 등이 이때 조직된 사실, 북한 괴뢰 정권의 재일한인에 관한 대일 성명서들이 이때 나오기 시작한 사실, 또 소위 조총련의 '귀국 촉진 서명 운동'이 이때 시작된 사실은 이와 같은 일본 정부의 정책에 편승하고 또한 일본 정부가 이와 같은 북한 괴뢰의 책동에 편승하였다는 것을 증명해 주고도 남음이 있는 것이다. 일방 일본 정부는 한일회담의 진행을 극도로 천연시키면서 이후부터는 일본적십자사로 하여금 정부 정책을 실현시키려고 음으로 양으로 원조해 왔던 것이다.

　이러한 견지에서 볼 때 1959년 1월 28일의 일본 외상의 중대한 발언(재일한인을 북송하겠다는)은 이미 마련된 계획을 실천하는 데 있어서 시기를 그때 선택하였을 뿐이고 한일 간의 교섭이 이제는 필요 없다는 의도를 간접적으로 표시한 것이라고밖에 볼 수 없다.

　이 일본 '후지야마' 외상의 발언은 1월 20일 자 일본적십자사의 결의를 일본 정부가 비공식으로 뒷받침하였던 것으로, 이에 의하여 한국 측의 반향을 타진하고 아울러 정식 결정 전에 일본 국내의 중론을 통일하자는 데 일본의 의도가 있었던 것이며, 이리하여 일본 정부는 2월 13일 각의를 통하여 북송 계획을 정식으로 승인하기에 이르렀다.

0354 　이러한 일본 내각의 정식 결정이 있자 정부는 즉일로 주일 대표부를 통하여 일정 당국에 항의서를 수교하고 일본 정부의 기도가 북한 괴뢰의 소위 집단 귀국 운동과 야합한 정치적 음모임을 지적하고, 재일한인은 제2차세계대전 시 일본의 침략 야심과 군사적 목적을 달성하고자 강제적으로 일본에 끌려갔던 것인데 전쟁이 끝난 후 막대한 한인들은 귀국한 후 남은 약 60만 명의 한인이 일본 측으로 볼 때에는 전혀 필요 없는 존재이므로 무자비한 버림을 받게 되었고 또한 유형무형의 압박을 받게 되었음을 지적하였다. 이 한인들이 일본에 정주하게 된 특수한 역사적 배경에 비추어 일본 정부는 그들이 안정된 생활을 영위할 수 있도록 일본 정부가 적당한 처우를 제공하여 주고 일본 정부가 그 국민에게 부여하는 것과 동일한 대우를 하여야 되는 것은 너무나 당연한 일인데 이러한 대우를 제공하기는커녕 그와 정반대로 이 한인들이 당하여 온 참을 수 없는 고생에 적당한 보상과 책임을 지려고는 하지 않고 오히려 비인도적인 강제 축출

을 하려고 하고 있음을 비난하고 대한민국 정부는 한반도에서 유일한 합법 정부이며 따라서 재일한인을 보호하고 원조하는 권리를 보유하고 있음을 강조하였다. 동 항의서에서 우리는, 일본 측이 재일한인의 북송 문제는 한일회담과는 별도로 취급되어야 된다고 주장하고 있으나 이것은 일본 정부가 1957년 12월 31일 조인된 한일 양국의 협정을 위반하여 한국 정부의 동의 없이 일방적으로 재일한인을 추방코자 하는 것으로 간주할 수밖에 없음을 말하고 일본이 이렇게 양국의 협정을 위반하여 재일한인을 일방적으로 처리하고자 하는 것은 현재 진행 중인 한일회담을 파괴시키려는 계획이라고 간주할 수밖에 없으며 일본의 여사한 행동은 극히 비우호적인 행위라고 인정치 않을 수가 없음을 단언하였다.

여기서 우리 정부는 결론으로서 만일 일본 정부가 아국 정부의 이와 같은 강력한 항의에도 불구하고 이 계획을 감행한다면 이는 한일회담의 결렬은 물론, 현존 한일 양국의 관계도 극도로 악화될 것이므로 즉시 동 계획을 포기할 것을 일본 정부에 요구하였다. 또한 대한민국 정부로서는 아국 국민을 보호하기 위하여 필요한 모든 조치를 취할 것을 경고하고 동시에 이 계획 추진으로 인하여 발생되는 모든 사태에 관하여는 전적으로 일본 정부에 그 책임이 있다는 뜻을 전하고 일본 정부의 성의 있는 재고를 촉구하였다.

일본 정부는 동 일자인 1959년 2월 13일 각서를 주일 대표부에 송부하고 소위 '인도주의적 견지'와 '거주지 선택의 자유' 등에 입각하여 재일한인 중 북한으로 가기를 원하는 한인을 강제로 보내도록 각의에서 결정을 하였다는 것과 동 한인들의 북한으로 가는 의사를 확인하기 위하여 제네바에 있는 적십자사 국제위원회의 개입을 요청하였음을 밝히고 이 일본의 계획은 정치적인 문제와는 전혀 관계가 없다고 괘변을 나열하였던 것이다.

그 후 일본의 이러한 무성의에 대하여 1959년 2월 14일 조정환 외무부 장관은 재차 일본 기시 수상에게 친필 서한을 보내어 재일한인 강제 북송 계획을 재고할 것을 촉구한 바 있으며 일본의 이러한 행위는 아국에 대한 적대 행위라고 지적하고 성의 있는 회답을 요구하였던바 동 서한에 대하여 1959년 3월 4일 일본 외상 '후지야마'는 그들의 상투적인 '인도주의'와 '거주지 선택의 자유' 등의 용어의 해설에 치중하여 문제 해결에 아무 성의도 보여주지 않았다.

0357　이와 때를 같이하여 조정환 외무부 장관은 제네바에 있는 ICRC 총재 '부아시에' 씨에게 1959년 3월 1일과 동년 8월 6일 자로 서한과 전문으로 일본 정부가 계획하고 있는 재일한인 강제 북송은 정치적 및 법적 문제이며 이는 양국 정부가 서명한 1957년 12월 31일의 협정에 의거하여 개최되는 한일회담의 한 의제로서 토의하고 해결될 문제이며 일본 측에서 주장하고 있는 것처럼 소위 '인도적인' 문제가 아님을 밝힘과 동시에 ICRC에서 개입할 성질의 문제가 아님을 강조하였다. 또한 일본이 주장하고 있는 소위 '거주지 선택의 자유'는 이러한 자유가 없는 북한 괴뢰에 자유 한인을 강송함으로 인하여 오히려 이 자유를 파괴하는 결과밖에 되지 않으며 이것은 순전히 일본이 북한 괴뢰와 야합하여 가지고 재일한인을 축출하려는 정치적인 계획이라고밖에 인정할 수 없다는 점을 강조하고 일본의 이러한 계획은 유엔에서 승인된 유일한 합법 정부인 대한민국의 주권을 침해하는 결과가 된다고 지적하였다. 또한 같은 전문에서 외무부

0358　장관은 일본의 적십자사 개입 요구는 자기들의 정치적인 음모를 수행함에 고상한 적십자사의 인도주의 원칙을 이름만 빌리어 세계의 이목을 속이려는 의도라고 지적하였다. 이에 대한 부아시에 씨의 회답에 의하면 ICRC로서는 한국 정부의 견해를 검토할 것과 또한 ICRC로서는 정치적인 문제에 '터치'하지 않고 다만 인도적인 원칙과 적십자 정신에 의거하여 행동할 것이라는바 일본의 재일한인 북송 계획이 과연 적십자 정신에 비추어 정당화될 수 있는 일인지 여부에 대하여는 아무 설명이 없었다.

　　사태가 이에 이르자 아국 정부로서는 우방 국가의 이해를 구하고자 각 방면으로 노력하였으며 특히 미국 정부에 대하여서는 외무부 장관은 전기 일본의 정치적인 음모는 한일회담을 파괴하고 간접, 직접으로 북한 괴뢰에 인적 자원을 제공함으로써 자유 진영을 해치려는 공산당과의 공모임이 틀림없으며 또한 일본은 소위 '인도주의 원칙' 운운의 미명하에 재일한인의 자유를 오히려 유린하고자 하고 있다고 설명한 다음 미국은 자유세계와 극동 평화를 위하여 일본의 이러한 정치적인 음모를 포기하도록 노력하여 줄 것을 요청하였다. 미국 정부는 이와 같은 외무부 장관의 서한에 대하여 서한을 접수하는 데 끝이고 공식적인 의견 표시를 보류하였다. 같은 취지의 서한이 유엔 사무총장에게도 송부되었다.

0359　재일한인 집단 북송 계획에 대한 ICRC의 정식 승인을 얻기 위한 일본의 책동에 사전 대비하기 위하여 정부는 2월 초순 당시 주불 김용식 공사를 Geneva에 파견하여

국적에 대하여 북송 계획의 진상을 설명하고 우리의 확고부동한 입장을 천명하면서 동 계획에 대하여 국적이 절대 관여하지 않도록 강력히 요구하였던바, 2월 13일 일본 내각이 북송 계획을 정식으로 승인한 후 일본 정부는 일본적십자사로 하여금 그대로 '가사이'를 제네바에 파견하여 북송 흉계가 마치 '인도주의', '거주지 선택의 자유' 등의 원칙에 입각하고 있는 듯이 가장 선전하면서 이에 대한 국적의 승인을 얻으려고 광분함에 이르러 정부는 또한 당시 주일 최규하 참사관을 제네바에 파견하여 김 공사와 합세, 국적에 대하게 하였다.

그 후 3월 초순경에는 장택상, 최규남, 유진오 제씨 민간 대표들도 제네바에 가서 전기 정부 대표들과 합류하여 북송 흉계에 대한 한국민의 견해를 국적에 전달하고 전 한국민은 이에 강력히 반대한다는 뜻을 강조하였다.

이러한 관민 일체의 대외, 대내적인 북송 반대 운동으로 말미암아 3월 23일 국적은 "당분간은 북송 계획에 대하여 아무 결정도 내리지 않을 것이다"라는 요지의 뜻을 우리에게 전달해 왔는데 이는 1956년 재일한인 48명에 대하여 여행증명서 등을 발급하여서 이들의 북한행을 원조한 당시 국적의 태도에 비한다면 상당히 신중한 태도라고 볼 수 있었다.

이러한 국적의 태도는 국적이 북송 계획은 전례에 따라 용이하게 승인할 것이라는 일본 정부의 기대에 우선 큰 타격을 주었으며 국내 항간에서는 이러한 국적의 움직임을 극히 낙관적으로 해석하는 측도 있었으나 정부로서는 경계를 게을리하지 않고 김용식 공사를 계속 제네바에 체류케 하여 일본의 북송 계획의 진상을 폭로케 하고 이 문제는 한일 간의 정치적인 문제로서 양국 간의 회담을 통하여서만 해결될 수 있으며 국적은 이 문제에 관여해서는 안 된다는 뜻을 누차 강조하였다.

북송 흉계에 대한 즉각적인 국적의 승인을 얻는 데 실패한 일본은 즉시 북한 괴뢰와의 직접 협상을 적극적으로 꾀하게 되었는바 정부로서는 2월 중순경부터 시작된 일본과 북한 괴뢰 사이의 빈번하였던 통신의 왕래로 미루어 보아 이러한 일본의 동향을 예지하고 있었다.

그러나 이러한 일본의 동향은 국적의 참가와 승인 없이는 절대로 북한 괴뢰와 북송 문제에 관하여 직접 협상하지 않을 것이라는 당시의 일본의 주장과는 정면으로 배치되는 소치로서 우선 일본 정부로서는 이에 대한 구실을 날조하지 않을 수 없는 곤경에 도달하였는바 국적이 "이 문제는 일본과 북한 괴뢰 사이에서만 토의될 문제"라 하고 괴뢰와의 직접 협상에 대한 국적의 승인과 참가를 요구한 일본의 요청을 거절하고 또 일방 북한 괴뢰는 북송 계획과 관련되는 정치적인 야망의 폭로를 두려워하여 국적의 참가를 맹렬히 반대하자 일본은 하는 수 없이 회담 장소를 국적 본부에 설정하고 4월 13일부터 북한괴뢰적십자사 대표와 직접 협상을 시작하기에 이르렀는바 말할 나위도 없이 일본은 북한 괴뢰와의 직접 협상 장소를 국적 본부에 설정하면서 동 협상이 마치 국적의 적극적인 원조하에 마련된 듯한 인상을 자유세계에 줌으로써 그의 종래의 주장과 배반되는 동향을 합리화하기에 부심하였던 것이다.

0362   4월 13일부터 시작된 일본 및 괴뢰적십자사 간의 직접 협상은 처음에는 일본 측의 주장인 북송 계획에 대한 국적의 관여 문제와 괴뢰 측 주장인 "조총련 측에서 작성한 소위 '송환자'의 명단의 수락"을 위요하여 상당한 난항을 거듭하였으며 한때는 결렬될 듯한 단계에 도달한 인상을 주었는데 이때에 있어서 우리와 밀접한 우방 국가의 하나는 이러한 협상의 추세를 정관하면서 6월 초순에 있을 일본 참의원의 선거를 고비로 하여 일적과 괴뢰의 직접 협상이 결렬될 것이라는 관측을 가지고 이러한 뜻을 정부에 전달하여 와서 정부는 여러 가지 상치된 정보를 토대로 시국을 판단하지 않을 수 없었다.

난항을 거듭하던 일적과 괴적 간의 직접 협상이 그 후 일본 측의 계속적인 양보로 말미암아 국적의 '송환' 관리와 실질적인 참가를 제거하고 국적의 역할을 '송환' 사무에 있어서의 단순한 조언적인 것으로 약화하고 일적이 '송환'의 사무 전반을 부담하는 형식으로 낙착됨으로써 6월 10일 일적과 괴적은 재일한인의 '송환'에 관하여 원칙적으로 합의함에 이르렀다.

0363   6월 2일의 일본 참의원의 선거를 고비로써 일적과 괴적의 직접 협상이 결렬될 것이라고 예고하여 왔던 우리의 우방의 하나는 6월 10일 이외에도 일적과 괴적 사이에 재일한인 '송환'에 관한 원칙적인 합의가 이루어지고 일본 정부의 북송 계획이 구체화되어 가는 것을 보고 종래의 미온적인 태도를 버리고 적극적으로 이 문제의 해결 방안을 제의하여 왔는데 이 나라 정부는 우리가 원칙적으로 '거주지 선택의 자유'를 인정할 것을 종용하면서 이제 남은 것은 북한으로 강송되는 재일한인의 수를 최소한으로 할 것과 재일한인의 대한민국으로의 귀환에 관하여 일본 측과 협상할 것이며 이들이 대한민국으로 귀환할 때에는 이들에 대한 보상금 지불 문제에 대하여 알선과 원조를 제

공할 의사가 있음을 제의하여 왔으나 정부로서는 북송 흉계를 절대 반대하는 기본 노선에 어긋나는 어떠한 해결안도 이를 받아들일 수 없었던 것이다.

이러한 미묘한 시기에 있어서 일본 측은 우리 측의 판단에 혼선을 일으키고자 하였음인지 누차 재일한인 북송 계획에 있어서 많은 난관이 있기 때문에 한국 측이 우려하는 바와 같이 그렇게 간단히 실행되지는 않을 것이라는 선전을 하는 한편, 유력한 제3국이 조정 역할을 담당하려는 모멘트를 이용하여 대한민국으로 하여금 재일한인의 대량 송환을 실현토록 해보자는 의도하에 여러 가지 연막전술을 써왔다. 이러던 중 정보에 의하면 ICRC는 7월 22일경 재일한인 문제에 관한 일본 측 계획에 관여하기로 내정하였다.

이와 같이 일본 정부가 재일한인 북송 계획을 끝끝내 강행하려는 확고한 태도를 보이고 ICRC는 일본 계획에 참여하기로 내정하고 또한 우방 정부가 제의한 중재안이 우리 정부에 수락할 만한 것이 되지 못하는 정세하에서 우리 정부로서는 다시 한 번 일본 정부와의 직접 교섭을 통하여 이 문제를 독자적으로 해결할 방도를 모색하기로 결정하였다. 따라서 이를 위하여서는 지난 2월에 일본 정부가 재일한인을 일방적으로 공산 치하의 북한으로 추방하기로 결정한 이래 중단되어 있던 제4차 한일회담을 재개하여 문제를 외교 회의를 통하여 해결하고자 하였다.

7월 30일 우리 정부는 주일 대표부를 통하여 일본 정부에 보낸 각서에서 당시 한일 간의 긴장 상태가 일본 정부의 재일한인 북송 계획에 대한 일방적 결정으로 말미암아 조성된 것임을 지적하고 그와 같은 긴장 상태가 비단 한일 양국 간의 관계만이 아니라 동북아세아 전반의 평화와 안전 보장에 위협이 되는 것임을 천명한 후 이 재일한인 문제가 1951년 이래 한일회담의 중요한 의제가 되어 내려왔던 사실을 상기시키면서 이제 이 문제를 외교 교섭을 통하여 해결하고자 조속히 중단된 한일회담을 무조건 재개하여 이 긴장 상태 조성의 직접적 계기가 된 재일한인 문제를 우선적으로 토의하고자 제의하였던 것이다. 동시에 우리 측은 구두로 일본 측에 대하여 일본 정부가 '오무라' 수용소에 억류되어 있는 한인을 한국으로 송환하는 즉시로 부산에 수용 중인 일본인 어부 중 당일로 형기를 만료한 자를 일본으로 송환하겠다고 제의하였다. 이에 대하여 일본 정부는 8월 1일 우리 주일 대표부에 보낸 각서에서 한일회담의 무조건 재개를 제의하는 우리 정부안을 수락하면서 동 한일회담이 재개되기 이전에 억류자의 상호 석방이 실현되기를 희망한다는 조건을 제시하여 왔다.

0366 우리 정부로서는 한일회담의 재개 문제와 억류자 상호 석방 문제는 상호 아무 연관성이 없는 별개의 문제임을 밝히면서 한일회담을 조속히 재개할 준비를 갖추게 되었다. 특히 우리 정부로서는 일본 측과 북한 괴뢰 간의 이른바 송환협정이 머지않아 공식으로 조인될 것을 예견하고 그 이전에 한일회담을 재개하여 놓음으로써 일본 정부로 하여금 배신적인 이중 외교를 지양할 최후의 기회를 주고자 한 것이다.

8월 12일 일본 도쿄에서 양측의 대표단은 약 9개월간 중단되었던 한일회담의 재개를 보게 되었다. 그런데도 불구하고 일본 정부는 바로 그 이튿날인 8월 13일에 인도의 '캘커타'에서 그 적십자사로 하여금 괴뢰와의 북송협정에 조인하도록 하였다.

우리 정부는 이와 같은 일본 정부의 배신적 행위를 맹렬히 비난하는 일방, 이른바 송환협정이 시행되기 이전에 일본 정부와의 외교 교섭에서 실효를 거두어 그들의 정책 시행을 재고하도록 노력하였던 것이다.

0367 이와 같은 입장에서 우리 측은 한일회담 재개 벽두 한일 간의 제 현안 문제, 특히 재일한인 문제가 최단 시일 내에 상호 합의에 도달하게 될 것을 간곡히 희망한다고 하면서 이를 위하여 우리 정부로서는 최대의 노력을 경주할 것이라는 결의를 피력하였던 것이다. 이리하여 절충 교섭의 결과, 8월 26일 제13차 전체회의에서 양 대표단은 1) 일본에 잔류하기를 희망하는 자에 관한 문제, 2) 대한민국으로 귀환하기를 희망하는 자에 관한 문제 및 3) 일본에 잔류하기를 희망하지도 아니하고 대한민국으로 송환되기도 희망하지 않는 자에 관한 문제의 이상 3개 문제를 각각 의제로 채택하고 이 열거된 순위대로 토의에 들어가기를 합의하고 동 일자로 공동신문발표까지 하였던 것이다. 이에 있어 특히 제3항의 의제에 주의할 필요가 있는바 이는 우리 정부가 이를 상호 합의된 의제로 채택해 놓았기 때문에 일본 정부는 이를 일방적으로 처리하지 못하도록 법적, 도의적인 책임을 졌음과 동시에 만일 일본이 이 문제의 일방적 처리를 감행할 경우에는 그 책임이 일본 정부에 있지 않을 수 없었던 것이다. 또한 나아가서는

0368 비교적 합의에 이루기 용이한 제1 및 제2항의 문제가 일본 측과의 교섭이 순조로이 해결될 경우에는 제3항의 문제의 중요성이 그다지 큰 문제가 되지 않을 것이라는 관측 밑에서 이들 3문제의 상호 연관성을 주목하였던 것이다.

일방 일적은 8월 13일 괴적과 체결한 소위 재일한인 '송환'에 관한 협상을 시행하

는 데 필요한 시행 세칙으로 소위 '북송 안내서'라는 것을 작성하여 9월 3일 이를 발표하였으나 조총련은 동 안내서 중 몇 개 조항을 수정할 것을 일적에 강력히 요구하게 되었는바 이 조항은 1. '송환' 용지에 '송환자'의 본적을 쓸 필요가 없다, 2. 16세 이하의 송환자는 본인이 직접 등록할 필요가 없다, 3. '송환자'가 니가타 일적센터로 수송되는 도중에서의 친척, 친우들의 환송을 금지하는 조항은 삭제되어야 한다, 4. 니가타 일적센터에서의 '송환자'의 외출 금지 조항은 삭제되어야 한다, 5. 일적센터로 수송되는 도중 괴뢰기의 게양을 금지하는 조항을 삭제하여야 한다 등등을 포함한다.

상기와 같은 요구 조항 중 일적은 1 및 2항에 관하여 조총련의 요구에 응하고 9월 24일부터는 '송환자'의 신청을 접수하기 시작하였으나 괴뢰의 지령하에 움직이는 조총련의 명령으로 말미암아 소위 송환을 원하는 자는 신청을 보류하였던 것이며 조총련은 계속 그들의 요구 조건을 내걸고 신청을 거부하였다.

일적은 이와 같은 강력한 조총련의 반대에 봉착하여 드디어 나머지 3개 조항에 관하여도 조총련의 요구에 실질적으로 양보함으로써 10월 24일부터 신청을 재차 접수하기 시작하였다.

북송 안내서를 둘러싸고 오래 계속된 이러한 일적과 괴뢰 측과의 분쟁은 결과적으로 보아 일본의 양보로 말미암아 그들이 준수할 것을 주장하여 오던 국적의 원칙을 대폭 변경한 것이나 이러한 분쟁으로 인하여 한국 측을 안심시키기 위한 전략의 일부이었음을 잊어서는 안 된다.

일본 정부가 전술한 바와 같이 재일한인에 관한 3개 문제의 토의에 관한 우리 측 제안에 응하였음은 우리로서는 한일회담이 무조건 재개될 당시 정세로 미루어 보아 문제 해결의 전도가 반드시 암담한 것만은 아니라고 생각할 수 있었던 것이고 일본 정부의 성의를 믿고 싶었던 것이다. 왜냐하면 일본 정부의 추호만 한 국제적 도의와 성실성이 있다면 이처럼 양국 정부 간의 외교 교섭에서 일단 합의하여 상호 토의 의제로서 확정한 이상 이를 무시하고 바로 그 문제를 일방적, 자의적으로 처리한다는 것은 국제 신의상 그 예를 드물게 보는 것이기 때문이다. 또한 일본 정부가 이를 일방적으로 처리하였을 경우 모든 국제 여론의 비난을 받아야만 하기 때문이다. 그러나 생각하건대 일본 정부의 이 수락은 이와 같은 법적, 도의적인 책임을 수행하려는 의도에서가 아니라 다만 그들의 목전의 이익만을 위하여 자기의 정책을 계속 추구하는 데 시간적 여유를 얻는 동시 일방 우리 정부를 무마하려는 악의에 찬 술책에서 나온 것이라고밖에 볼 수 없다.

0370   우리 정부로서는 이와 같은 점을 고려에 넣지 아니한 것이 아니고 다만 조속히 이 문제의 해결을 서둘러 무성의한 일본으로 하여금 일방적 처리의 구실을 없이하고 이 문제를 해결함이 외교 교섭을 통하여 분쟁을 해결하고자 하는 우리에게 남겨진 유일한 길이었다.

이러한 우리 정책의 일환으로 표시된 것이 우리 정부와 일본 간의 재일한인의 대한민국 귀환 협정의 체결을 위한 교섭인 것이다. 이와 같은 우리 정부의 정책은 앞에서도 잠깐 언급한 바와 같이 일본 정부가 끝끝내 재일한인의 일본 국외로의 대량 추방을 고집하는 이상 일본 내에서 참으로 그 생계를 도모할 방도가 없는 우리 동포를 구제하기 위하여 그들의 정치적 과거를 일체 불문에 부치고 우리 품 안으로 받아들여서 우리 한국 내에서 새로운 삶을 개척하여 주고자 하는 것이다. 그러나 우리 정부의 이와 같은 입장에는 당연히 수반하는 조건이 있는 것이다. 이는 첫째로 우선 재일한인이 일본에 가서 거주하게 된 역사적 경위에 비추어 보아서 이들이 대한민국으로 귀환함에 있어서는 일본 정부는 당연히 상당액의 보상은 지불하여야 된다는 것이다.

0371   또 하나는 이들 귀환 한인의 재산권을 존중하여 그들의 반출하는 재산이나 자금에 하등의 제한을 가하지 않을 뿐만 아니라 또한 아무런 공과금도 부가하여서는 안 되는 것이다. 특히 귀국하는 재일한인의 재산 반출에 관한 우리의 제의는 국제적으로 그 선례가 뚜렷한 것이고 일본국 자체가 '포츠머스'조약에서 사할린을 철수하는 러시아 국민에게 허여하였던 재산권 존중의 조항을 상기한다.

이와 같은 조건은 우리 정부로서는 어떠한 환경하에서도 반드시 관철하여야 할 것이고 우리로서는 이들 재일한인을 보호하여야 할 권리와 의무를 지닌 유일한 정부로서 너무나도 당연한 조건이 아닐 수 없었던 것이다. 이어 우리 정부는 일본 측에 대하여 이와 같은 조건이 충족된다면 우리는 재일한인의 대거 귀국을 받아들일 수 있을 뿐만 아니라 이를 권장할 용의도 있음을 밝혔다.

0372   이 정책을 수립함에 있어서 우리 정부로서는 일본이 어차피 재일한인의 대량 퇴거를 획책하고 있는 이상 우리 정부의 이러한 대한민국으로의 귀환안은 일본 정부로서도 충분히 받아들일 수 있는 것이고 또한 일본 정부로서도 이 문제를 우리와 협상을

통하여 해결할 성의가 있다면 최소한 조건은 어렵지 않게 받아들일 수 있을 것이라는 견해이었다.

그리하여 우리 정부는 이 정책에 의거하여 재일한인의 대한민국으로의 귀환과 그들의 일본 내의 처우에 관한 한일 간 협정 초안을 작성하여 우리 대표단으로 하여금 이에 구체화된 제 원칙에 의거하여서 일본 측과 교섭에 임하도록 하였던 것이다.

한국 정부의 이와 같은 공정하고 최소한의 제안에 대하여서 일본 측은 극히 냉담한 태도로 임하였다. 첫째로 보상 문제에 대하여서 일본 측은 최초에는 전혀 이에 대한 반응을 보이지 아니하고 다만 이와 같은 문제는 일본 정부와 타 관계부, 특히 의회에서 도저히 승인될 수 없을 것이라는 구실 아래 우리 측과 구체적인 교섭에 들어가기를 주저하였고, 둘째로 귀환 한인의 재산 반출 문제에 대하여서는 일본 국내 법규의 제 규정을 들어 난색을 표명하고 심지어는 북한 괴뢰와 체결한 소위 '캘커타' 송환협정까지 인용하기에 이르렀다.

이러한 정세하에서도 우리 정부는 꾸준히 앞서 언급한 제1항 및 제2항의 문제를 조속히 해결하고자 모든 노력을 경주하게 된 것이며 10월 말 및 11월 초순경부터는 이른바 일본과 북한 괴뢰 간의 '캘커타' 송환협정이 시행되는 기일이 점차 박두함에 있어서 일본 측은 오히려 한국 측의 초조감을 이용하여 문제 해결에 대하여 성의를 표시하기는커녕 고의적으로 공공연한 지연 전술에 종시하였다.

이에 우리가 잊어서는 안 될 점은 재일한인의 북송을 기도함에 있어서 일본 정부는 이것이 일본 정부가 발의한 것이 아니고 일본적십자사가 재일한인 자신들의 소위 자유의사에 의한 귀환을 도와주는 것이라고 말하고 있으나 사실은 그와 반대로 일본적십자사가 북한 괴뢰 정권과 이 문제에 관하여 협상하도록 사촉한 것도 일본 정부라는 사실이다. 또한 일본 정부가 이 사업을 추진시키기 위하여 미화로 약 40만 불의 예산을 일본적십자사에 대한 보조금의 형식으로 지불한 것도 이 사업의 성격을 증명하는 것이 아닐 수 없다. 또한 소위 캘커타 협정이라는 것을 검토하건대 예컨대 '귀환자'는 일화 45,000원까지 휴대할 수 있다 운운 등에 있어서는 외환관리법을 시행하는 일본 당국의 협조 없이 시행될 수도 없는 사실을 지적 아니 할 수 없다.

우리 정부가 재일한인 문제에, 그중에서도 특히 일본을 떠나고자 하는 사람의 문제를 일본 정부가 일방적으로 처리할 수 없고 우리 정부와 외교 교섭에서 해결하여야 되겠다는 주장은 새로운 제안이 아니라 실은 1957년 12월 31일 합의의사록(비공개) 조항을 그대로 이행하라는 주장인 것이다. 그럼에도 일본 정부는 '자유의사', '인도주의' 등등 연막적인 의론을 구사하면서 엄숙한 국제 의무의 이행을 거부하고 있는 것이므로 정부는 이에 대한 일본 측의 재고를 끝까지 양자 회담에서 전력을 다한 후 그 성과가 없음에 비추어 12월 11일 일본에 국제 의무의 위반에 관하여 국제사법재판소에 제소할 예정으로 일본 정부의 동의를 요청하지 않을 수 없었던 것이다.

그런데 이와 같은 정부의 가장 성실한 노력 또한 국제 분쟁의 평화적인 해결에 관한 최종적인 방식의 제안에도 불구하고 일본은 이를 수락하기는커녕 오히려 12월 14일에 국제재판소에 제소될 대상을 일방적으로 제거함으로써 우리의 제안을 사실상 거절하였던 것이다. 이에 관하여 일본 정부가 12월 17일 정식으로 회보한 바에 의하면 이 문제가 국제사법재판소에서 결정될 소관 사항이 아니라는 구실 밑에 우리의 제안을 거부하여 왔는데 소관이냐 아니냐의 여부의 자체가 재판소에서 결정될 일이거늘 이러한 논리를 앞세워야 할 지경인 일본 정부의 고충을 가히 짐작하고도 남음이 있는 것이다.

한일회담 자료총서 5
한국외교문서
재일한인 북송 및 한일 양국
억류자 상호 석방 관계

초판 1쇄 인쇄 2023년 12월 15일
초판 1쇄 발행 2023년 12월 27일

엮은이   동북아역사재단
해제·번역·감수   조윤수, 유의상
펴낸이   이영호
펴낸곳   동북아역사재단

등록   제312-2004-050호(2004년 10월 18일)
주소   서울시 서대문구 통일로 81 NH농협생명빌딩
전화   02-2012-6065
팩스   02-2012-6189
홈페이지   www.nahf.or.kr
제작·인쇄   역사공간

ISBN   979-11-7161-039-6 94910
           978-89-6187-641-4 (세트)

- 이 책은 저작권법에 의해 보호를 받는 저작물이므로 어떤 형태나 어떤 방법으로도 무단전재와 무단복제를 금합니다.
- 책값은 뒤표지에 있습니다. 잘못된 책은 바꾸어 드립니다.